劉　鳳　學

LIU FENG SHUEH COMPLETE WORKS

舞蹈全集

《第一卷》

唐宮廷讌樂舞研究（一）

尋找失去的舞跡　重建唐樂舞文明

國家圖書館出版品預行編目(CIP)資料

劉鳳學舞蹈全集, 第一卷, 唐宮廷讌樂舞研究. 一 : 尋找失去的舞跡 重建唐樂舞文明/劉鳳學著. -- 初版. -- 新北市 : 財團法人新古典表演藝術基金會, 2021.03
面； 公分
ISBN 978-957-28896-5-7(精裝)

1.宮廷樂舞 2.唐代

914 110002632

劉鳳學舞蹈全集

第一卷・唐宮廷讌樂舞研究（一）

尋找失去的舞跡　重建唐樂舞文明

著者　劉鳳學
發行人　陳勝美
編輯小組　林惟華　林維芬　張桂菱　郭書吟　彭欣誼　林韋岑
舞譜排版　楊勝雄　李玫玲・綠手指文化事業有限公司
出版者　財團法人新古典表演藝術基金會
地　址：251401 新北市淡水區中正東路二段29號15樓
電　話：+886-2-28091753　傳真：+886-2-28096634
電子信箱：neo@neo.org.tw
網　址：http://www.neo.org.tw

編印執行　文訊雜誌社
總編輯　封德屏
執行編輯　杜秀卿
地　址：100012 臺北市中正區中山南路11號B2
電　話：+886-2-23433142　傳真：+886-2-23946103
電子信箱：wenhsunmag@gmail.com
網　址：http://www.wenhsun.com.tw
郵政劃撥：12106756 文訊雜誌社
美術設計　翁翁・不倒翁視覺創意
印刷　松霖彩色印刷有限公司
總經銷　聯合發行股份有限公司

出版日期　2021年3月初版
定價　新臺幣1000元
ISBN　978-957-28896-5-7

贊助單位　NCAF 國|藝|會　TAIPEI 台北市文化局 Cultural Affairs Bureau of Taipei

目次

跨越時間之外——劉鳳學種的四棵小樹

◎郭書吟

「我20幾歲就出版了第一本書，叫《唱遊創作集》[1]，所以，很早就喜歡寫書了，大夢一場。」

20多歲寫書，40多年舞譜記錄，60多年創作生涯，《劉鳳學舞蹈全集》（以下簡稱「全集」）龐大出版計畫的追本溯源，如今看來，幸而得自作者20歲那會兒她戲稱的「大夢一場」。

加入「全集」編輯群一員，是在2020年8月。那時劉鳳學與新古典舞團團員正進行第130號作品《貴德》的重建和演出，她固定到排練場看排之餘，同時忙碌著第一卷的書寫。每回向人提起高齡96歲的劉鳳學，依然舞耕筆耕不輟，聽者沒有不瞠目結舌的——是什麼樣的強大力量，驅使她不斷向前？

她便是如此內心燃燒著一缽灼火的人，一如長年來審視自我的擘畫，「我喜歡計畫，喜歡一個計畫就是十年，然後回頭看。」多年前她曾告訴我[2]。

《劉鳳學舞蹈全集》不僅是臺灣第一部舞蹈全集，劉鳳學更是臺灣首位出版「舞蹈全集」的舞蹈家。

她約自2010年起著手全集的出版構思，書目共計10卷，關於出版緣起，劉鳳學描述：「因為我種了四棵小樹，這四棵小樹，是世界上所沒有的。」「全集，是根據我的研究和創作來分類。」

所謂「四棵小樹」，是她將舞耕一生分為四個領域，分別是：一、創作（首倡中國現代舞）；二、臺灣原住民舞蹈文化人類學之研究、創作與出版；三、儒家舞蹈研究、重建及出版；四、唐讌樂舞蹈文化研究、重建、演出及古譜之譯解、出版。

十卷書目和收錄舞作依序為：

第一卷　唐宮廷讌樂舞研究系列（一），尋找失去的舞跡·重建唐樂舞文明（貴德、皇帝破陣樂）

第二卷　唐宮廷讌樂舞研究系列（二）（春鶯囀、蘇合香）

第三卷　唐宮廷讌樂舞研究系列（三）（團亂旋、傾盃樂、拔頭）

第四卷　劉鳳學作品第109號《曹丕與甄宓》（上）

第五卷　劉鳳學作品第109號《曹丕與甄宓》（下）

第六卷　中國現代舞系列——傳統／現代的詮釋（火花、十面埋伏、門神、冪零群、拉邦三環創作法實驗、俑之一——漢俑）

第七卷　與宇宙共舞——臺灣原住民舞蹈及中國少數民間舞系列（九族基本舞步、賞月舞、青春舞曲、嘉戎族狩獵舞、西拉雅姆、虹彩妹妹、農家樂、太極劍舞）

第八卷　儒家舞蹈研究（人舞、化成天下、威加四海）

第九卷　劉鳳學作品第107號《沉默的杵音》

第十卷　劉鳳學作品第127號《揮劍烏江冷》

由於在學術研究的路徑從未中斷過，「全集」在作者原訂計畫中，是一個全新的書寫，「不是考量讀者，而是考量我寫了什麼。」《劉鳳學舞蹈全集》便是上述四棵小樹／領域的集大成，時間軸和範疇彼此構連，每一卷內容，包含「論述」和「劇場演出實錄」兩大部分，前者以歷史經緯、田野調查、學術研究為梗概，後者以拉邦舞譜、樂譜、設計圖稿、影像呈現，理論和實踐並陳，顯示出她作為個人，逾一甲子的舞蹈創作、舞蹈學術、舞蹈教育的廣博，也透過這個個人與她的舞者、龐大的藝術工作群，形塑臺灣當代舞蹈史從微觀至巨觀的多種面向。

四棵小樹構連而成的「全集」，根源性地反映劉鳳學成長背景所賦予她的包容性和世界觀。幼時生長於中國東北少數民族、白俄人、日本移民混融的齊齊哈爾市，戰時遷徙所遭遇到的不同環境，以及來臺後，1949年在花蓮縣鳳林鄉阿美族部落首次接觸臺灣原住民舞蹈，而後更因田野調查，數度探訪原民部落。在投入儒家舞蹈和唐讌樂舞研究後，追尋古文明的傳播路徑，遠赴日本、韓國、中國、法國、英國等地取經；長年來，她不斷與不同的文化相遇，起先因為喜歡舞蹈，透過採集和親身參與，而後逐步走向系統化分析和研究，再將這些養分轉化至創作。

「舞蹈文化與民族文化之形成是同步向前的；都是處於同一環境下，在不斷演化過程中，經由不同的文化衝擊而形成各自風貌。其實，我從不諱言我個人舞蹈基因的多面向；宇宙萬物的特殊現象往往令我驚奇，也令我陶醉，因此常常在渾然不覺中，它們便經由轉化而成為舞作的一部分。」[3]

舞蹈的本源　探問與追尋

劉鳳學在儒家舞蹈和唐讌樂舞蹈文化研究的領域，獨樹一格。相較於同領域專家學者多著墨考古考證，她在從事學術研究之外，更結合舞蹈的重建、演出和舞譜記錄。

投入上述兩個領域的長年耕耘，來自她對「舞蹈本源」的探問和追尋。

幼時接受芭蕾舞訓練，大學二年級接受現代舞教育，大三首次接觸中國邊疆民族舞蹈，「剛開始創作，多半抄襲老師的東西，偶爾加上一點自己的創意，但內心總想走出一條路來。民國40、50年代，政府正好推行民族舞蹈，風氣很盛，我也曾經帶領師範大學學生參加過兩屆，但後來對自己畫了個問號。我認為，一個民族的舞蹈，還是跟他的民族風俗、歷史淵源相結合在一起，所以覺得自己應該再走一條路。」[4]

1957年，她稱之為「頓悟」的一年，因在一場研究報告會議上，時任師大體育系主任江良規問她：「既然提出『中國現代舞』的問題，你對中國古代舞蹈看法如何？」此後，劉鳳學毅然停止所謂「穿著戲裝」的中國古代舞蹈，向文獻求解，遍讀古代舞蹈的資料，如古籍、甲骨文、繪畫、壁畫、碑拓、陶俑、畫像磚等，從文獻中發現明朝朱載堉撰述之《人舞舞譜》、《二佾綴兆圖》，因而有了1968年《倫理舞蹈「人舞」研究》專書

（並見第八卷《儒家舞蹈研究》），繼而導向淵博深遠的唐讌樂舞蹈文化研究之路徑。

「當我開始尋找中國的舞蹈，我覺得唐朝的東西最重要，而且流傳最多最廣，所以才從唐朝著手。」

她先後至日本宮內廳樂部深入研究唐朝時傳入日本之讌樂舞，學習唐代音樂記譜符號、術語，進行古譜譯解，「我在日本所學的第一支唐樂舞，是《萬歲樂》，第二支是《蘭陵王》。傳授我舞步的人辻壽男（Tsuji Toshio，1908～1988，見本卷〈序章〉）的家族祖先，在1000多年前即是赴唐代取經的家族。」除此之外，亦兩度赴韓國考察韓國古典舞，1990年代後赴敦煌、大足石窟觀摩考察。由此可見她對舞蹈根源和舞蹈的本質，上下求索，她所重建的唐樂舞（見第一至第三卷），與毫無史料和時代支撐下編創出來的擬仿物大相逕庭，是極其紮實而高精度的舞種。

首倡「中國現代舞」，則是在她所處的時代中，對於時代的回應，「我所以提出『中國現代舞』的原始理由，僅僅是針對臺灣整個舞蹈文化發展的某一階段，與我個人舞蹈的思想和實踐的指標而已。」[5]第六卷《中國現代舞系列──傳統／現代的詮釋》所收錄的〈火花〉、〈十面埋伏〉、〈冪零群〉、〈漢俑〉等作，呈現她將長年鑽研的中國哲學觀、文化思想和身體觀，轉化為饒富人文精神的現代舞創作。第四、第五、第十卷的《曹丕與甄宓》、《揮劍烏江冷》則是以古喻今，分別與音樂家王正平（1948～2013）、馬水龍（1939～2015）合作的現代舞劇，在磅礡的空間和舞蹈音樂結構中，展現她所關切的人性悲懷。

在數次踏查少數民族和臺灣原住民部落之後，她亦多次以原住民所遭遇到的時代處境，融合歌唱樂舞，編創現代舞作品，如第七卷《與宇宙共舞──臺灣原住民舞蹈及中國少數民間舞系列》、第九卷《沉默的杵音》。

因而，「全集」所收錄的舞作和蘊藏的哲思，呈現劉鳳學觀看世界的特質，是混融而多元的美學視角，也反映一個創作者對所處時代的回應。她是經歷過大遷徙和大旅行的人，「全集」承繼她長年採集和探索舞蹈的路徑，不僅穿越歷史時間軸，更跨越了國境邊界的空間向度，你會發現她的思考很「大」，收納性廣，除了上述背景促成她對各族群的好奇心之外，亦鍾愛將舞蹈投到人類文化大海洋裡來觀察、取材和研究[6]——歷史，永遠置放在個人之前。

舞譜的實踐　寫給後世之舞蹈文本

常言，舞蹈是發生在當下一瞬之大美，然而，這部「全集」嘗試打破此限制，運用拉邦舞譜（詳本卷〈序章〉），使舞蹈的重建、創作、實踐和記錄，跨越時間之外，達到永恆。

在探向舞蹈本源之時，劉鳳學也思及必須解決重建後再行「記錄」的必要性，以及如何將舞者身上的「運動感覺」與身體記憶，轉化為書寫符號，藉以保存人體動作文化[7]。

劉鳳學在1948年經由戴愛蓮啟蒙，在北京第一次接觸拉邦動作譜[8]，之後由於投入儒家舞蹈與唐讌樂舞的研究，更加體認到舞蹈記錄的重要性。

1971～1972年，劉鳳學赴德國福克旺藝術學院隨Albrecht Knust（1896～1978）學習拉邦理論與動作譜；1981～1984年，在Ann Hutchinson、Els Grelinger指導下學習拉邦動作譜的美式書寫方法；1982～1987年間，在英國劍橋Dr. L. E. R. Picken指導下完成重建第七世紀初之大曲《皇帝破陣樂》，並以拉邦舞譜記錄之。

她學習拉邦舞譜的路徑，傳承自上述拉邦的後繼研究者，從基本符號到能探討人體動作、空間、時間、力、舞者、道具、群舞的書寫系統，並透過此後40餘年的記錄實踐，延續了這條自20世紀初起，拉邦舞譜作為人類舞蹈發展史的一環，並證明拉邦舞譜如同五線譜之於音樂一般，能作為記錄舞蹈的符號，無分國籍和語言。

「符號是人類最高的智慧。而且我覺得它（拉邦舞譜）最有功能性，也最有學術性，就看你之後用在哪裡就是了。」她說，「也許100年後，有人理解呢！」

至今，她仍是臺灣少數鑽研拉邦舞譜的研究者，更是臺灣唯一一位、舉世少見將重建與創作的舞碼以拉邦舞譜記錄、出版成冊的舞蹈家——我們或許能將她視為縱貫古今之多種語言和符號的轉譯者，過往她耗時耗力，進行古譜譯解，如今希冀透過舞譜記錄，建立可供後世閱讀、重建、研究的舞蹈文本。

生命的命題　以舞為記

2017年，醫生診斷出她患有腦瘤，後因年紀關係不適合動刀，選擇讓腦瘤在身體裡和平共處。然而隨著時間和老化等因素，腦瘤也逐漸影響到身體機能，2020年初，她再也無法自行用滑鼠輸入舞譜。

寫作依然持續，她的工作方式，是從年輕迄今喜愛在夜半三更工作（出了名的），閱讀與寫字。美麗見方的字體寫在白紙上，再由團員輸入電腦，而後一起進行機上校對。「有的時候寫很多，有的時候一個字也沒有！」她說。

約莫2020年8月份，有感於自己可能無法按照最初的計畫書寫完成，於是更動「全集」十卷書目和部分內容，原定每一卷分為上篇（論述）、下篇（劇場演出實錄），只得做更改，第二卷之後預定重新撰寫的「上篇」只得犧牲。

「覺得很遺憾啊！我沒把它（全集）做完，如果十卷書我都自己寫完，多好。」

「我這是又老化、又生病，兼而有之。」面對衰老，她偶有自嘲。

不過，她畢竟是鍾愛創作與寫字的人，在完成第一卷逾六萬字的書寫後，編輯工作執行期間，日常時候，她偶會拿起筆練習寫字，即便在她眼中，是「好難看啊、比小楷還小」的手寫字，抑或將團員名字逐個在腦中想一遍，針對某篇章的段落做拋光打磨，縱然身體皮相走向機能衰退，她內心灼火依舊，腦內停不住地進行高速清晰運轉，每一回針對編輯內容的談話，著實使在場者從背脊骨透著心，都會感受到她那強大的意念和感染力。

「舞蹈實在很奧妙，它又是科學，又是文學，又是繪畫，又是物理，涵蓋的面向太廣泛了！所以我很喜歡向它挑戰。」

「我最單純了，傻瓜一個，就做了『舞蹈』這麼一件事。」

行文至此，我希望在極其有限的篇幅下，能微繪出案牘前、排練場、舞臺上這位年近百歲、依然「不願意選擇舒適」的創作者。

還想再為此套「全集」提點出未來性。

但凡全集，多是作者在已有各種著作出版之後，經過後繼編輯群的篩選、分類編纂成全集。然而，《劉鳳學舞蹈全集》在第一卷付梓的此前此後，已將形成一種我稱之為「有機」的進行式。

為了補足作者原訂的各卷「上篇」，因腦瘤無法齊整的狀態，編輯群必須向作者過去發表的逾百篇文章、演講稿、論文、訪談等梳理取材，並視機會針對曾經參與舞作的龐大藝術工作群進行訪談，此番「有機」的進行式和未來式，在即將維持數年的編纂過程中，對編輯群將是一番探尋與再發現。

這部「全集」啟動出版的時間點，就在紛擾多事的2020大疫年。因為死亡與逝去離我們很近，所以每一次與作者的相處、談話和工作，都顯得格外珍貴與珍惜。

現今媒體場域因應2004年以來社群媒體勃興和媒介使用的景況，所生產的內容，都越來越趨向短閱讀了，大量充斥螢幕和五感的即時、淺碟、快速消費、斷裂、碎片化的「短閱讀」和爆量訊息當中，時時刻刻在手指觸控之間大量運轉，驀然回想，卻都不記得到底留下些什麼，甚至留不下任何深刻的痕跡；又或者說，這些短閱讀內容的創作初始，就不是為了要「留下」而生產文本。

但是，劉鳳學在三四少壯的時候，便已然確定未來志願，她只想做「值得留下來」的東西，將舞耕一生的最後統整，交付「全集」，為四棵小樹埋芽後生長；她以自身此生，證明舞蹈之大美，證明文字不是夕陽，藉由符號探究舞蹈本源，再將重建與創作的舞碼，訴諸符號作結，在「短閱讀」的現下，執守「長紀錄」的深刻。

「老師，這麼長年的寫作，您有沒有從中獲得什麼呢？」

「人生的樂趣。」

她頓了一會兒，微笑道，「無限的樂趣。」

2020年12月22日　臺北

註釋

1.《唱遊創作集》，1952，由李瑞方作曲，劉鳳學作詞及設計動作。
2. 筆者於2012年10月訪談。
3. 劉鳳學，《大漢孤煙直：劉鳳學作品第115號舞蹈交響詩》，臺北：財團法人新古典表演藝術基金會，2003，卷1，頁17。
4. 同註2.。
5. 李小華，《劉鳳學訪談》，臺北：時報出版公司，1998，頁44。
6. 同註5.，頁88。
7. 同註3.。
8. 同註3.，卷3，頁884。

《第一卷》

上篇

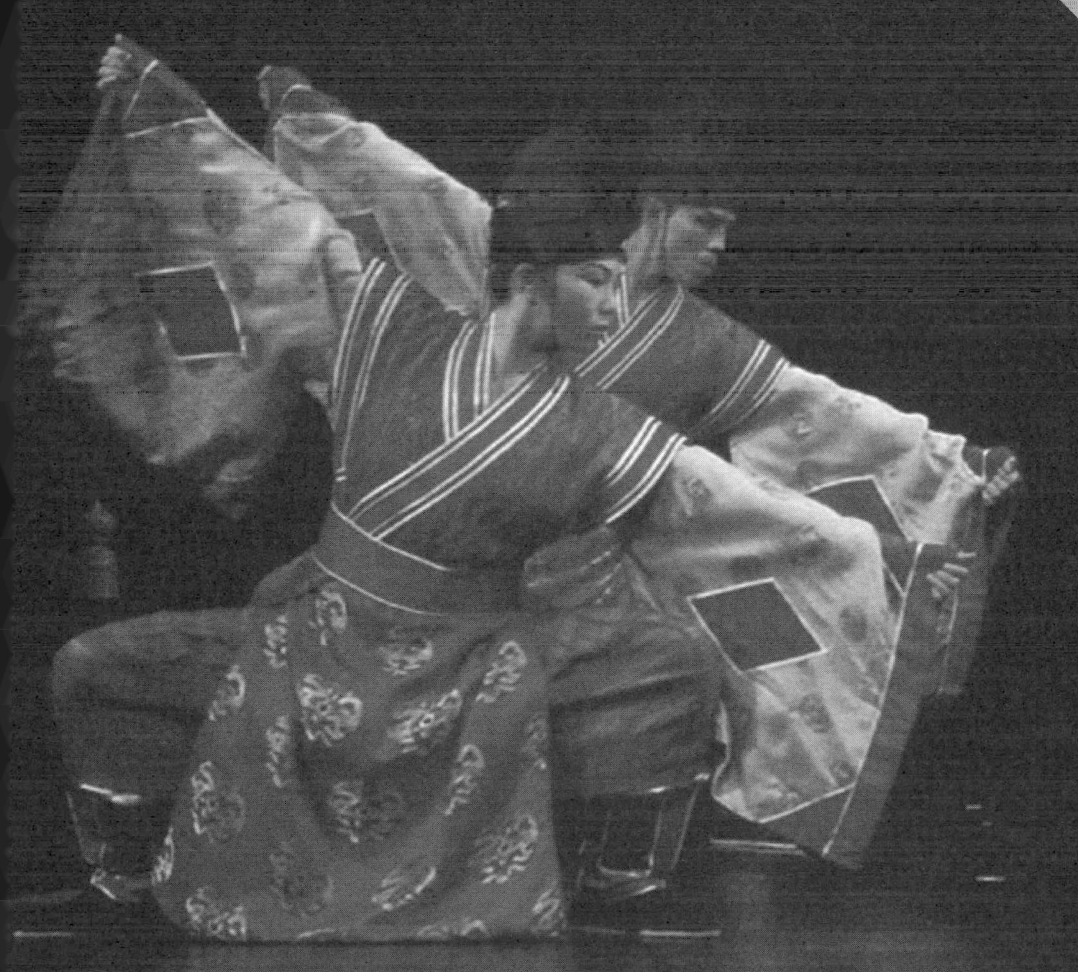

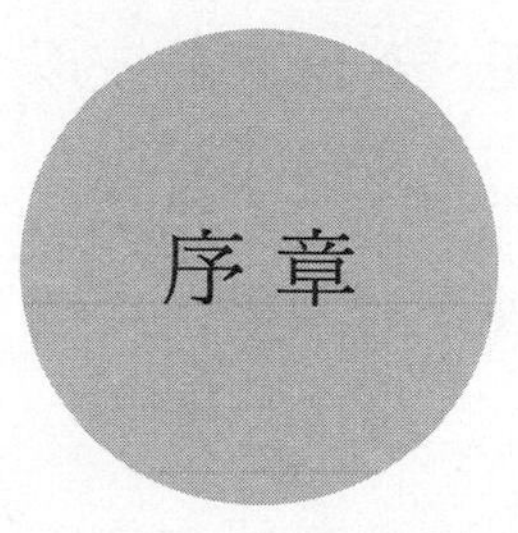

名詞詮釋

- 四夷：中國古代將非漢族者統稱為「夷」或四夷。所謂四夷，即將東方之民族稱為「韎」，南方民族稱為「任」，西方民族稱為「朱離」，居住於北方的民族稱為「禁」（見《周禮》鄭註）。
- 胡：中國古代將來自世界各地的人或物，皆冠以「胡」字。如胡人、胡巫、胡服、胡帳、胡牀、胡飯、胡坐、胡空矦、胡笛、胡舞等。
- 樂：中國古代將音樂與舞蹈併稱為「樂」。
- 讌樂舞：所謂讌樂，就是在國家慶典、接待外賓或貴族文人宴飲時舉行的音樂和舞蹈表演或伴以詩詞的一種表演性的唐宮廷樂舞。舞字係筆者所加，主要原因是基於使現代人理解，中國古代所謂樂涵蓋舞蹈在內。
- 唐樂舞：指筆者劉鳳學依據唐樂譜及唐舞譜重新建構並由舞者及音樂家共同演出的唐代樂舞。劉鳳學研究唐讌樂舞始於民國46年（1957）。自民國56年至109年（1967～2020）將其重建之「唐樂舞」公諸於世（詳見表一），曾巡迴世界各地表演或發表論文。並於民國90年（2001）以「唐樂舞」為名，立案於臺北市文化局轄下之民間表演團體。

- 雅樂：政府舉行祭祀天、地、祖先、先師、朝會、諸侯來朝、簽盟大典或以教育為目的之音樂與舞蹈，其舞也被稱為「文舞」（Civil Dance）、「武舞」（Martial Dance），或「儒家舞蹈」。近代學術界經常將雅樂之舞蹈稱為「儒家舞蹈」。
- 雅樂（Gagaku）、舞樂（Bugaku）、左舞（Samai）：唐朝讌樂舞傳入日本之後，日本稱其為雅樂。
- 右舞（Wumi）：日本將高麗傳入之樂舞稱為右舞，也稱為高麗樂。其中含有渤海樂、新羅樂、百濟樂及若干唐讌樂（舞）。
- 大曲：是一種含括詩、歌、樂、舞的綜合性表演藝術。它的歷史發展相當悠久，自漢朝（西元前206～西元220）時代即有「相合大曲」和「清商大曲」之文獻。唐玄宗（712～755）時代，是「大曲」的鼎盛時期。該時期之「大曲」一部分沿襲南北朝（420～589）及隋朝（581～618）之舊作，一部分係玄宗時代的新創作。西元755年之後，邊疆大吏經常進獻新曲，規模或有擴大，但其體裁與玄宗時代之「大曲」多雷同。根據保存於日本之唐樂譜分析，凡大曲之結構，必有序、破、急三個主要樂章。間或有其他標題段落出現。如大曲《春鶯囀》之結構由〈遊聲〉、〈序〉、〈颯踏〉、〈入破〉、〈鳥聲〉、〈急聲〉六個樂章所構成。各樂章速度不一，通常〈遊聲〉、〈序〉較慢，〈破〉與〈急〉較快。這也是唐代讌樂（舞）特徵之一。
- 中曲、小曲：係指樂及舞之結構，只有兩個樂章者。
- 拉邦舞譜／拉邦動作譜（Labanotation）：是一種書寫人體動作的符號，可在紙上記錄身體任何部位的動作；包括動作方向、動作水平、動作進行瞬間與前三者的關係，至於人與人、人與物之接觸或距離則也有相關符號記錄。該譜由魯道夫·拉邦（Rudolf von Laban，1879～1958）所設計，發表於1928年出版之《書寫的舞蹈》（*Schrifttanz*）一書中。

- 拉邦動作分析（Laban Movement Analysis）：拉邦動作分析是一種系統化的動作觀，其分析符號及動作分析語彙，主要是描述動作在經由空間（Space）、時間（Time）、力流（Flow）及重力（Weight）過程中呈現的動作質感。其應用範圍擴及舞蹈治療、心理治療、物理治療及文化研究等領域。此一系統係由拉邦及其友人勞倫斯（Frederick Lawrence，1895～1982）合作，在1947年出版之*Effort*一書中提出。

唐讌樂舞的形成及其傳播鳥瞰

唐（618～907）讌樂舞是一種結合詩、歌、樂與舞於一體的表演藝術。呈現在國家莊嚴的慶典及宮廷正式宴會或皇室貴族們娛樂宴飲場合。唐讌樂舞始自第三世紀，經過約四百年的文化激盪，由佛教文化、伊斯蘭文化、拜占庭文化、中亞地區文化、遊牧民族草原文化及中國本土道教文化與儒家思維相融合，在中國古代文化的核心「禮」的制約下形成的藝術瑰寶。

讌樂舞在西元前16世紀，青銅器時代，就活躍於政治舞臺。根據考古出土的甲骨刻辭顯示，讌樂舞在該時王室舉行的巫術宗教禮儀中，扮演和神溝通的角色，舞者是國王、大臣、專業的巫師（舞者）。之後，在它演化的過程中，隨著社會的轉型及不同流派的哲學思想影響下，以不同的姿態出現在歷史文獻中（詳見本書第一章）。唐朝處於拜占庭文明、波斯文明、印度文明和中國文明交相輝耀的時代，並且面對遊牧民族——回鶻（回紇）、突厥、吐番不斷的戰爭，同時在阿拉伯人的哈里發國家（685～945）全盛時期的軍事威脅中，建立了世界上最大的大唐帝國。吸納了大量湧入的多種民族、多元的草原文化，將這些被稱為「胡」的生活用品、服飾習俗及樂舞轉化創新的睿智投射在唐的十部樂（伎）及教坊樂舞。從十部樂的命名：1.讌樂（伎）、2.清樂（伎）、3.西涼樂（伎）、4.天竺樂（伎）、5.高麗樂（伎）、6.龜茲樂（伎）、7.安國樂（伎）、8.疏勒樂（伎）、9.高昌樂（伎）、10.康國樂（伎）（排序根據《唐六典》），充分顯示出唐朝文化的包容性、開放性、國際性和世界性的高度。

當盛唐時期，讌樂舞由於政治文化的因素，擴大了活躍的空間，加之處於文學、詩詞、繪畫光芒四射的文化環境中，也刺激提升了它的藝術水平。當時在「教坊」，擁有324首讌樂舞曲目。其中唐大曲就有46首[1]，表演人員高達11409人（儒家的文、武二舞舞者140人未計入），教授者及樂工、舞者有完善的考試及升遷制度[2]。

令人惋惜！安祿山（703～757）及史思明（703～761）於755～763年間，叛變稱帝，經歷八年內戰，皇宮淪陷，樂舞文獻被毀，專業樂舞人才流離失所。待復國後，宮廷讌樂舞逐漸式微，以至失傳。僅有樂舞名、樂器名、樂制等名稱散見於歷史文獻中。那極具個人特質的演奏技巧和風格，隨著樂舞人的生命終結，而不能複製再現於其他表演者生命體中，僅能從詩人、畫家、雕塑家的筆尖下，試圖解讀唐讌樂舞的美學符號與文化元素。

文化輸出

所幸，日本自第六世紀，曾經派遣19次文化使節團來華，其中有官至尚書階層的學者粟田真人（Awata no Mahito，？～719）[3]、名舞蹈家尾張連浜主（Owari no Muraji Hamaushi，733～848）[4]、琵琶專家藤原貞敏（Fujiwara no Satatoshi，808～867）[5]及吉備真備（Kibi no Mabi，693～775）。吉備真備是一位具前瞻性的學者，也是日本的高級官員，他以遣唐留學生身分於西元717年來唐，735年回日本，於同年四月將中國音樂之銅律管及《樂書要錄》十卷獻給日本政府。此舉對日本音樂之發展意義重大[6]。同時他對中國禮樂文化、禮樂思想之講授，在日本上層社會也發揮了推廣作用[7]。除此，唐朝的讌樂舞經由專業人士及旅唐之印度及林邑（今越南）之僧侶直接輸入日本者，有中唐時代的樂師孫賓（生年不詳），於唐會昌五年（日本承和十二年，西元845年）攜箏譜赴日，教授箏之演奏技術之外，一併講授中國音樂思想。所傳授之《調子譜》一部，對箏之樂譜術語：〈菅搔〉、〈火〉、〈丁〉、〈放〉、〈取〉、〈散〉、〈外〉、〈後〉、〈攬〉等作了詳盡的詮釋[8]。以及婆羅門僧正（菩提遷那，？～760）會同林邑僧佛哲（生年不詳）於736年由唐赴日，傳授林邑樂、天竺樂及唐讌樂（舞）之《撥頭》（又名拔頭、鉢頭）之樂譜、舞譜、動作及服裝面具[9]，以及《萬秋樂》、《陪臚》、《菩薩》、《迦陵頻》諸樂舞，均由二位僧侶傳入日本[10]。這些包含了印度、林邑及胡樂的唐代宮廷讌樂舞傳入日本之後，統稱謂雅樂、唐樂、舞樂、樂舞或左舞（由高麗傳入者稱為右舞或高麗樂）。

高麗樂也是唐十部樂之一，該樂是沿襲隋朝（581～618）之九部樂而制定者。文獻顯示，高麗樂在唐武后（684～704）執政時，尚擁有25首，但傳至中唐時，僅有一首可習，而且服裝等已失去其原貌[11]。這僅有的一首，歌曲名《芝栖》，舞曲名叫作《歌芝栖》[12]。然而，這僅有的一首，也隨其他九部樂之樂舞曲在唐土亡失。反觀日本自第五世紀開始，即吸收新羅（668～935）、百濟（西元前18～西元660）、高麗（918～1392）及渤海國（698～925）等東亞諸國之樂舞及樂理（高麗樂之樂理）[13]。渤海國接受唐文化，同時與日本保持頻繁的文化交流，互派使者，餽贈女性樂舞人員及樂舞[14]。日本保存至今並經常演出的《大靺鞨》、《新靺鞨》、《新鳥蘇》、《古鳥蘇》、《進走禿》、《退走禿》、《敷手》、《貴德》、《崑崙八仙》、《地久》及《納曾利》等樂舞，即屬新羅、百濟、渤海及高麗等國之樂舞，日本將其統稱為高麗樂或右舞[15]。

根據《高麗史》記載：西元1073年，有八首唐讌樂舞由唐傳至高麗。其中有五首是用漢文書寫的舞譜保存至今，並且經常演出[16]。這些唐讌樂舞傳入高麗後稱謂「唐樂舞」，今以「唐樂呈才」[17]為名。唐讌樂舞傳入高麗的時間，雖然在唐朝滅亡一百餘年之後的宋朝（960～1279）年代，但是從所記錄的舞譜、圖像、樂譜符號、樂器、舞蹈道具及演出方式來觀察，尤其是所使用的舞蹈名詞術語，在在顯示其專業性及可信度[18]。非常令人驚奇的是，部分術語竟然與古老的《詩經》所記述樂舞用詞完全雷同[19]；同樣的辭彙也出現在中國四大文學名著《水滸傳》[20]中。這些文獻，對破解西元909年書寫的《敦煌舞譜》具有關鍵性的意義。

日本自中古世紀，大量吸收唐樂（含宮廷讌樂、俗樂、胡樂、印度系統的樂舞），高麗樂（含新羅、百濟、渤海、高麗等樂舞）[21]，經歷千年以上保存至今，是由三種不同人士而所促成。其一是日本自第六世紀派遣文化使者及留學生赴唐，學習研究唐文化及各項技術，返國後將其所學直接奉獻給國家，或由各不同家族保存，世代相傳（只傳子不傳女），逐漸形成不同的流派[22]；其二，經由僧侶將唐樂舞傳入寺廟，在宗教儀式中執行樂舞表演工作[23]；其三，即日本於701年依大寶令在治部省下設「雅樂寮」（Gagaku no tsukasa）[24]，置有專業之歌師、歌人、歌女、舞師、舞生、笛師、笛生、笛工等演奏日本傳統神樂。另有唐樂師、樂生，高麗樂師、樂工，百濟樂師、樂生，新羅樂師、樂生，伎樂師、腰鼓師、伎樂生、腰鼓生等401人[25]。彼等負責日本傳統神樂舞、唐樂舞（左舞）、高麗樂舞（右舞）之宮中各項儀式之用樂事宜。後於1870年太政官下設「雅樂局」，翌年改稱「宮內省式部寮雅樂課」。後經火災（1923年關東大地震引發之火災），因而遷移至皇居內。1949年更名為「宮內廳式部職樂部」（又稱樂部）至今。1955年被日本政府指定為「國家重要無形文化財」之機構[26]。

明治維新之後，於1870年樂部改隸太政官管轄，乃力求改革；經長達19年的時間，集各流派人員之智慧完成了流傳千年以上，各派別所保存之日本傳統神樂、唐樂、唐舞、高麗樂之樂譜及舞譜作全面性的修訂，重新撰寫成72巨冊之《雅樂譜》（詳見本卷第六章）[27]。自1876年樂部之專業人士開始學習西方音樂樂器演奏技巧，兼及西方音樂樂理之研究[28]。

二次世界大戰之後，日本政府對這份千年以上的文化遺產，持開放態度；日本宮內廳樂部定期對外公演，文化機構所藏相關文獻提供研究者使用，藝術大學相關研究系所，有碩博士課程及學位授與。歷經學界、民間團體及宗教社團等長期耕耘，以及出版界的認知，使日本雅樂逐漸褪除神祕色彩，為日本雅樂的未來——以現代觀點的研究方法，為傳統文化創造了堅實的發展平臺。

澤被後世文化回流

筆者曾於1966年3月至9月，在日本宮內廳樂部，追隨辻壽男（Tsuji Toshio，1908～1988）[29] 先生學習唐樂舞及高麗樂舞之動作及古樂譜、古舞譜識讀及相關樂理文獻之研究，以及抄寫唐樂舞及高麗樂舞之古譜，長達七個月。這些技術方面的實習，促成了筆者日後重建唐樂舞的基石，理論的學習與文獻鑽研，支持筆者開展長達60年的唐樂舞研究重建及演出工作。1966年10月1日滿載而歸。自日本返臺後，立刻以超快的速度展開了重建唐樂舞的工作，並於1967、1968年將重建的唐大曲《春鶯囀》的〈遊聲〉、〈序〉兩樂章，中曲《蘭陵王》、《崑崙八仙》及小曲《拔頭》公諸於世，首演於臺北市中山堂。演出後，雖然被學術界高度肯定，但是，自我檢討的結論「文化是不能直接移植的，原本屬於我們的唐讌樂舞，在日本的發展已超過一千三百年，經不同的文化禮

表一：劉鳳學　唐樂舞重建與演出年表

重建之樂、舞碼	首演日期	演出地點
《拔頭》（小曲）劉鳳學作品 59	1967.04.08	臺北中山堂
《蘭陵王》（中曲）劉鳳學作品 60	1967.04.08	臺北中山堂
《春鶯囀》（大曲）劉鳳學作品 61		
1.遊聲 2.序	1967.04.08	臺北中山堂
3.颯踏 4.入破	2001.12.29-30	臺北中山堂
5.鳥聲 6.急聲	2002.11.22-24	臺北國家戲劇院
《崑崙八仙》（中曲）劉鳳學作品 62	1968.05.09	臺北中山堂
《皇帝破陣樂》（大曲）劉鳳學作品 99	1992.03.13-15	臺北國家戲劇院
《蘇合香》（大曲）劉鳳學作品 118		
1.序第一帖 2.破 3.急第一帖	2002.11.22-24	臺北國家戲劇院
4.序第二、三帖 5.急第二帖	2003.11.21-23	臺北國家戲劇院
《胡飲酒》（小曲）劉鳳學作品 119	2003.11.21-23	臺北國家戲劇院
《團亂旋》（大曲）劉鳳學作品 120	2003.11.21-23	臺北國家戲劇院
《傾盃樂》（中曲）劉鳳學作品 124 1.堂上 2.堂下 3.急	2011.10.21-23	臺北國家戲劇院
《貴德》（中曲）劉鳳學作品 130	2020.10.24-25、31	財團法人新古典表演藝術基金會紅樹林劇場

俗洗禮，舞蹈動作的『質』變，是不能忽視的。其實，動作本身具有多面向的表現性，涵括一個民族的文化取向，行為禮俗的制約、政策制度所強調的舞蹈社會功能性，已超過了舞蹈美學本質的發揮。筆者本身應該認知的是『速食』從來沒有存在於學術和藝術神聖領域的。」沉潛再沉潛；深究再深究，20年後，終於又回歸於初衷，陸續完成了唐大曲《皇帝破陣樂》、大曲《春鶯囀》、大曲《蘇合香》、大曲《團亂旋》、中曲《蘭陵王》、中曲《傾盃樂》、中曲《崑崙八仙》、中曲《貴德》、小曲《拔頭》及小曲《胡飲酒》等樂舞之重建演出，並書寫新的舞蹈文本，逐步出版。

文化回流又一章

上天終於給予這份世界級文化遺產魂歸故里重返家園的機會。時間是2010年4月至8月。使者是臺灣新古典舞團、唐樂舞的團員及筆者。緣起於2009年底，接受西安音樂學院的邀請，教授唐樂舞並參與第29屆世界音樂大會的演出。經過嚴謹的策畫，擬定了一份回饋給唐讌樂舞起源地——長安（西安）的禮物清單；決定將一甲子的研究、實踐作無條件的奉獻。

1、將筆者手抄自日本宮內廳樂部的唐代音樂古譜，含唐大曲《春鶯囀》、大曲《蘇合香》、小曲《拔頭》的笛譜、笙譜及篳篥譜。大曲《團亂旋》的音樂是由臺灣民族音樂家吳瑞呈編曲配器的五線譜總譜。

2、筆者根據上項古譜譯製的五線譜總譜。

3、筆者重建的以上四首舞蹈「選粹版」的動作教學。

4、由翁孟晴設計的服裝、黃忠琳的立體舞臺製作、車克謙的燈光設計圖及執行，也一併呈現在整體製作中。

5、與西安音樂學院舞蹈系、民族器樂系及民族管弦樂團密切合作，終於使三場演出得到預期的結果。三場演出的時間和地點如下：

- 2010年7月28、30日在西安大唐芙蓉園、鳳鳴九天劇場。
- 2010年8月4日參與第29屆世界音樂大會在北京國際會議中心演出。面對六千多位世界級的音樂家，展現讌樂舞在長達36個世紀中，堅強有力的生命過程；在高科技烘托下，展現華夏舞蹈藝術的文化主體性[30]。

復於2014年應北京舞蹈學院之邀，四月中旬前往該院講授唐大曲《春鶯囀》、大曲《蘇合香》、大曲《團亂旋》、中曲《傾盃樂》及小曲《拔頭》。同年11月新古典舞團和北京舞蹈學院中國古典舞系及中國音樂學院華夏民族樂團，共同演出於北京舞蹈學院新劇場[31]。

東西方樂舞交匯——地球的另一端

英國劍橋大學自1960年代設唐樂研究學程，由Laurence Picken（1909～2007）教授領導博士生，研究唐樂歷史文獻、樂譜重譯及曲式分析等工作。他們不僅使東西方音樂在此相會，並透過研究著述協助牛津大學及劍橋大學出版*Music from the Tang Court*共七卷。加之這些博士生持續研究及執教各地，致使唐樂舞的研究遍及亞洲、澳洲、歐洲及美洲。筆者因撰寫博士論文，被推薦至此小組，得以親自體驗他們的治學思維、方法和執著的工作態度，同時在Dr. Picken指導下，完成唐小曲《菩薩》[32]。除《菩薩》之拉邦舞譜收錄於*Music from the Tang Court, 4*之外，筆者以拉邦舞譜重建之唐樂舞《皇帝破陣樂》及筆者重建韓國《實用舞譜》11首之拉邦舞譜，一併隨*Laurence Picken Papers*資料典藏於美國國會圖書館[33]。

研究目的

一、尋找失去的舞跡，重建唐樂舞文明。

二、詳究「古今之變」的相關因素。

三、實踐筆者之理念——傳統與現代接軌，理論與技術合一的樂舞價值觀。

四、建立新的舞蹈文本，提供一份世界性身體文化的歷史文獻。

研究範圍及本書架構

研究範圍

本書以中古世紀唐（618～907）讌樂舞為研究對象，並以讌樂之舞蹈為論述焦點，據此，本研究之撰述分為以下五個主軸。

主軸一：從廣泛的歷史背景出發，針對下列各主題，作深入的探討。

1、唐讌樂舞形成的歷史溯源：探究讌樂舞在長達數十世紀的演化過程中，涉及所有歷史的、地理的、政治的、文化的、民族的、社會的各領域。

2、探討唐讌樂舞「質變」的關鍵問題：制度之釐訂、政策之措施，對藝術文化的操控，是影響表演藝術的關鍵。唐朝的「太常寺」對大量湧入宮廷的民俗樂舞、胡樂、胡舞的管制鬆綁，導致「教坊」、「梨園」之諸曲目邁向藝術文化高峰盛況。如《破陣樂》、《慶善樂》，當創作初始，是以宴饗用樂為目的，屬「太常寺」領轄。但「太常寺」並未食古不化，對讌樂舞持開放心態，將原為讌樂舞的《破陣樂》、《慶善樂》加以修訂，納入宗廟祭祀的雅樂行事，為雅樂注入新的動能。法曲與胡樂合併的措施，在在顯示出唐人理性的創造力及樂舞藝術文化的主體性的主導。相對的，由於制度缺少對宮廷貴族的約束力，導致舞蹈功能在荒唐腐化的宮廷裡淪為私慾橫流，那些非人性的行為氾濫成災，令人驚嘆！

3、藉考古文獻研究遊牧民族如：匈奴、鮮卑、突厥、靺鞨、渤海、回紇諸多草原文化，以及印度、阿拉伯、拜占庭、中亞粟特等文化，對唐讌樂舞在表演技術、音樂理論的影響應給予尊重和肯定。尤其是對中亞粟特九國的文化研究，也是本研究重要課題，因為粟特九國曾經是波斯、希臘、匈奴、突厥、阿拉伯及唐朝的殖民屬地，它們的樂舞在「十部樂（伎）」中，占有重要地位，並深受文人雅士、庶民百姓所傳詠歌頌。

4、前無古人，後無來者的李隆基（685～762）及其舞者、樂工等人士的藝術成就、生命內涵，以及由他們創作的聽覺藝術、視覺藝術，對唐代語文涵養及他們遺留的樂舞文化遺產之保存與創新，是筆者終生研究關注的議題。

主軸二：從中古世紀的宮廷走進現代劇場——唐讌樂舞與劉鳳學的「唐樂舞」對話。

1、唐讌樂古樂譜解讀及今譯：譯出可讀的五線譜分譜及總譜。

2、唐讌樂舞蹈古譜解讀及今譯：將古舞譜譯成現代語文及利用魯道夫．拉邦（Rudolf von Laban，1879～1958）所設計的拉邦動作譜（Labanotation）記錄筆者重建之「唐樂舞」動作，供閱讀、重建、研究、比較分析的舞蹈文本。

3、「唐樂舞」服裝設計與舞臺設計傳統美學的再詮釋。

4、現代劇場科技應用於古典藝術諸問題的研究與探討。

主軸三：舞蹈分析：其實舞蹈存在於多領域的交界地帶，它的本質觸及人文與科學兩大領域，它的完成是藉由人體在三個平面（空間）和時間坐標四維時空中，不斷的移位，在動作與施力的交互作用過程中形成人體文化，作多面向的觀察分析，藉以理解舞蹈的全貌，基於此，本研究應用二種分析語彙：

1、拉邦動作分析（Laban Movement Analysis）：使用拉邦動作分析語彙，對動作施力、動作與時間關係、動作與空間關係及動作與重力的關係進行分析。

2、從重建者劉鳳學的立場，分析重建「唐樂舞」所採取的基本態度：涵括知性美的舞蹈動作，空間結構與中國傳統文化的哲學觀及人體處於四度空間的身體型塑，動作內在企圖、動作質感、舞蹈元素中所展現的文化內涵等，一併列入研究分析說明範圍。

主軸四：從跨化文化視角及同質文化體系但舞蹈型態各異之各舞種，作為讌樂舞的參照系，照看讌樂舞諸面向。

主軸五：在「合而不同」的宏觀思維下，觀察唐讌樂舞在文化輸出及回流旅程中，形成的諸多流派及其對後世的影響，側寫唐讌樂（舞）的使徒及其遺世巨大的文化遺產。

系列架構

「唐宮廷讌樂舞研究」系列共有三卷，包括論述，以及劇場演出實錄，以文字、符號、圖樣及影像呈現。

第一卷　上篇：尋找失去的舞跡　重建唐樂舞文明

下篇：舞譜記錄與分析

1.中曲《貴德》：漢宣帝神爵二年（西元前60）之樂舞。

2.大曲《皇帝破陣樂》：唐太宗貞觀七年（西元633）作《破陣樂》舞圖。

第二卷　1.大曲《春鶯囀》：唐高宗（649～683）時代由白明達作樂編舞。

2.大曲《蘇合香》。

第三卷　1.大曲《團亂旋》：武則天（684～704）時代作。

2.中曲《傾盃樂》：唐太宗貞觀（627～649）末年，命裴神符作曲。

3.小曲《拔頭》。

文獻真？偽？

本研究參考文獻，皆取材自中、日、韓古文獻及出土文物和歷代、近代專家學者之相關著作。雖然為數繁多，但可信度高，如甲骨文、二十五史、敦煌出土舞譜、出土人俑、石雕、畫像磚及壁畫等，惟其中尚有爭議者，僅作釐清。

1、《周禮》。此書內容係記述西元前第11世紀至西元前256年周朝政府之組織架構；有「天官」、「地官」、「春官」、「夏官」、「秋官」、「冬官」六大部門。各部門詳述各官職職別等級及所掌業務內容。該書被發現後，對其真偽爭議頗多[34]。但筆者以「春官・大司樂」條所見之樂舞名稱及其功能敘述與甲骨文獻相比對，發現兩者有其共同點。故本研究第一章引用該文獻頗多。

2、唐傳日之讌樂舞相關文獻，自第六世紀始，經由日本派遣文化使節及留唐學生等傳至日本並且留存至今，為數頗巨。筆者初識此譜是在1966年3月於日本「宮內廳式部職樂部」（簡稱樂部），當時對此龐大文獻之真偽頗感困惑。經發現彼邦1263年所記之《團亂旋》舞譜，其中〈序〉第一帖以中國古老《易經》之宇宙方位術語之〈乾〉字，指示舞者動作面對之方向；又見該舞〈急〉第七帖，同樣以〈艮〉字表示舞者之面向。種種證據顯示，日本雅樂，確為唐之讌樂舞，乃決定放棄在日本「筑波大學」進修攻讀學位之計畫，決心投入唐代讌樂舞之音樂理論及舞蹈技術之學習。膽敢以長達半世紀之歲月，研究唐代歷史、文化制度及唐讌樂舞澤被後世等現況。（《團亂旋》原作於武后（684～704）時代。筆者重建此舞〈序〉、〈破〉、〈急〉三樂章，並首演於2003年臺北國家戲劇院。）

｜註釋｜

1. 崔令欽，《教坊記》，該書成書於756年，本文參考以下版本：
   文懷沙主編，《隋唐文明》〈教坊記〉，蘇州：古吳軒出版社，2004，頁221～223。
   任半塘，《教坊記箋訂》，臺北：宏業書局，1973，頁146～148，183。
   涵芬樓版本《說郛》卷12〈教坊記〉，上海：商務印書館，1930，頁7～13。
   崔令欽、孫棨，齋藤茂譯注，《教坊記北里志》，東京：平凡社，1992。
2. 歐陽修，《新唐書》卷48・志38，北京：中華書局，1975，頁1243，1244。
3. 歐陽修，《新唐書》卷220・列傳145，北京：中華書局，1975，頁6208。
4. 河鰭實英，《樂舞圖說》（新訂版），東京：明治圖書出版株式會社，1957，頁15。
5. 河鰭實英，《樂舞圖說》（新訂版），東京：明治圖書出版株式會社，1957，頁21。
6. 福島和夫編，《中世紀音樂史論叢》，大阪：和泉書院，2001，頁5。又見林謙三，《雅樂・古樂譜の解讀》，東京：音樂之友社，1984，頁10。
7. 福島和夫編，《中世紀音樂史論叢》，大阪：和泉書院，2001，頁6。

8. 笠原潔，〈日本の樂書と禮樂思想〉，收錄於福島和夫編，《中世紀音樂史論叢》，大阪：和泉書院，2001，頁135。又見林謙三，〈雅樂の傳統　唐樂と中心（二）〉，收錄於日本の古典藝能2《雅樂　王朝の宮廷藝能》，東京：平凡社，1970，頁60～63。
9. 小野亮哉、東儀信太郎，《雅樂事典》，東京：音樂之友社，1998，頁190，119。
10. 狛近真，《教訓抄》（成書於1233年），收錄於《日本思想大系第23　中古世紀藝術論》，東京：岩波書局，1976，頁42，17，75，29，81，77～78，79。
11. 杜佑，《通典》，北京：中華書局，1988，頁3723。
12. 魏徵，《隋書》，北京：中華書局，1973，頁380。
13. 林屋辰三郎，〈雅樂の背景〉，收錄於日本の古典藝能2《雅樂　王朝の宮廷藝能》，東京：平凡社，1970，頁31～32。
14. 劉昫，《舊唐書・代宗本紀》：「大曆十二年（777）春正月……渤海使獻日本國舞女十一人。」北京：中華書局，1973，頁310。
15. 辻善之助，《日本文化史1》，東京：春秋社，1950，頁230。
16. 鄭麟趾等，《高麗史・樂志二》，臺北：文史哲出版社，1972，頁452～458。
17. 張師勛，《韓國傳統舞蹈研究》，漢城：一志社，1977，頁37～45。
18. 《樂舞規範，卷三》，漢城：財團法人民族文化促進會，1983，頁61～92，又見《高麗史中中韓關係史料彙編》記載：文宗二十七年（1073）舉辦「八關會」，曾在神鳳樓觀樂，邀請大宋、黑水、耽羅、日本與會……，筆者據此文獻推測1073年傳入高麗之唐樂舞，可能在文宗（1047～1082）舉行之神鳳樓觀樂中演出。見金渭顯編著，《高麗史中中韓關係史料彙編》，臺北：食貨出版社，1983，頁46。
19. 唐識樂舞之酒令宴樂舞有〈致語〉及〈口號〉之術語，所謂〈致語〉即致辭，其辭由文人代筆，舞蹈開始之前先〈致語〉，之後誦詩謂之〈口號〉，其內容以歌頌王室美為主。這種形式在《詩經》有記載，宋元最盛行於宮中及民間。後傳入韓國號稱「唐樂呈才」時，仍沿襲此制度至今，其事例見《詩經・賓之初筵》、《宋史・樂志》、《元史・舞制》及韓國《樂學規範》頁61，63。
20. 所謂〈口號〉係指一首詩，民間亦常使用該名詞，見施耐庵，《水滸傳》，臺北：西北國際文化公司，2017，頁65。
21. 岸邊成雄，〈雅樂の源流〉，收錄於《日本の古典藝能・雅樂》，東京：藝能史研究會，1970，頁8～12。
22. 日本雅樂流派甚多，以技術層面而言，多以家族為傳承中心，如東儀、安倍、多、芝、薗、辻、林、豐原、騰原……等；以地域而言，如具有歷史性的奈良方、天王寺方、京都方、紅葉山等。

23. 大型具有歷史性之寺廟，擁有專屬之「雅樂團」，服務宗教儀式，也有樂人個人兼職在各地神社從事參與宗教活動。

24. 小野亮哉，《雅樂事典》，東京：音樂之友社，1998，頁32。

25. 小野亮哉，《雅樂事典》，東京：音樂之友社，1998，頁46。

26. 小野亮哉，《雅樂事典》，東京：音樂之友社，1998，頁25。

27. 該「雅樂譜」也叫作「明治撰定譜」，詳見本卷第六章。

28. 西洋音樂。

29. 「明治撰定譜」舞蹈部分之修訂撰寫，由筆者指導教授辻壽男（1908～1988）祖父辻則承（1856～1922）負責，記譜簡；以動作術語為基本架構，給予重建者較大之詮釋空間。

30. 見《來自唐朝的聲音》，西安：西安音樂學院，2010，頁3，11～16，18～19。

31. 見《中和大雅．古舞今生》，北京：北京舞蹈學院，2014，頁5～8。

32. Laurence Picken, *Music from The Tang Court.4*, Cambridge University Press, 1987，頁64、65。

33. Laurence Picken Papers, Library of Congress Music Division, Library of Congress, Washington, D.C. 2011, Revised 2012. or http:/ hdl.loc.gov/loc.music/eadmus.mu011019。

34. Loewe, Michael（魯惟一）主編，李學勤等譯，《中國古代典籍導讀》，瀋陽：遼寧出版社，1997，頁26～29。

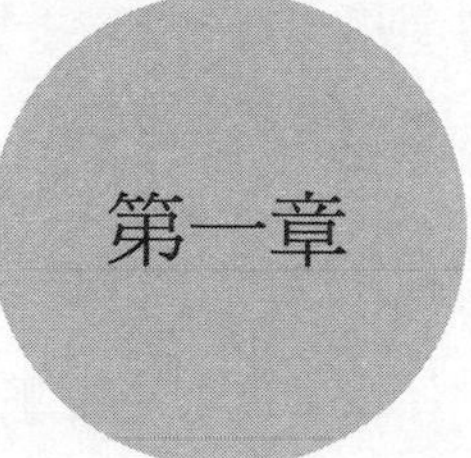

第一章 讌樂舞初始時期的歷史文化背景（西元前16～前11世紀）

見證讌樂舞的存在，是藉由1899年在河南省安陽縣小屯村考古出土的甲骨文獻。該文獻主要記述商（西元前16～前11世紀）王室日常行事的占卜刻辭。商王室信仰薩滿教，薩滿教屬巫術宗教，巫師（薩滿、舞者）在巫術宗教行事中具有很重要的地位，扮演多重角色。他們主要的工作是以舞與自然神、祖先神、先臣神等溝通外，對商朝政治、醫藥、天文、詩歌、樂舞諸領域也作出許多的奉獻；舉凡占卜皆由其執行。因此藉卜辭理解古代中國舞蹈在「饗禮」中，在整個祭祀過程具有的歷史意義及「讌樂」名稱由來之相關性。

商朝（西元前16～前11世紀）滅夏（西元前21～前16世紀）後，定都於亳。經數次遷都，最後奠都於今河南省安陽[1]。商朝被稱謂商，或商殷、殷商，本書皆以商朝或商稱之。從考古出土之文物顯示，商朝前期以鄭州二里崗為文化中心，輝縣琉璃閣，洛陽東乾溝等遺址均涵蓋在內。後期則以小屯為中心，鄭州公園區、洛陽泰山廟等遺址及其墓葬群皆在其內[2]。近幾十年來，由於考古發掘出更多的遺址，發現商文化在地上蔓延的範圍很廣；商朝的國土非常廣大遼闊，北至長城以北的克什克騰旗，曾有商朝的青銅器出土。在東方山東益都蘇埠屯有晚商時大墓，濱海的海陽等地也發現商朝的青銅器。湖北、湖南也多次發現商代青銅器。從長城以北到湖南南部，這麼廣袤的土地上，都在商文化範圍之內[3]。史學家們對中國上古史的研究，顯示商朝已具有相當高度的文化水準。商朝已進入農業社會，並且隨著農業的發展，商人建立了家族制度，形成政治、軍事及經濟以王室為主導的封建社會。有官級、有王位繼承順序。其宗教信仰以天為中心的多神崇拜、日月山川、祖先、人鬼都是其祭祀對象，凡事以占卜決定取捨。文字已發展到可以敘事程度。交領式服裝樣式（見彩色頁311左圖）延續使用至西元17世紀。天文、曆法及青銅器所表現的科技與藝術光芒閃爍至今[4]。但，難以想像的是在如此高度文化的背後，音樂和舞蹈藝術功能，卻被巫術宗教（薩滿教）巫術化了。甚至於舞者的生死存亡也被決定於巫術之占卜行事中。當這種殺牲獻祭，並伴以音樂、舞蹈及酒餚的巫術薩滿教與宗教儀式，歷經千百年的存在，當它演化為世俗的讌樂舞的根本因素何在；在歷史過程中如何發展的，如何演化的，它的舞蹈樣式屬於哪種類型，學者藝術家扮演了什麼角色，對後世起了什麼樣的作用，這些問題都是本書研究的核心之一。

讌樂舞初始時期存在的方式

甲骨刻辭揭開了讌樂舞的初始面紗

商朝的王室宗教行事非常頻繁，舉凡出征、狩獵、祭祀祖先、祈雨等活動，皆由「貞人」（巫師）占卜詢問之後才決定行止。貞人並將這些詢問事件及占卜結果刻在經過處理的龜殼或牛羊等獸骨上。這些文字就被稱為甲骨文。因為所刻的文字多屬於占卜詞句，所以也將其稱為卜辭、卜文、貞人文字、甲骨卜辭、甲骨刻辭。這些甲骨刻辭是於1899年出土於河南省安陽縣小屯村的殷墟古墓，因此又叫作殷文、殷墟卜辭或殷卜辭。這些古老的文獻被發掘出土，已歷經百年以上，在長達一個世紀期間，經由中外學者從不同面向，諸如考古學、歷史、語言、文字、社會制度、天文、曆法、農業、地理、宗教及文獻學等領域，做出驚人的研究貢獻。甲骨文獻關於舞蹈與宗教、舞蹈史、舞蹈動作與女性議題、舞者及人體觀的研究，也提供了諸多面向的訊息。茲選下列九則甲骨刻辭，藉以了解商時祭祀禮儀之祭祀對象，並觀察分析舞蹈與巫在祭祀禮儀中扮演的角色及其功能與貢獻。（編按：甲骨文摹寫及今譯皆為劉鳳學手書。）

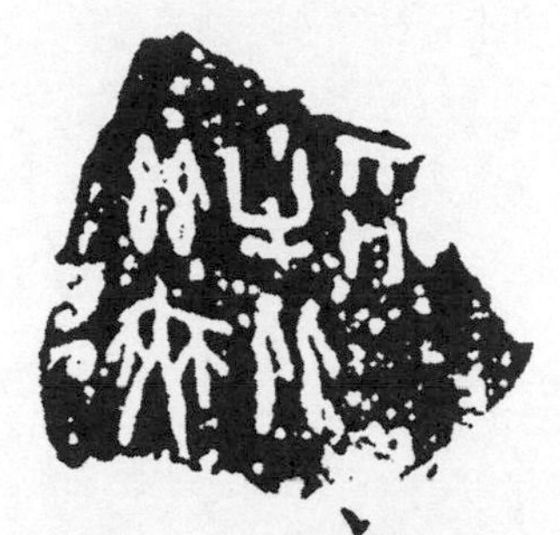

圖1-1：甲骨刻辭原版[5]。

甲骨刻辭閱讀順序，自左向下讀：

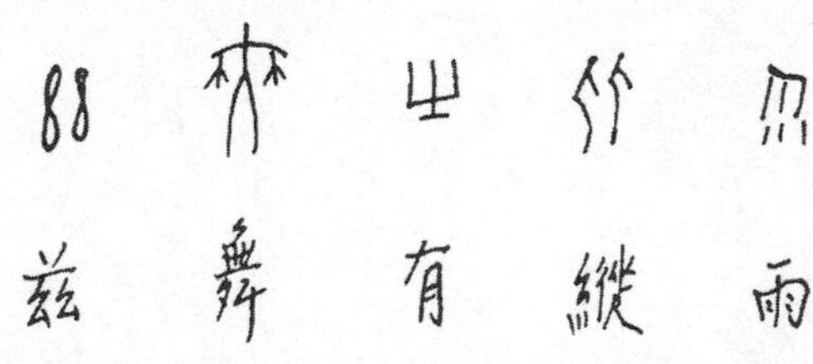

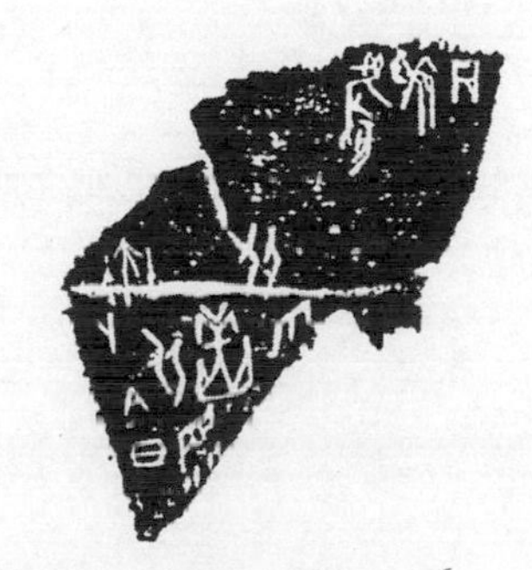

圖1-2：甲骨刻辭原版[6]。

甲骨刻辭閱讀順序，自左向下讀：

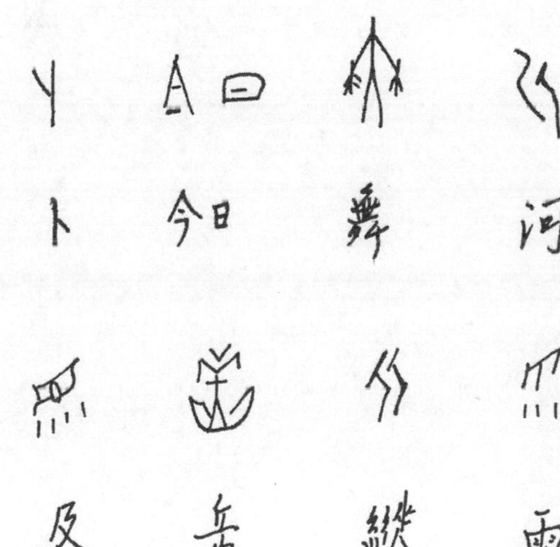

圖1-3：甲骨刻辭原版[7]。

甲骨刻辭閱讀順序，自右向下讀：

王 舞 允 雨

圖1-4：甲骨刻辭原版[8]。

甲骨刻辭閱讀順序，自左向下讀：

壬子　卜　何　貞

王　舞　佑　雨

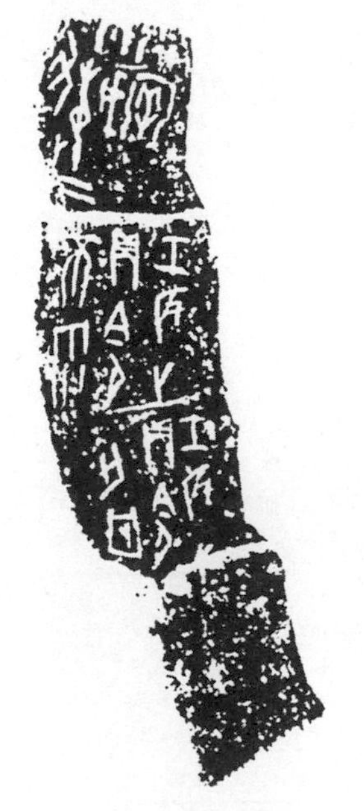

圖1-5：
甲骨刻辭原版[9]。

甲骨刻辭閱讀順序，自最上段，從左向下讀：

[辛]　丑　卜　貞　戟　二小羊

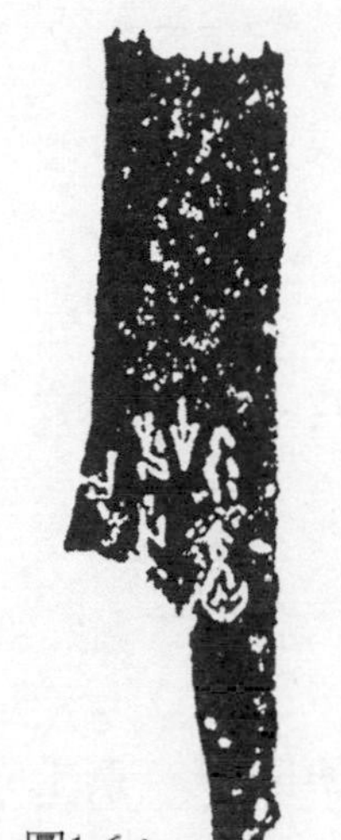

圖1-6：
甲骨刻辭原版[10]。

甲骨刻辭閱讀順序，自右向下讀：

勿 烄 㚼 亡(無) [雨]

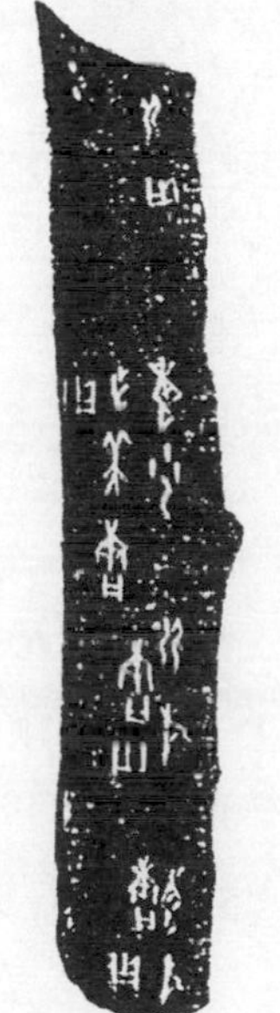

甲骨刻辭閱讀順序，從右至左讀：

叀(惟) 小乙 乍(作) 美 鼓 用

圖1-7：甲骨刻辭原版[11]。

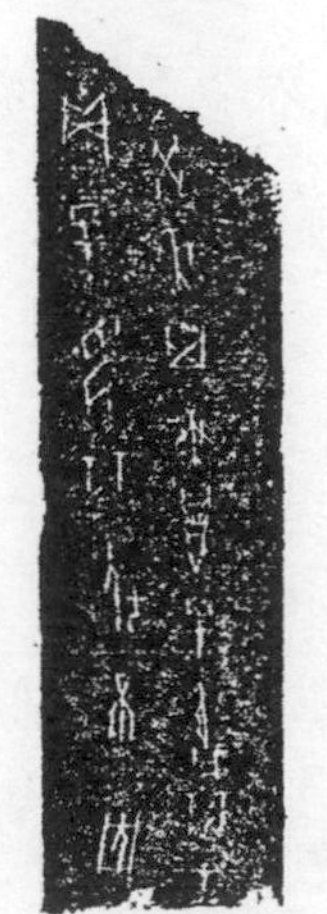

甲骨刻辭閱讀順序，自左向下讀：

癸 亥 其 奏 韶

圖1-8：甲骨刻辭原版[12]。

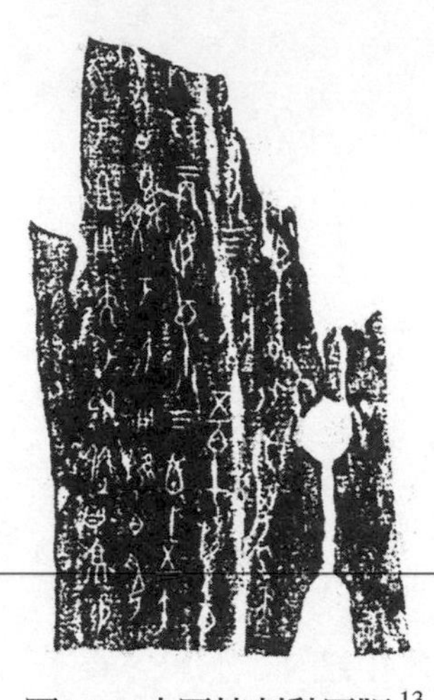
圖1-9：小臣墻刻辭原版[13]。

小臣墻刻辭閱讀順序，自右向左讀：
第一行：〔隹（唯）□□〕小臣墻從（縱）伐。
　　　　禽（擒）：信（辛）美
第二行：人廿又四，內（芮）人五百七十，㜎（奚）女百
第三行：六十，車二丙（輛）；䧁（柙）百八十三，函五
　　　　十，矢
第四行：六十，又（侑）白（伯）文鹿于大（天）乙。
　　　　用隹（帷）中，白（伯）𠬝（服）
第五行：㜎（奚）女于祖乙，用美于祖丁，㿻曰；「京！
　　　　易（賜）
第六行：〔女（汝）□冑。」〕

圖1-9刻辭以現在語文說明大意是：

……小臣墻跟踪追擊，討伐敵人。所獲戰利品計有：辛國美人24名，芮國人570名，奚國女子160名；車2輛，甲衣83副，箭囊50個，箭頭60枚。殷王與眾方伯刑殺紋鹿以祭天乙宗廟，在先王成湯面前共飲鹿血酒，歃血為盟。用帷中曲伴奏，眾方伯或由奚國女子服侍，行御祭于祖乙宗廟，或由辛國美人服侍，行御祭于祖丁宗廟。殷巨㿻傳皆曰：「京人！殷王賞賜你們……頭盔。

（小臣墻刻辭所有文字轉引自林梅村，《漢唐西域與中國文明》，頁5～8）

薩滿教的分布

薩滿教是最古老的宗教之一，至今未退出宗教舞臺，尚流傳於民間的一種原始巫術宗教。它的歷史相當悠久，在新石器時代，西元前五千年的仰韶文化遺址出土的藝術品中，即凸顯出仰韶文化時代的巫覡形象。仰韶文化遺址多分布在陝西關中地區、河南大部分地區、山西南部、湖北南部，遠及甘肅及青海一帶，河套地區，河北北部，湖北

西北部[14]。由於近代考古發掘出土文物的豐富，致使薩滿教的面貌更形清晰。與仰韶文化同時期的夏家店下層文化遺址也發現有占卜之遺骨，可能該時祭祀活動非常頻繁，所以有多處祭壇[15]。夏家店下層文化遺址是在1959年由中國科學院考古研究所內蒙古工作隊在赤峰地區調查發現[16]。如果從世界的角度來探索薩滿教的存在，還有更驚人的發現。早在舊石器時代，貝加爾湖流域的「馬爾他」遺址，即發現薩滿宗教遺址及神像與遺物[17]。薩滿教在人類歷史長河裡不僅流傳時間久遠，流傳的地區也很廣袤，西元7至10世紀時，在靠近義大利裡海的西北岸，有操突厥語的可薩人，建可薩遊牧國家，該國首都有七位法官，其中二位是猶太教徒，基督教徒二位，二位伊斯蘭教信仰者，另一位是薩滿教信奉者[18]。其實薩滿教集中活動地區，以中國東北及俄國西伯利亞一帶最為盛行；至今仍可見薩滿作法行事，近年來並有學者及舞蹈專業人士致力於此項研究，經田野調查提出豐碩的成果。

薩滿教祭祀對象及薩滿（巫師、舞者）的職能

商人信奉薩滿教，薩滿認為掌控宇宙自然現象是「帝」（＝神）[19]。祭祀對象有四種類：其一，為自然神，舉凡日、月、風、雨、雷、社（土地）、方（四方）及山川等自然神（見圖1-2甲骨刻辭）。其二，祖先神（見圖1-7、1-9甲骨刻辭）。其三，先臣神，商朝開國賢臣伊尹亡後，受到諸王的祭祀[20]。其四，動植物崇拜，祭拜的對象有龍、虎、熊、狼、牛、羊、豬、狐、鹿、蛇、兔、鳳鳥（上帝的使者，見彩色頁311右圖）及樹和火神（灶神）等[21]。這些受祭者也都是巫師的助理，協助他們降神，而且天文曆法、醫藥、卜筮、口頭文學、唱歌跳舞都是他們的所長。《呂氏春秋．勿躬》：「巫彭作醫，巫咸作筮[22]。」巫咸能作筮，還能創作樂曲，曾受創建商朝的湯王委以創作《大濩樂》[23]。（按：古代中國，樂及舞並稱為樂，該樂被西周（西元前11世紀～前770年）列為六大舞之一。）《周禮．大司樂》鄭玄註：「大濩，湯樂也，湯以寬治民，而除其邪[24]……」巫彭是醫生、藥師，也是舞者。另有學者周策縱說：「巫相的名稱和巫彭很相類，相的本義，當是一種用手拍的小鼓或用木擊的節鼓[25]。」巫祝多用鼓

（見圖1-7甲骨刻辭），周策縱這項類推是合理的。

祈雨獻牲：一套世界性的「人祭」文化叢在商王朝上演

商朝的薩滿不僅具有多重身分，並擁有多方面的才華，可能是當時社會的知識分子，也可能是「血祭」的犧牲者。如圖1-6甲骨刻辭所說「勿焚妋，沒有雨」，則可證實古代中國確有「人祭」的惡習。商朝第一位王（湯王，西元前1766～前1754），曾經在祈雨儀式中準備自焚求雨的史實，見《呂氏春秋．順民》：

> 昔者湯克夏而正天下，天大旱，五年不收，湯乃以身禱於桑林，曰：「余一人有罪，無及萬夫。萬夫有罪，在余一人。無以一人之不敏，使上帝鬼神傷民之命。」於是翦其髮，鄌其手，以身為犧牲，用祈福於上帝，民乃甚說，雨乃大至[26]。

這種以人獻祭，世界其他民族也有這種陋習。文獻指出，印度Khonds人（在Bengal）向土地神獻人祭儀式中，有一套漫長達十日以上的複雜祭儀，而且在祭殺的前一天，民眾作大遊行，又跳又唱[27]。南美洲馬雅印地安人也有人祭的惡習，遠在1600年代，西班牙人在鮮梅島（Cozumel）遇害，被割腹挖心用以祭神[28]。

商朝薩滿祭祀儀式之具體形式，其過程早已失傳，但據甲骨刻辭（見圖1-9）所顯示，商朝獻俘儀式是在祖先宗廟舉行。儀式時邀請眾方國（戎狄等族）領袖參予；以鹿酒及食物侑（＝食）並有樂舞同時演出，藉以告示祖先娛樂賓客。依此活動內容推論，商朝已具備象徵文化水平的禮儀制度，應是西周（西元前11世紀～前770年）五禮：吉禮、賓禮、嘉禮、軍禮及凶禮的雛形。本文既依據這些點點滴滴的證據，類推唐（618～907）讌樂舞的初始面貌。為更進一步釐清讌樂舞的根源，再求諸於其他符號。

巫舞動作探源

從岩畫

巫舞的文獻不僅見於商朝的甲骨刻辭，也見於遠古石器時代的岩畫。岩畫是古老文化遺產，人民生活的複刻，人體動作的符號，其所顯示的宗教意識與薩滿教有共同的特質。在黑龍江阿穆爾河流域有一幅類似薩滿或舞者們跳舞祈雨的畫像（見圖1-10）[29]；該圖共有四排人和物，最上排有一人，雙手執舞具，狀似主祭者；上至下的第二排有三人，各持舞具作跳舞狀，可能是助祭之薩滿。從上至下的第三排似刺羊狀，甲骨文𢑚的形象，類羊字。徒手者狀似歌舞歡呼。岩畫整體畫面有黑色點滴，像似甲骨文之雨「⿰」字。該岩畫，予人置身於殺牲跳舞的感受。

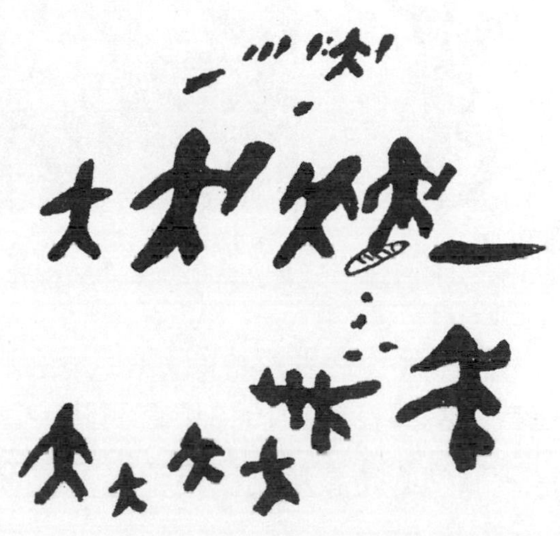

圖1-10：阿穆爾河岩畫（黑龍江）。

以舞祈雨的習俗，至今許多民族仍深信不疑，臺灣原住民阿美族有《祈雨舞》；以色列土風舞有《水舞》，該舞至今仍流傳於世界各地。另外，崇拜自然神的畫像，也被發現，在內蒙古陰山岩畫中有「拜日圖」[30]。該畫非常具象；有如舞者（薩滿）以雙足內向的內八字腳，雙腿微曲，上身垂直，含胸，兩臂彎曲上舉合掌正在祭拜頭上方之圓圈（太陽，見圖1-11）。

象徵能夠與神溝通的內八字腳造型，也被20世紀舞蹈大師尼金斯基（Vatslav Nijinsky，1890～1950）所採用於他所創作的舞劇《春之祭》。該舞以內八字腳的動作作為女群舞的主題動作。當一群少女踏著內八字腳的動作[31]（見圖1-12），一列橫排從右舞臺緩緩而出，給人一種神祕和恐懼的感受。這個動作反覆出現，神祕和恐懼也隨之加深。《春之祭》的音樂是現代音樂大師史特拉汶斯基（Igor Stravinsky，1882～1971）的作品。音樂與舞蹈的內容是表現遠古人民由於崇拜日神，特選一位少女向日神獻祭。

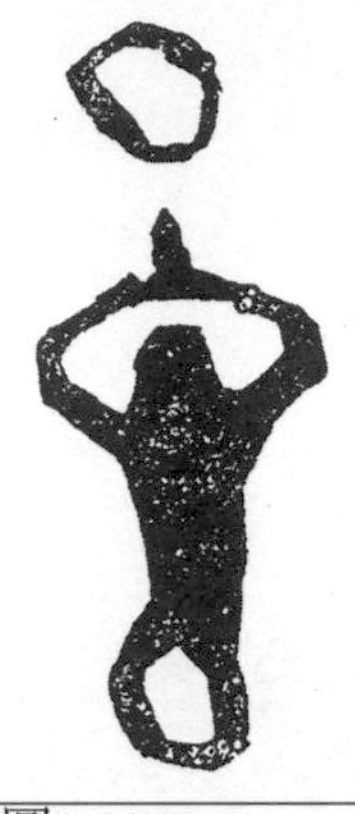

圖1-11：
陰山岩畫拜日圖
（內蒙古）。

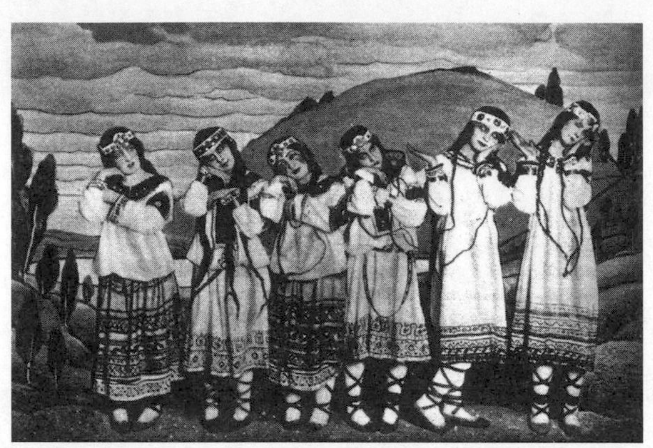

圖1-12：
尼金斯基舞作《春之祭》女群舞內八字腳動作。

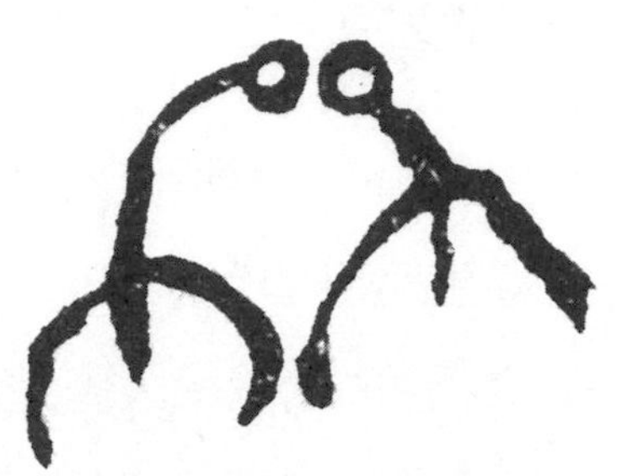

圖1-13：
岩畫雙人舞
（新疆托里縣瑪依勒山）。

這首舞劇與音樂於1913年首演時，當屬前衛又前衛的作品，堪稱不朽的世紀之作。但是，諷刺的是該舞劇演至中途，觀眾開始騷動，尖叫大吼怒罵與交響樂混合成另一首《春之祭》。

新疆地區岩畫也為舞蹈保存了歷史痕跡。它的表現方法有別於圖1-10及圖1-11兩幅水墨畫似的舞跡，而是用線條描繪。畫面有兩舞者，左側舞者兩腿前後開腳半蹲，重心在兩足，上體前傾含胸，兩臂下垂。右側舞者前腿弓，後腿伸直，重心在前足，上體前倒，兩臂下垂[32]。這兩舞者姿態的刻畫，既合乎人體力學，也兼具美學視覺。

從甲骨刻辭及考古遺存

商甲骨刻辭所使用的文字是早期文字的一種象形文字，是研究古代舞蹈史，舞蹈哲學及舞蹈動作非常重要的第一手資料。甲骨刻辭有以舞祭祀自然神、祭祖先神及用舞祈雨的文獻。因為甲骨文字是象形的文字，所以可以根據它的形象觀察推測它的姿態所象徵的意義、身體使用的部位及分析施力的強弱度。例如「舞」字的寫法（見圖1-14），該圖一人開腳立重心在兩足，手持舞具（如麥穗，又像羽毛。傳統說法，雙手持牛尾），可能是跳舞前舞者的預備姿態。

另外再看看「女」字，該字非常具象而有現代感（見圖1-15），該字字形有如一女舞者雙膝併跪地上，重心在兩膝及兩足足趾。動作過程可能上身向左擰轉，然後上體前彎經前方再向右擰轉同時上體直；藉吸氣同時兩臂上舉，用力將頭髮向上甩動，有如女巫瘋狂的在作法；頭髮也成為降神的一種工具。

商代文字不僅有甲骨文，尚有刻在陶器上的陶文，鑄在青銅器上的文字被叫作金文。在容庚的《商周彝器通考》一書中有一座命名為「玄婦方罍」的青銅器，上鑄有以上四個字的方罍。從舞蹈的角度來觀察解讀，該文字的形象有如一位女巫師跪坐在一座有三支腳，插有羽毛的方罍前，女巫肩上有一銜環的鳥，女巫正在舞蹈祭拜。祭拜的對象，像似中國神話：玄鳥是商人的先妣，女先祖神。再看《詩經．商頌．玄鳥》說：

> 天命玄鳥，降而生商[36]。……

屈萬里詮釋：玄鳥燕也。相傳高辛氏妃簡狄，吞燕卵而生契，契為商人的始祖[37]。簡狄即然是先妣，鑄罍紀念，以舞祭先祖，當屬合理。筆者童年曾目睹薩滿作法的舞蹈動作，有時如鳥在空中盤旋飛舞，有時如虎嘯狂奔至筋疲力盡而仰臥在地面上，四肢抽動。以飛禽走獸作為祖先神，原始社會多有多聞。古代每一民族都有圖騰崇拜，崇拜祖先的觀念存在於原始社會人類行為上，也顯示在現代社會；以國定假日的方式，使各民族於每年「清明節」祭拜祖先的文化特質。

青銅禮器在古代中國被賦予無上權利的原因，是由於它的紋飾被巫師認為可以與自

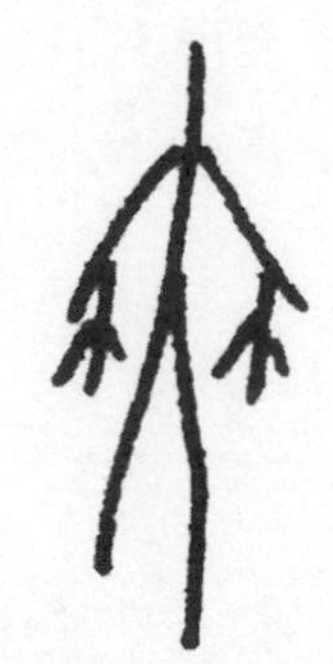

圖1-14：
甲骨文「舞」字[33]。

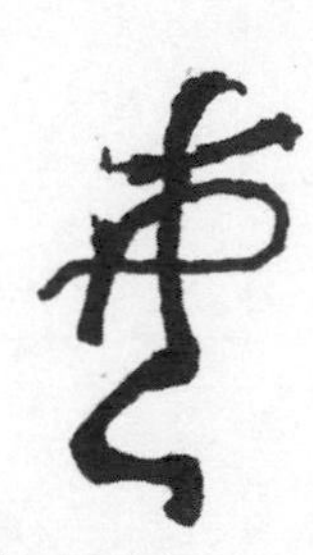

圖1-15：
甲骨文「女」字[34]。

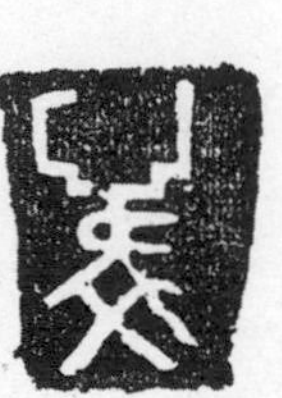
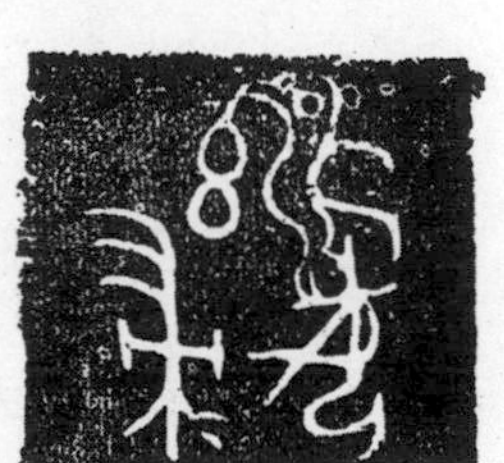

圖1-16：玄婦方罍[35]。

然神、祖先神等神靈溝通，並認為國家最高權力者還要具高「道德」的領導者才能成為青銅「九鼎」的擁有者。中國古老的文獻《左傳・宣王三年（西元前606）》有一段對「九鼎」的象徵意義所作的詮釋：

……昔夏之方有德也。遠方圖物，貢金九牧，鑄鼎象物，使民知神奸。……桀有昏德，鼎遷於商，載祀六百。商紂暴虐，鼎遷於周。德之休明，雖小，重也[38]。……

從禹步與三蹻

一、禹步

「禹步」是道教道士作法時所作的舞蹈步法的一種。具傳說該步是夏朝（西元前21～前16世紀）大禹（西元前2123～西元前2055）治水時曾見：

居南海之濱，見鳥禁咒，能令大石翻動。此鳥禁時，常作是步。禹遂模寫其行，令之入術。自茲以還，術無不驗。因禹製作，故曰禹步。末世以來，好修道者眾，求者蜂起，推演百端[39]。

禹步動作作法文獻首見於葛洪（283～363）著《抱朴子・內篇》。葛洪之思想、論著屬道家，並且是一位長於煉金術的科學家，也是巫術宗教的信徒，《四庫全書總目》：

……抱朴子內外篇……退居羅浮山時所作。抱朴子者，洪所自號，因以名書也。自序謂內篇二十卷，外篇五十卷。……其書內篇論神仙吐納符篆勉治之術[40]……。

葛洪在《抱朴子・內篇》記錄禹步方法如下：

求仙道入名山者……當以左手取青龍上草，折半置逢星下，歷明堂入太陰中，禹步而行，……左手取土以傅鼻人中，右手持草自蔽，左手著前，禹步而行，……禹步法：正立，右足在前，左足在後，次復前右足，以左足從右足並，是一步也。次復前右足，次前左足，以右足從左足並，是二步也。（按：此句後應加次復左足前）次復前右足，以左足從右足並，是三步也。如此，禹步之道畢矣。凡作天下百術，皆宜知禹步，不獨此事也[41]。

筆者曾於1984年在劍橋大學圖書館從《四部叢刊子部》的《抱朴子・內篇》及《道藏》第323冊二書抄錄多首禹步圖，茲僅擇錄數首供參考。

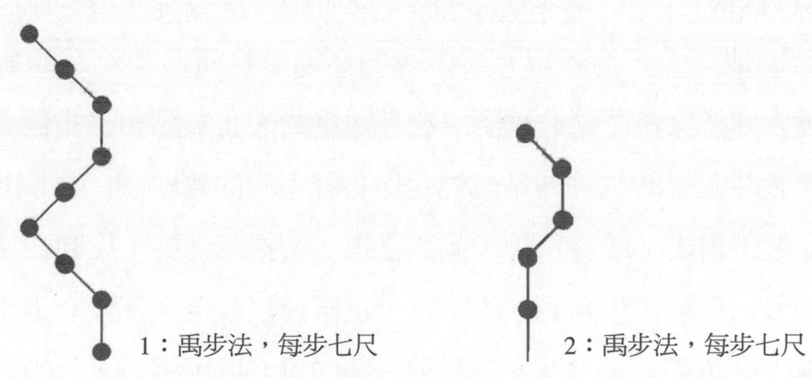

圖1-17之1～2：禹步法二圖擇錄自《四部叢刊》《抱朴子・內篇》。

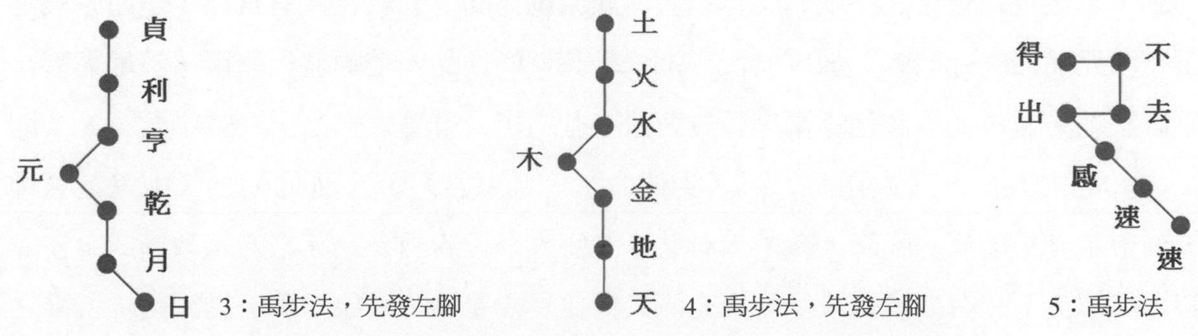

圖1-17之3～5：禹步法三圖擇錄自《四部叢刊》《道藏》第323冊。

二、三蹻

道教有乘龍駕虎上天下地之術，《抱朴子》：

> 若能乘蹻者，可以周流天下，不拘山河。凡乘蹻道有三法：一曰龍蹻，二曰虎蹻，三曰鹿蹻。……思五龍蹻行最遠，其餘者不過千里也[42]。

據考古學者張光直（1931～2001）研究相關仰韶文化的巫覡資料，從河南出土墓葬發現，有一大墓，墓主兩側有用蚌殼排列的龍虎圖案，另一圖案有龍、虎、鹿和蜘蛛等……也有人騎龍和虎奔馳於空中[43]。

根據以上「禹步」、「三蹻」及出土大墓內部布置圖案來觀察，大墓之主人可能是仰韶文化時期的巫師[44]，以蚌殼擺成的龍、虎、鹿，筆者揣測這些動物所象徵的可能就是巫師作法時助他上天下海賴以召神降神的交通工具而形象化了的舞蹈動作——龍蹻、虎蹻和鹿蹻。仰韶文化時期的巫師，已有豐富的天文知識和宇宙觀；因為所有禹步及蹻，完全依據北斗七星的位置為基調變化出各種不同的舞跡圖（見圖1-17）。並且每個舞句，皆由奇數所組成；或為三拍，或為五拍、七拍或九拍，反映出宇宙星宿的空間觀。這些觀念和形式是道教和薩滿教的特質，這兩種宗教至今都沒有退出宗教的舞臺，那依附在宗教翼下的讌樂舞至今也仍展演在不同文化的闡釋中。西元前3世紀大文豪屈原（西元前343～前278）的出世，使宗教文學大放異彩；創新了文學的體例，豐富了文化內涵，為後世遺留用之不竭的文化遺產。屈原創作的《九歌》共有11篇，是屈原被楚懷王（西元前328～前299）放逐於沅、湘一帶時期的作品。楚國盛行巫術，該地尤甚。屈原以該地方言，並以該地巫術宗教為背景，創造了〈東皇太一〉、〈雲中君〉、〈湘君〉、〈湘夫人〉、〈大司命〉、〈少司命〉、〈東君〉、〈河伯〉、〈山鬼〉等神祉，刻畫諸神乘龍駕豹臨降，參予人神共享的盛大祭祀的酒宴。莊嚴的宗教儀式，在偉大詩人的筆尖下，有如童話般呈現出充滿人性並具視覺美的景象。筆者推測諸神所乘之龍車，〈山鬼〉所駕之豹，是否與前述考古出土仰韶文化時期之大墓中所布置龍、虎、鹿三蹻及《抱朴子》、《道藏》諸書中之三蹻有相關性。筆者節錄《九歌》相關詞句，相互對照，試圖進一步理解巫與「三蹻」的關係。

屈原《九歌》與三蹻

中原民族的屈原可能是極少數親身參與巫術宗教活動的學者。他的《九歌》是描寫一場極盛大的巫術宗教舉行的祭祀儀式。他對祭祀的會場、佳餚、巫神、乘龍蹻、虎蹻（見圖1-18、1-19、1-20），以及歌舞都作了詳盡的描述。本節僅就巫與蹻的關係進行探索，有關儀式中之歌舞，第三章再行討論。

屈原《九歌》第一曲命名為「東皇太一」，又稱其為「東君」。楚人信仰東皇太一神，奉為最尊敬的太陽神。整首歌詞形容主角的服裝如同帝王的服制；所戴的長劍及其玉珥，只有帝王的身分才可以配戴玉器藉以顯示其尊榮；形容會場內有豐盛的佳餚、祭奠的桂酒；有按琴擊鼓，竽瑟齊鳴，神君共聚一堂舉行祭祀。基於以上所描述神君眾多，快樂安康，因此筆者推測，這一場盛大的酒宴，可能為諸巫群聚，扮演神靈，祭祀東皇太一而舉行的年度大祭。屈原《九歌．東皇太一》原歌詞如下：

> 吉日兮辰良，穆將愉兮上皇！撫長劍兮玉珥，璆鏘鳴兮琳琅。瑤席兮玉瑱，盍將把兮瓊芳。蕙餚蒸兮蘭藉，奠桂酒兮椒漿。揚枹兮拊鼓，疏緩節兮安歌，陳竽瑟兮浩倡。靈偃蹇兮姣服，芳菲菲兮滿堂。五音紛兮繁會，君欣欣兮樂康。[45]

屈原《九歌》第二曲是〈雲中君〉，述說的是飾「雲神」的巫師穿著華麗帝服，乘著龍車而降臨，歌詞原文如下：

> ……靈連蜷兮既留，……龍駕兮帝服，聊翱遊兮周章！靈皇皇兮既降[46]……。

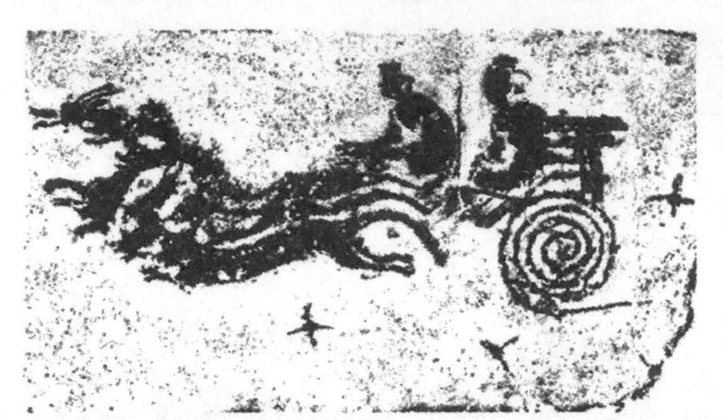

圖1-18：三龍拉雲車[50]。

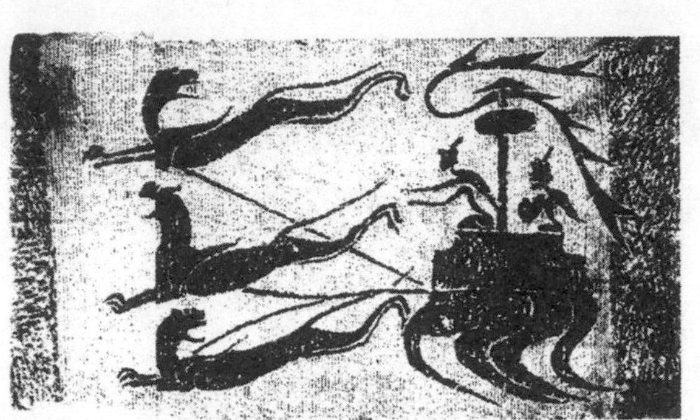

圖1-19：三虎拉雲車[51]。

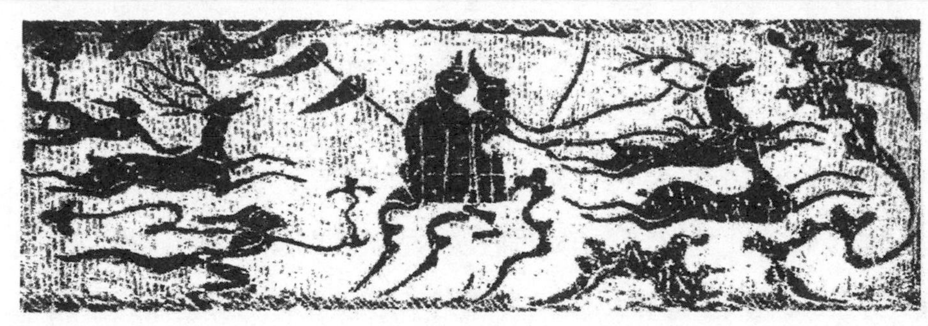

圖1-20：三鹿拉雲車[52]。

屈原《九歌》中的〈湘君〉與〈湘夫人〉，描述的是神靈之間的戀愛，他所乘的是「龍舟」：

……駕飛龍兮北征[47]……。

「大司命」所乘仍屬「龍蹻」：

……乘龍兮轔轔[48]……。

〈東君〉最氣魄，不僅乘龍輈，還揮著旗子：

……駕龍輈兮乘雷，載雲旗兮委蛇[49]。

駕兩龍兮驂螭[50]……。

駕著兩條龍而來的是「河」神（河伯）。〈山鬼〉第八曲，來遲了的山神是乘著山中之王赤豹（虎或鹿）（可能是虎）而來。見原文：

……乘赤豹（虎或鹿）兮從文狸……路險難兮獨後來[51]！

舞者出處

在巫術宗教中除巫師擁有與人、神、天地溝通的權力外，另外具有此能力者，當屬舞者與音樂及舞蹈。文獻顯示商之前的夏朝（西元前21～前16世紀）仰韶文化時代，巫術舞蹈的舞者、樂人多由各方國移入。其後經歷商朝（西元前16～前11世紀）至周朝（西元前11世紀～前770年），歷時一千五百餘年，尤其是在周朝時代，凡有關祭祀、宴射、祈雨等活動皆由四夷樂舞及舞者參與承擔表演任務。此風尚已形成一種傳統，影響所及，隋朝（581～618）之七部樂、九部樂，唐朝（618～907）之十部樂，皆包含了為數頗多的外國樂舞，如高麗樂、天竺樂，中亞之康國樂、安國樂等。

從《竹書紀年》

舞者在商朝時代就有諸方夷屢獻樂舞文獻，如《竹書紀年》：

少康（夏朝第五位王）即位，方夷來賓，獻其樂舞[53]。

《後漢書．東夷傳》也說：

自少康以後，世服王化，遂賓於王門，獻其樂舞[54]。

《竹書紀年》又說：

后發即位，元年諸夷賓于王門，諸夷入舞。

《竹書紀年》又說：

帝發，一名后敬，或曰發惠。元年乙酉，帝即位。諸夷賓於王門，再保墉會于上池，諸夷入舞[55]。

少康是夏朝第五位王，在位時間當是西元前21世紀後半。發是夏朝第十五位王，約西元前16世紀中葉。夏朝享國471年[56]，夏王朝在開國後曾創作了《九招》（《九韶》）樂舞。啟王十年巡狩時曾舞《九韶》於大穆之野[57]。所謂《九韶》可能是西周（西元前11世紀～前770年）時代六大舞之一的《大韶》樂舞。商王朝成湯即位後，適逢大旱，乃於25年令伊尹作《大濩樂》[58]。以上二樂舞均被儒家所吸收，列入周朝之六大舞之內，由此觀之，可以肯定的說儒家樂舞與巫術樂舞同源於上古時期之巫術宗教，只是儒家學者的思維善於「轉化」而已。儒家學者不僅將巫術舞蹈的「質」使之轉化，連同方國樂舞、方國舞者、戰俘都使其融入華夏民族，中原文化中。例如：商朝時所獲羌人的戰俘，並不殺害，僅令其在巫術宗教儀式中作為樂舞人，獻其本族之樂舞[59]。周朝（西元前11世紀～前770年）則將其制度化，將四夷之樂舞人納入宮廷官制內，如韎師，掌韎樂，旄人掌教舞散樂舞夷舞，鞮鞻氏教四夷之樂與其聲歌[60]。

從小臣墻刻辭觀察巫術宗教舞者

在商王朝巫術宗教儀式中扮演的角色：

一、甲骨學研究者認為小臣墻刻辭可能刻於商朝亡國之前的帝乙或帝辛（桀）時期。年代在西元前1051年或前1089年。該刻辭內容（見本卷圖1-9甲骨刻辭）主要記錄小臣墻在某一場戰爭中所獲戰利品及如何處理戰俘。該文：「戰利品計有：辛國美人24名，芮國人570名，奚國女子160名；車2輛，甲衣83副，箭囊50個，箭頭60枚。殷王與眾方伯刑殺紋鹿以祭天乙宗廟，在先王成湯面前共飲鹿血酒，歃血為盟。用帷中曲伴奏，眾方伯或由奚國女子服侍，行御祭于祖乙宗廟，或由辛國美人服侍，行御祭于祖丁宗廟[61]……。」

二、商朝的甲骨刻辭中有許多祈雨與舞蹈及以舞祭祀祖先等相關條目。但其中缺乏可供研究重建如舞譜的詳實紀錄遺存，造成研究古代舞蹈最大的障礙。舞蹈是人類本能的一部分；它是與生俱來自然流露出來的一種行為，日久，被不同文化的制約，進而形成各民族、各舞種不同的風格。由於人體動作依存於時間和空間，當時空條件消失，舞蹈動作也隨同瞬間即失的時間而消失；舞蹈結構與空間設計等邏輯思維與形象思維同時被時空所吞食。所幸歷代歷史學者們記錄了舞蹈存於各朝代的事實，也敘述了舞蹈的功能，標榜了他們如何主導了舞蹈在政治權謀運作的豐功偉業，可是由於忽視了舞蹈的本質，貶低了「實踐」的重要性，致使存在於歷史文獻的舞蹈，僅僅有舞名而已，創作者、表演者的智慧完全淹沒於封建專權的王者手中。因此本研究除利用商代第一手資料甲骨刻辭外，筆者借助於「回溯推測」（dead-reckoning backwards）研究方法，再從《詩經》、《楚辭・九歌》、《左傳》、《呂氏春秋》、《史記》、《周禮》、《漢書》、《後漢書》、《竹書紀年》等古典文獻及圖像學，各不同角度探索初始時期巫術舞蹈動作的具體形象，並以文字描述法及符號記錄法（拉邦舞譜記錄符號）兩種方式並列，將本章部分圖像轉化為可視讀之舞譜。

舞蹈動作記錄法

中國古代舞蹈記錄方法著重於文字與圖像的紀錄，見前。現代則著重於符號的應用，詳見本卷下篇。

舞具與舞面

從甲骨文獻顯示商朝巫術舞蹈有利用羽毛為舞具者（見前甲骨文之舞字，及見圖1-16玄婦方罍）及以武器為舞具者，如甲骨文之戟（戟）。以舞具凸顯舞蹈「質」的內涵，並以此作為區別舞蹈類型，可能商時代對舞蹈之分類即以二分法之概念加以含括，致日後，宮廷樂舞有「雅樂」與「讌樂」之別。其實「雅樂」與「讌樂」之命名，也有其文化與藝術功能的層面。至於舞蹈面具，只見有青銅器面具（見彩色頁312上圖，大型青銅人面具）。商時代未曾有陶面具之遺存物出土。

音樂遺存

從考古出土文物及甲骨刻辭發現商人音樂也達到了一定的水準。商人有：

1、管樂器：籥、塤；

2、擊樂器：鼓（見彩色頁312下圖，青銅獸面紋鼓）、石磬、銅鐃；

3、弦樂器：或許由於弦樂器難於保存，因此在出土文物中未曾見有弦樂器之樂器，但甲骨文的「樂」作「𢆶」狀之字體，有絲竹的形象，推測商人是持有弦樂器的。

4、作曲家：商朝的作曲家有伊尹，湯王曾命伊尹作《大濩樂》。末代商王紂王命師涓作新樂，被後世評論為「北里之舞，靡靡之樂」之作，可能屬於通俗樂舞。《大濩樂》可能用於祈雨（因濩字有水的形象）或用之以祭祀先王湯王的宗廟。該時音樂的速度可能很慢；如屈原《九歌》所說：「疏緩節兮安歌」（見前）。

5、歌詞．咒語：商人遺存之文獻，在第一手資料甲骨刻辭中尚未發現祭祀時之歌吟詞句呼號咒語，在道教文獻如《道藏》記錄了道士作法時之呼號咒語，似可作為比較參照。如：作法時（科儀）道士手提寶劍，口中唸唸有詞，高呼：

鬼賊於道，不順者收付魁罡之下，入地萬丈，無動無作，急急如律令，攝。噀水。次視劍五行咒曰：

五行相推，剛最持威，六紀輔我，三臺辟非，天迴地轉，陰陽開闢，長生度世，日月同暉。次提劍擬地視之，咒曰：

天赦煌煌，地赦正方，禹步所至，百鬼伏藏，急急如律令，攝噀水。便殺劍後，便右旋身，出斗避，踏星罡畢，就事行道。[62]

固然道士作法咒語，不能與三千多年前之巫師作法相比擬，但就筆者個人童年時所見，今日道士作法之舞步與姿態，神似童年親身所見薩滿作法之形態。通過文獻觀察，商代以祭祀自然神與祖先神行事最多，經三千年之演變，現今薩滿教祭祖則以氏族及家庭個體舉行為主。至於其歌詞咒語，今學者王宏剛、荊文禮、于國華三位專家經二十餘年之田野調查，所獲頗豐，詳見其出版之《薩滿教舞蹈及其象徵》[63]。

歸納分析，商代文化思想的核心，是宗教。商人尊神、率民、殘民以事神，樂舞、青銅禮器承載了這份沉重的任務，樂舞始終都是巫術宗教有機組成的重要部分。人類初始階段，樂舞多依宗教興替而盛衰，其後人文思想支配了樂舞走向；政治權謀掌控了樂舞人的命運。

三大文明古國上古時期舞蹈文明

本節是基於歷史文獻及考古出土文物所提供的具體資訊，針對三大文明古國——希臘、印度與中國在西元前20世紀至前11世紀上古時期的宗教舞蹈文明相互參照比較和分析。

古希臘文明是西方文明的搖籃，希臘人的祖先是印歐民族，最初居住在多瑙河下游巴爾幹半島一帶，在西元前三千年始遷徙到希臘半島，是邁錫尼（Mycenae）文明的創造者。邁錫尼文化始於西元前16世紀，恰好與中國商朝文化同時光輝於世。其實這兩大文明在西元前16世紀以前都歷經了一段漫長的歷史過程。中國在西元前16世紀前是仰韶文化的夏朝（西元前21～前16世紀）。希臘在西元前16世紀以前是具有高度文化的「克里特文明」，或稱為「米諾斯文明」。米諾斯王統治希臘時，稱雄愛琴海，青銅器、陶器和文字都達到了很高的水平[64]。宗教舞蹈的功能也有與中國類似的發揮；舞蹈也一直是宗教形式的一部分。每一則神話，也可能是真實的歷史，據說：

> ……眾神之王宙斯與美麗的公主歐羅巴，在克里斯特島生了三個兒子，最小的兒子米諾斯作了克里特島的國王，由於米諾斯冒犯了海皇波賽冬，於是波賽冬在盛怒之下施法，讓他的王后愛上了公牛，生下了一個牛頭人身的怪物，即米諾牛。為了囚禁這個怪物，米諾斯派人修建了一座迷宮，裡面的通道錯綜複雜。他把米諾牛安置在迷宮的最深處，要求雅典每七年進貢童男童女以供米諾牛享用[65]。

這一則神話歷史與中國商朝祈雨焚巫獻祭相比較，顯現出兩國在上古時期宗教迷信的類似性，只是行為的目的與手段不同而已。這則神話最終由英人阿瑟．依文思（Sir Arthur John Evans，1851～1941）所破解。阿瑟．依文思於1900年開始挖掘這座「克里斯迷宮」，經過三年的時間終於發現了這座王公大型遺址。其後又經過了二十多年的時間，不僅完成了他的考古發掘，也揭開了這段歷史的真實面紗。古希臘人如同商民族都是多神崇拜的民族；古希臘是人神共存的國家，神與人同形態，同性別，永生不死。古希臘歷史和神話糾結緊密，所有文學、哲學、藝術、體育都是在既是歷史又是神話中開展出來。許多重要活動多源於敬神祭祀；如奧林匹克運動會，最初的目的僅僅是娛神而已。戲劇也是從「酒神祭」漸漸演化而形成的。

酒神崇拜是在西元前13世紀從小亞細亞傳入古希臘，開始時只是地方性的節日，當漸漸興盛起來之後，在單純的祭儀活動中增加了音樂舞蹈的節目。西元前6世紀時，酒神節被官方認可，成為全城邦的大節日，並淘汰了原始粗俗的部分活動，取而代之的是莊嚴盛大的遊行[66]。

古希臘人和古中國商朝人相同，都非常迷信，認為神可以預知未來，只是要通過特定的人——祭司與神溝通。祭司通常依情況用不同的方式進行占卜。祭司在與神溝通之前，人們首先向太陽神獻祭，並詢問神是否願意給予指示，通常扮演祭司的助理是一頭山羊，將山羊放在祭壇上，依山羊的反應而決定下一步的行止；如山羊打哆嗦，即表示太陽神阿波羅同意回覆問題。由祭司代宣示的神意經由祭司給予詢問者模稜兩可的解答詞句，很多人會誤解了他的回答。神的回答也往往被人所利用，作為政治鬥爭的工具；假借神諭打擊政敵。哲學家蘇格拉底（Socrates，西元前470～399）也被指控為不敬神靈，被判死刑。總之，崇敬神靈和祭祀是古希臘人生活的重心，神話觀念是世俗生活的準則，很多國家大事都是以宗教名義舉行[67]。

古希臘人和中國商朝人同樣認為祭祀是國家的大事。古希臘每個邦城都建有神廟，可是古希臘祭神的地點並不在宗廟裡面舉行。因為古希臘人認為神的居所不能隨意進入，所以祭祀活動都在神廟外面的廣場進行。在祭儀開始前，由祭司率領一隊少女將獻祭的牲畜送到祭壇前。這些少女或持香爐，或抱著水瓶，或手持火把，態度嚴謹肅穆。樂師在獻祭隊伍後面奏樂敬神，同時有舞蹈表演。很多專門為祭神儀式創作的舞蹈皆在此時演出[68]。

雖然中國或希臘都未保存古代祭神舞蹈舞譜遺存，所幸這兩大文明古國經由考古，發現了西元前3000年至前1350年間的舞蹈圖像，即陶塑舞俑。以下四幅圖像，其中圖1-21[69]是古希臘三名泥塑的女舞者牽手圍繞著手持七弦琴的男性樂師。製作時間大約在古典時期晚期的西元前1350～1300年間。另外三幅圖像1-22、1-23、1-24，是中國新石器時代馬家窯文化（約西元前3300～前2100年間）時期的舞蹈紋彩盆。從這些出土遺存，提供了兩大文明古國舞蹈研究的珍貴文獻。

印度則不然，盡人皆知印度有豐富多彩的舞蹈文化，但是由於對它的存在年代難於確知，只好利用回溯研究，可能是最佳的選擇。

《吠陀》一書是研究古代印度舞蹈史不可或缺的文獻。《吠陀》聖經的演化過程，歷經了三個主要階段。第一階段的《梨俱吠陀》大約完成於西元前1500～前1400年[70]。與《梨俱吠陀》同時完成的尚有《娑摩吠陀（*Sama Veda*）》，《夜柔吠陀（*Yajur*

Veda）》，《阿闥婆吠陀（*Atharva*）》。它們均為古老的詩體文獻。之後出現了一系列對每部吠陀進行注釋的散體文獻。這些被稱為婆羅門書（Brahmanas），或梵書、淨行書。最後產生了吠檀多的《奧義書（*Vedanta Upanishads*）》[71]。這些文獻提供了為數可觀的舞蹈資訊；舞蹈活動在早期印度社會中，不僅為儀式服務，也是自我完善和娛樂的主要項目。例如頭頂水罐的少女們，圍繞聖火翩翩起舞，藉以乞求風調雨順，人丁旺盛，這是在名為「馬哈務拉塔慶典」儀式中跳的舞。另外，在婚禮中由已婚婦女跳舞，藉以祝福新婚夫婦婚姻美滿和諧，早生貴子。當有人死亡時，生者被告之不要絕望，要笑，要跳舞，要以強者的姿態面對今後的人生[72]。

《往世書》是一部僅次於《吠陀》、《羅摩衍那》、《摩訶婆羅多》的聖賢文獻，曾記載了相關舞蹈的資訊：

> ……成為一名優秀的畫師，同時也必須對舞蹈及其技巧進行徹底的學習和掌握。……對病患而言，舞蹈不僅是一副靈丹妙藥……在祭祀時要獻祭動物供品、處女，還要表演舞蹈[73]。

舞蹈分析

以下利用魯道夫・拉邦（Rudolf von Laban，1879～1958）和勞倫斯（Frederick Lawrence，1895～1982）合作於1947年出版《施力》（*Effort*）一書中所提出之「舞蹈分析法」之中三項方法：一、施力，二、動作與空間之變數，三、塑形，針對古希臘（圖1-21）、古中國（圖1-22、1-23、1-24）及古印度

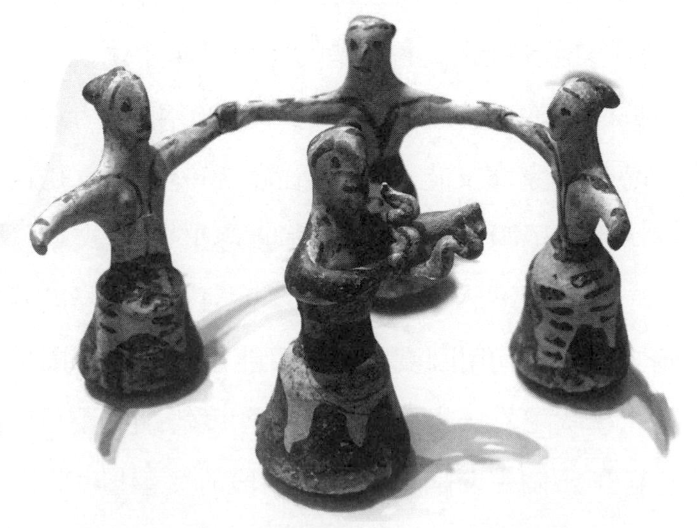
圖1-21：泥塑三名舞者圍繞手持七弦琴的樂師。

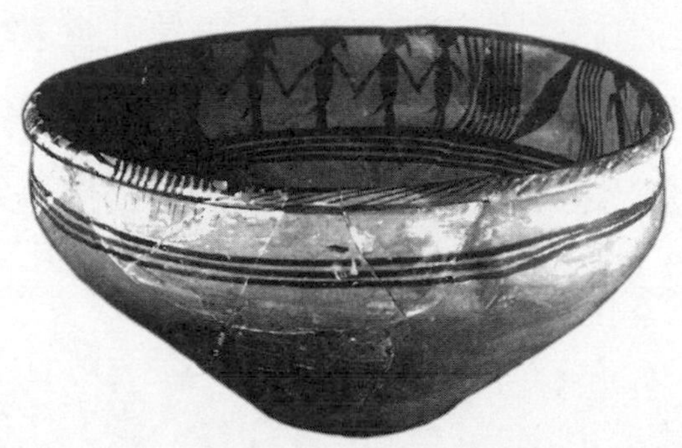
圖1-22：舞蹈紋彩陶盆（青海）[75]。

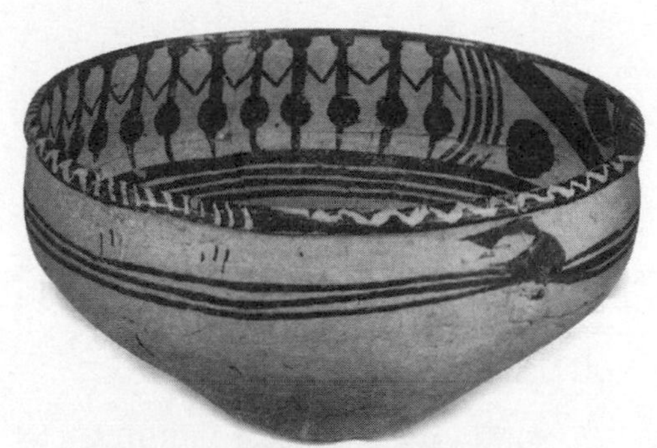
圖1-23：舞蹈紋彩陶盆（宗日）[76]。

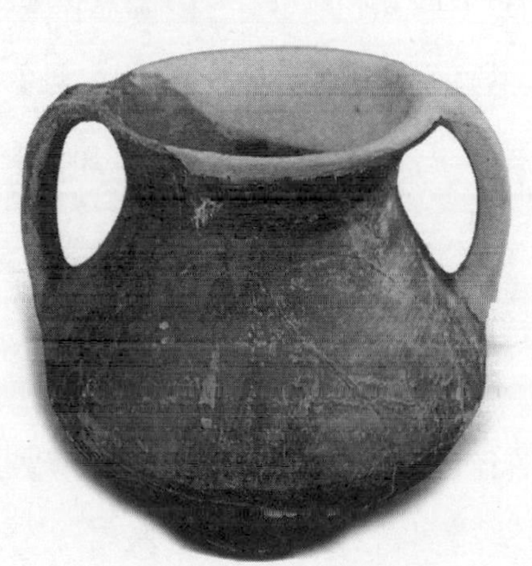
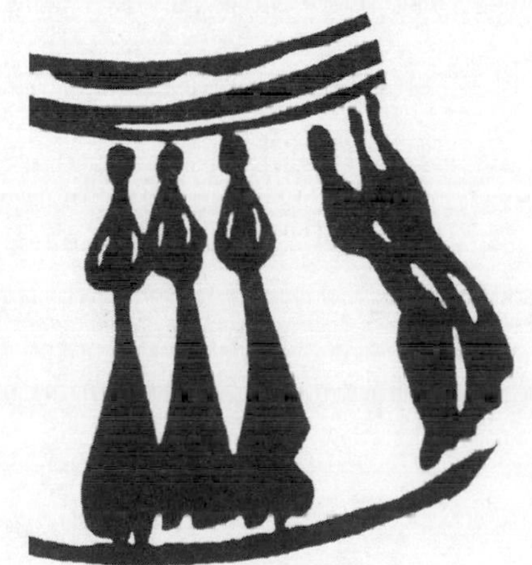
圖1-24：舞蹈紋彩陶罐（酒泉幹骨崖）[77]。

舞蹈塑像遺存進行分析。

圖1-21是古希臘「泥塑三名舞者圍繞手持七弦琴的樂師」。製作時間約在西元前1350～前1300年間，現存於伊拉克利翁考古博物館（Heraklion Museum）[74]。三名舞者及樂師均頭戴動物頭照或面具。三名舞者身體垂直立面開圓圓心。兩臂側平舉，牽手。男性樂師立於中央，上體稍左傾，手持七弦琴。從以下三項來觀察，結果如下：

- 施力：屬於控制的、拘謹的；
- 空間變數：有直接感，有明確指定目標的；
- 塑形：屬圓形，三度空間的塑形。

圖1-22舞蹈紋彩陶盆（青海）於1973年出土於中國青海省大通縣原始社會遺址。屬新石器馬家窯文化時期製作（西元前3000年）。盆內壁舞者五人一組，舞者雙臂斜下互牽手，依盆狀成半圓形，舞者有頭飾有類似尾巴之飾物，似鳥類、鳥尾。動作一致，向順時鐘方向進行。可能是用於鳥圖騰祭祀之儀式舞蹈。從分析角度來觀察：

・施力：流動的，自由的；

・空間變數：直接、有明確目標、有投射感；

・塑形：半圓，可行成三度空間。

圖1-23舞蹈紋彩陶盆屬新石器時代，出土於青海宗日。彩陶盆內壁各有11人及13人二組女性舞者。舞者依隨圓壁狀，成一行半圓形隊形，兩足併攏，兩手斜下互牽手。身著圓桶裙，頭上有圓形髮髻，靜止表情肅穆，看似參予祭祀儀式的群舞。分析結果：

・施力：控制的、拘謹的、靜止的；

・空間變數：一行橫排有壓迫感、撞擊感、可行成三度空間之群舞；

・塑形：圍繞、包含、可變形的。

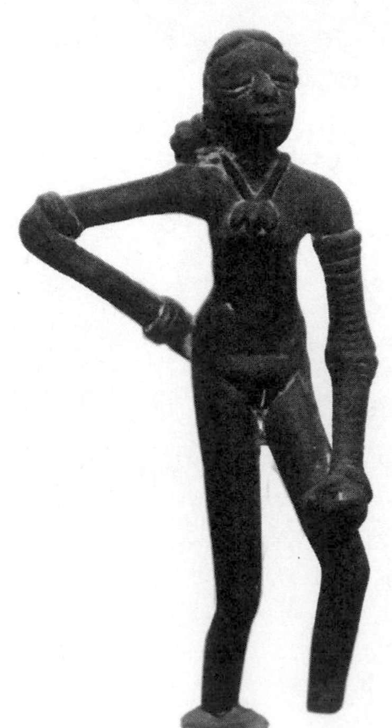

圖1-24舞蹈紋彩陶罐，屬新石器時代製品，出土於中國酒泉幹骨崖。全罐外部繪有18名女舞者，分3人一組共6組。女舞者著裙曳地，身材纖細，兩臂下前腹成圓形，似在舞動水袖，動作幅度較小，兩足有如〈雲步〉或〈小碎步〉。分析結果如下：

・施力：流動的、輕鬆流暢、不停止的；

・空間變數：可變的、輕的、靈敏的；

・塑形：悠閒、從容、緩慢的。

圖1-25是印度最早的舞俑。出土於今巴基斯坦境內，莫

圖1-25：印度最早的舞俑〈The Dancing Girl of Mohenjo-daro〉，新德里國立博物館藏[78]。

亨朱達羅。該遺存屬於西元前3500年前史前印度河流域文明時期。觀察此作品，就三方面而言：

- 施力：控制的、拘謹的、有剛健感；
- 空間變數：直接的、明確指定目標的、直射形、速度可快可慢。
- 塑形：伸展形。

｜註釋｜

1. 張光直著，印群譯，《古代中國考古學》，瀋陽：遼寧教育出版社，2002，頁339。
2. 郭寶鈞，《中國青銅器時代》，板橋：駱駝出版社，1987年7月，頁3。
3. 張光直，《中國青銅時代》，臺北：聯經出版公司，1994年12月初版五刷，頁65～71。
4. 杜維運，《中國通史》，臺北：三民書局，2001，頁45～52。
5. 郭沫若，《殷契粹編．八一三片》，北京：科學出版社，1965，No.813。
6. 同上註，No.51。
7. 茂樹貝塚，*Kyōto Daigaku Jinbun Kagaku Kenkyūjo-zō kōkotsu moji* Kyōto：1959，S.3085。
8. 羅振玉，《殷墟書契續編，卷4》，日本：1933，頁12、14。
9. 同註7.，S.1376。
10. 董作賓，《殷墟文字乙編》，南京：1948，No.6319。
11. 同註5.，第282片。
12. 王襄，《簠室殷契徵文》，天津：天津博物館，1925，11，No.69。
13. 轉引自林梅村，《漢唐西域與中國文明》，北京：文物出版社，1998，頁5。
14. 張光直，《仰韶文化的巫覡資料》，臺北：中央研究院歷史語言研究所集刊，第六十四本，第二分，1993，頁611～612。
15. 烏恩岳斯圖，《北方草原考古學文化研究》，北京：科學出版社，2007，頁22～25。
16. 同註15.，頁1。
17. 馮恩學，《俄國東西伯利亞與遠東考古》，長春：吉林大學出版社，2002，頁3～39。
18. 林俊雄著，陳心慧譯，《草原王權的誕生》，新北：八旗文化，2019，頁383～384。
19. 島邦男（Kunio Shima），*A study of oracle characters rescued from the ruins of the Yin capital*，東京：中國學研究會，1958，頁219～257。

20. 洪興祖，《楚辭補注．天問》，臺北：藝文印書館，1973，頁193～194。「……初湯臣摯，後茲承輔，何卒官湯，尊食宗緒？……」又見楊家駱主編，《呂氏春秋集釋．中．卷15》：「……祖伊尹世世享商。」臺北：世界書局，1983五版，頁4。
21. 同註17.，頁26。
22. 楊家駱主編，《呂氏春秋集釋．勿躬》，臺北：世界書局，1983，頁774。
23. 方詩銘、王修齡，《古本竹書紀年輯證》，臺北：華世出版社，1983，頁217。
24. 鄭玄註，《周禮鄭注．大司樂》，臺北：新興書局，1979，頁119。
25. 周策縱，《古巫對樂舞及詩歌發展的貢獻》，北京：清華大學清華學報，原稿發表於1972年香港大學中文系講演，1978年改訂，頁1。
26. 呂不韋，《呂氏春秋》（成書於西元前239年），高誘註，臺北：藝文印書館，1974，頁202～203。
27. 杜而未，《中國古代宗教研究2》，臺北：學生書局，1983三版，頁138～139。
28. Claude Baudez、Sydney Picasso著，馬振騁譯，《馬雅古城：湮沒在森林裡的奇蹟》，臺北：時報文化出版公司，1999，頁15～16。
29. 郭淑云，《原始活態文化——薩滿教透視》，上海：人民出版社，2001，頁500。
30. 同註29.，頁498。
31. 尼金斯基（Nijinsky著），李多譯，《尼金斯基手記》，北京：華夏出版社，2003，頁209。圖片轉引自維基百科。
32. 蘇北海，《新疆岩畫》，新疆：新疆美術出版社，1994，頁143，圖4。
33. 劉興隆，《新編甲骨文字典》，北京：國際文化出版公司，1993，頁330。
34. 劉鳳學，未出版論文，A Documented Historical and Analytical Study of Chinese Ritual and Ceremonial Dance from the Second Millennium B.C. to the Thirteenth Century, London：Laban Centre, 1986，頁45。
35. 容庚，《商周彝器通考》，北京：哈佛燕京學社出版，1941，頁89，圖42。
36. 王雲五主編，馬持盈註釋，《詩經今註今譯》，臺北：臺灣商務印書館，1982八版，頁553。
37. 見屈萬里全集《詩經．商頌．玄鳥》，臺北：聯經出版公司，1983，頁622。
38. 王守謙、今秀珍、王鳳春譯注，《左傳全譯》，貴州：貴州人民出版社，1990，頁495。
39. 轉引自胡孚琛，《魏晉神仙道教》〈抱朴子內篇研究〉，北京：人民出版社，1989，頁17。又見張澤洪，《道教齋醮儀式》，成都：巴蜀書社，1999，頁114。
40. 王珞等撰，《四庫全書總目》，北京：中華書局，1981，頁1250。

41. 王明，《抱朴子內篇教釋》〈卷十七〉，北京：中華書局，1988，頁302～303。
42. 同註41.，〈卷十五〉，頁275。
43. 張光直，《仰韶文化的巫覡資料》，臺北：中央研究院歷史語言研究所集刊，第六十四本，第三分，1993，頁621。
44. 同註43.，頁622。
45. 陳子展，《楚辭直解》，江蘇：江蘇古籍出版社，1988，頁84～85。
46. 同上註，頁86～87。
47. 同上註，頁88～96。
48. 同上註，頁99～101。
49. 同上註，頁104。
50. 同上註，頁106；又見宋豔萍，《漢代畫像與漢代社會》，福州：福建人民出版社，2016，頁111，版圖3～24。
51. 同上註，頁98，版圖3～8；又見中國音樂文物大系總編輯部，《中國音樂文物大系，河南卷》，鄭州：大眾出版社，1996，頁171，圖2、3、11C。
52. 同上註，頁112，圖3～26。
53. 方詩銘、王修齡，《古本竹書紀年輯證》，臺北：華世出版社，1983，頁7、174。
54. 范曄，《後漢書．列傳第七十五．東夷傳》，臺北：臺灣商務印書館，1981五版，頁1281。
55. 同註53.，頁7、14、15，〔附三〕《路史》所引《紀年》輯證，頁211。
56. 同註53.，頁179。
57. 同註53.，頁202。
58. 同註53.，頁217。
59. 董作賓，《安陽發掘報告．獲白麟解》，北京：國立中央研究院歷史語言研究所，安陽發掘報告第二期，1930，頁331～332。
60. 《周禮鄭注》，臺北：新興書局，1979，頁128～129。
61. 林梅村，《漢唐西域與中國文明》，北京：文物出版社，1998，頁7～10。
62. 《道藏．洞神部．威儀類．忠下》。
63. 見王宏剛、荊文禮、于國華，《薩滿教舞蹈及其象徵》，瀋陽：遼寧人民出版社，2002，頁117～378。
64. 肖石忠主編，《古希臘》，北京：石油工業出版社，2018，頁11。
65. 同上註，頁5～7。
66. 同上註，頁101～102。

67. 同上註，頁94～95。
68. 同上註，頁90～91。
69. Lillian B. Lawler, *The Dance in Ancient Greece*, Middletown, Connecticut: Wesleyan University Press, 1964, P.34, Fig.7.
70. 斯坦利．沃爾波特（Stanley Wolpert）著，李建欣、張錦冬譯，《印度史》，上海：東方出版中心，2017，頁21～22。
71. 同上註，頁21。
72. 江東，《印度舞蹈通論》，上海：上海音樂出版社，2007，頁2。
73. 同上註，頁5。
74. 同註69.。
75. 劉峻驤，《中華藝術通史．原始卷》，北京：北京大學出版社，2006，頁70。
76. 劉恩伯，《中國舞蹈文物圖典》，上海：上海音樂出版社，2002，頁004。
77. 同上註，頁005。
78. 江東，《印度舞蹈通論》，上海：上海音樂出版社，2007，頁13。圖片轉引自維基百科。

第二章 一場沒有血腥的樂舞文化大革命
（西元前11世紀～前770年）

巫術宗教經歷了朝代輪替並未退出政治舞臺，周繼承了商的禮制，周王室仍設有司巫、男巫、女巫等禮官的職位。其原因由於周朝政治性的社會制度和儒家學說的興起，儒家思維的包容性與涵化性的文化特質。關鍵性的措施是當周滅商之後，並未趕盡殺絕，反而收其子民，因襲其禮制[1]，進一步制定了新的禮與樂舞制度，所謂「周公制禮作樂」。周公所建設的禮樂制度，其思維影響所及，從中國封建社會，一直到帝制結束的1911年為止。

禮、樂、舞三者的一體性

周朝將音樂和舞蹈合併稱為「樂」。由於這些音樂和舞蹈是在國家制定的各種禮儀中舉行，因此，統稱之為「禮樂」。禮，從文獻顯示，在中國封建時代的周朝，將禮賦予多元使命；認為禮具有安邦（內政），教導官員（教育）及和諧萬邦（外交）的功能。並將禮規範為五大類別：有「吉禮」，吉禮的宗旨是「事邦國之鬼神示」[2]；有「賓禮」，賓禮的任務親邦國[3]；「嘉禮」的目的是親萬民[4]，以饗燕之禮欽四方之賓客[5]；「軍禮」者含有威示其他邦國[6]；有「兇禮」哀邦國之憂[7]。在此五禮之外，又有許多小型禮儀，如：「射禮」、「饗燕禮」、「鄉飲酒」等等。總之禮之設計是整合了飲食、賓射、昏冠、饗燕，並以樂和舞為其活動內容，藉以完成其事邦國，親邦國，親四方之賓客及威懾友邦的政治企圖。其中除兇禮外，凡大、中型禮儀都有不同種類的音樂和舞蹈在這些儀禮中舉行。由於禮的種類和目的各異，所以又將這些在儀式中所使用的音樂和舞蹈分類，分別冠以「雅樂」和「讌樂」的名稱。

周朝時「雅樂」與「讌樂」各擁有不同性質的舞蹈，不同的舞者，由政府不同的單位所管轄。其實「雅樂」與「讌樂」在周朝時，僅僅是一種概念，當國家有需要時，皆由政府統籌策劃，動員各舞蹈單位所屬人員，共同執行社會任務。它們的總體目標是透過禮的行事，用和平的樂舞教育方法造就合理的行為和提高人類理想，它們對禮樂舞的期許如《禮記》所說：

> 樂者為同，禮者為異，異則相敬。合情飾貌者，禮樂之事也[8]。

他們不僅具有形而上的理念作為精神上的依據，更進一步透過事務的執行，將人的思維從樂器，從舞具，從人體表演，從舞蹈空間結構體現舞樂動作的意義，樂舞美學的真諦。所以《禮記》又說：

> 鐘鼓管磬，羽籥干戚，樂之器也；
> 屈伸俯仰，綴兆舒疾，樂之文也[9]。

周人不僅有禮樂舞的理念，而且具有執行和創造的能力，並為後世遺留了巨大的文化遺產；有大舞、有小舞、有舞蹈教育制度，以及舞蹈從業人員並授予官職，有舞譜遺存。為進一步明瞭以上各項內涵，茲分別敘述於下。

舞蹈類別

1、大舞：雲門大卷、大咸、大磬、大夏、大濩、大武。這六大舞的功能和目的，是用以至鬼神示，以和邦國，以諧萬民，以安賓客，以說遠人，以作動物。以上這六首大舞是周代貴族子弟（國子）學校裡的舞蹈教材；這些國子們也同時是這六大舞的舞者。他們肩負的使命就是和邦國、諧萬民、安賓客、說遠人、作動物[10]。

2、小舞：六小舞有帗舞、羽舞、皇舞、旄舞、干舞及人舞六種。據鄭玄解釋，六種小舞的功能和義務，是以帗舞祭社稷，以羽舞祭宗廟，皇舞祭四方，辟雍用旄舞，兵事以干舞，人舞空手而舞[11]。

3、大武舞：屬於「雅樂」武舞的類型，是在開國之初周武王十二年創作[12]。該舞有舞譜遺存（詳後）。

4、象舞：周成王八年所作[13]。

5、勺舞：周成王九年春正月，祭太廟初用勺舞[14]。

6、弓矢舞：大射時諸侯舞《弓矢舞》。

7、四夷舞：周王室容納了四夷的樂舞，並指定由下列人士負責執行。

- 旄人：禮官，凡祭祀，賓客，舞燕樂[15]。
- 鞮鞻氏：禮官，掌教四夷之樂及歌，祭祀時吹籥並歌唱，燕舞時亦同[16]。
- 韎師：禮官，掌教韎樂，祭祀時率領部屬舞韎族的舞蹈，大饗時，以同樣方式執行其樂舞[17]。

8、巫舞：周王室仍保留了商朝的制度和習俗，其從業人員列入政府編制，並授予官位，包括：

- 司巫，屬禮官，他的部屬有中士二人，府一人，史一人，胥一人，徒十人。
- 男巫女巫無數，有中士四人，府二人，史四人，胥四人，徒四十人[18]。

舞蹈教育

周朝政府組織非常龐大，禮樂舞教育人員及執行各類禮樂舞行政人員總計在千人以上[19]。下面僅列出與禮樂舞教育相關人員的職別及其所職掌的工作。

1、大司樂：春官宗伯禮官，主管全國教育行政，擬定治理國家的教育政策，教授貴族子弟雲門大卷、大咸、大磬、大夏、大濩、大武六大舞，凡國家有大祭祀等，樂舞是必備的祭祀禮儀項目之一，大司樂率領國子及貴族子弟（大學學生）參加祭儀並舞蹈[20]。

2、樂師：屬宗伯禮官，主要任務教授貴族子弟小舞。小舞有六首：帗舞、羽舞、皇舞、旄舞、干舞及人舞。這六首舞蹈除人舞不使用舞具，其他五首皆用羽或干戚之類的舞具。

3、舞師：掌教兵舞、帗舞、羽舞及皇舞。這四首舞分別參與不同的祭祀：兵舞是用以祭祀山川等自然神，帗舞用以祭社稷，羽舞則向四方自然神致祭，皇舞參予乾旱及水災等祭祀。

4、籥師：屬禮官，主教國子舞羽吹籥，並在祭祀賓客饗食時負責擊鼓工作。

跨領域的舞蹈教學策略

周朝的舞蹈教育是以全人教育為目標；全人教育涵蓋在六藝之內，所謂六藝即禮、樂（詩與舞）、射、御、書、數六種教材作為貴族子弟教育的核心課程，以跨學科整合並實際運作為手段，以莊嚴、娛樂並重的內容設計，藉以達成預設目標。以《詩經．小雅．賓之初筵》為例；這首詩是敘述周代射禮中有樂（歌及樂器）、有舞、有射箭、有酒餚，也描寫了在嚴肅的「射禮」中最後的醉態及衣服不整的形象，非常寫實的折射出周代禮樂文化的另一面。原詩摘錄如下：

〈賓之初筵〉

賓之初筵，左右秩秩。……籥舞笙鼓，樂既和奏。……賓之初筵，溫溫其恭。其未醉止，威儀反反。……賓既醉止，載號載呶。亂我籩豆，屢舞僛僛。是曰既醉，不知其郵。側弁之俄，屢舞傞傞。既醉而出，並受其福。醉而不出，是謂伐德。飲酒孔嘉，維其令儀。……[21]

古代論禮樂，偏重於抽象、形而上的論述，然而〈賓之初筵〉則不然，這首詩透過寫實表現出在宗法社會，嚴謹的禮法之外另闢管道，讓情感另有宣洩的出口，將肅穆的射禮與燕禮整合舉行，減少了肅殺之氣，突出了庶民化的形象，以詩歌形式的敘述，易於理解禮樂真正的內涵，從這首詩，可以窺視儒家為政之道，施教的多元化。

舞譜

《大武》舞舞譜

人類第一首化身為文字符號的舞譜，出現在周武王十二年（約西元前1100年）的《大武》舞譜。該舞是記錄武王滅商，南征北伐戰爭的舞蹈史詩。文字簡略，敘述清晰，可供重建的參考。是世界人類最古老的一份文化遺產。保存在《禮記．明堂位》裡的《大武》舞共有六成（六首樂章或六段舞蹈）。舞譜前言記錄了孔子（西元前551～前479）和他的弟子賓牟賈的對話：

《大武》舞以干與盾（或斧）為舞具，戴有頭冠。音樂有很長一段擊鼓，以示武王伐紂告戒群眾，之後，舞者入場持干而立，不動如山，一付發揚蹈厲，士氣如虹，雷霆萬鈞的架勢。

1、《大武》舞結構：

第一成：先擊鼓以示警戒，呈三步見方的隊形，再開始前往，成總干而立的隊形；

第二成：舞蹈姿勢「發揚蹈厲」象徵消滅商朝；

第三成：向南進軍；

第四成：奠定南國；

第五成：象徵周公召公左右分治，舞者分夾而進；

第六成：象徵軍隊集合登高，恢復原來的隊形，最後舞者坐下[22]。

2、《大武》舞空間結構與主題動作：

從文字來推測，《大武》舞的隊形是縱隊，偶數行列，「三步見方」，即以四人為一小組，成方形，前後左右距離以三步為標準。

3、《大武》舞主題動作是「騶伐」，所謂騶伐，指一擊一刺為一伐，也就是說這個動作反覆出現在每一成裡（一成即一段或一個樂章）。

舞蹈動作術語

- 進旅：前行
- 退旅：後退
- 屈：彎曲
- 伸：伸直
- 俯：上體前彎曲
- 仰：抬頭看上方
- 綴兆：隊形變化[23]

儘管「讌樂」已被納入宮廷禮樂部門，並且賦予許多公共事務的任務，如同《周禮》所說：

> 以饗讌之禮，奏讌樂……，親四方賓客[24]；

又說：

> 凡祭祀饗食，奏讌樂……凡祭祀賓客舞其讌樂[25]。

但讌樂在周封建禮治的社會中鮮有發言權，同時，對讌樂舞「質」的詮釋，已趨向於儒家的思維。加之，「雅樂」的創作皆由宮廷專職樂舞官員在一定思維下完成，此時的譾樂已被融化在雅樂中。他們強調音樂要簡易，使人情緒平靜，將日常生活的禮節動作轉化為舞蹈動作，藉以制約人的社會行為，建立人與人的良好關係。舞蹈空間的設計則以方形為主，凸顯古代中國人的宇宙觀及人與人的關係。至於舞者人數和行列的多寡，也有嚴格的規定；將封建階級思維詮釋為社會倫理法則。例如，隱公五年（西元前718），向他的部屬詢問：祭祀禮儀舞蹈的「羽」數（行列數，同「佾」）有多少？他所得到的答覆是：

> 天子用八（即八行），諸侯用六，
> 大夫用四，士用二[26]。

上述文獻顯示「雅樂」把舞蹈完全置於自我修養，奉獻他人的倫理道德，塑造成為社會最高價值標準，精神文化指標。它的影響力甚至於超越法律制裁。這種文化現象是長久以來由儒家學者透過政治措施，將初始時期多神崇拜巫術宗教轉化導向於人文思維。由於「雅樂」之製作，完全述諸於理性。它的禮儀程序、音樂與舞蹈，二千年來一成不變的被保留下來，是基於政治需求及學者們大力支持的結果，至今唯有少數幾首樂舞孤立在殿堂之上。「譾樂」則不然，它從古以來，來自四夷，來自民間，與民間禮俗有共同的DNA，感染力強，流傳的區廣，易於為民眾所接受，這也是「譾樂」至今仍然屹立於世，並且歷史見證了它的生命過程。

西周樂舞的文化遺產

西周（西元前11世紀～前770年）

西周雖然因襲了商王朝（西元前16～前11世紀），然而排除了以巫術宗教治國，完全奠基於理性，以禮樂舞精神為治國大略。在五禮——吉禮、賓禮、嘉禮、軍禮和兇禮的倫理性與娛樂性兩者兼具的樂舞為核心施政的架構上運作。

禮制是周王室的文化特色；上至天子下至庶民一致受禮的規範，周王朝在天子與諸侯之間，制訂了許多制度，有朝覲、聘向、盟會、慶弔諸禮，用以敦睦諸侯的邦交關係，凡諸侯之間，餐相同，殷相聘，世相朝。盟會以及慶弔之禮，皆可以促進天子與諸侯的關係。如此，四百餘年來鮮少武力相向，僅憑自由鬆弛的禮節，可以使那個時代民族融合，人文同化，國家向心力強而凝定。其禮制則永被後世垂為典範[27]。

令人驚嘆的是五禮仍存活在現代社會中，只是形式上不同於古代，是以現代化的面貌呈現而已。例如國慶大典時由元首、官員、民間代表及外國使節團列席，在特別製作的舞臺上參與嚴肅的大典之後，接下來閱兵或儀隊演出。肅穆的儀式後，緊接著一陣鑼鼓喧天中展開了民間慶祝節目；有歌舞特技，舞獅舞龍，列隊經過觀禮臺。萬眾歡騰之後，晚間有特為外國使節團設酒宴，之後各戲院有特製的節目；午夜，天空一片煙火，五顏六色劃過上空，青少年們深夜穿梭在各小吃攤販前，消除了他們升學和就業的壓力。三千年前的賓禮、嘉禮及軍禮融匯於吉禮，呈現在21世紀千萬人的面前，這可能在周公制禮作樂時未曾考慮也沒有想像過的現象吧！不僅如此，平日為祭祀祖先而設定「清明節」，向先師致敬的「教師節」的「釋典」（祭孔子及先賢先師的典禮），以及如「國殤」所描述的軍人節，在在顯示出五禮的餘緒。

「十二律」

「十二律」是西周的樂官所創造的；是西周對世界音樂發展作出的最大貢獻。所謂十二律，音樂學者的詮釋是：

> 律是聲的絕對音高標準，是制約「聲」形成的有關法則、規律和準繩。……自那（周）以後中國的音樂宮調理論始終是以十二律體系為基礎的[28]。

《周禮》所記載十二律名稱如下：

> 黃鐘、大呂、太簇、應鐘、姑洗、南呂、蕤賓、林鐘、夷則、仲呂、無射、夾鐘[29]。

十二律於第八世紀傳入日本，是由遣唐使吉備真備（693～775）所傳入。據日本音樂文化史學者福島和夫（1930～）在其編著之《中世音樂史論叢》：

> ……在中國禮樂思想再度興起的唐代（618～907）經由遣唐使們將中國禮樂文化大量輸入，其中遣唐使吉備真備於開元二十三年（日本天平七年，西元735年）四月歸國後獻上銅律管和《樂書要錄》十卷。……《樂書要錄》是中國當時最新的音樂理論集大成的新著作。它的傳入日本，恰好強化了弱勢的日本音樂理論，影響所及至今[30]。

唐朝的讌樂（舞），日本將其稱為「雅樂」。日本「雅樂」自奈良期（710～749）由唐大量輸入的結果，到平安朝（794～1192）時期「雅樂」在日本文化的意識下，出現了「樂制改革」的呼聲。經日本仁明天皇（833～850）半個世紀期間，將複雜深奧的十二律簡化成為六調[31]。六調即壹越調、平調、雙調、黃鐘調、盤涉調、太食調。

禮、樂、舞在西周時代，在政教運作之圓融，跨界合作所彰顯的文化現象，樂舞創作之豐盛為歷代所罕見。不僅如此，西周在其他學術領域，如哲學，有《周易》與《尚書．洪範》裡的「五行說」；文學有詩歌和散文。散文被保存在《尚書》裡，有18篇，多屬政府文告。周代的詩歌在《詩經》裡保存得最多；有讚頌的、有撻伐的，皆以四言有韻為主。這部中國古老的文學作品是由孔子所修訂編纂的。西周時的青銅紋飾日趨繁雜精美。周代的文化是中國文化的奠基者。讌樂（舞）能延續至今，最根本的因素是西周的政策措施——排除「雅樂」與「讌樂」二元對立意識，吸收「四夷」樂舞，再由四夷人士負責其教學任務，並賦予官職，參與多方面的任務，發揮多方面的功能，致使其延續三千年壽命的「舞種」仍舊光輝舞蹈史冊，實屬罕見。

｜註釋｜

1. 見《論語．為政》：周因于殷禮，所謂損益可知也。又見《論語．八佾》：周監二代，郁郁乎文哉。《中英對照四書》，臺北：文化圖書公司，1983，頁150。
2. 《周禮．鄭注．卷2》，臺北：新興書局，1979再版，頁17；卷17，頁93。
3. 、4.、5.、6.、7. 同註2.，卷18，頁99～100。
8. 《禮記．鄭注．卷11》，臺北：新興書局，1981，頁128。
9. 同上註。
10. 《周禮．鄭注．卷22》，臺北：新興書局，1979，頁119。
11. 《周禮．鄭注．卷23》，臺北：新興書局，1979，頁122。
12. 王國維，《今本竹書紀年疏證》，收錄於《古本竹書紀年輯證》，臺北：華世出版社，1983，頁236。
13. 同上註，頁239。
14. 同上註。
15. 、16.、17.見《周禮．鄭注．卷24》，臺北：新興書局，1979，頁128～129。
18. 同註15.，卷17，頁96。
19. 同註15.，卷23、24，頁118～134。
20. 《周禮．鄭注．卷22》，臺北：新興書局，1979，頁118～121。
21. 糜文開，裴普賢，《詩經欣賞與研究》，臺北：三民書局，1969，頁232～720。馬持盈，《詩經今註今譯》，臺北：臺灣商務印書館，1982八版，頁369～372。
22. 《禮記．鄭注》，臺北：新興書局，1981，頁134。又見劉鳳學，《倫理舞蹈「人舞」研究》，臺北：現代舞蹈研究中心，1968，頁12～13。
23. 《禮記．鄭注．卷11》，臺北：新興書局，1981，頁128。
24. 《周禮．鄭注．卷18》，臺北：新興書局，1979，頁100。
25. 同註24.，卷24，頁128。
26. 王守謙，金秀真，王鳳春，《左傳全譯》，貴州：貴州人民出版社，1990，頁29。
27. 杜維運，《中國通史．上》，臺北：三民書局，2001，頁62。

28. 童忠良，谷杰，周耘，孫曉輝，《中國傳統樂舞》，福州：福建教育出版社，2004，頁13～14。
29.《周禮・鄭注・卷22》，臺北：新興書局，1979，頁119～120。
30. 福島和夫，〈中世における管絃歌舞〉，收錄於《中世音樂史論叢》，大阪：和泉書院，2001，頁5～6。
31. 遠藤徹，《平安朝の雅樂》，東京：東京堂出版，2005，頁17～18。

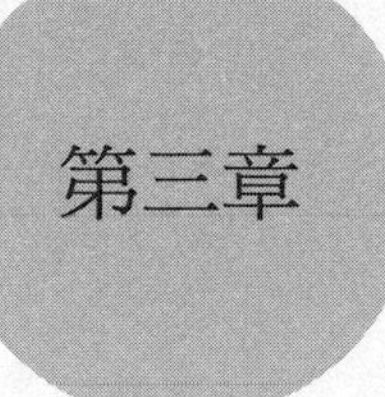

第三章 百家爭鳴文化轉變中的讌樂舞（西元前770～前221年）

百家爭鳴百花齊放是春秋戰國時代的文化現象，也是貴族文化學術思想進入平民文化的時代。春秋時代的樂舞發展相較於西周時期，已失去了創造的動力。儒家學者對儒家舞蹈進行了全面性的批判，其批判的對象並非針對舞蹈的本質，而是從意識形態理解「它是在一整體性的宇宙形成論的框架裡面而創造出來的。也就是說：整個宇宙的所有組成部分都屬於同一個有機體的整體，而且它們全部以參與者的身分在一個自發自生的生命程序之中相互作用[1]。」據此，春秋時代將舞蹈表現體，聯想、類比為倫理的、道德的象徵；舞者的身體轉化為禮儀的身體。這是儒家對舞蹈的要求；以服務他人，自我修養為目的的舞蹈觀。

其實自商朝巫術宗教宰制下的巫術舞蹈，過渡到以表現倫理道德為訴求的讌樂（舞），是由西周（西元前11世紀～前770年）所導向的。它再一次轉型是春秋戰國（西元前770～前221）時代，人文思想影響下衍生性的發展成為另一形態的主流樂舞。形成上至政府高級官員，下至平民百姓，自娛性社交禮節的一部分。因此擴大了它的生存空間；從奉獻王室貴族，進入到人人可以為抒發自我而舞。據《左傳》載：襄公十六年（西元前557），晉侯宴諸侯在「溫」的地方（今河南省溫縣西南）舉行宴會時，他鼓勵與會的諸侯大夫們，跳舞時必須與詩歌配合，吟詩也要有舞相伴[2]。

上述文獻顯示為何而舞的舞蹈動機已被解放，只是舞蹈的身體仍受到文化禮樂觀某種程度的制約；加之文化藝術的發言權完全掌控在貴族學者的筆下，即使在百家爭鳴的春秋戰國年代，舞者也沒有撿到那一枝可以翻轉命運的筆。其實讌樂（舞）來自四夷，來自民間，民間舞蹈的特色是生命力的自由奔放。但是學者們仍以封建時代對舞蹈要求的指標來評量，一直到戰國末年的儒家學者，才開始對舞蹈作專業理性的探討。

從舞蹈評論透視儒家舞蹈美學觀

孔子的舞蹈美學觀──倫理的身體觀

孔子（西元前551～前479）是儒學的中心人物，也是周朝禮樂文化的繼承、創造和推廣者。他在春秋時代（西元前770～前476）引領七十二弟子為宣揚儒學而奔走各諸侯國，當他的學說政見不被接納後退而從事講學授業，並從事社會評論工作，對社會諸多現象提出嚴正的批評。他對樂舞的評論主要觀點是將舞蹈置於維繫社會秩序倫理道德為出發點，以「類比思維」作抽象的論述。他對周朝初年（西元前11世紀）所創的《大武》舞的批評是「盡美矣，未盡善也[3]。」根據《大武》舞舞譜的敘述，該舞是一首很雄壯的閱兵式舞蹈。「盡美矣」所指可能是讚揚該舞的雄偉之美。「未盡善也」，不知所指為何？舞蹈的結構？舞蹈的「動作」？還是對舞蹈的「質」有所指責？抑或對「舞蹈的動機」有所不滿？孔子對《大韶》舞給予極高的評價：盡美矣，又盡善也[4]。

古代中國人，經常利用「類比思維」與「聯繫性思維」，將具有共質性事物或現象聯繫在一起思考[5]。如前所述，隱公五年（西元前718），隱公的部屬對祭祀禮儀舞蹈的行列和人數多寡作出明確的說明：天子用八佾，諸侯用六佾，大夫用四佾，士用二佾。但當東周（即春秋戰國時代），諸侯亂政，禮崩樂毀。魯卿季氏潛用屬於象徵天子地位的「八佾」，故孔子發言反制：

> 八佾舞於庭，是可忍也，孰不可忍也[6]。

這是孔子為維護周之禮制，而發出嚴正的批評。

吳季扎觀周樂

吳季扎（生年不詳）對周朝的樂及舞的批評，與孔子的觀點相同，也是以倫理道德作為評論的指標。左丘明（生年不詳）在他的名著《左傳》一書中記述了吳季扎於襄公二十九年（西元前544）應聘至魯，對周朝樂及舞所作的評論，見《大武》舞則說：

> ……美哉！周之盛也，其若此乎！見舞《韶濩》者，曰：聖人之弘也，而猶有慚德，聖人之難也！見舞《大夏》者，曰：美哉！勤而不德，非禹其誰能修之？見舞《韶箾》者，曰：德至矣哉，大矣！如天之無不幬也，如地之無不載也。雖甚盛德，其蔑以加於此矣。觀止矣，若有他樂，吾不敢請已[7]。

吳季扎認為舞蹈的最高境界是表現「德」、「盛德」。孔子對樂舞的批評所標榜的是「善」。吳季扎將「善」與「德」的支配範圍擴大到天與地。所以他說：「……德至矣哉，大矣！如天之無不幬也，如地之無不載也！……」這種類比與聯想的思維是古人對事物的觀察：認為所有萬物都在一個大系統裡，具有互相滲透的關係。

宇宙觀的舞蹈空間美學觀——荀子的舞蹈觀

荀子（西元前316～前237）名況，字卿，戰國時代趙國人，曾遊學於齊國，戰國末年到楚國作蘭陵令，終老於蘭陵。荀子學術成就頗高，有其個人獨立的思想和論述；孟子（西元前372～前289）主張「性善」，荀子認為人是「惡」的。他們對於樂舞的完人教育功能則持同樣肯定的態度。他將舞蹈的存在詮釋為：

> ……君子以鐘鼓道志，以琴瑟樂心，動以干戚，飾以羽旄，從以磬管。故其清明象天，其廣大象地，其俯仰周旋有似於四時[8]……。

荀子這篇對舞蹈的評論有非常進步的思想，觀點卓越，對儒家舞蹈作出了非常客觀的評論。他認為君子是以音樂砥礪自我，在舞蹈的活動中培養雍容大度的心態。在大宇宙的空間裡完成自我，達成四個面向的諧和。所謂四個面向之一，是完善自我；其二是完善人與人的和諧；其三是取得社會諧和的關係；其四是在宇宙的空間裡與人共同遵循大自然如春、夏、秋、冬般和諧的互動。

古代中國人認為地是方形的，天是圓形的，舞者有如四季似的在一定的空間裡互相運作。荀子的舞蹈空間美學論，是依據周朝初年（西元11世紀初）《大武》舞的空間結構，以四人為一小組，四人成方形。所謂「三步見方」（見第二章《大武》舞）的距離，就是舞者站在方形的四角上，象徵四季般有規律的變換位置。荀子的舞蹈空間觀，明朝（1368～1644）的朱載堉（1536～1610）演繹為下圖（圖3-1）的舞蹈空間圖錄，並以此空間結構重建周朝《六代小舞譜》，收錄在《古今圖書集成》一書中。四人一組的方形舞蹈空間結構圖，使用流傳至今。現在的「儒家舞蹈」祭孔的《佾舞》，是四人一小組的空間結構，筆者本人重建的「唐樂舞」也是遵循此傳統，在現今方形的舞臺上演出。至於荀子「清明象天，廣大象地，其俯仰周旋有似於四時」，筆者認為這樣大度的胸懷有助於完成和諧的社會。「人」藉音樂和舞蹈完善自我，「人」在宇宙的大空間裡尋找自我的位置，藉以完成人與人的社會和諧，人

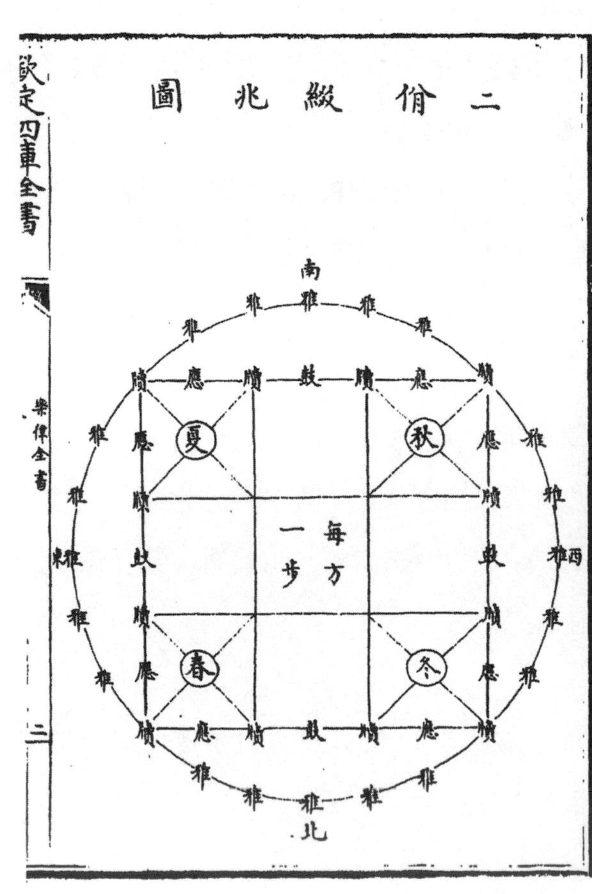

圖3-1 朱載堉《人舞》舞譜舞蹈空間結構圖。（轉引自《倫理舞蹈「人舞」研究》[9]）

與宇宙的和諧。這是儒家學者對當代的舞蹈最高的期許。

孔子和吳季扎對春秋時代所表演的六代樂舞評論焦點，完全著重於政治和道德的立場，忽略了舞蹈本質表現的侷限性。固然舞蹈可以表達人類思維，但是恐怕評論者也難於界定和如何用動作表達抽象概念的「德」吧。荀子具有進步的思想，而以理性針對舞蹈功能作出詮釋。屈原則以庶民的身分，詩人的觀點，將一場親身體驗的祭儀剖析，將巫術宗教儀式，描述為一首可朗誦的長詩，也如同一齣歌舞劇的腳本，其內容之真確及豐富又像正在上演的戲劇，同時也顯示了屈原對民間宗教、樂舞的肯定態度及其獨立的樂舞觀。

本書第一章曾就《九歌》與「三蹻」的關係作過探討，本章則就其全詩所述之音樂與舞蹈的進行，研究巫師在整齣戲中的角色與其演唱，舞蹈及樂器的相關性。

從《九歌》透視屈原庶民的樂舞觀

《九歌》是由東皇太一掀開了巫術宗教祭儀的序幕。由祭祀東皇太一開始鋪陳出祭奠會場的肅穆及參予人員之龐大；愉悅的上皇佩戴首飾有玉珥的寶劍，巡視了祭儀的現場；在充滿了花香的空間布滿了祭奠用的桂酒及蕙草薰的塊肉。樂團自在揮槌擊鼓，由低音緩慢的吟唱，進入高音的領唱，同時弦樂瑟及管樂竽配合高音的領唱，在五音音階的樂器演奏和人聲合唱中，諸神進入祭殿的會場[10]。

第二幕：諸巫神浴身濯足之後，披起美麗的彩衣，翩翩起舞，直到晨光照亮了大地，雲中君乘著龍車（蹻）悠悠遨遊於太空，在諸神靈期盼中降臨，突然又飛起穿入雲層，為的是巡視中國，觀覽那廣袤無垠的四海與疆土。啊！思念那個為國盡瘁的君王啊[11]！

第三幕：這一幕是在大合唱與念白中，訴說湘夫人與湘君的戀愛故事。原本湘夫人與湘君約定相會，但始終未見湘君出現，湘夫人於是劈啪地登上啊桂舟，前往覓尋湘君，並命令沅、湘二江的水神不要起風浪，以便大江之水安然緩流。在等待湘君的空檔，吹起了排簫傾訴思念之情。但是始終未見到湘君的來臨。於是又駕起飛龍之舟向北行進，迎湘君未果，進而想像她思念的湘君是否從早上駕著龍舟奔馳至江頭，傍晚又停靠在北渚，設宴等候湘夫人的來臨？此時，湘君聽聞湘夫人設宴等候他，於是幻想著湘夫人是否已築好了水中宮殿，期待他的來臨，又幻想九嶷山的群神及那些眾多如雲的女傭人們同時前來迎接。此刻湘夫人已將其玉珮投於江中。最後湘君也在大合唱中將其衣物投入江中。此幕應為整齣歌舞劇的第一高潮。筆者推測戰國末期，中國已有完整的戲劇演出，只是貴族的文人們不屑於為庶民服務，書寫平民的故事就是了[12]！

第四幕：是整合大司命與少司命為一幕，兩者都是送神與迎神之曲。大司命能呼風喚雨，命令旋風作他的先導，差使暴雨為他洗塵，他為諸神竭盡敬謹，維護他們安全地前往九岡山。少司命則與大司命擔任同樣的職務，乘著旋風，揮灑雲旗，來往奔波於迎神送神之間。感嘆人生之無常，盼望的美人啊還沒來。挺著長劍登上九天撫摩那長尾的大彗星，高歌：那美好的少年仔，您才是人民的主宰神[13]！

第五幕是整齣歌舞劇的最高潮，也是整齣舞劇的尾聲，收場在雄壯、大氣、神人共享的氣氛中。整體的過程是主角東君在打擊樂鐘鼓齊鳴，管弦齊奏，詩歌樂舞沸揚的聲勢下，駕著龍輈（蹻）揮灑了倒影斜垂的雲旗，駕臨會場。當看到了那些遮天蔽日前來的諸神靈以及那些貪戀不肯離去的群眾，想到了那些雲保們美好的辛勞。繼之在水聲隆隆，駕著雙龍的龍舟（蹻）前來參與盛會。一刻寂靜沉寂中，東君舉起長箭射殺天狼星，引來了北斗七星共同暢飲桂漿名酒。此時河伯駕著雙龍，其中一隻沒有角的龍共同載著河伯神的來臨。在龍吟虎嘯，歌聲舞影中，山神乘著三隻翼虎拉著載有建鼓和羽人的虎蹻（見圖3-2），奔入巫神齊聚的會場，全劇在「雄偉」的聲勢中暫停[14]。

〈國殤〉和〈禮魂〉是全劇的尾聲；劇情的發展是在獨唱與輪唱中向那些為國捐軀的靈魂致敬。〈禮魂〉以寫實的手法將場景焦點放在對真與美的民間歌舞世界的禮讚和為民祈福永垂不朽[15]。展現在屈原筆下的春秋時代的巫舞面貌是：

……傳芭兮代舞。姱女倡兮容與。春蘭兮秋菊，長無絕兮終古[16]！

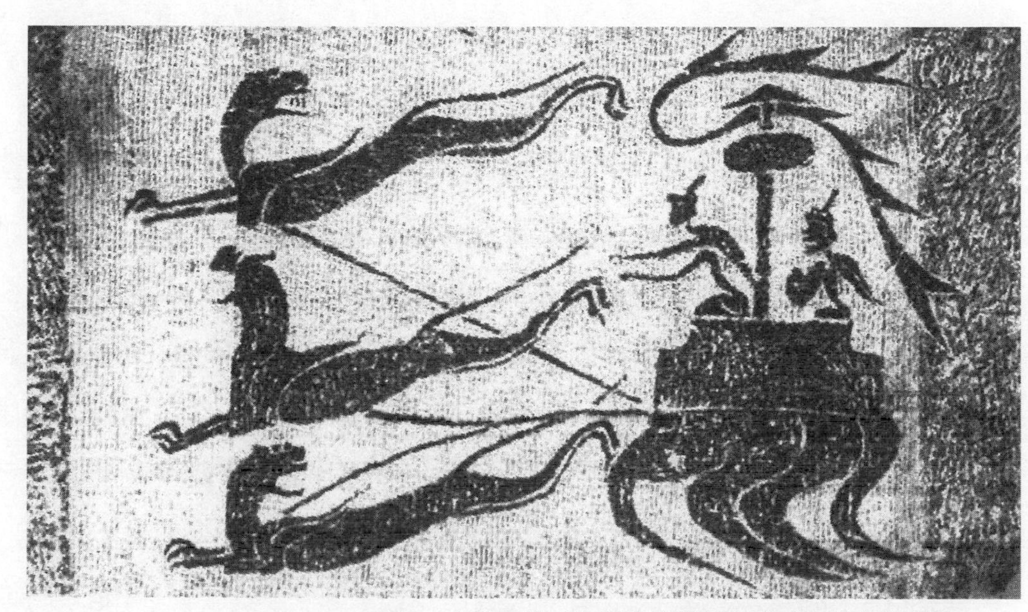

圖3-2　山神乘著三隻翼虎拉著載有建鼓和羽人的虎蹻。
（轉引自宋豔萍《漢代畫像與漢代社會》，頁146）

關於屈原的辭賦及其人、其行、其事，大史學家司馬遷早已給予了歷史性的定位，在其巨著《史記．屈原賈生列傳》寫道：

……其文約，其辭微，其志潔，其行廉。其稱文小而其指極大，舉類邇而見義遠。……雖與日月爭光可也[17]。

《九歌》是一首歌舞劇，清唱劇；屈原彙整了民間口頭文字、民間音樂、農民歌舞，創造九位巫神，在祭祀東皇太一的活動中，呈現沅、湘一帶庶民巫術宗教祭祀，對神的歌頌、讚美，以人間世俗之情喻神人共具的人間至情，展現於「完全劇場」（Total Theater）的巨著。所謂「完全劇場」是卡爾．沃夫（Carl Orff，1895～1982）提出的劇場觀念及名詞。他的理念落實在1937年發表的清唱劇《布蘭詩歌》（*Carmina Burana*）一劇中[18]。屈原的《九歌》雖然對巫術宗教舞蹈著墨不多，僅有：

……傳芭兮代舞。姱女倡兮容與。……

儘管舞蹈圖像僅有此寥寥數語，《九歌》仍然是巫術宗教研究最豐富而珍貴的文獻。從這些文獻使我們知道春秋戰國（西元前770～前221）時代，沅、湘一帶的巫術祭儀中被祭祀的神祇有東皇太一，有雲中君，有湘君和湘夫人及大司命、少司命、東君、河伯、山神及為國捐軀的烈士們。當然，《九歌》這部與日月爭輝的歌詞，是人類文化遺產最珍貴的一部分之外，是這些文獻告訴了我們那個時代在巫術祭儀中所使用的樂器有鼓、鐘、篪、竽、排簫及瑟等打擊樂器、管樂器及弦樂器，至於五音音階的樂譜及人聲舞跡，那第一手資料遺憾地已隨時間而消失於空間了！

目前出土的樂器以春秋戰國時代製作為最多，究其原因，可能該時期諸侯列國競相炫耀各自為政，大量製作樂器，爭相競富，以至傾家蕩產，如《呂氏春秋》所言：

……宋之衰也，作為千鍾。齊之衰也，作為大呂[19]。……

其中最精緻當屬湖北隨縣，戰國曾侯乙墓出土了124件樂器，以那雄偉的編鐘64片和編磬最為出色。全套編鐘有五個八度音域，多數之鐘也能發雙音，互呈小三度或大三度[20]。

屈原《九歌》打破了四言詩的束縛，以楚地民間文字為素材，以楚音、楚語記錄了他那思想活躍，文詞並茂，感情真摯奔放的創作，堪稱戰國時期（西元前475～前221）文學高度發達的標竿，尤其是對巫術宗教活動實況提出前所未有的真實描述。在百家爭鳴，各家宏篇鉅著層出不窮，百花奔放中，金石圖像在此時興起，為庶民記錄了大量宴樂舞生態寫實。

戰國時期青銅器上製作的雕塑藝術和裝飾藝術達到極高的境界，已超越了過去那種幾何形圖案、獸類圖案的對稱形和較單調的屈曲盤繞的線條，而變成以日常生活為背景的人物、建築、宴樂舞、漁獵攻戰等圖紋為描實對象。下圖3-3，現典藏於北京故宮博

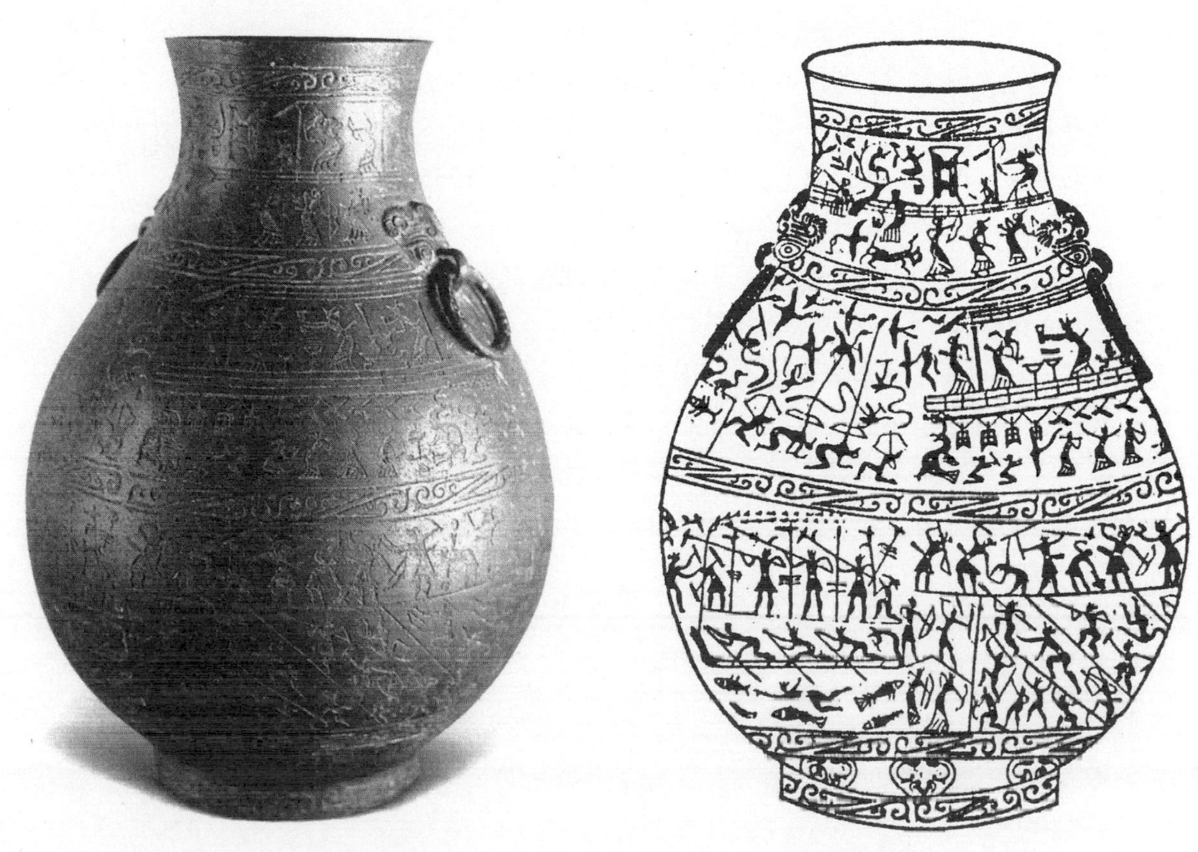

圖3-3 「宴樂漁獵攻戰紋銅壺」圖。（轉引自劉恩伯《中國舞蹈文物圖典》，頁43）

物院，戰國時期的「宴樂漁獵攻戰紋銅壺」刻有宴樂舞者及宴飲圖紋。壺身圖像分為三層，中層右側為宴飲圖，下側為樂舞圖。並有編鐘及編磬。有女舞者六人，左一跪坐，身體前傾擊編鐘，左二舞者跪坐，態似吹豎笛，左三舞者似輕輕躍起將水袖向前斜上方抛出，左四舞者正在敲打編磬，左五舞者直立於編磬前，上身前傾，兩臂斜上舉，手心向上，上身似左（右）擰轉，頭向左斜前或右斜前，左六舞者似擊建鼓。

根據「宴樂漁獵攻戰紋銅壺」圖像來觀察，舞者身體運用自由而放鬆，施力方面可能依擊樂器的關係，施力較強並成控制狀態，人體運用有高中低三種不同的水平，空間美學較拘謹，只有高低的變化。但以時代來論斷，已經比春秋時代舞蹈的要求趨向於自由，有整齊的美感，也具有不對稱的視覺美。

註釋

1. 張光直，《中國青銅器時代．第二集》，臺北：聯經出版公司，1994，頁134。
2. 王守謙等譯注，《左傳全譯．襄公十六年》，貴州：貴州人民出版社，1990，頁866。
3. 《中英文對照．四書．論語》，臺北：文化圖書公司，1983，頁159。
4. 同註2.。
5. 黃俊傑，《東亞儒學史的新視野》，臺北：國立臺灣大學出版中心，2015，頁265。
6. 同註2.，頁146。
7. 王守謙等譯注，《左傳全譯．襄公二十九年》，貴州：貴州人民出版社，1990，頁1036。
8. 熊公哲註譯，《荀子今註今譯》，臺北：臺灣商務印書館，1980，頁411。
9. 劉鳳學，《倫理舞蹈「人舞」研究》，臺北：現代舞蹈研究中心，1968，頁92。
10. 陳子展，《楚辭直解》，江蘇：江蘇古籍出版社，1988，頁84～85。
11. 同上註，頁86～87。
12. 同上註，頁87～96。
13. 同上註，頁97～103。
14. 同上註，頁103～106。
15. 同上註，頁113～115。
16. 同上註，頁115。
17. 司馬遷，《史記．卷84．屈原賈生列傳第24》，北京：中華書局，1982第二版，頁2482。
18. 見「新古典舞團三十週年精華再現．劉鳳學作品103號．布蘭詩歌」，臺北：新古典舞團，頁1～2。
19. 楊家駱主編，《呂氏春秋集釋．上．仲頁紀第五．大樂》，臺北：世界書局，1983，頁8。
20. 韓國鐄，《中國樂器巡禮》，臺北：行政院文化建設委員會，1991，頁10。

第四章 兩漢讌樂舞（西元前206～280年）

西元前206年，劉邦（西元前257～前195）宣布建立漢帝國，到280年三國滅亡，歷經486年。在此期間中國歷史經歷了無數次的挑戰，各方面也發生了進化性的重大變化。首先是政治上的統一，建立了封建大帝國；第二是在思想上的統一，漢初是黃老學說全盛時期，直到漢武帝（西元前140～前87）接納董仲舒（西元前179～前104）建議，獨尊儒術罷黜百家，漢的學術思想才開始向新的方向轉變，其實漢武帝罷黜百家，並不是禁止所有諸子百家思想、教學、立說與傳播的自由，只是非儒家學者不能獲列於學官與儒家並進於政府[1]。其三，學術成就，西漢時期中國的史學、文學、古籍的注疏使傳統文化得以保存，醫學、天文、曆法、地理、藝術尤其是畫像磚及畫像石雕、音樂舞蹈等，都有其歷史上的成就，而且不假外力獨自完成。其四，漢帝國宗教信仰起了很大的變化；一種新的宇宙觀已被接受，是由於佛教的傳入[2]。其五，疆土的開拓，在漢朝時期與鄰近的國家，諸行國的關係也歷經了巨大的變化。漢時面臨匈奴強大的威脅，匈奴雄主冒頓單于崛起，不斷襲擊漢土，擄奪人、牲、糧食及日用品。漢朝最初的對策是安撫和親；時而迎戰、時而妥協，換取短暫和平。到漢武帝時改變戰略，採取了主動的軍事行動，以期消滅來自草原遊牧民族的安全威脅。此時漢朝與西北和東北鄰近的民族也不斷有戰爭發生，使中國在西北及東北的國土逐漸擴張，漢朝與橫亙於綠洲諸國建立了關係。這些小國關係的建立，對絲路的商旅[3]及日後隋唐（581～907）「十部樂」的創建提供了有利的條件。

讌樂舞在兩漢時期也發生了莫大的變化，創建了讌樂舞第二次高峰；讌樂舞徹底的庶民化的時代來臨。讌樂舞的生活化、禮節化，屢見於諸史冊。張騫通西域，不僅促成貿易的往還，更為日後中亞各國讌樂舞的輸入，創造了有利的環境。

西元前60年，華夏民族樂舞首度與草原遊牧民族匈奴樂舞交鋒，而創造了武舞《貴德》，並且保存，表演至今（見本卷下篇）。曹操（155～220）囤墾政策開啟了草原遊牧民族樂舞文化交流。創建中國第一部圖像史學的舞蹈圖像學（Dancing Iconology），就是在兩漢時期開始創作的。相關以上各項，本章將從文獻及圖像加以闡釋如下。

讌樂舞的生活化與禮節化

原本為商朝（西元前16世紀～前11世紀）的巫術宗教舞蹈，過渡到以表現倫理道德為目的的「雅樂」，並列於宮廷五禮的行列；以讌樂舞的本質發揮雅樂功能，是由儒家思想、儒家學者所導向的[4]。歷史演進到春秋戰國（西元前770～前221），一股文化巨浪襲擊周王室。此時周王室權力薄弱，諸侯干政，形成各據一方的郡縣制度。農工商業發達，學術的變化尤劇；由貴族到平民，人人可以發揮所長，形成百家爭鳴的文化局面。這些學者的思想和言論，影響中華文化最深遠的是孔子（西元前551～前479）、老子（西元前570～前470）、莊子（西元前369～前286）、荀子（西元前316～前237）、孟子（西元前372～前289）、墨子（西元前468～前376）等。他們都對該時「禮」的觀念行為，提出個人意見，促使貴族文化走入平民社會，無形中擴大了讌樂舞的生存空間；從為奉獻王室的貴族，進入到人人可以為抒發自我而舞。如前述：襄公十六年（西元前557），晉侯會諸侯在「溫」的地方舉行宴會，他鼓勵與會的大夫們，跳舞時要與詩相配合；唱詩也要有舞相伴。此種風尚流傳至兩漢，備受一般文人庶民所重視。乃在政府主導下成立「樂府」，負責收集民間音樂，無形中增加了新的讌樂素材，讌樂的應用面也隨之擴大。如官員之間相互邀宴，主人起舞，客人必須以舞回報，已成為一種社會風氣，重要節目之一。蔡邕（133～192）因不恥於太守王智所為，故在王智的邀宴中未以舞回報，而遭誣陷，亡命他鄉[5]。漢朝末年，三國時代的吳國（222～280）顧譚應邀參加王室婚宴，酒後屢舞不止，歸家後，被當時任丞相的祖父顧雍嚴斥，認為顧譚屢舞不止，不合於禮，有損家風[6]。以舞相屬，具有很多不同的情境，一代名將李陵（西元前134～前74）因兵敗投降匈奴，在歷史上他最後的身影是遺留在一場為蘇武（西元前140～前60）回歸漢帝國而置酒餞別，並詠詩高歌起舞；

徑萬里兮度沙幕，為君將兮奮匈奴。
路窮絕兮矢刃摧，士眾滅兮名已隤。
老母已死，雖欲報恩將安歸！

——李陵

「以舞相屬」非常盛行於兩漢期間，但始終以「禮」節制情感，約束行為。這種風俗仍在某些族群中流傳和推廣。筆者曾參加過數次新疆人舉行類似「以舞相屬」的同樂晚會。時間是1948年5月第七屆全國運動會在上海舉行，筆者有幸隨國立長白師範學院體育考察團前往上海停留一週。筆者曾參與新疆體育代表團，每晚都在選手村舉辦各種晚會，筆者獲邀參加新疆代表團舉辦的民間歌舞晚會，其氣氛既熱烈又平和，事隔70年猶如昨日，歷歷在目難於忘懷。記得參與者很自然地隨著新疆民歌〈青春舞曲〉起舞，歌詞是：太陽下山明朝依舊爬上來，花兒謝了明日還是一樣的開，唄得啦呦呦，唄得啦呦呦，我的青春小鳥一去不回返。大家自然隨隊伍向順時鐘方向舞動數首民間舞之後，成圓形，席地而坐或跪。之後選出一人至圓心中央作獨舞，當其舞動數分鐘之後，身體下蹲作「矮子步」向前踢腿，兩臂前環抱，當獨舞者最後停在某人面前，某人即替代前一獨舞者。如此反覆「以舞相屬」相互交流，獨舞者偶然使出個人的絕技造成高潮，晚會至深夜而止。要不是第二天有比賽節目，可能要舞至天明呢！這樣以舞相屬，始見於兩漢，據此筆者推測兩漢開始通西域，此種風尚可能是由中亞一帶國家傳播輸入。

張騫通西域開啟日後與中亞樂舞交流之路

漢武帝即位之初即積極謀劃解除匈奴強大的軍事威脅，但自知軍力尚不足以應付匈奴，所以極欲與大月氏締結軍事同盟共同攻打匈奴，因大月氏的文王與匈奴作戰被殺，匈奴將其頭蓋骨作為飲酒的器皿，此事成為大月氏民族最大的恥辱，最難忘的仇恨。漢武帝想要利用大月氏與匈奴間的矛盾，擬派人前往大月氏說服與漢帝國結盟，共同攻打匈奴。於是漢武帝公開招募有膽識、有冒險精神、具有說服力的人士擔任此項任務，結果張騫中選。張騫本漢中人，建元年中為郎[7]。張騫曾兩次出使西域；第一次是在西元前139年，第二次在西元前116年。在進行這些冒險行動時期，他在匈奴度過了幾年囚犯生活，他觀察了印度北部的生活狀況；他看到大夏國有中國貨物，他派代表遠至粟特及安息。張騫及時地報導了與西北諸國往來的價值，他指出了與那些地區通商的經濟價值，他還說明了與像漢朝那樣反匈奴的其他民族結盟的可行性。張騫兩次奉派出使西域，雖然未能說服大月氏共同出兵攻打匈奴，但是漢武帝接受了他的建議，擴張的重點指向西北延伸，最後以敦煌附近的玉門為終點，擴建新的防衛線[8]。商隊往返絲路，那裡是被居住的小部落或國家所控制，與彼等促進邦交，不僅促使這些綠洲各國疏遠匈奴，也增進了絲路的平安暢通，為日後那些綠洲各國的音樂家、舞蹈家、繪畫家等來到中原提供管道，豐富了十部樂舞的內涵。

漢讌樂舞與匈奴樂舞首次交鋒——《貴德》舞

匈奴沒有文字，因此匈奴在軍事上雖有成就，並打入西方世界，但在西方史學對匈奴早期的事蹟都沒有記載。幸而中文書籍對其行徑有若干記錄。《詩經》有幾首提及匈奴，如〈采薇〉、〈出車〉及〈六月〉；從這些詩句中顯示出匈奴與漢民族的軍事動態等。如《詩經．采薇》：

采薇采薇，薇亦作止。曰歸曰歸，歲亦莫止。靡室靡家，玁狁（匈奴）之故。不遑啟居，玁狁之故[9]。……

《詩經．出車》：

我出我車，于彼牧矣。……王命南仲，往城于方。出車彭彭，旂旐央央。天子命我，城彼朔方。赫赫南仲，玁狁（匈奴）于襄。……赫赫南仲，玁狁于夷[10]。

《詩經．六月》：

六月棲棲，戎車既飭。四牡騤騤，載是常服。玁狁（匈奴）孔熾，我是用急。王于出征，以匡王國[11]。……

據學者研究，認為以上三首詩的內容是屬周宣王（西元前827～前782）與匈奴作戰的事。彼時可能兩大民族軍事力量不相上下，故時常有戰爭發生，也經常在和綏政策下取得短暫的和平。這種戰爭模式繼續了千年以上，到漢宣帝（西元前73～前49）仍在上演，並為兩大民族遺存了舞蹈佳話。事件的過程是匈奴「日逐王」因內亂，因而率軍數萬向漢宣帝投降。漢宣帝於神爵二年（西元前60）封其為「歸德侯」[12]。

據日本學者考證，日本雅樂右舞高麗樂舞譜有《貴德》，《貴德》舞即「歸德侯」封爵後而作[13]。現存有舞譜，屬中曲，有〈破〉及〈急〉二樂章，每一樂章皆為十拍。筆者曾譯此樂譜及舞譜，並以拉邦舞譜記錄（見本卷下篇），並於2020年10月24日在新古典表演藝術基金會紅樹林劇場首演。

《貴德》舞劇創於何時？由何人所創？已無可考。根據史料顯示，它的舞名及傳播出現在渤海國（698～926）史料中。渤海國地居中國東北，鄰高麗、日本與華北大陸。他們的祖先是東北最古老的民族，叫作「肅慎」。肅慎在先秦稱肅慎，漢魏晉朝時稱挹婁，南北朝時稱勿吉，隋唐稱為靺鞨，後稱渤海。渤海是中國唐朝的屬國，渤海接受唐朝政治制度，中國的儒家學說，佛教文化以及文學藝術等，也大量被渤海國文人所接受，他們普遍使用漢字。渤海有自己的樂舞，其中靺鞨樂曾傳入唐朝，也傳入了高麗及日本。據載西元740年，渤海訪日大使曾演奏渤海樂，深受日本人士的歡迎。因此日本曾派遣一位叫作內雄的人去渤海學習渤海樂，十年後才學成歸國，渤海樂已成為日本宮廷音樂的一部分。現在日本宮內廳樂部所保有並經常演奏的《大靺鞨》、《古鳥蘇》、《新鳥蘇》、《退走禿》、《進走禿》、《崑崙八仙》及《貴德》等樂及舞，這些樂舞都是渤海國傳播過去的[14]。

曹操移民政策為隋唐讌樂舞奠基石

對酒當歌，人生幾何？譬如朝露，去日苦多。

慨當以慷，憂思難忘。何以解憂？唯有杜康。

——曹操

這是一代梟雄曹操的千古絕唱！曹操（155～220）字孟德，小名阿瞞，是一位大文學、政治家、軍事家及權謀者。他所處的時代是東漢（25～220）瀕臨滅亡，三國（220～280）繼之而起的年代。他所處的大環境，對內他手握大權，挾天子令諸侯的地位，同時與蜀（221～263）、吳（222～280）爭霸；對外則因曹魏位於長城以內華北地區，經常面對匈奴、鮮卑、烏恒等草原遊牧民族的軍事威脅。此時匈奴的軍事力量漸趨式微，鮮卑崛起。曹魏與匈奴及鮮卑的外交政策都有所改變：

其一，據《匈奴帝國・徙戎論》顯示，東漢獻帝興平二年（195）呼廚泉嗣立為單于，他認為匈奴祖先多次取漢室公主為妻，他們已是漢朝的子孫，而漢朝姓劉，因而改姓劉，從此南匈奴世系就不明了[15]。

其二，曹操讓來降的匈奴進入長城跟漢人一樣，視同編戶。編組為五部，分為左、右、南、北、中五部，總人口約15萬至30萬，在今山西的北部和陝西的中、東部與漢人雜居，共同生活[16]。曹操開啟此大規模移民政策之後，司馬炎（236～290）統一天下，建立西晉（265～316）。塞外匈奴大批來降，西晉將他們安置在河西宜陽城下，與漢人雜居，於是平陽（今山西省東部黃河西岸地區）、太原、新興及上黨諸郡，都有匈奴人分布其間。總之西晉時期在今華北和內蒙一帶，胡漢雜居的情況已很普遍了[17]。

其三，西元220年（曹魏黃初元年）鮮卑潔汾卒，力微嗣立。力微是一位有遠見的領袖，他以匈奴為前車之鑑，乃致力於內政的建設，並與中原修好，其外交政策重現文化的吸收及文化交流。曾經在西元341年命樂師入學學習《佾舞》釋菜於先聖、先師[18]。力微在世時，曾派其子沙漠漢至洛陽接受中原文化。沙漠漢在中原期間結交了許多有識之士，據《鮮卑列國》：

> ……由於他的居中協調，拓跋部和中原時有往來，互市不絕。……手工藝匠人，樂師也常常前往盛樂（鮮卑拓跋部首都）獻藝交流，對拓跋部的經濟文化都產生了推動作用[19]。

從以上三方面來觀察，主要是因為曹操開先河，使民族混居，促成了民族融合，為孕育出隋唐讌樂舞文化奠定了非常重要的一塊基石。

舞蹈圖像學與漢唐樂舞蹈的創新

漢畫像舞蹈圖像是考古的產物，如今各領域學者（音樂、文史、繪畫、舞蹈與學者）透過圖像符號，從不同角度研究其相關歷史的、文化的、心理的、社會的意義。在舞蹈界首開先河者當屬孫穎（1929～2009）先生。孫穎教授曾在北京舞蹈學院創辦「漢唐古典舞」，曾以漢畫像磚圖像為素材創作出許多傑出作品。劉建（1952～）先生為孫穎教授工作夥伴，因劉建先生任教於北京舞蹈學院，對孫穎先生工作理念及態度知之甚詳，故特請劉建先生簡介其生平如下。

孫穎（1929～2009）先生創建「漢唐古典舞」簡歷：

1950年：在中央戲劇學院舞運班師從吳曉邦先生，參與「天馬工作室」的「古曲新舞」及民間采風等活動。

1954年：開始研究中國古典舞，任職北京舞蹈學校古典舞教研組副組長，並在舞蹈理論家葉甯的領導下研究中國古典舞訓練教材。

1957年：因復古言論與行為被發配北大荒勞改21年，其間研讀《二十四史》等文史哲書籍，積累了豐厚的歷史人文知識。

1978年：被平反「右派」後回京，未被北京舞蹈學院接納，經吳曉邦介紹，任《舞蹈》雜誌編輯，負責「古代舞蹈史」版面，開始以漢魏六朝為重心進行創作準備，立志創建「打斷扁擔腿」（芭蕾）的中國古典舞。

1985年：創作帶有個人經歷色彩的中國古典舞劇《銅雀伎》，成為第一屆中國藝術節入選舞劇。

1997年：綜合創作出效果歷史的古典舞作品《踏歌》，獲得第一屆中國舞「荷花杯」大賽金獎。

2000年：受聘重慶大學舞蹈系主任，專事漢唐古典舞研究、教學與創作。

2001年：受聘北京舞蹈學院，創建「漢唐古典舞」班，先後在2001年（蒲公英班）、2003年（芷蘭班）、2005年（芳草班）、2007年（雪蓮班）及2009年（青竹班）執教，並展示其「尋根述祖」系列作品。

2008年：被北京舞蹈學院聘請啟動「中國漢唐古典舞人才培育模式」。

2009年：成立「漢唐古典舞教研室」，建立漢唐古典舞教材，被中國教育部、文化部、人事部、財政部評為「人才培養模式創新實驗區」，同年去世。

兩漢雅樂舞

如前述漢朝對中國文化整體的建設作出創發性的貢獻，相關雅樂舞的創作也有所建樹，可分為宗廟舞蹈與郊廟兩大類別。茲分述於下：

宗廟舞蹈

漢初由叔孫通所創作宗廟舞蹈計有：

1、《武德舞》，高祖四年（西元前203）作，其舞以眾天下業已行武以除亂也。景帝（西元前156～前141）又采《武德舞》以為《昭德舞》，以尊太宗廟，至宣帝（西元前73～前49）又采《昭德舞》為《盛德舞》，以尊世宗廟，魏文帝（220～225）黃初二年（221）改《武德舞》為《武頌舞》。

2、《文始舞》，本舜舞，高祖六年（西元前201）更名文始，以示不相襲也。

3、《五行舞》，周舞，秦始皇二十六年（西元前221）更名為《五行舞》。至魏文帝黃初二年，又將《五行舞》改為《大武舞》。高祖六年，又作《昭容樂》，《禮容舞》。昭容者猶古之昭夏也，主出《舞德舞》。禮容者主出《文始》、《五行舞》。高祖以後，文帝（西元前179～前157）時又作四舞。

4、《四時舞》，以明示天下之安和也。

5、《雲翹舞》（亦稱《雲翻舞》），魏（220～265）改稱《鳳翔舞》。

6、《育命舞》（亦稱《靈應舞》），魏改稱《靈武舞》。

7、《文昭舞》，魏改稱《大昭舞》[20]。

以上所創的雅樂舞多用於宗廟。用之於郊祀者始於武帝（西元前140～前87）。光武中興之後，郊祀樂舞的風氣更盛。

郊祀儀式：當

1、立春之日，迎春於東郊，祭青帝句芒，車旗服飾皆青，歌青陽，八佾舞《雲翹之舞》。

距冬至日四十六日，則天子迎春於東堂，距邦八里，堂高八尺，堂階三等，青稅七乘，旗旄尚青，田車載予，觀日助天生，唱之以角，舞之以羽翟，此迎春之樂也。

2、立夏之日，迎夏於南郊，祭赤帝祝融，車旗服飾皆赤，歌朱明，八佾舞《雲翹之舞》。

自春分數四十六日，則天子迎夏於南堂，距邦七里，堂高七尺，堂階二等，赤稅七乘，旗旄尚赤，田車載戟，號曰助天養。唱之以徵，舞之以鼓鞉，此迎夏之樂也。

3、光立秋十八日迎黃靈於中兆，祭黃帝后土。車旗服飾皆黃。歌朱明，八佾舞《雲翹》、《育命》之舞。

立秋之日，迎秋於西郊，祭白帝蓐收。車旗服飾皆白。歌西皓，八佾舞《育命之舞》。自夏至數四十六日，則天子迎秋於西堂。距邦九里，堂高九尺，堂階九等，白稅九乘，旗旄尚白，田車載兵，號曰助天收，唱之以商，舞之以《干戚》，此迎秋之樂也。

4、立冬之日，迎冬于北郊，祭黑帝玄冥。車旗服飾皆黑。歌玄冥，八佾舞《育命之舞》。

自秋分數四十六日。則天子迎冬於北堂，距邦六里，堂高六尺，堂階六等，黑稅六乘，旗旄尚黑，田車載甲鐵鍪，號曰助天誅。唱之以羽，舞之以干戈，此迎冬之樂也[21]。

｜註釋｜

1. 杜維運，《中國通史．上》，臺北：三民書局，2001，頁173。
2. 崔瑞德，魯惟一編，《劍橋中國秦漢史》，北京：中國社會科學出版社，1992，頁27。
3. 同註2.，頁29。
4. 劉鳳學，A Documented Historical and Analytical Study of Chinese Ritual and Ceremonial Dance from the Second Millennium BC to the Thirteenth Century, London：Laban Centre, unpublished

dissertation, 1986，頁8～108。

5. 范曄，《後漢書．列傳．卷50下》，臺北：臺灣商務印書館，1981，頁905。
6. 陳壽，《三國志．吳書》，北京：中華書局，1959，頁1227。
7. 司馬遷，《史記．大宛列傳．卷63》，北京：中華書局，1959，頁3157。
8. 同註2.，頁181。
9. 屈萬里全集《詩經詮釋》，臺北：聯經出版公司，1983，頁295。
10. 同註9.，頁298。
11. 同註9.，頁316。
12. 班固，《漢書．上》，臺北：臺灣商務印書館，1981五版，頁78，又見同書．下，頁1147。
13. 狛近真，《教訓抄》（書成於1233年），收錄於《古代中世藝術論》，東京：岩波書局，1976，頁101。
14. 黄林福、黄斌、黄林書，《渤海史話》電子資源／黄林福，黑龍江：黑龍江人民出版社，1987，頁4、6、52、102。
15. 劉學銚，《匈奴帝國》，西安：陝西人民出版社，2019，頁170～171。
16. 同註15.，頁171。
17. 同註16.。
18. 魏收，《魏書》，北京：中華書局，1974，頁38。
19. 劉學銚，《鮮卑列國》，西安：陝西人民出版社，2019，頁107。
20. 轉引自劉鳳學，《倫理舞蹈「人舞」研究》，臺北：現代舞蹈研究中心，1968，頁21。
21. 同註20.，頁22～23。

第五章 外來文化對讌樂舞的歷史貢獻（西元220～618年）

魏晉南北朝（220～581），是中國歷史上最黑暗的時期。此時群雄爭霸，烽火連年，人口減少，農村經濟崩潰，士大夫階層的智識分子逃避現實，隱遁山林，清談終日。千年以來以儒家倫理道德為核心的社會價值觀，面臨空前的挑戰。道家思想在此期間再度抬頭。以道和無為本的道家思想，在追求心靈自由的精神下，所產生的詩歌和繪畫所擁有的空靈、形而上的境界，為儒家重視理性、實用及積極進取的精神，注入更多智慧的元素。印度佛學思想、佛學經典於西元一世紀傳入中國，佛學的中心思維「空」和「頓悟」觀，激使中國哲學思想超越實用價值，對文化的涵化能力，使儒家思想的影響力，比過去所得到的保護和重視來得深遠[1]，也更具有普遍的文化價值。

在經濟凋敝，民不聊生，長達四個世紀的戰亂中，卻有許多文學家如曹植、史學家陳壽及大書法家王羲之等等，在逆境中完成了他們那永垂不朽的藝術創作。戰爭，迫使人民大遷徙，異族通婚早已被社會所接受。各個稱霸的小國，藉王室人員通婚，也以樂舞人員、樂器及樂理等作為禮物相餽贈。根據《隋書》開皇二年（582）記載：有龜茲樂人蘇祇婆於西元568年隨同突厥公主阿使那氏嫁周武帝（561～578）為后來華，將印度音樂之樂理隨之傳入[2]。從敦煌石窟壁畫所顯示，樂伎所使的樂器有45種之多；含管樂器、弦樂器、及打擊樂器。這些樂器多來自印度、伊朗、中亞各國及邊陲少數民族[3]，漢民族之樂器極少。這些外來的樂器和樂理豐富了傳統音樂理論和演奏技術，間接影響了日本和韓國[4]。

突厥公主阿使那氏的嫁妝

突厥公主阿使那氏嫁周武帝，她的陪嫁隊伍竟是具高文化水平的樂禮專家的樂舞。隨同她前來的樂理專家蘇祇婆的姓氏已不可考，僅其名流傳於史冊。據《隋書‧音樂志》：

> ……先是周武帝時，有龜茲人曰蘇祇婆，從突厥皇后入國，善胡琵琶。聽其所奏，一均之中間有七聲。因而問之，答云：「父在西域，稱為知音。代相傳習，調有七種。」以其七調，勘校七聲，冥若合符。一曰〈娑陀力〉，華言平聲，即宮聲也。二曰〈雞識〉，華言長聲，即商聲也。三曰〈沙識〉，華言質直聲，即角聲也。四曰〈沙侯加濫〉，華言應聲，即變徵聲也。五曰〈沙臘〉，華言應和聲，即徵聲也。六曰〈般贍〉，華言五聲，即羽聲也。七曰〈俟利箑〉，華言斛牛聲，即變宮聲也[5]……。

蘇祇婆不僅是一位音樂理論家，也是一位傑出的琵琶演奏家。他將西域的七調音樂理調帶到中原，促進了中國音樂的發展。之後，此七調傳至日本，筆者推測日本「雅樂」的六調子，及壹越調、平調、雙調、黃鐘調、盤涉調及太食調的樂理，即源自蘇祇婆的西域七調。

外來樂舞對唐讌樂舞形成影響至巨者

1、《龜茲樂》：龜茲及今之庫車。龜茲者起自呂光滅龜茲，因得其聲。呂氏亡，其樂分散，後魏平中原，復獲之。其聲後多變易。至隋有西國龜茲、齊朝龜茲、土龜茲等，凡三部[6]。

2、《西涼樂》：西涼樂是樂舞的混血兒，它是在苻氏之末，呂光，沮渠蒙遜等，占據涼州時將《西涼樂》改編為龜茲聲調，名為《秦漢伎》。魏太武帝（424～450）即平河西得之，稱謂《西涼樂》[7]。

3、《康國樂》：康國，起自周武帝聘北狄為后，得其所獲西戎伎，因起聲。……舞曲有《賀蘭鉢鼻始》、《末奚波地》、《農惠鉢鼻始》、《前拔地惠地》四曲。

4、《疏勒樂》：起自後魏平馮氏及通西域，因得其伎。舞曲有《遠服》，解曲有《監曲》[8]。

5、《安國樂》：起自後魏平馮氏及通西域，因得其伎。舞曲有《末奚》，解曲有《居和祇》[9]。

6、《高麗樂》：起自後魏平馮氏及通西域，因得其伎。……舞曲有《歌芝栖》[10]。

7、《天竺樂》：起自張重華據有涼州，重四譯來貢男伎，天竺即其樂焉。……舞曲有《天曲》[11]。

魏晉南北朝雖然是中國歷史上最黑暗的時期，但是由於戰亂，當戰勝交戰國時即擄獲其樂舞及演奏人員據為已有，因而讌樂舞反而以戰利品的身分得以流傳於世。文獻顯示在這時期有以下各樂舞種最為盛行：

龜茲樂——西元四世紀至八世紀；

疏勒樂——西元五世紀；

安國樂——西元五世紀；

悅般樂——西元五世紀；

高昌樂——西元六世紀；

康國樂——西元六世紀[12]。

唐讌樂舞制度建立的先驅者——隋文帝（581～604）

其時唐朝的讌樂舞制度的建立承襲自隋朝（581～618）。隋朝是由楊堅（541～604）於西元581年所建立，滅北周（557～581）改元開皇，是為隋文帝。開皇九年

（589）滅陳（557～589），統一中國，結束了近四百年的混戰局面並下開唐的盛世，這是中國歷史上的一件大事。同時在他執政的24年期間，勵精圖治，國家富強，主要由於他的改革：1.改革稅制，2.剷除不便民的政令，3.嚴格調查戶口，4.注意人民的糧食問題，5.完成中央集權[13]。除此，於開皇初定令，設置「七部樂」。一曰國伎，二曰清商伎，三曰高麗伎，四曰天竺伎，五曰安國伎，六曰龜茲伎，七曰文康伎。又雜有疏勒、扶南、康國、百濟、突厥、新羅、倭國等伎。其後牛弘（545～611）請存鞞、鐸、巾、拂四舞，與新伎並陳[14]。

隋煬帝（605～617）時將「七部樂」改為「九部樂」，即清樂、西涼、龜茲、天竺、康國、疏勒、安國、高麗、禮畢，以為九部。

隋朝時非常禮遇讌樂舞專家，有龜茲舞蹈家白明達者，其生卒年不可考，但其作品留之於史冊者有：萬歲樂、藏鈎樂、七夕相逢樂、投壺樂、舞同心髻、玉女形觴、神仙留客、擲磚續命、鬥雞子、鬥百草、汎龍舟、還舊宮、長樂花及十二時等樂舞曲[15]。其中萬歲樂仍保存於日本宮內廳樂部並經常演出，筆者曾隨辻壽男先生習此舞。

註釋

1. 劉鳳學，Yanyue, Danses et Identités: de Bombay à Tokyo, Pantin, France: Centre National de la Danse，2009，頁162～163。董仲舒曾建議武帝（西元前141～前87）罷黜百家，獨尊儒術，因此儒家學說、禮樂制度得到政府保護達兩千年。見班固，《漢書．卷56》，董仲舒傳，臺北：臺灣商務印書館，1981，頁23，總頁712。
2. 魏徵，《隋書．卷14》，北京：中華書局，1973，頁345。
3. 季羨林主編，《敦煌學大辭典》，上海：上海辭書出版社，頁250～261。
4. 岸邊成雄，《唐代音樂の歷史研究》，東京：東京大學出版會，1960，頁4，24～25。
5. 同註2.，頁345～346。
6. 同註2.，頁378。
7. 同註6.。
8. 、9.、10. 同註2.，頁380。

11. 同註2.，頁379。
12. 周菁葆，〈龜茲樂與木卡姆〉，收錄於《絲綢之路藝術研究》，烏魯木齊：新疆人民出版社，1994，頁289。
13. 杜維運，《中國通史》，臺北：三民書局，2001，頁284～285。
14. 同註2.，頁376～377。
15. 同註2.，頁379。

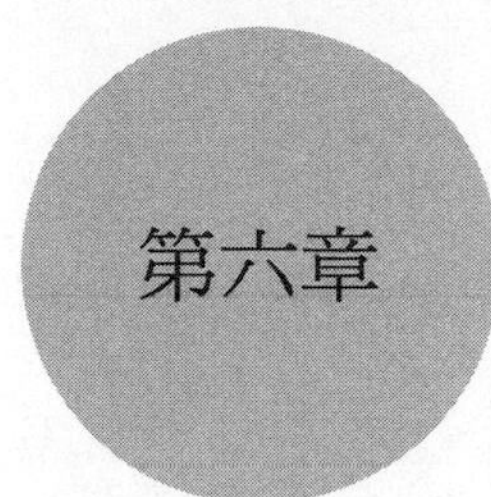

第六章　回歸故土　澤被四方

集大成的《雅樂譜》（明治撰定譜）制定始末

日本於明治三年（1870）在太政官[1]的主導下，成立「雅樂局」。這是在提倡王制復古的政策下，對日本雅樂所做的一項新的措施；也就是在皇室重大慶典之用樂及舞，皆以雅樂為尊。該局直接由太政官管轄，負責召集京都、奈良、天王寺（大阪）、紅葉山（江戶）各雅樂流派代表，繳交各流派及各家族所保存具有千餘年歷史之日本神樂樂舞譜、唐樂樂舞譜及高麗樂樂舞譜。在「雅樂局」官方領導下，研討統一樂舞譜撰寫方式和演奏規格。但是首先面臨的問題是如何處理各流派之間的差異性。因此，統一樂譜、統一舞譜內容，便成為最迫切的需要。在各流派協力下，終於在明治九年（1876）至明治二十一年（1888）相繼完成統一版本，並命名為《雅樂譜》。所完成的《雅樂譜》共有四份手寫本，其中一份存日本內閣文庫，其餘三份典藏於「日本宮內廳式部職樂部」（簡稱樂部），並分別置於「樂部」之「樂器室」一份、「教務室」一份及「樂長室」一份。「樂器室」本有59冊，「教務室」本為65冊，「樂長室」本計有72冊。各室之藏本內容相同，只是由於編輯裝訂略異，致使各版本冊數不同。筆者抄寫及攝影之《雅樂譜》係「樂長室」版本。該版本原本為72冊，但因筆者並未抄日本傳統神樂及舞譜，故僅有62冊。因此僅就所得之文獻及研究成果分述於以下各章節。

「樂長室」版本之《雅樂譜總目錄》綱要

根據《雅樂譜總目錄》標示，該圖書編號：番號19728、冊數72、函號163635。其內容分唱物之部、和琴之部、琵琶之部、箏之部、鳳笙之部、篳篥之部、笛之部、鼓類之部、舞之部。九大部門之下，列有各部之各種曲譜及其冊數。每冊封面皆為淡黃色，內文紙張係較厚之玄紙。以毛筆楷書之漢字，從右至左縱行書寫，線裝成冊。每冊封底標明明治九年撰定或明治二十一年撰定之撰定年代。

表一　樂長室版本《雅樂譜總目錄》綱要

部別	譜　別	冊數	撰定年	
			九年（1876）	廿一年（1888）
唱物之部	神樂歌譜	壹冊	√	
	東遊大和歌譜	壹冊	√	
	催馬樂歌譜	壹冊	√	
	朗詠譜	壹冊	√	√
和琴之部	神樂譜	壹冊	√	
	東遊大和歌譜	壹冊	√	
	催馬樂譜	壹冊	√	
琵琶之部	大曲譜	壹冊	√	
	中小曲譜	貳冊上下	√	√
	高麗大曲譜	壹冊		√
	高麗中小曲譜	壹冊	√	√
	催馬樂譜	壹冊	√	

	延只拍子曲譜	壹冊		√
箏之部	大曲譜	壹冊	√	
	中小曲譜	貳冊上 下	√	√
	高麗大曲譜	壹冊		√
	高麗中小曲譜	壹冊	√	√
	催馬樂譜	壹冊	√	
	延只拍子曲譜	壹冊		√
鳳笙之部	大曲譜	壹冊	√	
	中小曲譜	六冊	√	√
	催馬樂譜	壹冊	√	
	延只拍子曲譜	壹冊		√
	舞樂用曲譜	壹冊	√	√
篳篥之部	神樂譜	壹冊	√	
	東遊大和歌譜	壹冊	√	
	大曲譜	壹冊	√	
	中小曲譜	六冊	√	√
	高麗大曲譜	壹冊		√
	高麗中小曲譜	壹冊	√	√
	催馬樂譜	壹冊	√	
	延只拍子曲譜	壹冊		√
	舞樂用曲譜	壹冊	√	√
笛之部	神樂譜	壹冊	√	
	東遊大和歌譜	壹冊	√	

	大曲譜	壹冊	√	
	中小曲譜	六冊	√	√
	高麗大曲譜	壹冊		√
	高麗中小曲譜	壹冊	√	√
	催馬樂譜	壹冊	√	
	延只拍子曲譜	壹冊		√
	舞樂用曲譜	壹冊	√	√
鼓類之部	鞨鼓太鼓鉦鼓大曲譜	壹冊	√	
	鞨鼓壹鼓三鼓中小曲譜	壹冊	√	√
	太鼓　中小曲譜	壹冊	√	√
	鉦鼓　中小曲譜	壹冊	√	√
舞之部	人長東遊大和歌舞譜	壹冊	未記	未記
	左舞　大曲譜	壹冊	√	
	左舞　中小曲譜	貳冊上 下	√ √	
	右舞　大曲譜	壹冊		√
	右舞　中小曲譜	貳冊上 下	√	 √

1.《雅樂譜總目錄》一冊，係根據「日本宮內廳式部職樂部」提供之攝影本轉抄。
2. 譜別中凡以灰色網底呈現之曲名，其內容筆者並未抄錄。

《雅樂譜總目錄》曲目

如前述「樂長室」本，除《雅樂譜總目錄》一冊外，尚有每首曲目之樂譜、唱詞、唱法及唐樂舞譜、高麗樂舞譜等71冊。依唱物之部、和琴之部、琵琶之部、箏之部、鳳笙之部、篳篥之部、笛之部、皷類之部及舞之部依序記錄。器樂部分如琵琶、箏、鳳笙、篳篥、笛及皷，皆以各樂器專門符號記譜（分譜），並有文字如：重頭、換頭、返付、火、由、引等漢字，標示演奏方法及樂曲表現，舞蹈部分則以中文及日文術語，簡單記錄舞步、姿勢及方向。節拍、速度等之術語與音樂所用之術語相同。其記錄方法具邏輯性，只是距今年代久遠，較難瞭解，而且由於音樂及舞蹈本質上的變化、記錄方法的不同，產生若干困擾。但是如果從敦煌出土的《敦煌舞譜》來觀察；例如書寫於909年之〈南歌子〉[2]舞譜記錄方法及形式，可肯定兩者出於同源；屬同一文化叢（Culture Complex）。另外，日本雅樂樂譜所使用的記譜符號，也和書寫於933年之《敦煌樂譜》[3]多相類似。這些共同點也同樣出現於《西安鼓樂全書》[4]。

筆者於1966年，經日本教育大學（現筑波大學）推介至日本宮內廳書陵部及樂部研究唐傳日之唐謙樂舞及高麗樂舞。自該年三月至九月期間，除學習相關音樂及舞蹈之技術外，大部分時間投入於抄寫、研究日本明治九年及二十一年撰定之《雅樂譜》中之唐樂、唐舞及高麗樂舞。同時也兼及最古老1233年成書《教訓抄》中之舞譜記錄及1263年之祕譜，對私家所藏之舞譜之收集研究也多所涉獵。這些資料顯示，唐樂舞及高麗樂舞，有「大曲」、「中曲」、「小曲」三種類別。兩種表演方式，即「管弦」和「樂舞」。其中除舞蹈專用曲外，無論是管弦或樂舞，皆使用相同音樂。樂器的種類有笙、笛、箏、篳篥、琵琶及打擊樂器。另有少部分專用於樂舞的笙、笛、篳篥譜及舞譜。唐樂樂調有六種，即壹越調、盤涉調、平調、雙調、黃鐘調及太食調。高麗樂有：高麗壹越調、高麗平調及高麗雙調三種。

廣受歡迎的《拔頭》有兩首，分別列於唐樂及高麗樂中。唐樂中之《拔頭》，係早只拍子（每小節2＋4拍）（6拍）；列於高麗樂之《拔頭》是八多良拍子（每小節5

拍）。早只拍子的《拔頭》是由南部樂人所傳承；八多良拍子的《拔頭》則由「天王寺」樂人傳授。至於《還城樂》同時出現於「唐樂」及「高麗樂」曲名中，是因為當「左舞」（唐樂舞）表演只拍子的《拔頭》後，「右舞」（高麗舞）則以八多良的只拍子《還城樂》作為答舞。

令人遺憾的是《雅樂譜總目錄》所列曲名，以《蘇合香》、《萬秋樂》、《春鶯囀》及《皇麞》四首，並稱為大曲。唐太宗（627～649）時代的《秦王破陣樂》（皇帝破陣樂）及武則天（684～704）時代的《團亂旋》並未列入。筆者推測這兩首舞蹈的技術，可能在明治（1868～1912）時代即已失傳。其實，這兩首舞蹈之舞譜，非常完整的保存在1263年的古舞譜中，筆者重建之《皇帝破陣樂》及《團亂旋》即依據1263年之版本而完成。重建之《春鶯囀》，也曾經參考1263年之祕譜及私家所藏之版本。

關於筆者所抄寫之《雅樂譜》，如上述，是依據「樂部」「樂長室」之版本。其中與原版本有若干不同，其一為日本傳統神樂未列入；二，各冊之編號，係筆者自行調整。

表二　劉鳳學手抄《雅樂譜總目錄》收錄曲名及撰定年別

編號	手抄本	攝影	類別、曲名	撰定年	
				九年（1876）	廿一年（1888）
0		√	《雅樂譜總目錄》一冊		
①	√		左舞大曲譜		
			舞譜名目、蘇合香、萬秋樂、春鶯囀	√	
②	√		左舞中小曲譜		
			舞譜名目、振鉾、萬歲樂、散手、迦陵頻、甘州、太平樂、拔頭、北庭樂、打毬樂、春庭樂、蘭陵王	√	
③	√		左舞中小曲譜		
			舞譜名目、壹鼓、安摩、二舞、賀殿、		√

			承和樂、胡飲酒、五常樂、裹頭樂、喜春樂、桃李花、央宮樂、青海波、蘇莫者、還城樂		
④	√		右舞大曲譜		√
			新鳥蘇、古鳥蘇、退宿德、進走禿		√
⑤	√		右舞中小曲譜　上	√	
			舞譜名目、振鉾、延喜樂、貴德、胡蝶、胡德樂、八仙、狛桙、納曾利、林歌、白濱、還城樂	√	
⑥	√		右舞中小曲譜　下		√
			皇仁庭、垣破、進蘇利古、蘇利古、綾切、敷手、仁和樂、長保樂、新靺鞨、地久、登殿樂、陪臚、拔頭		√
⑦	√		篳篥大曲譜		
			盤涉調：蘇合香、萬秋樂	√	
			壹越調：春鶯囀	√	
			平調：皇麞	√	
⑧	√		篳篥中小曲譜　壹越調		
			壹越調：音取、調子、春鶯囀颯踏、同入破、賀殿破、同急、迦陵頻破、同急、承和樂、北庭樂、蘭陵王、胡飲酒序、同破、新羅陵王急	√	
			壹越調：回盃樂、十天樂、菩薩破、酒胡子、武德樂、酒清司、壹團嬌		√
⑨	√		篳篥中小曲譜　平調		
			平調：音取、調子、皇麞急、五常樂序、同破、同急、萬歲樂、甘州、三臺塩急、春楊柳、林歌、老君子、陪臚、雞德	√	

			慶雲樂、裹頭樂、相府連、勇勝急、扶南、夜半樂、小郎子		√
			王昭君、越殿樂		√
⑩	√		篳篥中小曲譜　雙調		
			雙調：音取、調子、春庭樂、柳花苑、回盃樂、颯踏、入破、酒胡子、武德樂	√	
			雙調：賀殿破、同急、鳥破、同急、胡飲酒破、北庭樂、陵王、新羅陵王急		√
⑪	√		篳篥中小曲譜　黃鐘調		
			黃鐘調：音取、調子、喜春樂破、桃李花、央宮樂、海青樂、平蠻樂、西王樂破、拾翠樂	√	
			蘇合急、青海波、鳥急、越殿樂、千秋樂		√
⑫	√		篳篥中小曲譜　太食調		
			太食調：音取、調子、太平樂道行、同破、同急、打毬樂、傾盃樂急、仙遊霞、還城樂、拔頭、長慶子	√	
			蘇芳菲、輪鼓褌脫、庶人三臺		√
⑬	√		篳篥中小曲譜　盤涉調		
			盤涉調：音取、調子、蘇合香三帖、同破、同急、萬秋樂破、宗明樂、輪臺、青海波、白柱、竹林樂、蘇莫者破、千秋樂、越殿樂	√	
			採桑老、劍氣褌脫		√
⑭	√		篳篥舞樂用曲譜		
			壹越調：迦陵頻音取	√	
			沙陀調：音取	√	
			太食調：拔頭音取、散手破陣樂序、同破、還城樂音取、同破	√	

			平調：五常樂詠、陪臚音取、同破、同急		√
			黃鐘調：喜春樂序		√
			盤涉調：輪臺音取、同吹渡、青海波音取、同吹渡、蘇莫者音取、同序、同破		√
			太食調：拔頭		√
⑮	√		篳篥延只拍子曲譜		
			平調：萬歲樂		√
			雙調：鳥破		√
⑯	√		高麗大曲篳篥譜		
			高麗壹越調：納序、新鳥蘇、古鳥蘇、退走禿、進走禿		√
⑰	√		高麗中小曲譜篳篥譜		
			高麗壹越調：音取、小音取、延喜樂、胡蝶樂、八仙破、同急、仁和樂、古烏蘇、胡德樂、狛桙、敷手、貴德樂破、同急、納曾利破、同急	√	
			平調：音取、林歌	√	
			雙調：音取、地久破、同急、白濱、登殿樂	√	
			高麗壹越調：狛調子、皇仁庭破、同急、埴破、進蘇利古、蘇利古、綾切、長保樂破、同急、新鞍鞨		√
⑱	√		箏大曲譜		
			盤涉調：蘇合香、萬秋樂	√	
			壹越調：春鶯囀	√	
			平調：皇麞	√	
⑲	√		箏中小曲譜　壹越調		

			壹越調：爪調、撥合、春鶯囀、同入破、賀殿破、同急、迦陵頻破、同急、承和樂、北庭樂、蘭陵王、胡飲酒序、同破、新羅陵王急	√	
			壹越調：回盃樂、十天樂、菩薩破、酒胡子、武德樂、酒清司、壹團嬌		√
⑳	√		箏中小曲譜　平調		
			平調：爪調、撥合、皇麞急、五常樂序、同破、同急、萬歲樂、甘州、三臺塩急、春楊柳、林歌、老君子、陪臚、雞德	√	
			慶雲樂、裹頭樂、相府連、勇勝急、扶南、夜半樂、小郎子、王昭君、越殿樂		√
㉑	√		箏中小曲譜　雙調		
			雙調：爪調、撥合、春庭樂、柳花苑、回盃樂、颯踏、入破、酒胡子、武德樂	√	
			賀殿樂破、同急、鳥破、同急、胡飲酒破、北庭樂、陵王、新羅陵王急		√
㉒	√		箏中小曲譜　黃鐘調		
			黃鐘調：爪調、撥合、喜春樂破、桃李花、央宮樂、海青樂、平蠻樂、西王樂破、拾翠樂	√	
			蘇合急、青海波、鳥急、越殿樂、千秋樂		√
㉓	√		箏中小曲譜　太食調		
			太食調：爪調、撥合、太平樂道行、同破、同急、打毬樂、傾盃樂急、仙遊霞、還城樂、拔頭、長慶子	√	
			蘇芳菲、輪鼓褌脫、庶人三臺		√
㉔	√		箏中小曲譜　盤涉調		

			盤涉調：爪調、撥合、蘇合香三帖、同破、同急、萬秋樂破、宗明樂、輪臺、青海波、白柱、竹林樂、蘇莫者破、千秋樂、越殿樂	√	
			採桑老、劍氣褌脫		√
			箏中小曲譜輪說		
			平調：五常樂急、三臺塩急、林歌、陪臚	√	
			盤涉調：青海波、越殿樂、同四返之說、同五返之說	√	
			太食調：合歡塩	√	
㉕	√		高麗大曲　箏譜		
			高麗壹越調：新鳥蘇、古鳥蘇、退走禿、進走禿	√	√
㉖	√		高麗中小曲譜	√	
			高麗壹越調：調如太食調：延喜樂、胡蝶樂、八仙破、同急、仁和樂、古鳥蘇、胡德樂、狛桙、敷手、貴德破、同急、納曾利破、同急	√	
			高麗平調：紘合、林歌	√	
			高麗雙調：紘合、地久破、同急、白濱、登殿樂	√	
			高麗壹越調：皇仁庭破、同急、埴破、進蘇利古、蘇利古、綾切、長保樂破、同急、新鞆鞨		√
㉗	√		箏延只拍子曲譜		
			平調：萬歲樂		√
			雙調：鳥破		√
㉘	√		琵琶大曲譜		

			盤涉調：蘇合香、萬秋樂	√	
			壹越調：春鶯囀	√	
			平調：皇麞	√	
㉙	√		琵琶中小曲譜　壹越調		
			壹越調：絃合、放絃、七撥、撥合、春鶯囀颯踏、同入破、賀殿破、同急、迦陵頻破、同急、承和樂、北庭樂、蘭陵王、胡飲酒序、同破、新羅陵王急	√	
			回盃樂、十天樂、菩薩破、酒胡子、武德樂、酒清司、壹團嬌		√
㉚	√		琵琶中小曲譜　平調		
			平調：七撥、撥合、皇麞急、五常樂序、同破、同急、萬歲樂、甘州、三臺塩急、春楊柳、林歌、老君子、陪臚、雞德	√	
			慶雲樂、裹頭樂、相府連、勇勝急、扶南、夜半樂、小郎子、王昭君、越殿樂		√
㉛	√		琵琶中小曲譜　雙調		
			雙調：絃合、放絃、七撥、撥合、春庭樂、柳花苑、回盃樂、颯踏、入破、酒胡子、武德樂	√	
			賀殿破、同急、鳥破、同急、胡飲酒破、北庭樂、陵王、新羅陵王急		√
㉜	√		琵琶中小曲譜　黃鐘調		
			黃鐘調：絃合、放絃、水調、絃合、放絃、七撥、撥合、喜春樂破、桃李花、央宮樂、海青樂、平蠻樂、西王樂破、拾翠樂	√	
			蘇合急、青海波、鳥急、越殿樂、千秋樂		√

㉝	√		琵琶中小曲譜　太食調		
			太食調：七撥、撥合、太平樂道行、同破、同急、打毬樂、傾盃樂急、仙遊霞、還城樂、拔頭、長慶子	√	
			蘇芳菲、輪鼓褌脫、庶人三臺		√
㉞	√		琵琶中小曲譜　盤涉調		
			盤涉調：絃合、放絃、七撥、撥合、蘇合香三帖、同破、同急、萬秋樂破、宗明樂、輪臺、青海波、白柱、竹林樂、蘇莫者破、千秋樂、越殿樂	√	
			採桑老、劍氣褌脫		√
㉟	√		琵琶延只拍子曲譜		
			平調：萬歲樂		√
			雙調：鳥破		√
㊱	√		高麗大曲　琵琶譜		
			高麗壹越調：新鳥蘇、古鳥蘇、退走禿、進走禿		√
㊲	√		高麗中小曲琵琶譜		
			高麗壹越調：調如太食調：延喜樂、胡蝶樂、八仙破、同急、仁和樂、古鳥蘇、胡德樂、狛桙、敷手、貴德破、同急、納曾利破、同急	√	
			高麗平調：調如盤涉調：林歌	√	
			高麗雙調：調如水調：地久破、同急、白濱、登殿樂	√	
			高麗壹越調：皇仁庭破、同急、垣破、進蘇利古、蘇利古、綾切、長保樂破、同急、新靺鞨		√
㊳	√		鳳笙大曲譜		

			盤涉調：蘇合香、萬秋樂	√	
			壹越調：春鶯囀	√	
			平調：皇麞	√	
㊴	√		鳳笙中小曲譜　壹越調		
			壹越調：調子、音取、春鶯囀颯踏、同入破、賀殿破、同急、迦陵頻破、同急、承和樂、北庭樂、蘭陵王、胡飲酒序、同破、新羅陵王急	√	
			回盃樂、十天樂、菩薩破、酒胡子、武德樂、酒清司、壹團嬌		√
㊵	√		鳳笙中小曲譜　平調		
			平調：調子、音取、皇麞急、五常樂序、同破、同急、萬歲樂、甘州、三臺塩急、春楊柳、林歌、老君子、陪臚、雞德	√	
			慶雲樂、裹頭樂、相府連、勇勝急、扶南、夜半樂		√
			小郎子、王昭君、越殿樂		√
㊶	√		鳳笙中小曲譜　雙調		
			雙調：調子、音取、春庭樂、柳花苑、回盃樂、颯踏、入破、酒胡子、武德樂	√	
			賀殿破、同急、鳥破、同急、胡飲酒破、北庭樂、陵王、新羅陵王急		√
㊷	√		鳳笙中小曲譜　黃鐘調		
			黃鐘調：調子、音取、喜春樂破、桃李花、央宮樂、海青樂、平蠻樂、西王樂破、拾翠樂	√	
			蘇合急、青海波、鳥急、越殿樂、千秋樂		√
㊸	√		鳳笙中小曲譜　太食調		

			太食調：調子、音取、太平樂道行、同破、同急、打毬樂、傾盃樂急、仙遊霞、還城樂、拔頭、長慶子	√	
			蘇芳菲、輪鼓褌脫、庶人三臺		√
㊹	√		鳳笙中小曲譜　盤涉調		
			盤涉調：調子、音取、蘇合香三帖、同破、同急、萬秋樂破、宗明樂、輪臺、青海波、白柱、竹林樂、蘇莫者破、千秋樂、越殿樂	√	
			採桑老、劍氣褌脫		√
㊺	√		鳳笙延只拍子曲譜		√
			平調：萬歲樂		√
			雙調：鳥破		√
㊻	√		鳳笙舞樂用曲譜		
			壹越調：迦陵頻音取	√	
			沙陀調：音取	√	
			太食調：拔頭音取、散手破陣樂序、同破、還城樂音取、同破	√	
			平調：五常樂詠、陪臚音取、同破、同急	√	
			黃鐘調：喜春樂序	√	
			盤涉調：輪臺音取、同吹渡、青海波音取、同吹渡、蘇莫者音取、同序、同破		√
			太食調：拔頭		√
㊼	√		龍笛大曲譜		
			盤涉調：蘇合香、萬秋樂	√	
			壹越調：春鶯囀	√	
			平調：皇麞	√	

㊽	√	√	龍笛中小曲譜　壹越調		
			壹越調：音取、品玄、入調、春鶯囀颯踏、同入破、賀殿破、同急、迦陵頻破、同急、承和樂、北庭樂、蘭陵王、胡飲酒序、同破、新羅陵王急	√	
			回盃樂、十天樂、菩薩破、酒胡子、武德樂、酒清司、壹團嬌		√
㊾		√	龍笛中小曲譜　平調		
			平調：音取、品玄、臨調子、皇麞急、五常樂序、同破、同急、萬歲樂、甘州、三臺塩急、春楊柳、林歌、老君子、陪臚、雞德	√	
			慶雲樂、裹頭樂、相府連、勇勝急、扶南、夜半樂、小郎子、王昭君、越殿樂		√
㊿	√		龍笛中小曲譜　雙調		
			雙調：音取、品玄、入調、春庭樂、柳花苑、回盃樂、颯踏、入破、酒胡子、武德樂	√	
			賀殿破、同急、鳥破、同急、胡飲酒破、北庭樂、陵王、新羅陵王急		√
51		√	龍笛中小曲譜　黃鐘調		
			黃鐘調：音取、品玄、入調、喜春樂破、桃李花、央宮樂、海青樂、平蠻樂、西王樂破、拾翠樂	√	
			蘇合急、青海波、鳥急、越殿樂、千秋樂		√
52		√	龍笛中小曲譜　太食調		
			太食調：音取、品玄、上調子、太平樂道行、同破、同急、打毬樂、傾盃樂急、仙遊霞、還城樂、拔頭、長慶子	√	
			蘇芳菲、輪皷褌脫、庶人三臺		√

㊼		√	龍笛中小曲譜　盤涉調		
			盤涉調：音取、品玄、入調、蘇合香三帖、同破、同急、萬秋樂破、宗明樂、輪臺、青海波、白柱、竹林樂、蘇莫者破、千秋樂、越殿樂	√	
			採桑老、劍氣褌脫		√
㊽	√		龍笛延只拍子曲譜		
			平調：萬歲樂		√
			雙調：鳥破		√
㊾		√	龍笛舞樂用曲譜		
			壹越調：新樂亂聲、小亂聲、古樂亂聲、安摩亂聲、迦陵頻音取、陵王亂序	√	
			沙陀調：音取	√	
			太食調：拔頭音取、散手破陣樂序、同破、還城樂音取、同破（八多良拍子）	√	
			平調：五常樂詠、陪臚音取、同破、同急		√
			黃鐘調：喜春樂序		√
			盤涉調：輪臺音取、同吹渡、青海波音取、同吹渡、蘇莫者音取、同序、同破		√
			太食調：拔頭（八多良拍子）		√
㊿	√		高麗大曲笛譜		
			高麗壹越調：納序、古彈、新鳥蘇、古鳥蘇、退走禿、進走禿		√
57		√	高麗中小曲笛譜		
			高麗壹越調：音取、小音取、延喜樂、胡蝶樂、八仙破、同急、仁和樂、古鳥蘇（大曲）、胡德樂、狛桙、敷手、貴德破、同急、納曾利破、同急、狛亂聲、小亂聲	√	

			高麗平調：音取、林歌	√	
			高麗雙調：音取、地久破、同急、白濱、登殿樂	√	
			高麗壹越調：狛調子、皇仁庭破、同急、埴歌、進蘇利古、蘇利古、綾切、長保樂破、同急、新靺鞨		√
(58)	√		鞨鼓　太鼓　鉦鼓　大曲譜		
			大曲三鼓：序（八鞨鼓、六鞨鼓、四鞨鼓）、十拍、延八拍子、亂拍子、破拍子、籠拍子、約拍子、驚拍子、諸桴三度拍子、中八拍子、早八拍子、片桴三度拍子、七拍子、六拍子、五拍子、延四拍子、早四拍子、頻拍子、推拍子	√	
			蘇合香七拍子擊始：破拍子、籠拍子、約拍子、驚拍子、片桴三度拍子、五拍子	√	
			蘇合香急籠拍子、同曲加拍子後籠拍子、及（三度拍子）	√	
			蘇合香序一帖、三帖、四帖、五帖、破、急	√	
			萬秋樂序、破二、三、四帖、五帖、六帖	√	
			春鶯囀遊聲、序、颯踏、入破、鳥聲、急聲	√	
			皇麞破七、八帖、九帖、急	√	
(59)	√		太鼓中小曲譜		
			序、震動拍子、亂聲、亂序、鹿婁、延只拍子、延八拍子、諸桴三度拍子、古樂搔拍子、破拍子、籠拍子、約拍子、早八拍子、片桴三度拍子、千鳥搔、波反、只八拍子、搔三度拍子、八多良拍子、七拍子、六拍子、突拍子、延四拍	√	

			子、虛拍子、早四拍子、三度拍子、搔拍子、只四拍子、古樂四拍子搔、亂拍子、交拍子、連搔、頻拍子、間拍子、振拍子、志止彌拍子		
			高麗太皷序、四拍子、揚拍子、一度拍子、三度拍子、唐拍子、脫拍子、待拍子		√
⑥⓪	√		鉦皷中小曲譜		
			序、亂聲、亂序、鹿婁、延八拍子、早八拍子、只八拍子、七拍子、六拍子、延四拍子、早四拍子、三度拍子、只四拍子、連搔		√
			高麗鉦皷		
			序、四拍子、揚拍子、唐拍子		√
⑥①	√		鞨皷、壹皷、三ノ皷中小曲譜		
			鞨皷：阿里聲、塩短聲、大揭聲、璫鐺聲、沙音聲、織錦聲、泉郎聲、小揭聲、（以上鞨皷八聲）		√
			音取、調子、序、延只拍子、延八拍子、亂拍子、破拍子、籠拍子、約拍子、中八拍子、早八拍子、千鳥懸、早只拍子、七拍子、六拍子、延四拍子、早四拍子、頻拍子、推拍子、志止彌拍子		√
			壹皷：音取、調子、序、亂序、鹿婁、古樂延八拍子、新樂延八拍子、古樂早八拍子、新樂早八拍子、早只拍子、古樂延四拍子、新樂延四拍子、早四拍子、只四拍子		√
			三ノ皷：音取、序、四拍子、揚拍子、三度拍子	√	
			唐拍子	√	

1. 本表所列相關內容，係根據筆者於1966年3月至9月在「日本宮內廳式部職樂部」手抄及攝影本共62冊。其中《雅樂譜總目錄》編號為0，㊽有2冊，一冊為手抄本，一冊為攝影本。
2. ①②③……係冊數之順序。
3. √符號，表示手抄或攝影及撰定年。

《明治撰定譜》名稱由來及其後續發展

綜觀明治九年及二十一年所撰定之《雅樂譜》，無論存於宮內廳樂部或日本內閣文庫所典藏共四份的手寫本，其圖書目錄，皆稱其為《雅樂譜》。雅樂世家及研究雅樂的前輩學者專家，也鮮少使用《明治撰定譜》之名稱。其實在日本文獻中所謂唐樂，是指第五世紀至第十世紀的南北朝（420～589）、隋（581～618）及唐（618～907）時代的宮廷讌樂舞傳入日本，保存至今者。這些音樂及舞譜除被稱為「雅樂」、「舞樂」、「樂舞」外，也被稱為「左舞」。被稱為「右舞」者，是「高麗樂」。這些樂舞是經由黃土高原文化、草原文化和海洋文化相激盪相融合而形成的藝術瑰寶，跨越了十四個世紀之後，當1876年這部舉世無雙的《雅樂譜》集成巨作完成時，並未引起任何回應，探討其原因，可能該時正值引進歐洲音樂，英國軍樂指揮約翰．威廉．芬頓（John William Fenton）自明治九年三月在「宮內廳雅樂藝技所」傳授西方音樂，並積極籌備十一月「雅樂藝技所」首次舉辦的歐洲音樂演奏會之際；在歐洲文化盛行全球之際，集大成的《雅樂譜》完成的豐功偉業，完全被歐洲文化所掩蓋，而未舉行任何祝賀或演奏活動[5]。

一百年後，日本昭和四十三年（1968），日本平凡社在該年出版的《音樂事典》，由平出久雄執筆，在相關「雅樂」項目條文中，以〈明治撰定笛譜〉、〈明治撰定篳篥譜〉等名稱，介紹《雅樂譜》[6]。自此之後，《明治撰定譜》名詞，廣為學術界認同與應用，同時也激起年輕世代對雅樂研究的認知。

明治九年（1876）《雅樂譜》制定之後，各樂家都能遵從政府制定之統一版本，循規蹈矩演奏制定之曲目。關於這一點，可從明治十四年（1881）演奏紀錄來觀察，該年演奏次數是291次；演奏曲目達695曲[7]，得以證實其執行情況。

從上述演出曲目有695首之多來推測，或許樂人早已發現，僅僅演出一成不變的撰定曲目，可能對雅樂發展造成諸多不利的影響。主管機關也可能早已洞察此種現象，於是在明治十二年（1879）一月十四日，由宮內廳式部主管坊城俊政，對雅樂課作出指示：樂人們在練習非撰定曲目之樂曲時，可使用自家流派之樂譜，行有餘力者，則可再學習其他流派之風格[8]。從時間點上推測，有明治十二年（1879）一月十四日的命令，始有明治十四年（1881）演出曲目有695曲之多，進而促成追加曲目的規劃；〈高麗大曲譜〉、〈右舞大曲譜〉、〈延只拍子曲譜〉、〈舞樂用曲譜〉及若干〈中小曲譜〉，都是在政策鬆綁之後，被收錄在《明治二十一年撰定譜》。

從另一角度來觀察，「雅樂局」當初規劃統一樂譜及舞譜時，也作出其前瞻性的措施。如使「高麗樂」能和唐樂同樣地以管弦樂方式演奏。這種企圖可以從編制高麗樂曲目中，出現古箏譜及琵琶譜，可窺知當時的用意。但是，非常遺憾，至今尚未出現過類似的演出形式。

下列表三至表六係筆者根據《雅樂總譜》（明治撰定譜）之舞譜及樂譜研究，整合羅列各舞舞者人數，與音樂之配合、拍子型、拍子數，及使用之道具、面具等列表說明。

表三　《雅樂譜》（明治撰定譜）〈唐樂曲譜〉各曲結構、拍子型、拍子數及所用樂器

調名	曲別	樂名	結構	拍子型	拍子數	樂器	其他
壹越調	大曲	春鶯囀	遊聲			笙、笛、篳篥 箏、琵琶 鉦鼓、鞨鼓、太鼓	劉鳳學重建此樂及舞詳《劉鳳學舞蹈全集》【唐宮廷讌樂舞研究】第二卷
			序		十六		
			颯踏	早八拍子	十六		
			入破	早六拍子	十六		
			鳥聲		十六		
			急聲	早六拍子	十六		

	中小曲	賀殿	破　中曲	延八拍子	十	笙、笛、篳篥 箏、琵琶 鉦鼓、羯鼓、 太鼓	
			急　小曲	早四拍子	二十		
	中小曲	迦陵頻	破　中曲	延八拍子	八	同上	
			急　小曲	早八拍子	八		
	中曲	承和樂		延八拍子	十	同上	
	中曲	北庭樂		早八拍子	十四	同上	
	中曲	蘭陵王		早八拍子	十六	同上	
	小曲	胡飲酒	序		七	同上	劉鳳學重建此樂及舞見序章表一
			破	早四拍子	十四		
	小曲	新羅陵王	急	早四拍子	十六	笙、笛、篳篥 箏、琵琶 鉦鼓、羯鼓、 太鼓	
	中曲	回盃樂		延八拍子	八	同上	
	中曲	十天樂		延八拍子	八	同上	
	中曲	菩薩	破	延八拍子	六後度七	同上	
	小曲	酒胡子		早四拍子	十四	同上	
	小曲	武德樂		早四拍子	十二	同上	
	小曲	酒清司		早四拍子	八	同上	
	小曲	壹團嬌		早四拍子	十七後度十六	同上	
盤涉調	大曲	蘇合香	序　一帖		十二	笙、篳篥、笛 箏、琵琶 鉦鼓、羯鼓、 太鼓	劉鳳學重建此樂及舞詳《劉鳳學舞蹈全集》【唐宮廷讌樂舞研究】第二卷
			三帖	延樂	二十六		
			四帖	早樂	二十六		
			五帖	早樂	二十三		
			破	延四拍子	二十		

			急一至三帖	延四拍子	每帖二十一		
	大曲	萬秋樂	序		十八	同上	
			破	延八拍子	十八		
			二帖換頭	延八拍子	十八		
			三帖換頭	延八拍子	十八		
			四帖換頭	延八拍子	十八		
			五帖前半	延八拍子	十		
			五帖後半	早八拍子	八		
			六帖前	早六拍子	七		
			六帖後	早八拍子	十一		
	中曲	宗明樂		延八拍子	十四	同上	
	中曲	輪臺		早八拍子	十六	同上	
	中曲	青海波		早八拍子	十二	同上	
	小曲	白柱		早八拍子	九	同上	
	小曲	竹林樂		早八拍子	十	同上	
	中曲	蘇莫者	序		六	笙、篳篥、笛鉦鼓、鞨鼓、大太鼓	
			破	八多良八拍子	十二		
	小曲	千秋樂		早八拍子	八	笙、篳篥、笛箏、琵琶 鉦鼓、鞨鼓、太鼓	
	小曲	越殿樂		早四拍子	八後度 十二	同上	
	中曲	採桑老		延八拍子	十二	同上	
	小曲	劍氣褌脫		早四拍	十五後度十四	同上	

平調	大曲	皇rig	破	延八拍子	十	笙、篳篥、笛箏、琵琶鉦鼓、羯鼓、太鼓	
			七帖	延八拍子	十		
			八帖	延八拍子	十		
			九帖	早八拍子	十		
			急	早四拍子	二十		
	中小曲	五常樂	序	延八拍子	三	笙、篳篥、笛箏、琵琶鉦鼓、羯鼓、太鼓	
			詠（中曲）		十六		
			破（中曲）	延八拍子	十六		
			急（小曲）	早八拍子	八		
	中曲	萬歲樂		延八拍子	二十（十）	同上	
	中曲	萬歲樂		延只拍子	二十（十）	同上	
	准大曲	甘州		延四拍子	十四	同上	
	准大曲	三臺塩	急	早四拍子	十六	同上	
	中曲	春楊柳		早八拍子	十二	同上	
	中曲	陪臚		早只四拍子	十二	同上	
	中曲	慶雲樂		早四拍子	十	同上	
	小曲	雞德		延八拍子	十	同上	
	中曲	裹頭樂		延八拍子	十二	同上	
	中曲	相府蓮		延八拍子	十	同上	
	中曲	夜半樂		早八拍子	十六	同上	
	小曲	勇勝	急	早四拍子	二十六	同上	
	小曲	扶南		早四拍子	十四	同上	
	小曲	林歌		早八拍子	十一	同上	
	小曲	老君子		早四拍子	十六	同上	

	小曲	小郎子		早四拍子	十四	同上	
	小曲	王昭君		早四拍子	十	同上	
	小曲	越殿樂		早四拍子	八後度十二	同上	
	中小曲 舞樂用	陪臚	破（中曲）	八多良八拍子	六	笙、篳篥、笛 鉦鼓、鞨鼓、 大太鼓	・舞樂用 ・急同《新羅陵王急》
			急（小曲右舞）	早四拍子	十六		
雙調	中曲	春庭樂		延八拍子	十	笙、篳篥、笛 箏、琵琶 鉦鼓、鞨鼓、 太鼓	
	中曲	柳花苑		早只八拍子	二十四	同上	
	中曲	回盃樂		延八拍子	八	同上	
	中曲	颯踏		早八拍子	十六	同上	
	中曲	入破		早六拍子	十六	同上	
	小曲	酒胡子		早四拍子	十四	同上	
	小曲	武德樂		早四拍子	十二	同上	
	中小曲	賀殿	破（中曲）	延八拍子	十	同上	
			急（小曲）	早四拍子	二十		
	中小曲	鳥	破（中曲）	延八拍子	八	同上	
			急（小曲）	早八拍子	八		
	小曲	胡飲酒	破	早四拍子	十四	同上	劉鳳學重建此樂及舞見序章表一
	中曲	北庭樂		早八拍子	十四	同上	
	中曲	陵王		早八拍子	十六	同上	劉鳳學重建此樂及舞見序章表一

	小曲	新羅陵王	急	早四拍子	十六	同上	
	中曲	鳥	破	延只八拍子	八	篳篥	篳篥延只拍子曲譜
黃鐘調	中曲	喜春樂	序		十二	笙、篳篥、笛鉦鼓、羯鼓、大太鼓	
			破	延八拍子	七	笙、篳篥、笛箏、琵琶鉦鼓、一鼓、太鼓	
	中曲	桃李花		延八拍子	八	笙、篳篥、笛箏、琵琶鉦鼓、羯鼓、太鼓	
	中曲	央宮樂		延八拍子	十二	同上	
	中曲	青海樂		早八拍子	十	同上	
	中曲	平蠻樂		早八拍子	十八	同上	
	中曲	西王樂	破	早只八拍子	十	同上	
	小曲	拾翠樂	急	早四拍子	十	同上	
	中曲	蘇合	急	延四拍子	二十一	同上	
	中曲	青海波		早八拍子	十二	同上	
	小曲	鳥	急	早八拍子	八	同上	
	小曲	越殿樂		早四拍子	八後度十二	同上	
	小曲	千秋樂		早八拍子	八	同上	
太食調	中曲	太平樂	道行	延四拍子	十二	笙、篳篥、笛箏、琵琶鉦鼓、羯鼓、太鼓	
			破（又名《武昌樂》）	延八拍子	二十		

			急（又名《合歡塩》）	早四拍子	十六後度二十		
	中曲	散手破陣樂	序		二十	同上	
			破	延八拍子	二十		
	中曲	打毬樂		延八拍子	十一	笙、篳篥、笛箏、琵琶鉦鼓、鞨鼓、太鼓	
	小曲	傾盃樂	急	早四拍子	十六	同上	劉鳳學重建此樂及舞詳《劉鳳學舞蹈全集》【唐宮廷讌樂舞研究】第三卷
	小曲	仙遊霞		早八拍子	十	同上	
	中曲	還城樂	破	早只八拍子	十八	同上	
	小曲	拔頭	破	早只四拍子	十五	同上	劉鳳學重建此樂及舞詳《劉鳳學舞蹈全集》【唐宮廷讌樂舞研究】第三卷
	小曲	長慶子		早四拍子	十六	同上	
	中曲	蘇芳菲		延八拍子	九	同上	
	小曲	輪鼓褌脫		早只四拍子	二十三	同上	
	小曲	庶人三臺		早四拍子	十六	同上	

本表資料來源：見劉鳳學1966年手抄於日本宮內廳樂部之手抄本，其中部分資料係由樂部委託高橋寫真マイクロ寫真部拍攝。

表四　《雅樂譜》（明治撰定譜）左舞〈唐樂舞譜〉各舞舞者人數、舞樂結構、拍子型、拍子數、使用樂器、舞具、舞面

調名	曲別	舞名	舞者人數	舞、樂結構	拍子型	拍子數	樂器	舞具	舞面	其他
壹越調		振鉾	左舞一人右舞一人	前奏曲、入場	小亂聲			左、右舞者各執長鉾		
				舞：第一節左舞者獨舞	小亂聲、新亂聲		笛、鉦鼓、大鼓			
				第二節右舞者獨舞	高麗亂聲		高麗笛			
				第三節左、右齊舞	新樂亂聲、高麗亂聲		笛、高麗笛			
	大曲	春鶯囀	六人或四人	前奏曲	調子、音取		笙、篳篥、笛鉦鼓、鞨鼓、大鼓			劉鳳學重建此樂及舞詳《劉鳳學舞蹈全集》【唐宮廷讌樂舞研究】第二卷
				入場	遊聲					
				舞：序	序吹物	十六				
				颯踏	早八拍子	十六				
				入破	早六拍子	十六				
				鳥聲	序吹物	十六				
				急聲	早六拍子	十六				
				退場	調子：入調					
	大中曲	賀殿	四人	前奏曲、入場	調子、音取、道行		同上			
				舞：破（中曲）	延八拍子	十				
				急（小曲）	早四拍子	二十				
				退場　急重吹						
	中小曲	迦陵頻	四人	前奏曲、入場	林邑亂聲		三管音頭、鉦鼓	每人雙手各持一鈸		

				舞	音取		笙、篳篥、笛鉦鼓、鞨鼓、大鼓			
				舞：急	早八拍子	八				
				退場	急連奏					
	中曲	承和樂	四人	前奏曲、入場	調子、品玄		同上			
				舞	延八拍子	十				
				退場	調子、入調					
	中曲	北庭樂	四人	前奏曲、入場	調子、品玄		同上			
				舞：一帖	早八拍子	十四				
				退場	重吹					
	中曲	蘭陵王	一人	前奏曲、入場	小亂聲、亂聲			右手持桴，左手劍印	有	
				舞：囀、音取						
				破	早八拍子	十六				
				退場	亂序					
	中曲	安摩	二人	前奏曲	調子、音取		笛一、笛二、笛三、鉦鼓、大鼓	笏	有	
				入場	亂聲、鹿婁					
				舞：亂序		十六				
				囀						
				笏指手						
				入手						
				退	亂序					

	中曲	二ノ舞	二人	入場	亂序			一號舞者持桴		
				詠						
				囀						
				舞	亂序					
				退場	亂序					
	小曲	胡飲酒	一人	入場	古樂、亂聲、音取			酒壺	有面具	劉鳳學重建此樂及舞見序章表一
				舞：序一帖		七				
				二帖		七				
				破一至七帖	早四拍子	各十四				
				退場	破重吹					
盤涉調	大曲	蘇合香	舞者六人或四人	前奏曲	調子、音取			連衣之細長袖		劉鳳學重建此樂及舞詳《劉鳳學舞蹈全集》【唐宮廷讌樂舞研究】第二卷
				入場	道行					
				序：一帖		十二				
				三、四帖	第三帖延樂、第四帖早樂	各二十六				
				五帖	早樂	二十三				
				破	延四拍子	二十				
				急　一、二、三帖	延四拍子	各二十一				
				退場	急重吹					
	大曲	萬秋樂	舞者六人或四人	前奏曲、入場	調子、品玄					
				序		十八				
				破一至四帖	延八拍子	各十八				
				五帖前半	延八拍子	十				

				五帖後半	早八拍子	八				
				六帖前半	早六拍子	七				
				六帖後段	早八拍子	十一				
				退場	調子、入調					
	中曲	蘇莫者	一人	前奏曲、入場	古樂亂聲					
				舞：音取、序	拍子六	可打震動拍子				
				破一、二帖	八多良拍子	各十二				
				退場	破連續吹					
	中曲	輪臺	舞者四人	前奏曲	調子、音取			桴		
				延輪臺、入場	早八拍子	十六				
				早輪臺　舞一帖	早八拍子	四				
				二至四帖	早八拍子	各十六				
				詠、音取、唱歌、吹渡						
				退場	青海波					
	中曲	青海波	舞者二人	入場	青海波					
				舞：一至三帖	早八拍子	各十二				
				詠、音取、詠、唱歌、吹渡						
				退場	延輪臺					
平調	中曲	萬歲樂	舞者四人	前奏曲、入場	調子、品玄					
				舞	延八拍子	二十（十）				

				退場	調子、臨調子					
	准大曲	甘州	舞者四人	入場	調子、品玄					
				舞	延四拍子	十四				
				退場	重吹					
	中曲	裹頭樂	舞者四人	入場	調子、品玄					
				舞	延八拍子	十二				
				退場	調子、臨調子					
	中小曲	五常樂	舞者四人	前奏曲、入場	調子、品玄					
				序		八				
				詠	延八拍子	三				
				破	延八拍子	十六				
				急（小曲）一至五帖	早八拍子	各八				
				退場	急連奏					
	中曲	壹鼓	舞者二人	前奏曲	調子、音取			鼓、鼓槌		鼓掛在胸前，舞者右手持鼓槌，擊鼓同時入場
				舞：用裹頭樂						
				退場	重吹					
黃鐘調	中曲	喜春樂	舞者四人	前奏曲、入場	調子、品玄					
				舞：序		十二				
				破一至四帖	延八拍子	各七				
				退場	破重吹					

	中曲	桃李花	舞者四人	前奏曲、入場	調子、品玄					
				舞	延八拍子	八				
				退場	調子、入調					
	中曲	央宮樂	舞者四人	前奏曲、入場	調子、品玄					
				舞	延八拍子	十二				
				退場	調子、入調					
太食調	中曲	太平樂	舞者四人	前奏曲、入場	調子、音取、道行			大刀、鉾		
				舞：破（用武昌樂）	延八拍子	二十				
				急（用合歡塩）	早四拍子	十六後度二十				
				退場	急重吹					
	中曲	散手破陣樂	舞者一人	前奏曲、入場	調子、品玄					
				舞：序		十二				
				破	延八拍子	十				
				退場	調子、上調子、新亂聲					
	中曲	打毬樂	舞者四人	前奏曲、入場	調子、品玄					
				舞：序一至四帖		各十二				
				破	延八拍子	十一				
				退場	調子、上調子					

	中曲	還城樂	舞者一人	前奏曲、入場	小亂聲、亂序					
				舞	早只八拍子	十八				
				退場	亂序、笛奏安摩亂序					
	小曲	拔頭	舞者一人	前奏曲、入場	林邑亂聲			桴（金剛鈴）	有面具	劉鳳學重建此樂及舞詳《劉鳳學舞蹈全集》【唐宮廷讌樂舞研究】第三卷
				音取、舞、退場	早只四拍子	十五				
	小曲	傾盃樂	堂下六人堂上四人	破　一	延八拍子	十六				劉鳳學重建此樂及舞詳《劉鳳學舞蹈全集》【唐宮廷讌樂舞研究】第三卷
				二		十六				
				急　一		十六				
				二		十六				
				三		十六				

本表資料來源：見劉鳳學1966年手抄於日本宮內廳樂部之手抄本，其中部分資料係由樂部委託高橋寫真マイクロ寫真部拍攝。

表五　《雅樂譜》（明治撰定譜）〈高麗曲譜〉各曲結構、拍子型、拍子數及所用樂器

調名	曲別	樂名	結構	拍子型	拍子數	樂器	其他
高麗壹越調	大曲	新鳥蘇	納序	前奏曲		狛笛、篳篥二重奏 狛笛、篳篥二ノ鼓、大太鼓	
			古彈				
			序吹	四拍子物	六		
			二返	四拍子物	五		
			三返	四拍子物	四		
			換頭	四拍子物	六		
	大曲	古鳥蘇	序吹、換頭	四拍子物	十七	同上	
	大曲	退走禿		四拍子物	十二	同上	又名退宿德
	大曲	進走禿		四拍子物	二十	同上	又名進宿德
	中曲	延喜樂		四拍子物	十一	同上	
	中曲	古鳥蘇		四拍子物	十四	同上	
	中曲	狛桙		四拍子物	十八	同上	
	中曲	敷手		四拍子物	十二	同上	
	中曲	貴德	破	四拍子物	十	同上	
			急	唐拍子	二十		
	中曲	皇仁庭	破	四拍子物	二十	同上	
			急	唐拍子	十四		
	中曲	垣破		四拍子物	六	同上	
	中曲	綾切		四拍子物	十三	同上	
	中曲	長保樂	破	四拍子物	八	同上	
			急	四拍子物	九		
	小曲	胡蝶	高麗亂聲	四拍子物	十六	同上	
	小曲	八仙	破	四拍子物	十三	同上	・又稱崑崙八仙 ・劉鳳學重建此舞見序章表一
			急	唐拍子	十四		

<table>
<tr><td rowspan="8"></td><td>小曲</td><td>仁和樂</td><td></td><td>四拍子物</td><td>十</td><td>同上</td><td></td></tr>
<tr><td>小曲</td><td>胡德樂</td><td></td><td>四拍子物</td><td>八</td><td></td><td></td></tr>
<tr><td rowspan="2">小曲</td><td rowspan="2">納曾利</td><td>破（揚拍子）</td><td>四拍子物</td><td>二十四</td><td rowspan="2">同上</td><td rowspan="2"></td></tr>
<tr><td>急</td><td>唐拍子</td><td>十二</td></tr>
<tr><td>小曲</td><td>新靺鞨</td><td></td><td>唐拍子</td><td>十六</td><td>同上</td><td></td></tr>
<tr><td>中曲</td><td>進蘇利古</td><td>同垣破</td><td>四拍子物</td><td>六</td><td>同上</td><td></td></tr>
<tr><td>中曲</td><td>蘇利古</td><td>同狛桙</td><td>四拍子物</td><td>十八</td><td>同上</td><td></td></tr>
<tr><td>高麗平調</td><td>小曲</td><td>林歌</td><td></td><td>四拍子物</td><td>十四</td><td>同上</td><td></td></tr>
<tr><td rowspan="4">高麗雙調（樂）</td><td rowspan="2">准大曲</td><td rowspan="2">地久</td><td>破</td><td>四拍子物</td><td>十二</td><td rowspan="2">同上</td><td rowspan="2">明治九年（1876）收錄</td></tr>
<tr><td>急</td><td>四拍子物</td><td>十</td></tr>
<tr><td>中曲</td><td>白濱</td><td></td><td>四拍子物</td><td>十</td><td></td><td>同上</td></tr>
<tr><td>小曲</td><td>登殿樂</td><td></td><td>四拍子物</td><td>八</td><td></td><td>同上</td></tr>
<tr><td rowspan="2">唐樂平調</td><td rowspan="2">中小曲</td><td rowspan="2">陪臚</td><td>破（中曲）</td><td>八多良八拍子</td><td>六</td><td rowspan="2"></td><td rowspan="2"></td></tr>
<tr><td>急（小曲）</td><td>早四拍子</td><td>十六</td></tr>
<tr><td rowspan="2">唐樂太食調</td><td>中曲</td><td>還城樂</td><td>破</td><td>八多良拍子</td><td>十八</td><td rowspan="2"></td><td rowspan="2"></td></tr>
<tr><td>小曲</td><td>拔頭</td><td>破</td><td>八多良拍子</td><td>十五</td></tr>
</table>

本表資料來源：見劉鳳學1966年手抄於日本宮內廳樂部之手抄本，其中部分資料係由樂部委託高橋寫真マイクロ寫真部拍攝。

表六　《雅樂譜》（明治撰定譜）右舞〈高麗樂舞譜〉各舞舞者人數、舞樂結構、拍子型、舞具、舞面

調名	曲別	舞名	舞者人數	舞、樂結構	拍子型	樂名	舞具	舞面	其他
高麗壹越調	大曲	新鳥蘇	四人或六人	前奏曲	納序・古彈	新鳥蘇			
				入場	新鳥蘇樂曲				
				舞・後參舞					
	大曲	古鳥蘇	四人或六人	前奏曲	狛調子或意調子	古鳥蘇			
				入場	古鳥蘇				
				舞・後參舞					
	大曲	退走禿	四人	前奏曲	狛調子或意調子	退走禿			又名退走德、退宿德
				入場	退走禿樂曲				
				舞・後參舞					
				退場					
	大曲	進走禿	四人	前奏曲	狛調子或意調子	進走禿			又名進走德、進宿德
				入場	進走禿				
				舞・後參舞					
				退場					
		振鉾	左舞一人右舞一人	入場、左右舞者依序入舞臺	小亂聲	振鉾	鉾 左右舞者各持鉾		
				舞：第一節左舞獨舞	小亂聲、新亂聲				
				第二節右舞獨舞	高麗亂聲				

				第三節左右齊舞	新樂亂聲、高麗亂聲				
	中曲	延喜樂	四人	前奏	意調子	延喜樂			
				入場	延喜樂				
				舞					
				退場					
	中曲	貴德	一人	前奏	高麗小亂聲	貴德			
				入場	高麗亂聲				
				舞　破	貴德				
				急	唐拍子				
				退場	急連奏				
	中曲	狛桙	四人	前奏	意調子	狛桙	有舞具		
				入場	狛桙				
				舞・退場					
	中曲	敷手	四人	前奏	意調子	敷手			
				入場	敷手				
				舞・退場					
	中曲	皇仁庭	四人	前奏曲	序吹	皇仁庭			
				入場	破之曲				
				破	破				
				急	唐拍子				
				退場	急連吹				
	中曲	垣破	四人	前奏曲	狛調子或意調子	垣破	小球		
				入場	埴破				
				舞・退場					

	中曲	綾切	四人	前奏曲	序吹	綾切			
				入場・舞	綾切				
				退場					
	中曲	長保樂	四人	前奏曲	意調子	長保樂			
				入場	破				
				舞　破・急	破・急				
				退場	急				
	中曲	進蘇利古	四人	前奏曲	意調子	垣破			
				入場・舞	用垣破樂曲				
	中曲	蘇利古	四人	前奏	意調子	狛桙			
				入場・舞	用狛桙樂曲				
	小曲	胡蝶	四人	前奏曲	小亂聲	胡蝶			
				入場	高麗亂聲				
				舞・退場	同胡蝶樂曲				
	小曲	八仙	四人	入場前之曲	高麗小亂聲	八仙		有面具	・又稱崑崙八仙 ・劉鳳學重建此舞見序章表一
				入場	高麗亂聲				
				破	同八仙樂曲				
				急	唐拍子				
	小曲	仁和樂	四人	入場前曲	意調子	仁和樂			
				入場・舞・退場	同仁和樂樂曲				
	小曲	胡德樂	六人	入場前曲	意調子	胡德樂			
				入場・舞・退場	同胡德樂樂曲				

	小曲	納曾利	二人	前奏曲	小亂聲	納曾利			
				入場・破	揚拍子				
				急	唐拍子				
				退場	急連奏				
	小曲	新靺鞨	四人	前奏曲	小亂聲	新靺鞨			
				入場	高麗亂聲				
				舞・退場	新靺鞨曲				
高麗平調	小曲	林歌	四人	入場前曲	小亂聲	林歌			
				入場	高麗亂聲				
				舞・退場	當曲				
高麗雙調	准大曲	地久	四人	前奏曲	音取	地久			
				入場	用破曲				
				破					
				急	急曲連奏				
				退場					
	中曲	白濱	四人	前奏曲	序吹	白濱			
				入場・舞・退場	同白濱樂曲				
	小曲	登殿樂	四人	前奏曲	音取	登殿樂			
				入場	曲　破				
				破					
				急・退場	曲　急				
唐樂平調	中小曲	陪臚	四人	前奏曲	林邑亂聲	陪臚	佩大刀 鉾 楯		八多良八拍子
				入場	調子・品玄				
				舞　破	陪臚・音取				

				急	急（新羅陵王急）				
				退場	急連吹				
唐樂太食調	中曲	還城樂	一人	前奏曲	小亂聲		桴		・左手劍印 ・八多良拍子
				入場	亂序				
				舞　序	亂序				
				破	音取・還城樂樂曲				
				退場	安摩之亂聲				
	小曲	拔頭又稱撥頭、鉢頭	一人	前奏曲	林邑亂聲		金鋼鈴	・長髮 ・舞面	・八多良四拍子 ・劉鳳學重建此樂及舞詳《劉鳳學舞蹈全集》【唐宮廷讌樂舞研究】第三卷
				入場	林邑亂聲				
				舞	拔頭音取・拔頭樂曲				
				退場					

本表資料來源：見劉鳳學1966年手抄於日本宮內廳樂部之手抄本，其中部分資料係由樂部委託高橋寫真マイクロ寫真部拍攝。

表七　唐教坊曲目見於敦煌舞譜、日本雅樂與高麗史、劍橋學派、臺灣學派中之曲目一覽表

唐教坊曲目		敦煌舞譜樂譜		日本雅樂				高麗史	劍橋學派	臺灣學派
				唐樂		高麗樂		唐樂呈才		
		舞	樂	舞	樂	舞	樂			
1	獻天花									
2	和風柳									
3	美唐風									
4	透碧空									
5	巫山女									
6	度春江									
7	眾仙樂									
8	大定樂			√						
9	龍飛樂									
10	慶雲樂			√	√		√			
11	繞殿樂									
12	泛舟樂									
13	拋球樂			√	√	√	√	√		
14	清平樂			√						
15	放鷹樂			√						
16	夜半樂			√	√		√			
17	破陣樂			√	√ 秦王破陣樂 散手破陣樂				√ 皇帝破陣樂 The Emperor Destroys the Formations	√ 皇帝破陣樂
18	還京樂			√ 還城樂	√	√				

19	天下樂									
20	同心樂									
21	賀聖朝									
22	奉聖樂									
23	千秋樂			√						
24	泛龍舟			√						
25	泛玉池									
26	春光好									
27	迎春花									
28	鳳樓春									
29	負陽春[1]									
30	章臺春[2]									
31	繞池春									
32	滿園春									
33	長命女			√						
34	武媚娘			√						
35	杜韋娘									
36	柳青娘									
37	楊柳枝			√ 春楊柳 折楊柳	√					
38	柳含煙									
39	簪楊柳									
40	倒垂柳									
41	浣溪沙	√								
42	浪淘沙									

43	撒金沙									
44	紗窗恨									
45	金簑嶺									
46	隔簾聽									
47	恨無媒									
48	望梅花									
49	望江南									
50	好郎君									
51	想夫憐			√ 相夫憐 想夫戀						
52	別趙十									
53	憶趙十									
54	念家山									
55	紅羅襖									
56	烏夜啼									
57	牆頭花									
58	摘得新									
59	北門西									
60	煮羊頭									
61	河瀆神									
62	二郎神									
63	醉鄉游									
64	醉花間									
65	燈下見									
66	太邊郵[3]									

67	太白星									
68	剪春羅									
69	會嘉賓									
70	當庭月				√ 春庭樂					
71	思帝鄉									
72	醉思鄉									
73	歸國遙									
74	感皇恩			√ 賀皇恩 賀王恩						
75	戀皇恩									
76	皇帝感									
77	戀情深									
78	憶漢月									
79	憶先皇									
80	聖無憂									
81	定風波									
82	木蘭花									
83	更漏長									
84	菩薩蠻			√ 菩薩破	√				√ 菩薩 Bodhisattvas	
85	破南蠻									
86	八拍蠻									
87	芳草洞									
88	守陵宮									

89	臨江仙									
90	虞美人									
91	映山紅									
92	獻忠心									
93	臥沙堆									
94	怨黃沙									
95	遐方怨	√								
96	怨胡天									
97	送征衣									
98	送行人									
99	望梅愁									
100	阮郎迷									
101	牧羊怨									
102	掃市舞									
103	鳳歸雲	√								
104	羅裙帶									
105	同心結									
106	一捻鹽									
107	阿也黃									
108	劫家雞									
109	綠頭鴨									
110	下水船									
111	留客住									
112	離別難									
113	喜長新									

114	羌心怨									
115	女王國									
116	繚踏歌									
117	天外聞									
118	賀皇化									
119	五雲仙									
120	滿堂花									
121	南天竺									
122	定西蕃									
123	荷葉杯									
124	感庭秋			√ 感秋樂						
125	月遮樓									
126	感恩多			√						
127	長相思									
128	西江月									
129	拜新月									
130	上行杯									
131	團亂旋								√ 團亂旋 The Whirl-Around	√
132	喜春鶯				√ 喜春樂					
133	大獻壽					√				
134	鵲踏枝									

135	萬年歡			√ 萬秋樂 萬歲樂	√					
136	曲玉管									
137	傾盃樂			√	√					√
138	謁金門									
139	巫山一段雲									
140	望月婆羅門									
141	玉樹後庭花								√ 玉樹後庭花 The Jade Tree's Rear-Court Blossom	
142	西河獅子									
143	西河劍氣[4]				√ 劍氣褌脫					
144	怨陵三臺									
145	儒士謁金門									
146	武士朝金闕									
147	摻工不下[5]									
148	麥秀兩歧									
149	金雀兒									
150	濰水吟									
151	玉騷頭									

152	鸚鵡杯									
153	路逢花									
154	初漏歸									
155	相見歡									
156	蘇幕遮			√	√					
157	遊春苑									
158	黃鐘樂[6]									
159	訴衷情									
160	折紅蓮									
161	征步郎									
162	洞仙歌									
163	太平樂			√	√					
164	長慶樂				√ 長慶子	√	√ 長保樂			
165	喜回鑾									
166	漁父引									
167	喜秋天			秋風樂						
168	大郎神									
169	胡渭州									
170	夢江南									
171	濮陽女									
172	靜戎煙									
173	三臺			√ 三臺鹽庶人三臺	√					

174	上韻									
175	中韻			中腔						
176	下韻									
177	普恩光									
178	戀情歡									
179	楊下採桑									
180	大酺樂									
181	合羅縫									
182	蘇合香			√	√					√
183	山鷓鴣									
184	七星管									
185	醉公子									
186	朝天樂									
187	木笪									
188	看月宮									
189	宮人怨									
190	嘆疆場									
191	拂霓裳									
192	駐征遊									
193	泛濤溪									
194	胡相問									
195	廣陵散									
196	帝歸京									
197	喜還京									
198	遊春夢									

199	柘枝引									
200	留諸錯									
201	如意娘									
202	黃羊兒									
203	蘭陵王			√	√				√ 蘭陵王 The King of Lanling	√
204	小秦王									
205	花王發[7]									
206	大明樂									
207	望遠行									
208	思友人									
209	唐四姐									
210	放鶻樂									
211	鎮西樂									
212	金殿樂			√ 賀殿	√				√ 賀殿 The Palace of Congratulations	
213	南歌子	√								
214	八拍子									
215	魚歌子									
216	七夕子									
217	十拍子									
218	措大子									
219	風流子									
220	吳吟子									

221	生查子									
222	醉胡子[8]			√ 胡飲酒 酒胡子 酒清司	√				√ 胡飲酒 Sogdians Drinking Wine 酒胡子 The Vinous Sogdian（=The Wine Puppet） 酒清子／酒清司／酒清詞／酒淨子 The Wine is Clear	√ 胡飲酒
223	山花子									
224	水仙子									
225	綠鈿子									
226	金錢子									
227	竹枝子									
228	天仙子									
229	赤棗子									
230	千秋子									
231	心事子									
232	胡蝶子					√	√			
233	砂磧子									
234	酒泉子									
235	迷神子									

236	得蓬子									
237	剉碃子									
238	麻婆子									
239	紅娘子			小娘子						
240	甘州子			√ 甘州樂	√					
241	刺歷子[9]									
242	鎮西子									
243	北庭子			√ 北庭樂	√				√ 北庭樂 The Northern Courtyard	
244	采蓮子									
245	破陣子									
246	劍氣子									
247	師子[10]									
248	女冠子									
249	仙鶴子									
250	穆護子									
251	贊普子									
252	蕃將子									
253	回戈子									
254	帶竿子									
255	摸魚子									
256	南鄉子	√								
257	大呂子									

258	南浦子									
259	撥棹子									
260	河滿子								√ 河／何曲子 何滿子 [Miss] Ka's Piece	
261	曹大子									
262	引角子									
263	隊踏子									
264	水沽子									
265	化生子									
266	金蛾子									
267	拾麥子[11]									
268	多利子									
269	毗砂子									
270	上元子									
271	西溪子									
272	劍閣子									
273	嵇琴子									
274	莫壁子[12]									
275	胡攢子									
276	唧唧子									
277	玩花子									
278	西國朝天									

	大曲名	敦煌舞譜樂譜	日本雅樂				高麗史	劍橋學派	臺灣學派
			唐樂		高麗樂		唐樂呈才		
			舞	樂	舞	樂			
279	踏金蓮								
280	綠腰								
281	涼州								
282	薄媚[13]								
283	賀聖樂				√ 賀聖明	√			
284	伊州								
285	甘州		√						
286	泛龍舟								
287	采桑		√ 採桑 採桑老						
288	千秋樂			√					
289	霓裳								
290	後庭花[14]								
291	伴侶								
292	雨霖鈴								
293	柘枝								
294	胡僧破								
295	平翻			√ 平蠻樂					

296	相馳逼								
297	呂太后								
298	突厥三臺								
299	大寶								
300	一斗鹽		一德鹽	√				√ 壹德鹽 Introit to "Perfect Virtue"	
301	羊頭神								
302	大姊								
303	舞一姊[15]								
304	急月記								
305	斷弓絃								
306	碧宵吟								
307	穿心蠻								
308	羅步底								
309	回波樂			√ 回盃樂				√ 回盃樂 The Eddying Bowl	
310	千春樂								
311	龜茲樂								
312	醉渾脫		臨胡褌脱	√ 輪鼓褌脱					
313	映山雞								
314	昊破								

315	四會子								
316	安公子		安弓子						
317	舞春風								
318	迎春風								
319	看江波								
320	寒雁子								
321	又中春[16]								
322	玩中秋								
323	迎仙客								
324	同心結								

表七註釋：

1.文懷沙版：「賽」陽春。
2.文懷沙版：「帝」臺春。
3.《教坊記箋訂》版：泰邊陲。
4.《教坊記箋訂》版：西河劍「器」。
5.《教坊記箋訂》版：摻「弄」。
6.《教坊記箋訂》版：黃「鍾」樂。
7.文懷沙版：花「黃」發。
8.文懷沙、《教坊記箋訂》版：「胡醉」子。
9.文懷沙版：「歷剌」子。
10.文懷沙版：「獅」子。
11.文懷沙版：「拾」麥子。
12.文懷沙版：莫「盛」子。
13.文懷沙版：薄「眉」。
14.文懷沙版：「玉樹」後庭花。
15.文懷沙、《教坊記箋訂》版：舞「大」姊。
16.文懷沙版：「廷」中春。

註釋

1. 日本於明治十八年（1885）廢太政官，實施內閣制。內閣制建立之前，太政官職掌行政、司法及立法權，是日本最高行政機構。參見東京學藝大學日本史研究室，《日本史年表》，東京：東京堂出版，1999，頁338。
2. 書寫於909年之〈南歌子〉舞譜原稿，現藏巴黎國家圖書館，影印本見樊錦詩主編，《敦煌研究》，甘肅，1986，第四期封底。
3. 陳應時，《敦煌樂譜解釋辨證》，上海：上海音樂出版社，2005，頁1～12。
4. 李石根，《西安鼓樂全書》，北京：文化藝術出版社，2009，第二卷頁54，第四卷頁181。
5. 蒲生美津子，〈明治撰定譜の成立事情〉，收錄於《音樂と音樂學》，東京：音樂之友社，1986，頁222。
6. 同上註，頁207。
7. 同上註，頁229。
8. 同上註。

#《第一卷》

下篇

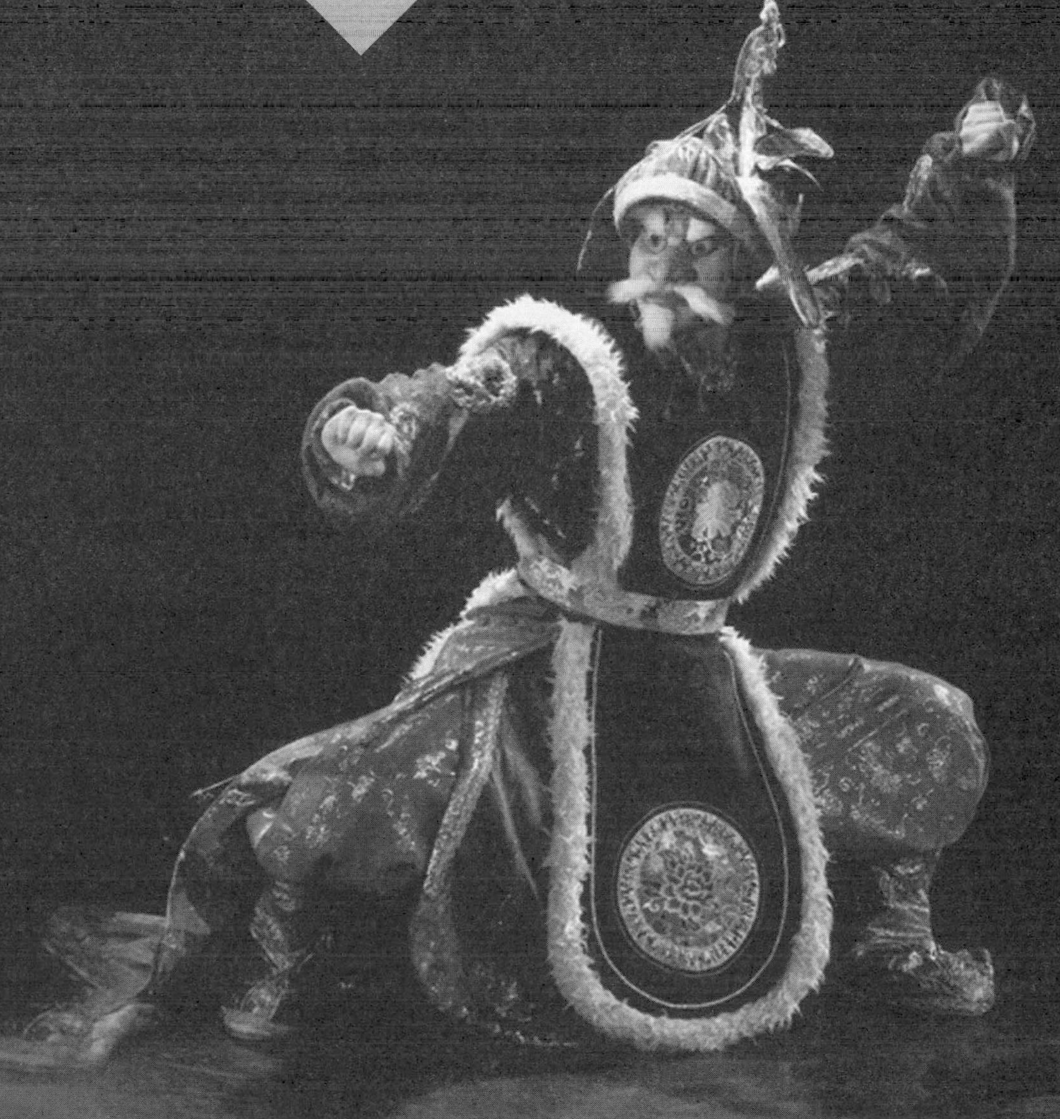

唐中曲《貴德》（劉鳳學作品第130號）
Middle Piece
Kuei Te
（Op. 130）

首演時間：2020年10月24、25、31日

首演地點：新北市財團法人新古典表演藝術基金會紅樹林劇場

原樂舞作者：不詳

音樂：貴德　中曲

古樂譜解釋：劉鳳學

舞蹈重建：劉鳳學

音樂指導：吳瑞呈

樂譜輸入：吳瑞呈、林維芬

首演技術顧問：李俊餘

燈光設計：宋永鴻

服裝、頭飾設計：翁孟晴、劉鳳學

面具設計：葉承遠

道具設計：翁孟晴

排練指導：林惟華、林維芬

首演舞者：王宏豪

舞蹈音樂結構：1.〈破〉　2.〈急〉

舞譜記錄：崔治修

舞譜審訂：賈克琳．夏雷亞斯（Jacqueline Challet-Haas）

記譜：2020年8月

長度：6'30"（1.〈破〉3'50"　2.〈急〉2'40"）

《貴德》是一首漢代的舞蹈，作者不詳。創舞的目的為紀念匈奴貴族「日逐王」來漢歸降，封侯而作。漢宣帝神爵二年（西元前60），匈奴因內亂，日逐王先賢撣率領部屬數萬騎歸順漢朝，漢宣帝令鄭吉發渠犁、龜茲諸國五萬人前去迎接，封日逐王先賢撣為歸德侯，並以《貴德》舞為記。

此舞一直保存於渤海國（698～926），740年渤海訪日大使曾演奏渤海樂，深受日本人士的歡迎，因此日本派遣內雄到渤海學習，十年後學成歸國，渤海樂成為日本宮內廳音樂的一部分。現在日本宮內廳樂部所保存並經常演奏的《大靺鞨》、《古鳥蘇》、《新鳥蘇》、《退走禿》、《進走禿》、《崑崙八仙》及《貴德》等樂及舞皆來自渤海國。《貴德》是一首極具歷史性的獨舞作品，為華夏樂舞與匈奴文化的首次交鋒。劉鳳學依據日本宮內廳舞譜重建，2020年10月於臺灣首演，並以拉邦舞譜記錄。

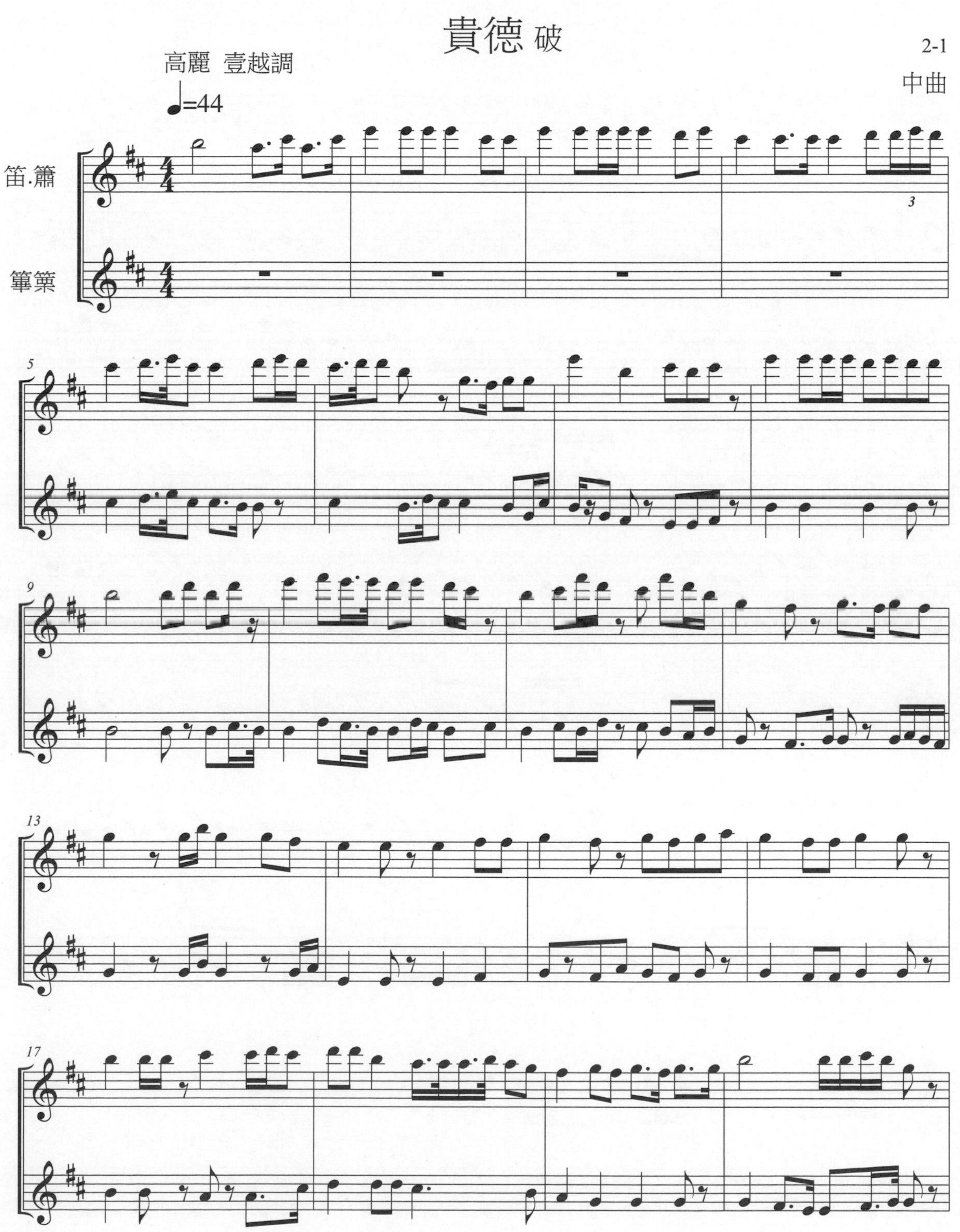
貴德 破
2-1
高麗 壹越調
中曲
♩=44
笛.簫
篳篥
3
5
9
13
17

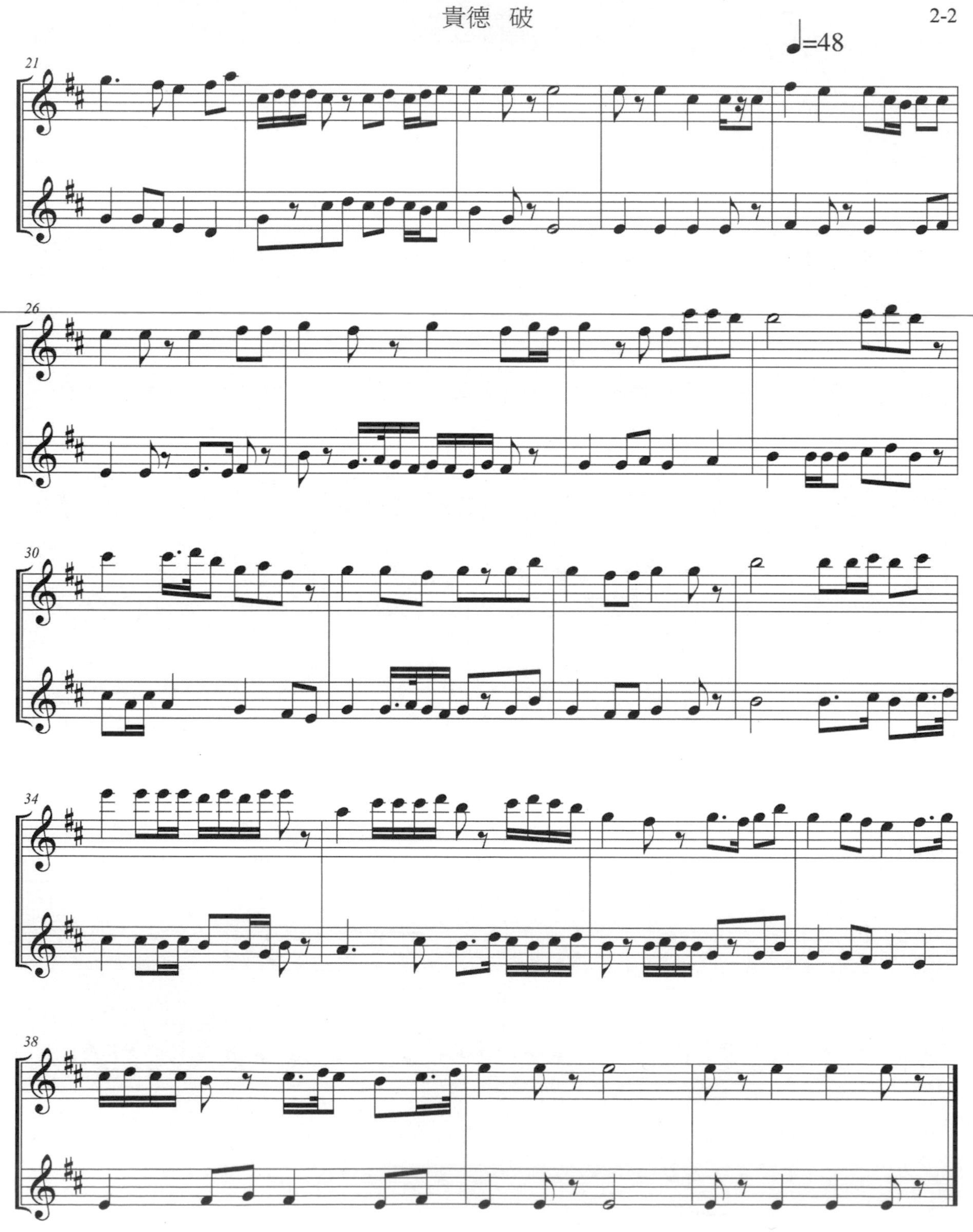
貴德 破
2-2
♩=48
21
26
30
34
38

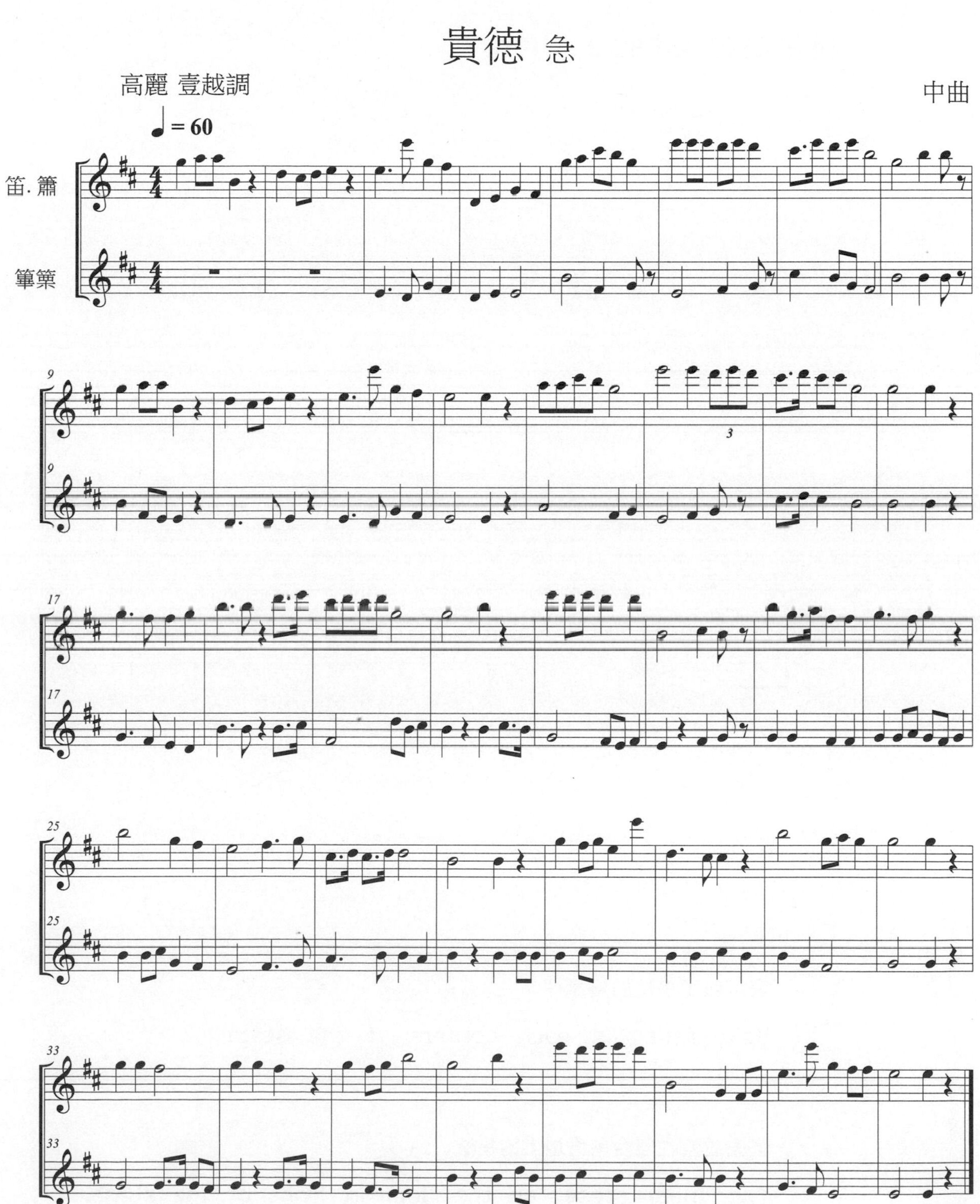
貴德 急
高麗 壹越調
中曲
♩= 60
笛. 簫
篳篥

舞台簡圖 Stage Plan

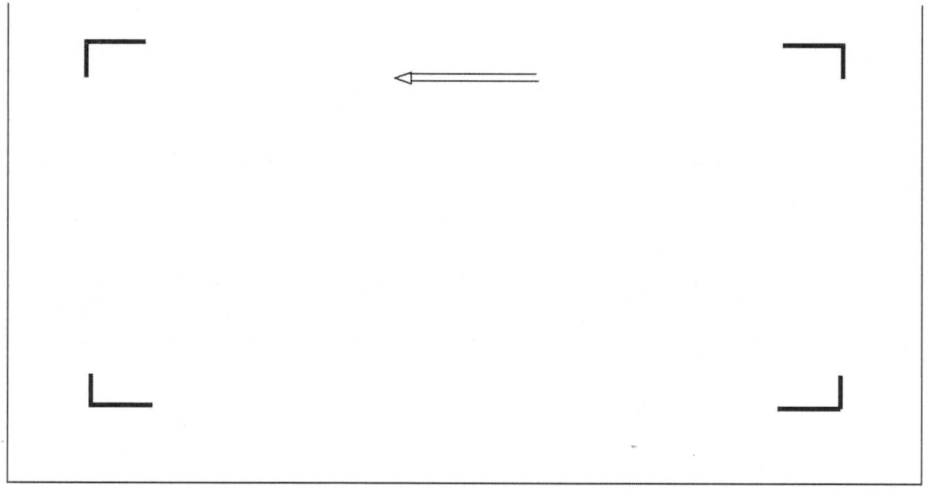

表示四周搭建的矮欄杆

Balustrades in each corners of the stage.

預先放置在舞台前方地上的長槍

The spear preset on the floor in front of the stage.

註釋 Glossary

1. ◇3 舞譜小節數 / Dance score measure

   [3] 唐代音樂節數 / Ancient music sequences of Tang Dynasty, called here "beats". Each "beat" contains several dance measures.

2. 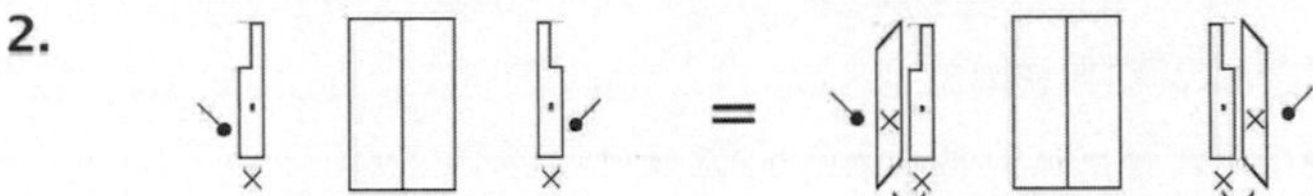

3. 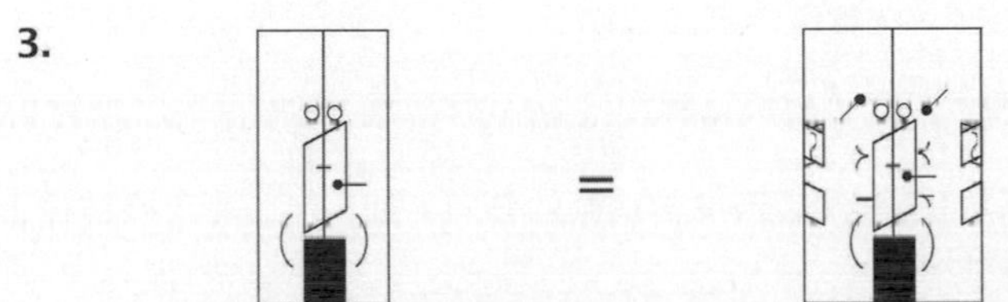

   平轉：雙腳同時轉,腿的內、外旋必須適當改變, 腳掌的接觸點也會做出相應的調整。這裡只是提出一種可能的調整方式。

   When turning simultaneously on 2 feet: The adjustments of both rotation and the contact of the foot during the turn are understood and free to choose by the executants. This example is just one of the possibilities.

4. 道具(長槍)長度 / The measure of the props (a spear):

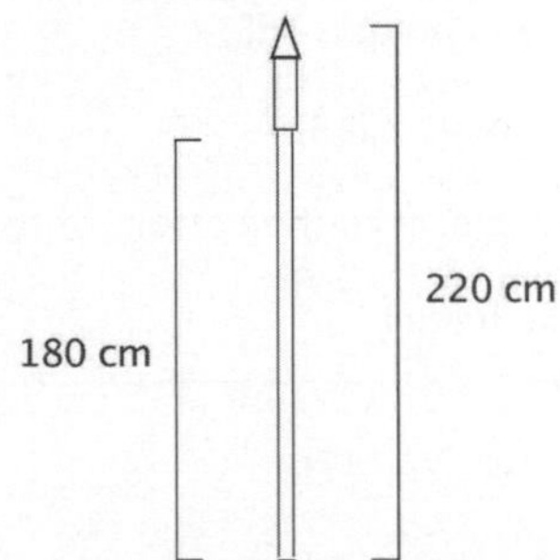

棍子直徑：3 公分
diameter of the stick: 3 cm

5. 道具記法 ／ The use of the props:

5.1 長槍(以字母S代表)的狀態以3種方式描述：

1/ 槍身的方向：方向記號表示槍的方向。例如 S 表示槍頭朝上。

2/ 拿槍的接觸點：數字代表左右手的抓握區域。見以下圖示。
(但是隨個人臂長不同, 可能出現少許差異。)

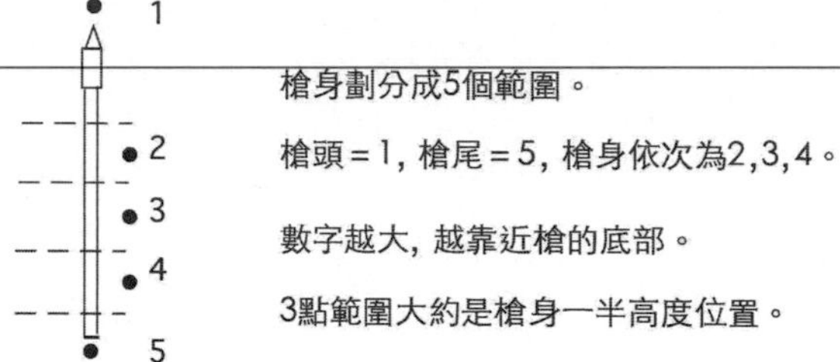

3/ 槍的移動：在最外側的路徑例表示槍被移動的方向。如 S 表示槍被往上舉起。
舞譜中省略了代表被動的虛線。

The spear (represented by the letter S) will be described in 3 ways:

1/ The direction: S means the upper part of the spear is pointing to the sky.

2/ The contact: 5 virtual zones are devided to indicate where to take the spear.

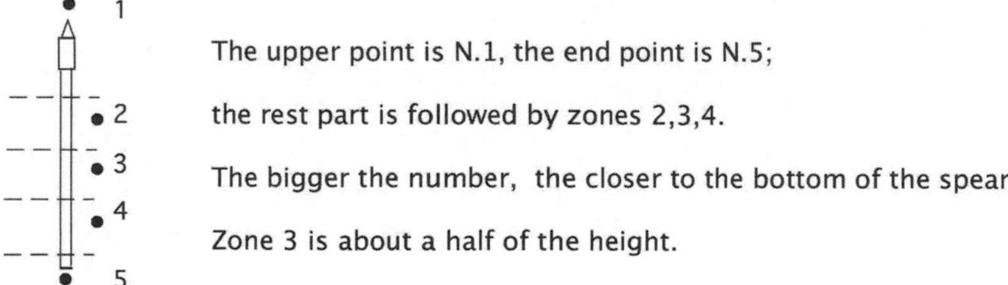

3/ The moving path: S represents that the spear is lifted up.

5.2 範例／Example

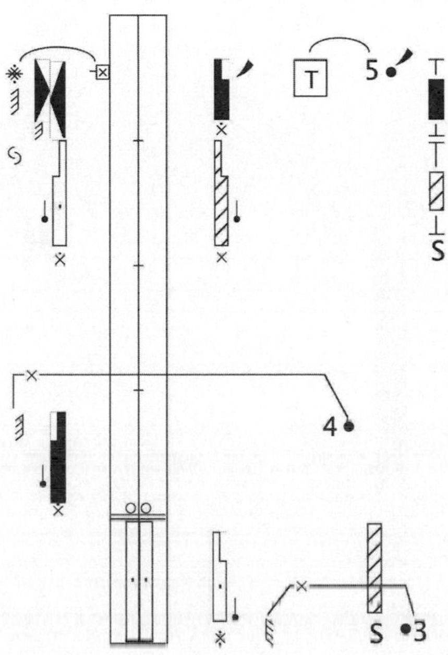

為方便閱讀，舞譜中右手的抓握點寫在長槍動作的右側，左手的抓握點寫在左側。代表長槍底端的5號點寫在中央，即長槍動作的同一行內。（如上）

For better visibility, the right hand catch point is shown on the right side of the spear's movement, and left hand catch point on the left side. The point N.5 which represents the bottom of the spear will be placed in the alignment of the spear column.
(see example above)

預備：右手抓住3號位置，槍頭超上。
Prepartion: Right hand holds the 3th point area and the spear is pointing up.

第一拍：左手抓住下端的4號位置。
Count 1: Left hand holds the 4th point area of the spear.

第三拍： 兩手一起把槍舉高。
Count 3: Two hands together lift up the spear.

第四拍： 左手握拳叉腰，右手用槍下端敲打地面。
Count 4: Left arm on the waist, right arm pulls the spear down and hits the floor.

T = 地面 = Floor

貴德 破

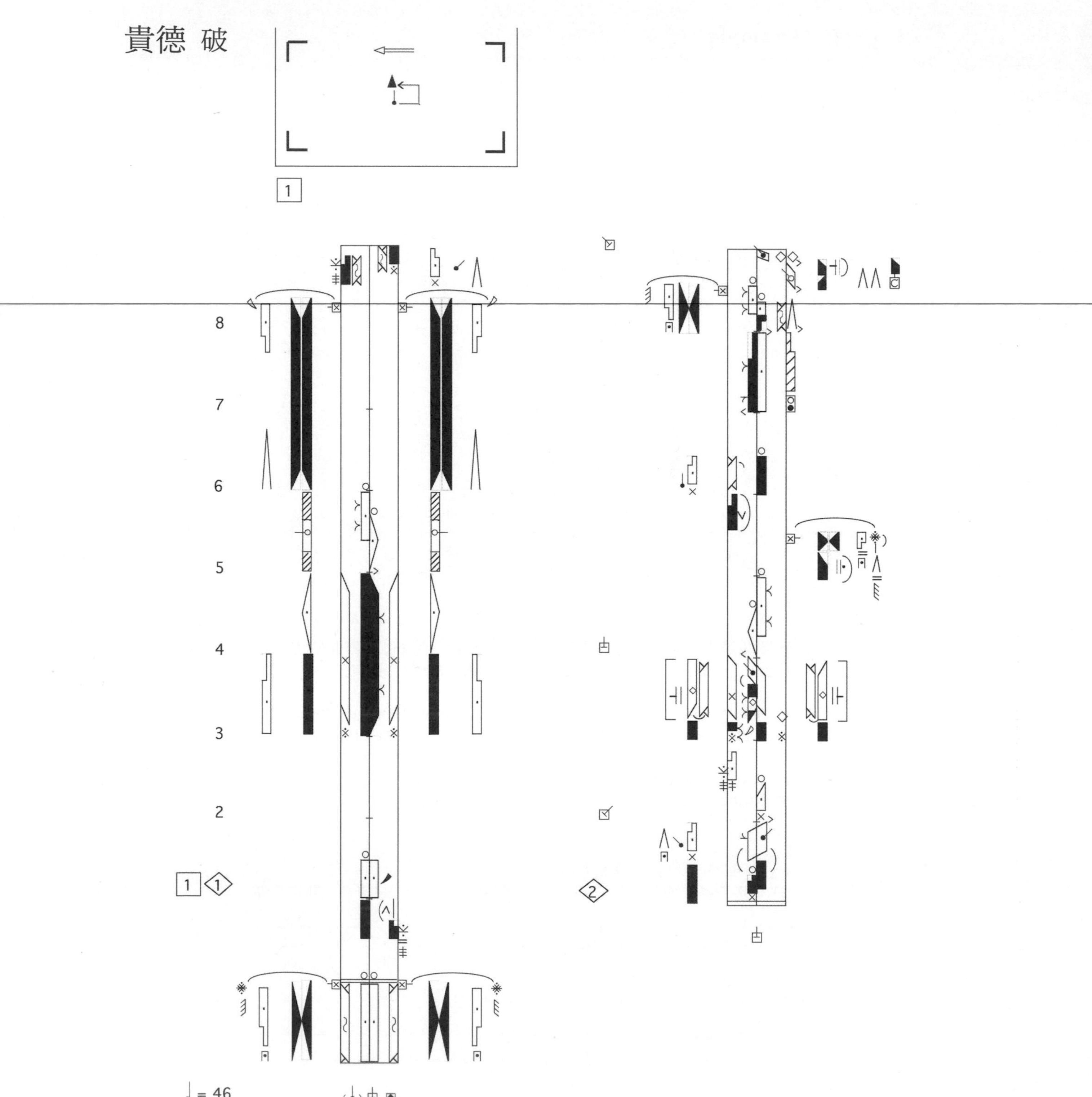

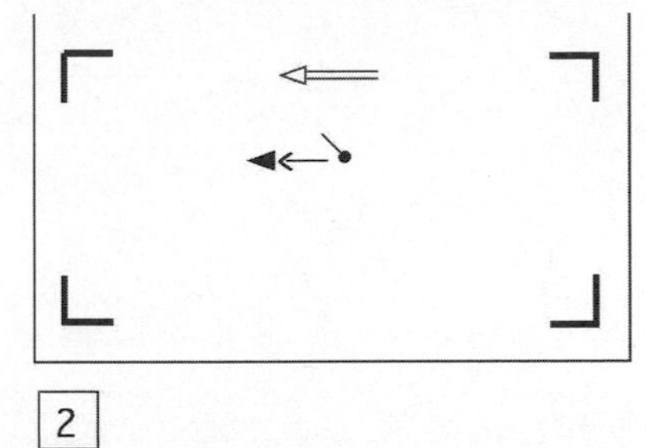

2

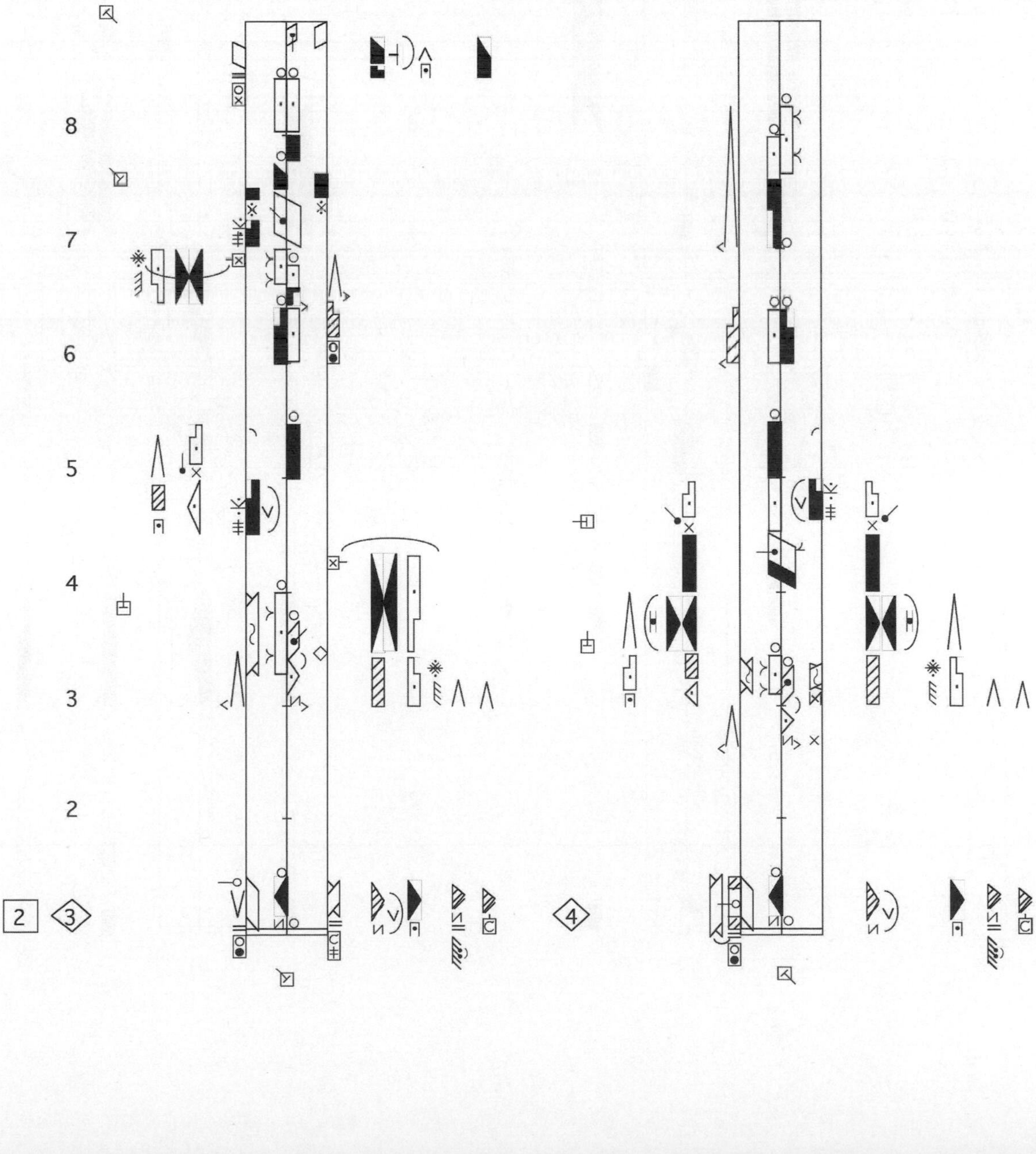

8

7

6

5

4

3

2

2 ③ ④

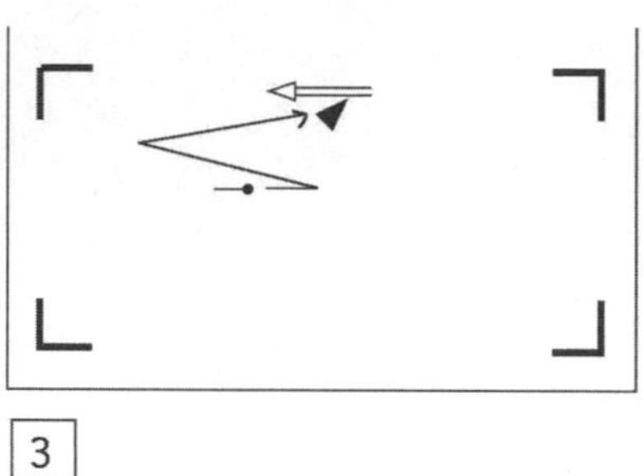
3

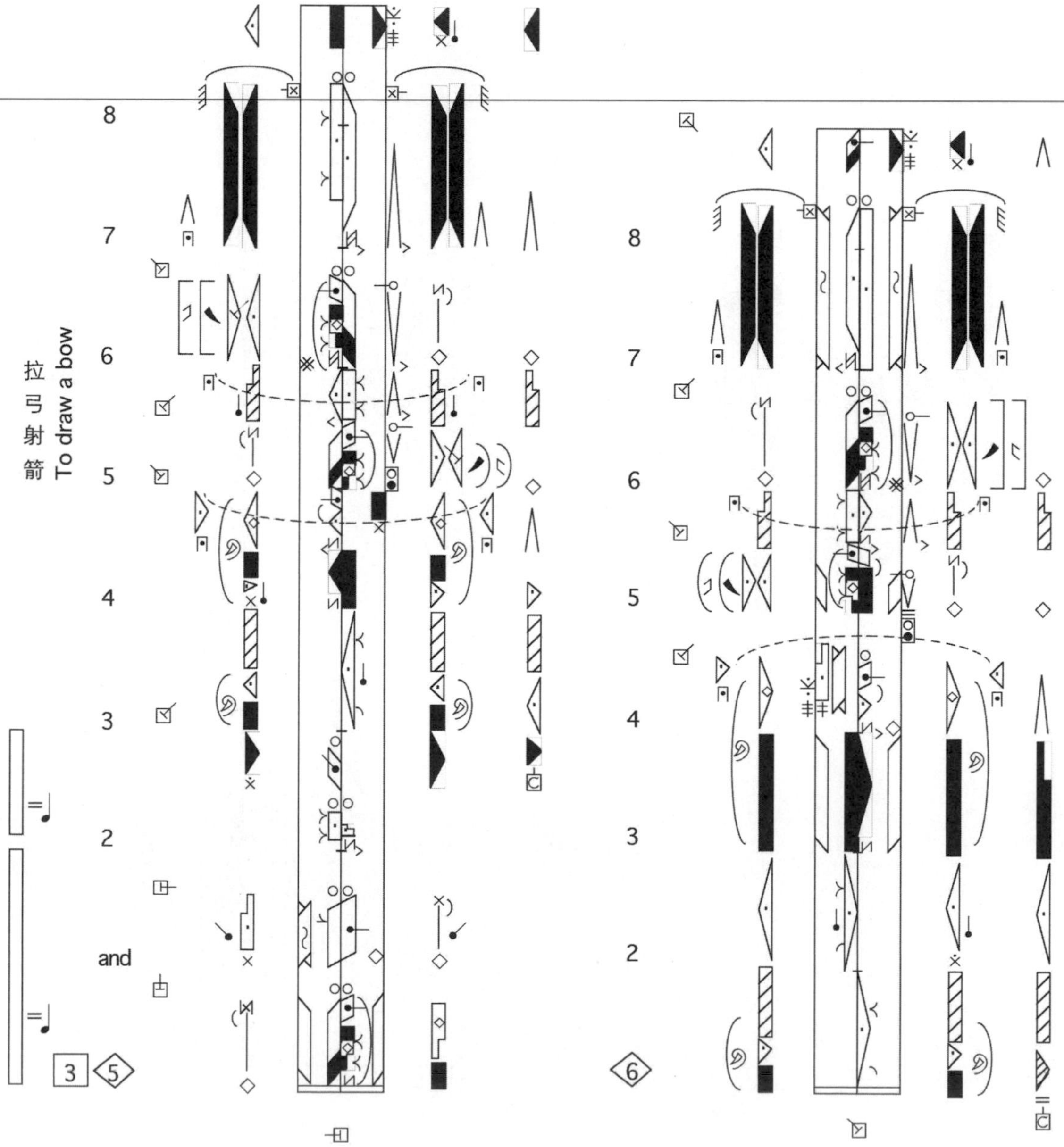

拉弓射箭 To draw a bow

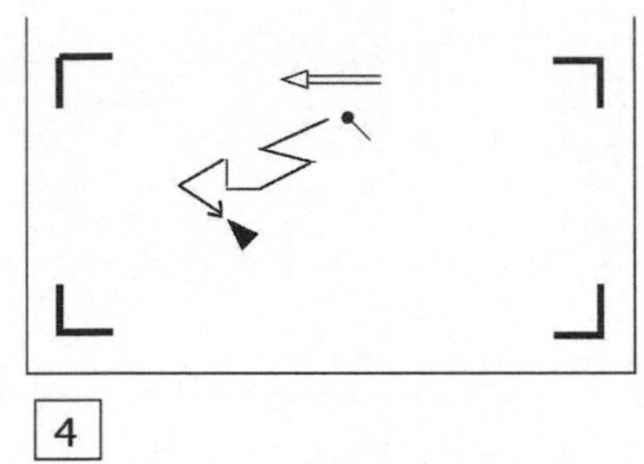

4

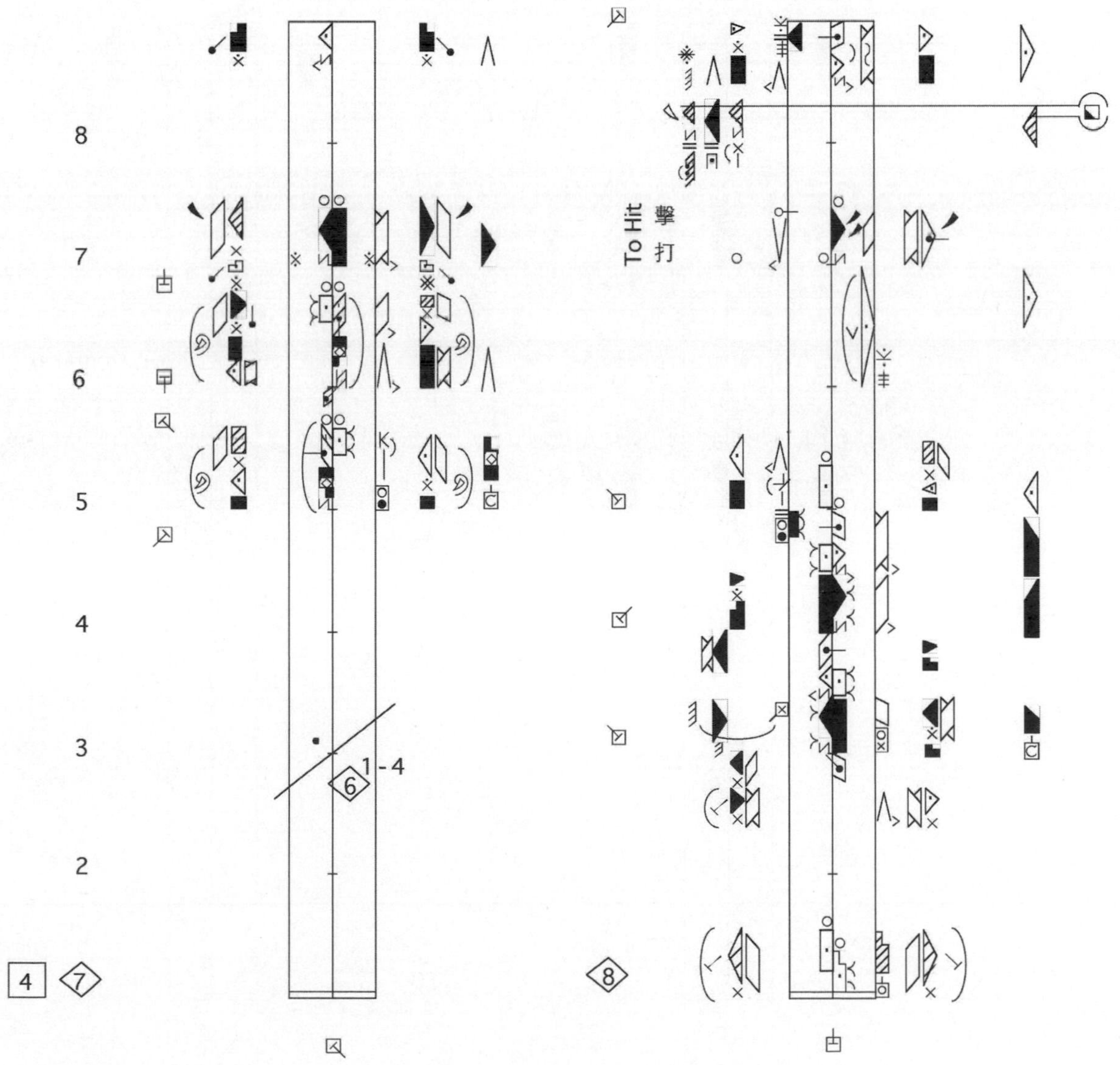

8

7

6

5

4

3

6 1-4

2

4 7

To Hit 擊打

8

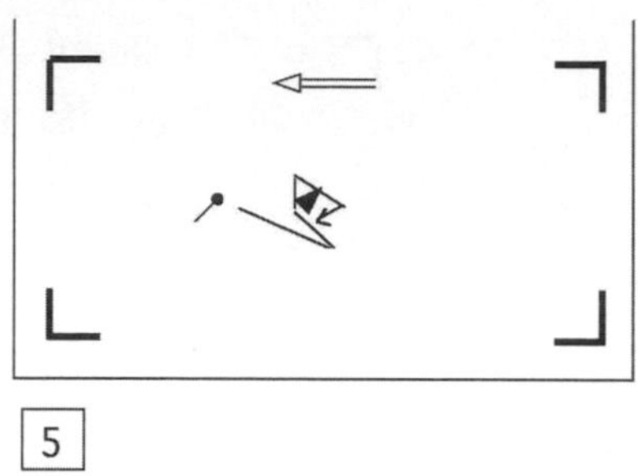

5

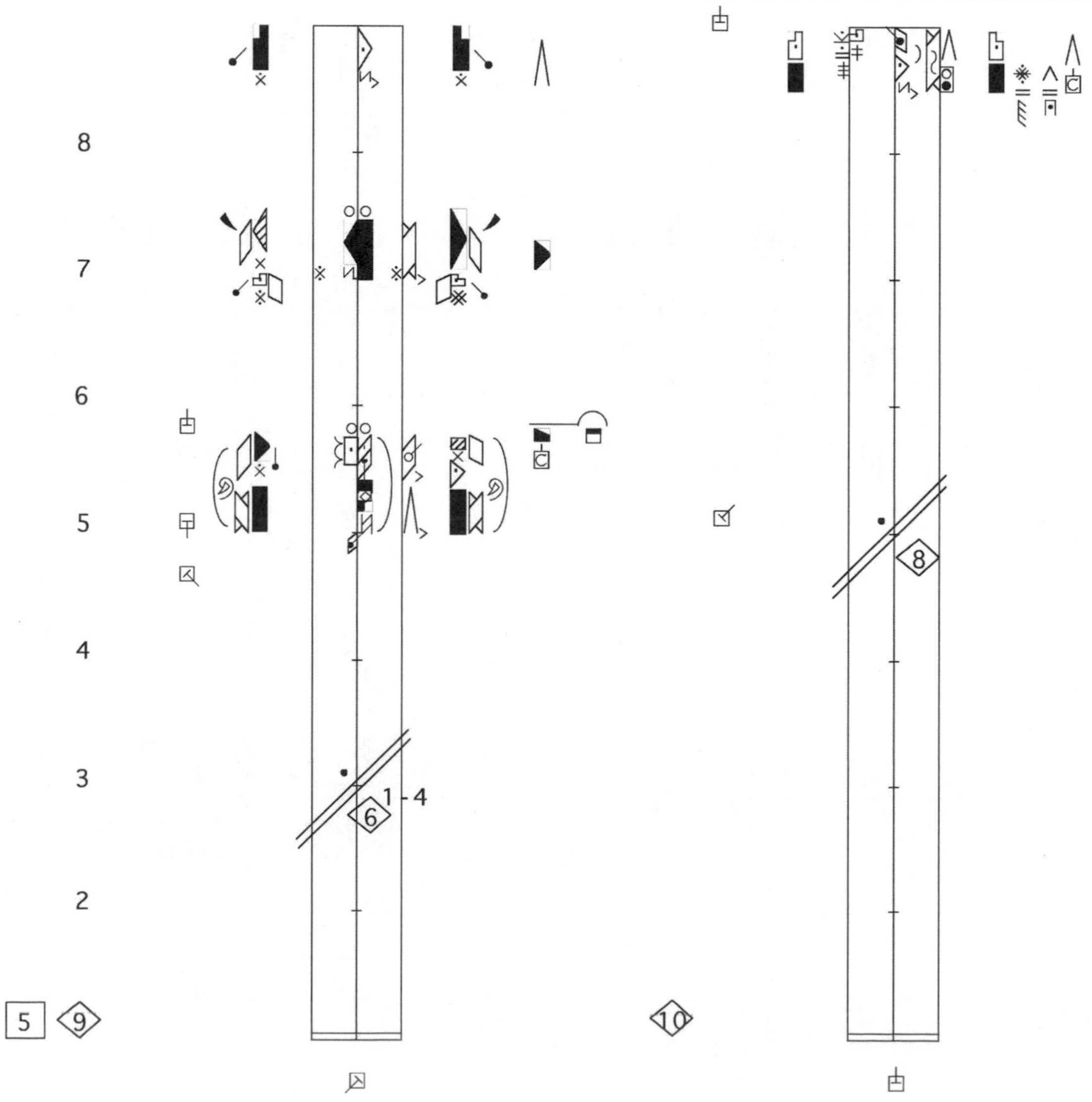

8

7

6

5

4

3

1-4

2

5

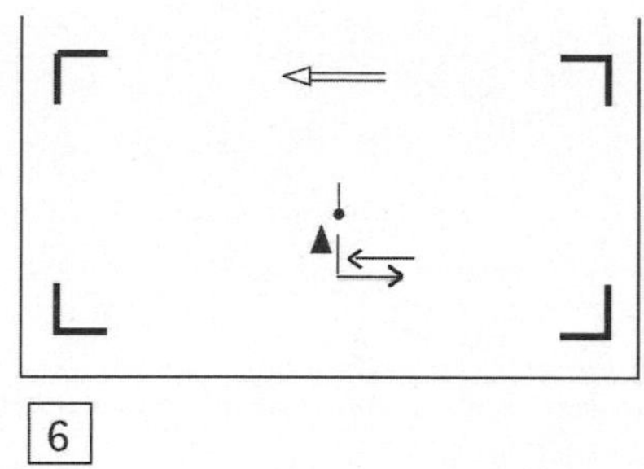
6

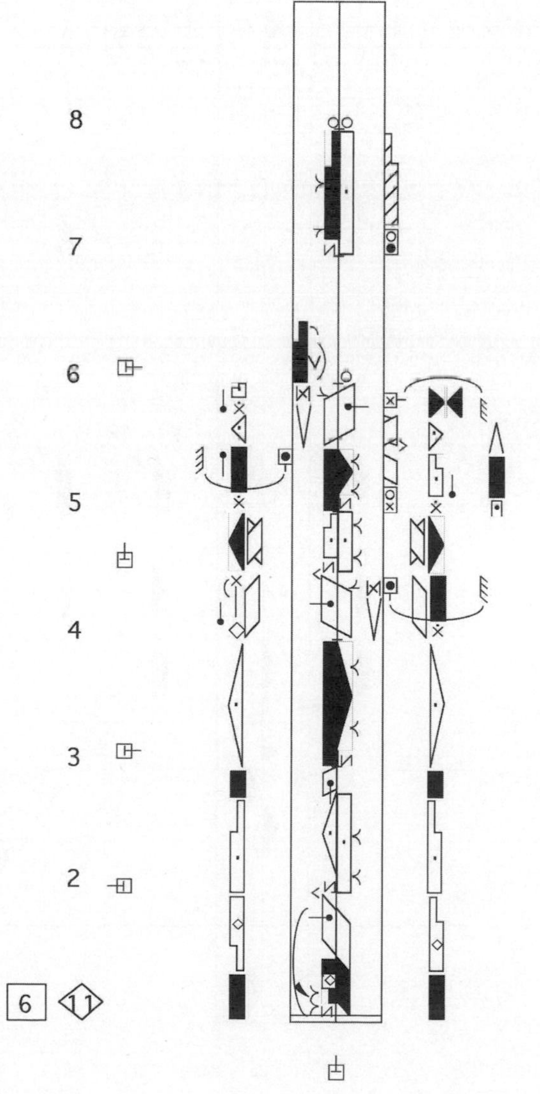
8
7
6
5
4
3
2
6
11

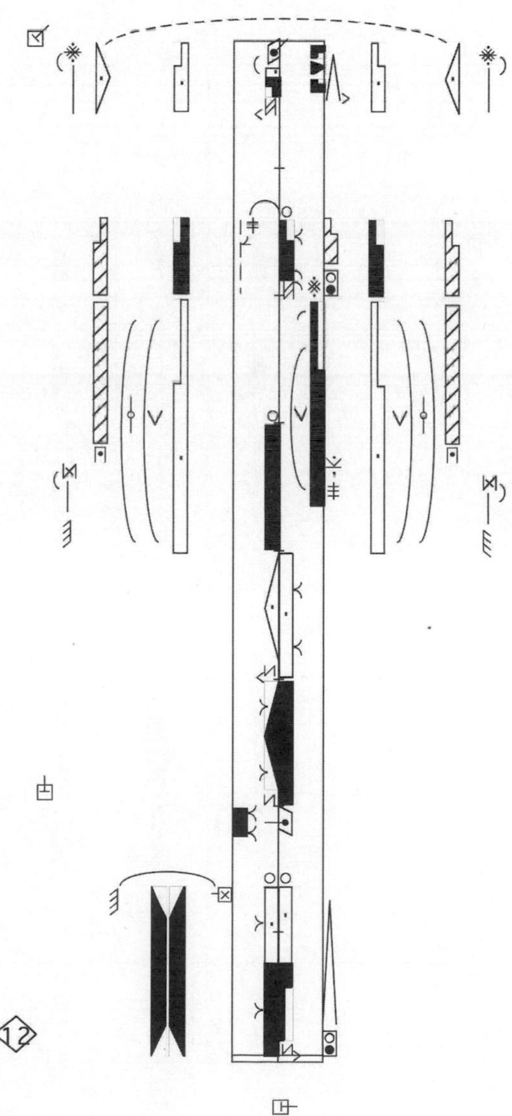
12

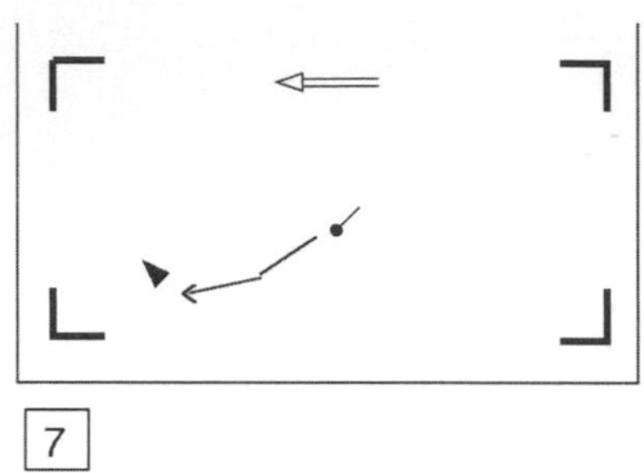

7 13
拉弓射箭 To draw a bow
2
3
4
5
6
7
刺擊 To stab
8

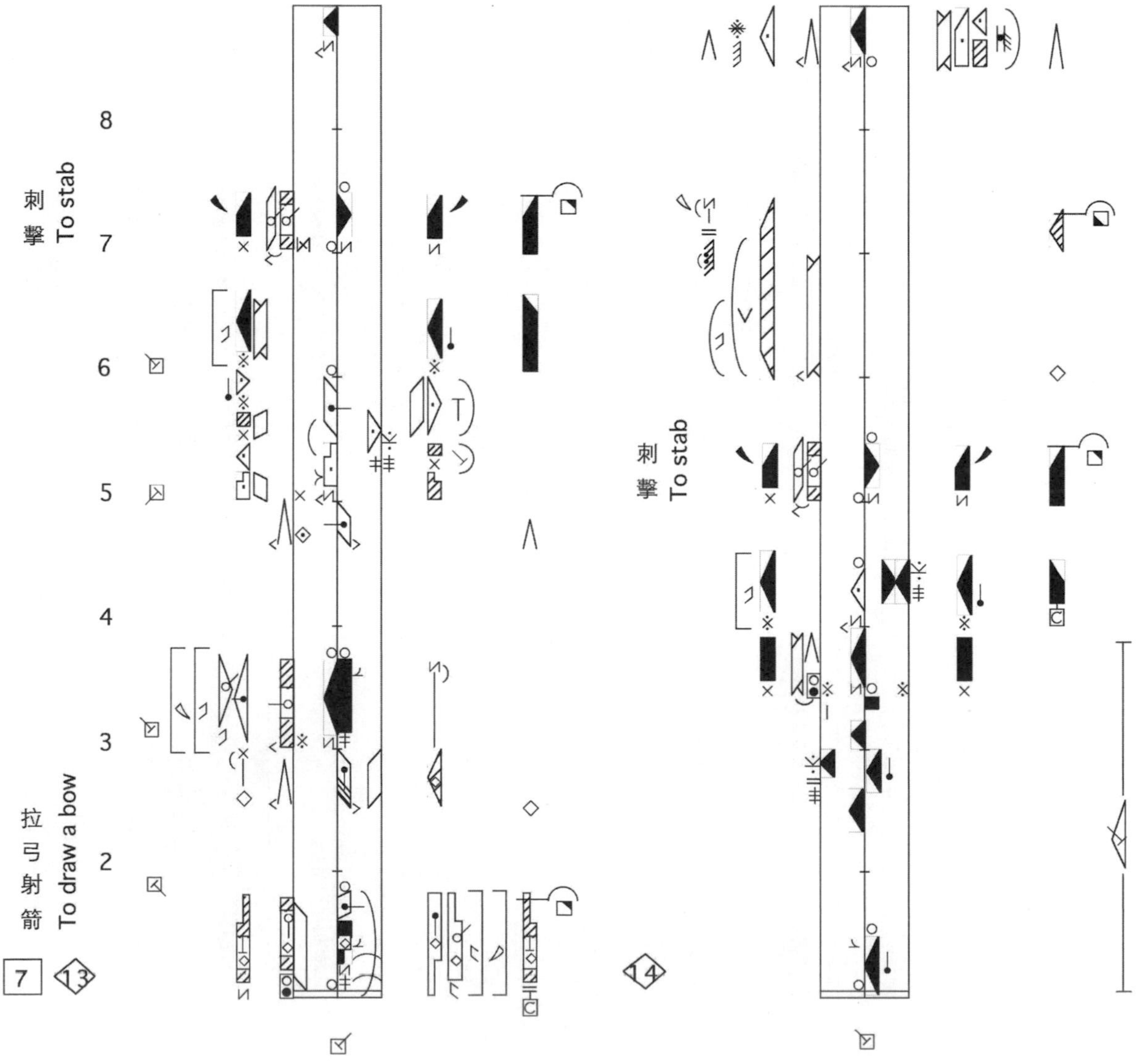

14
刺擊 To stab

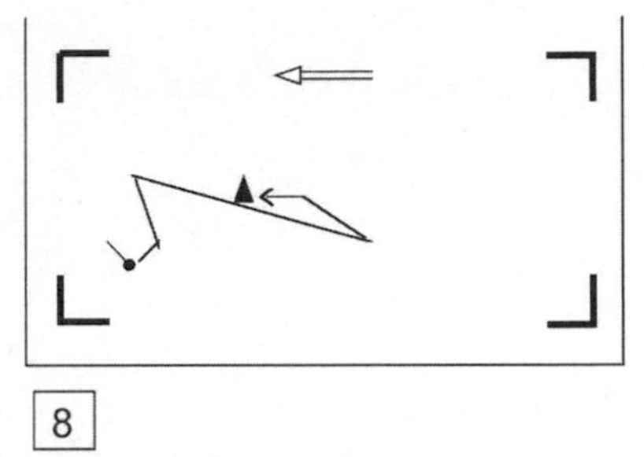

8

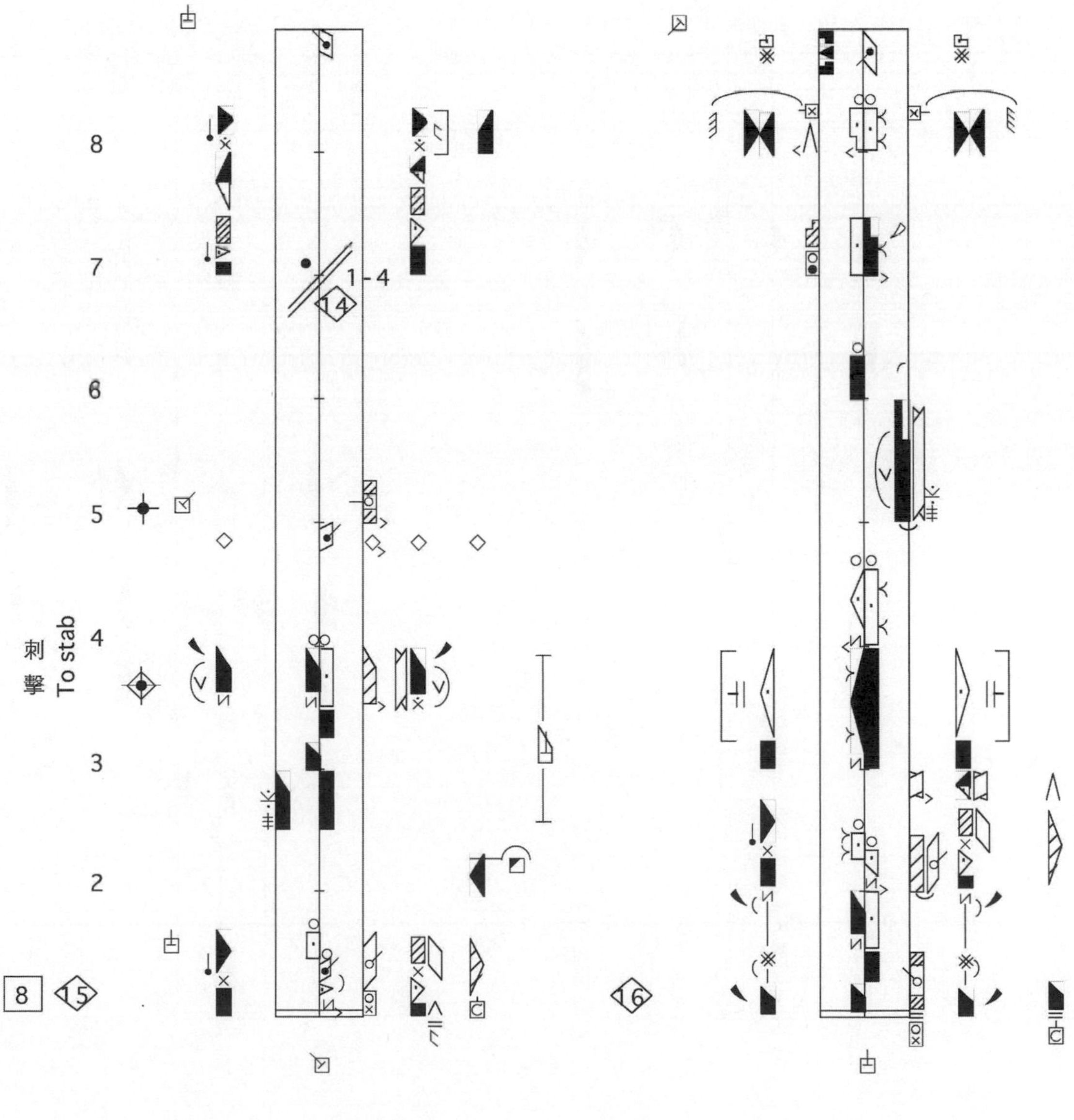

8 15

To stab 刺擊

1-4
14

2
3
4
5
6
7
8

16

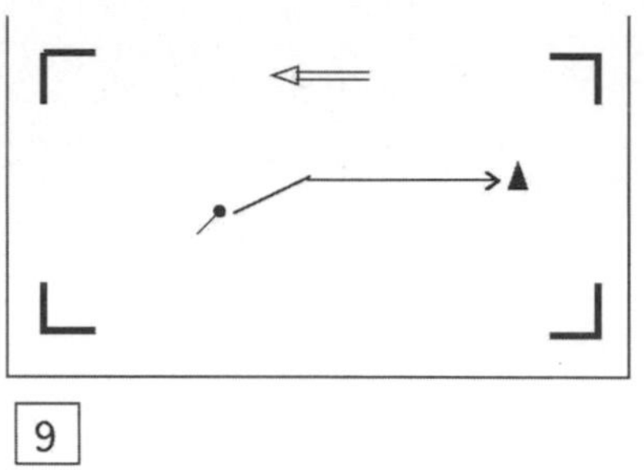

9

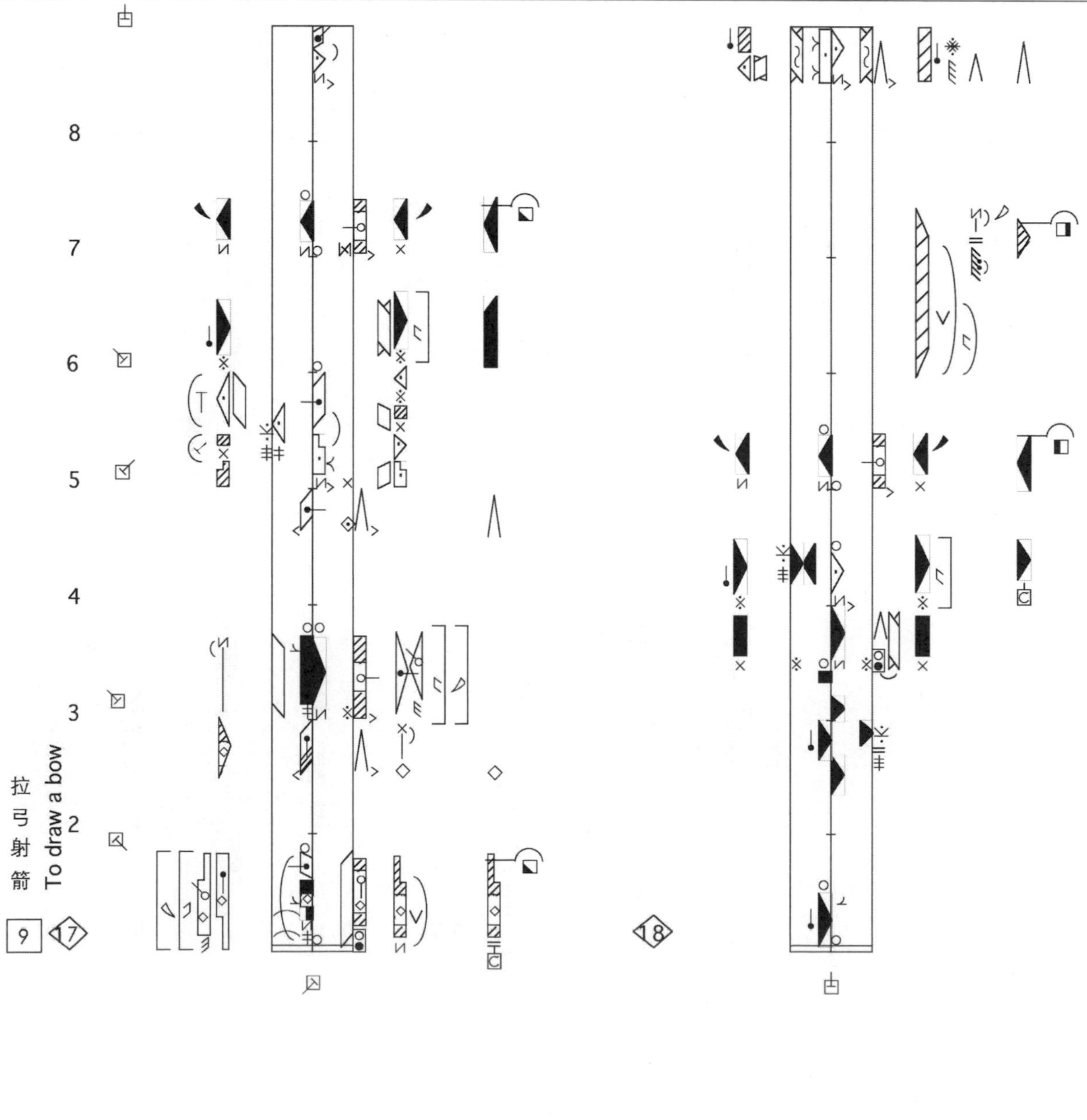

9 17 拉弓射箭 To draw a bow

2
3
4
5
6
7
8

18

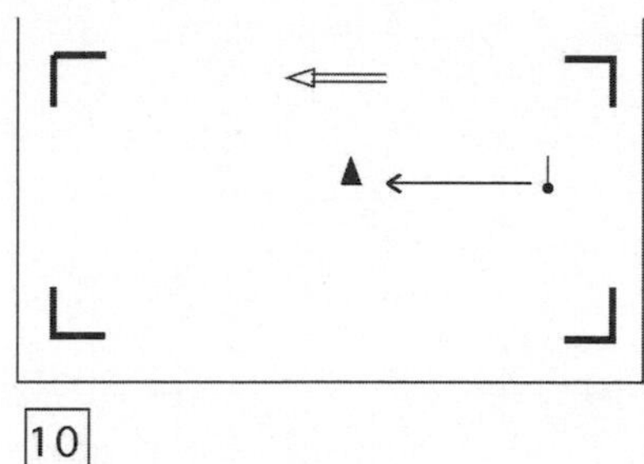

10

End of "Broken"
"破"結束

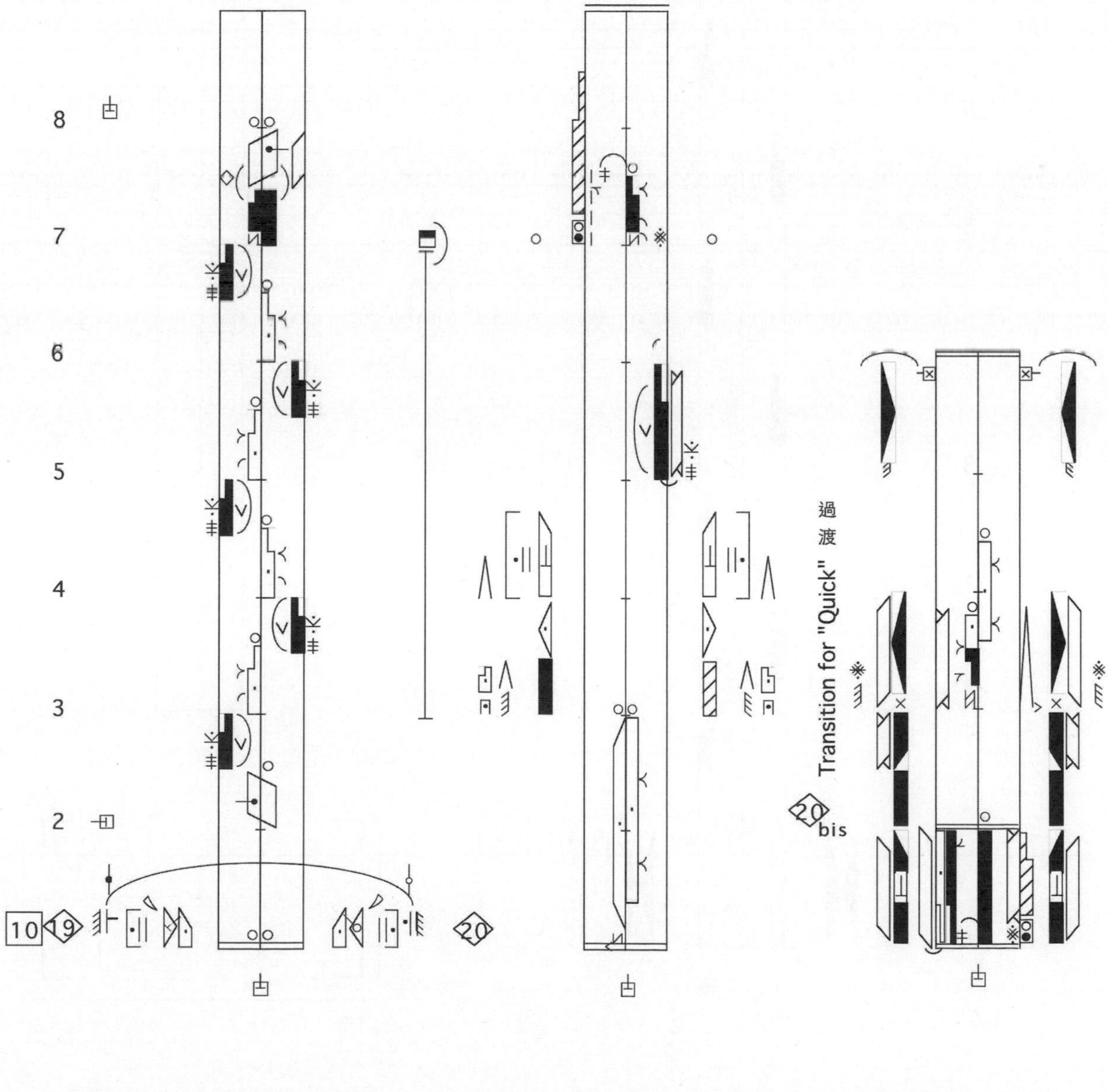

8
7
6
5
4
3
2

10 19 20

Transition for "Quick"
過渡

20 bis

貴德 急

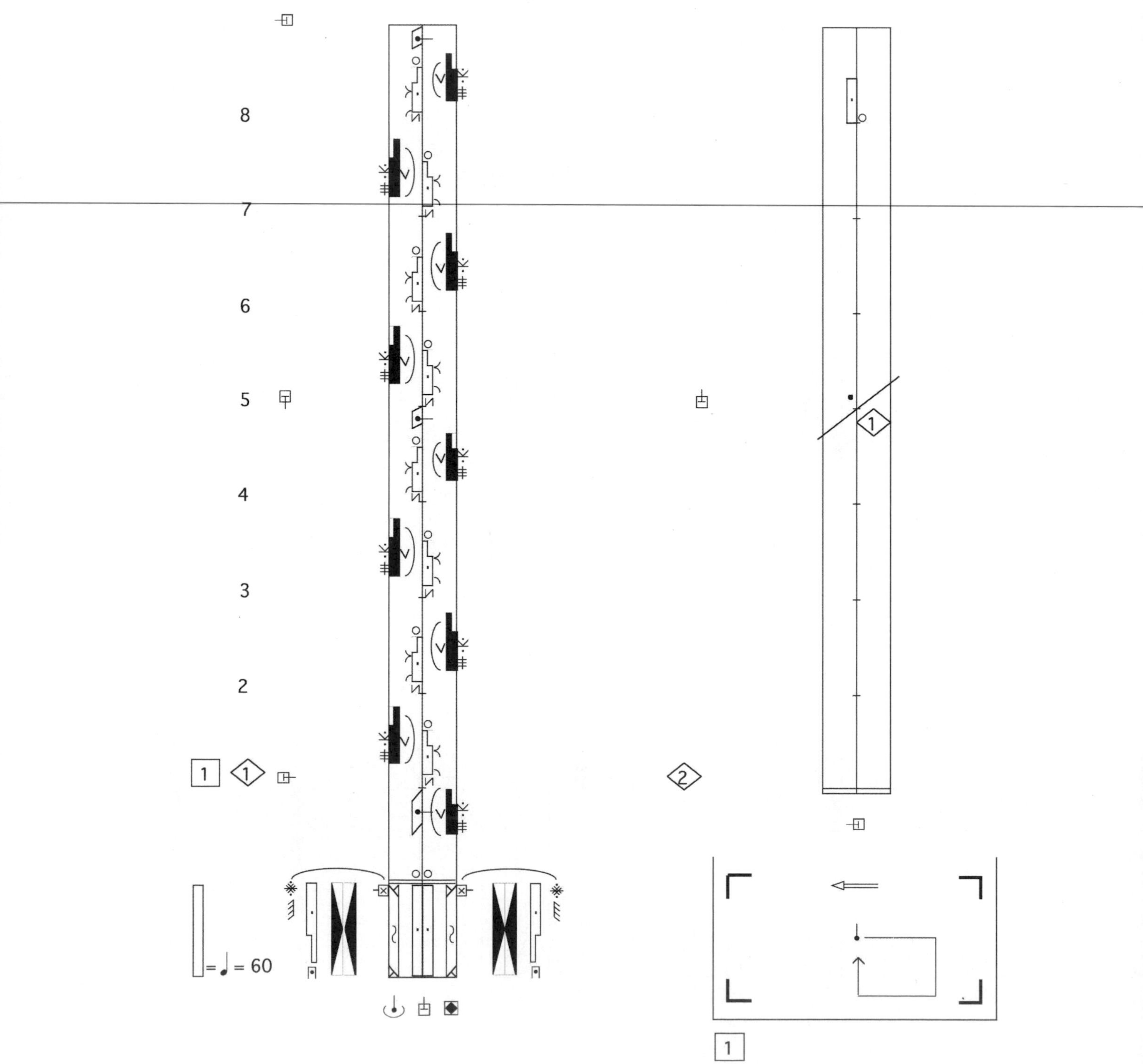

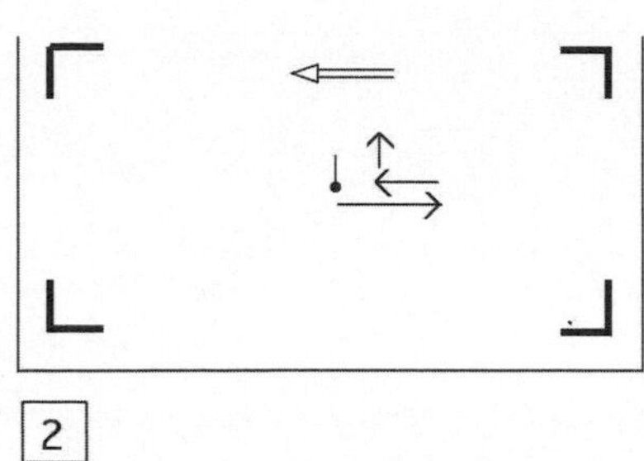

2

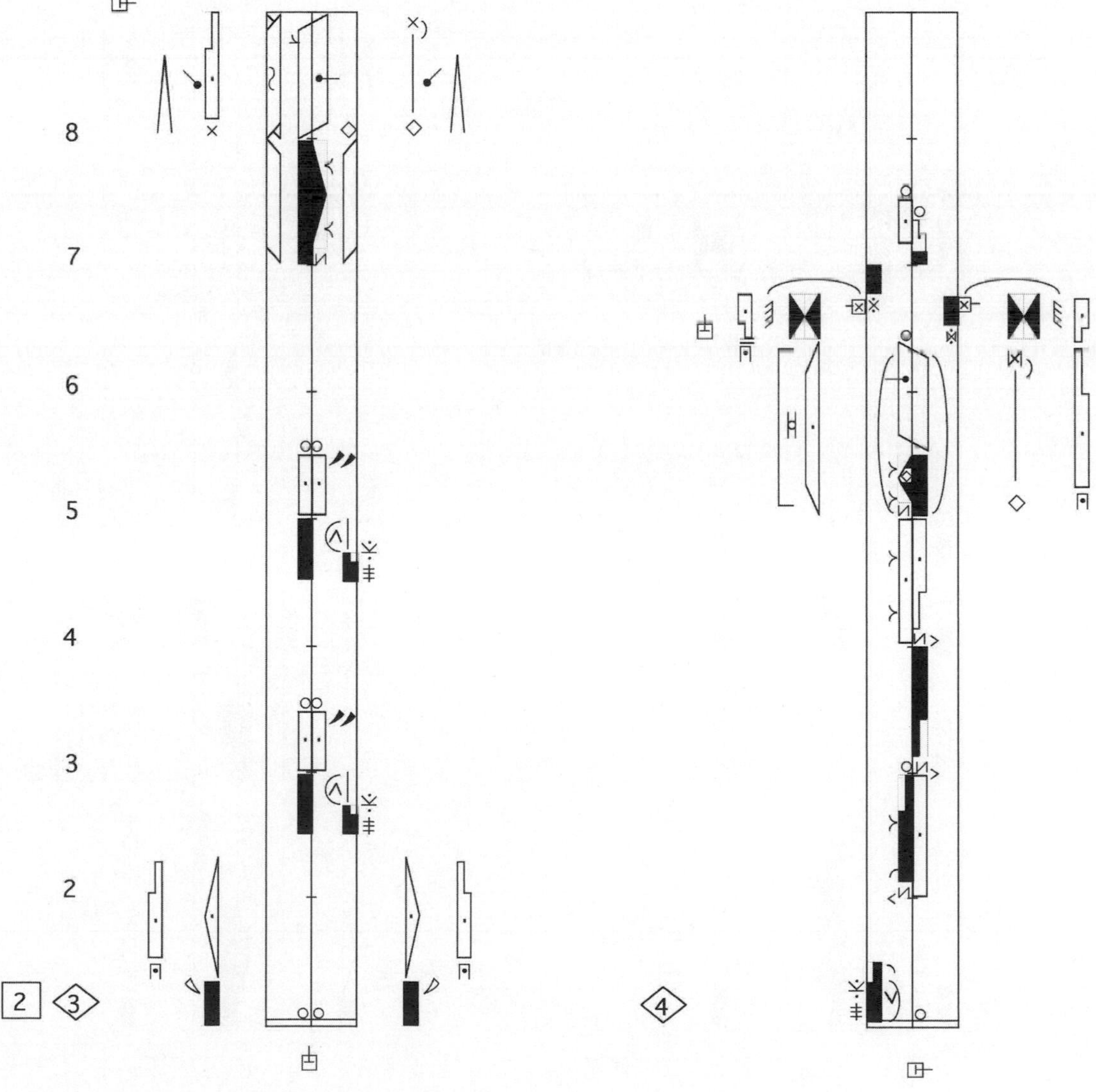

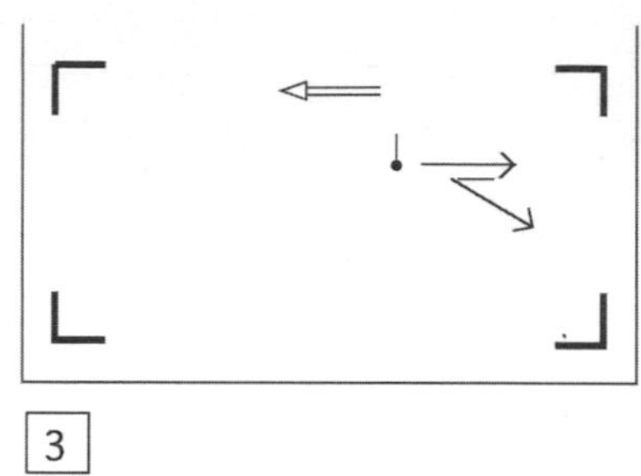

3

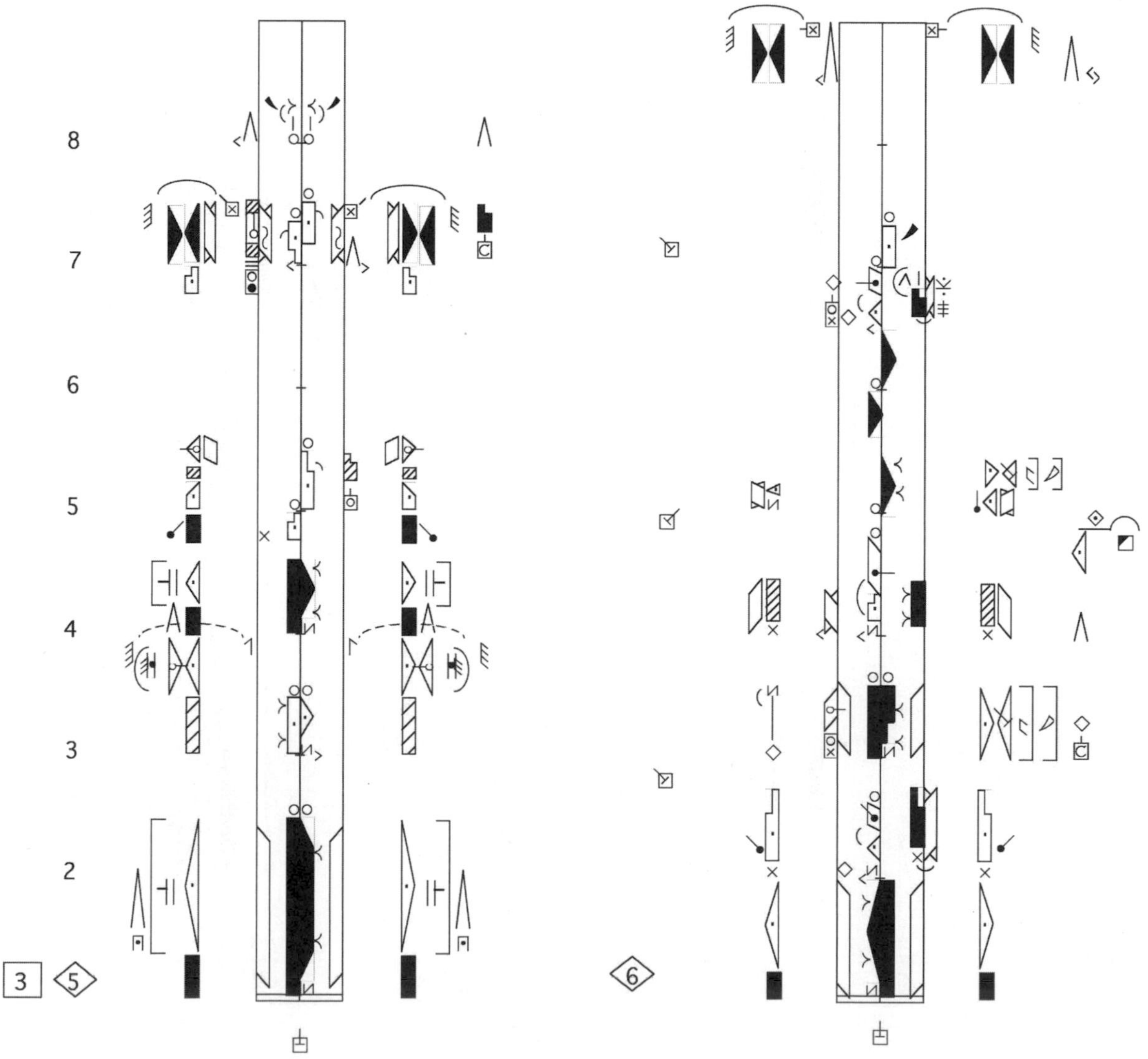

8

7

6

5

4

3

2

3 ⑤

⑥

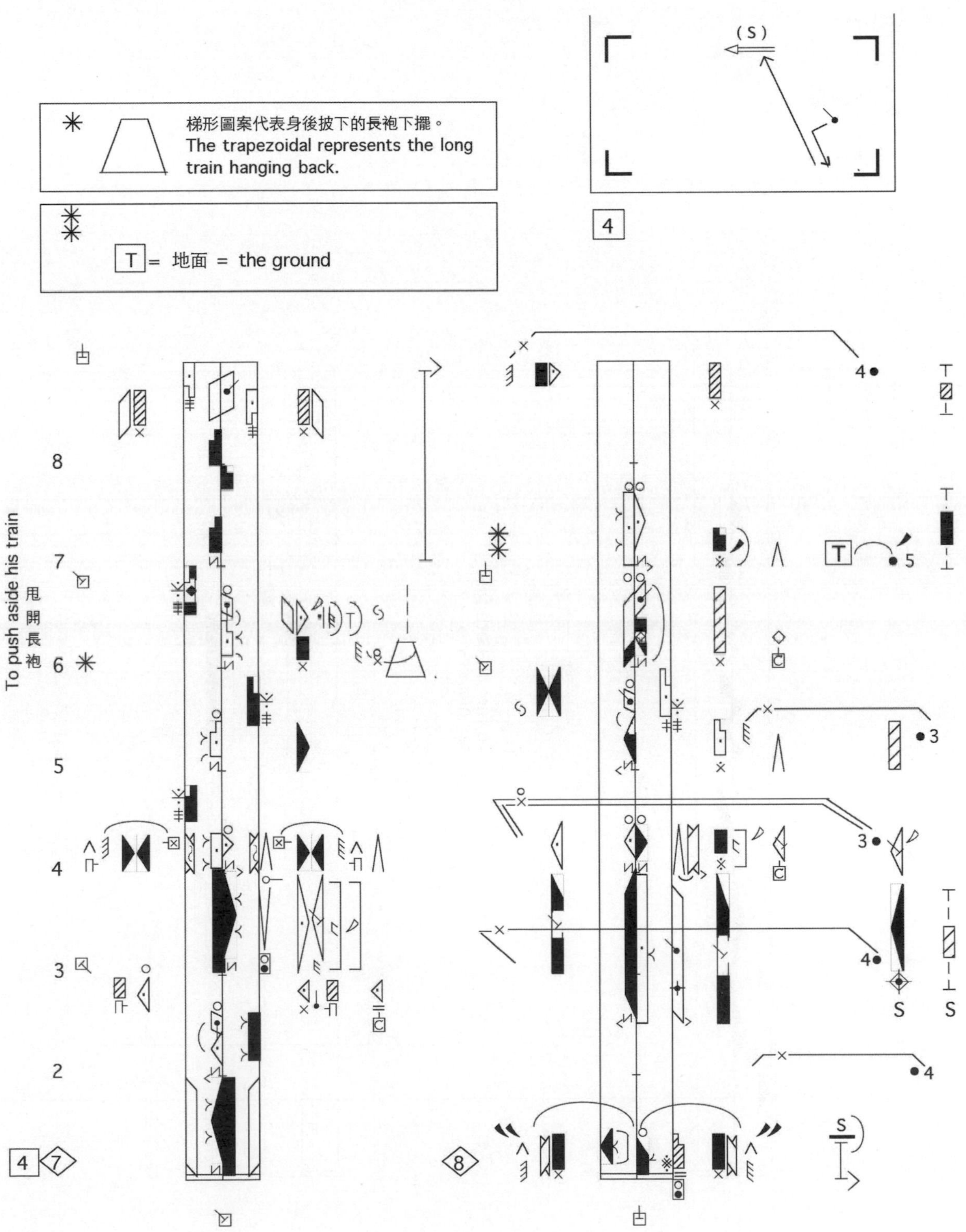
梯形圖案代表身後披下的長袍下擺。
The trapezoidal represents the long train hanging back.
T = 地面 = the ground
To push aside his train
甩開長袍

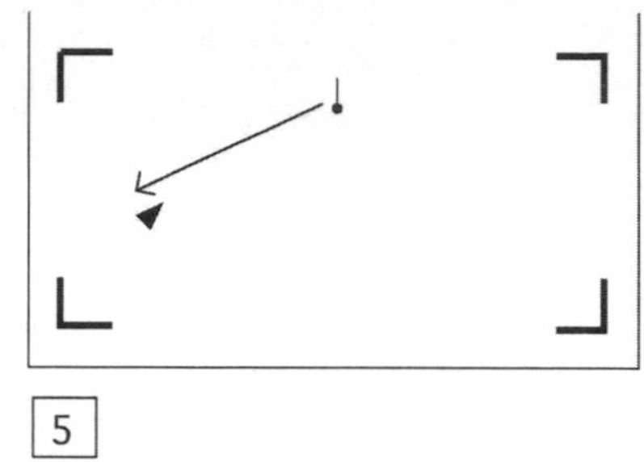

5

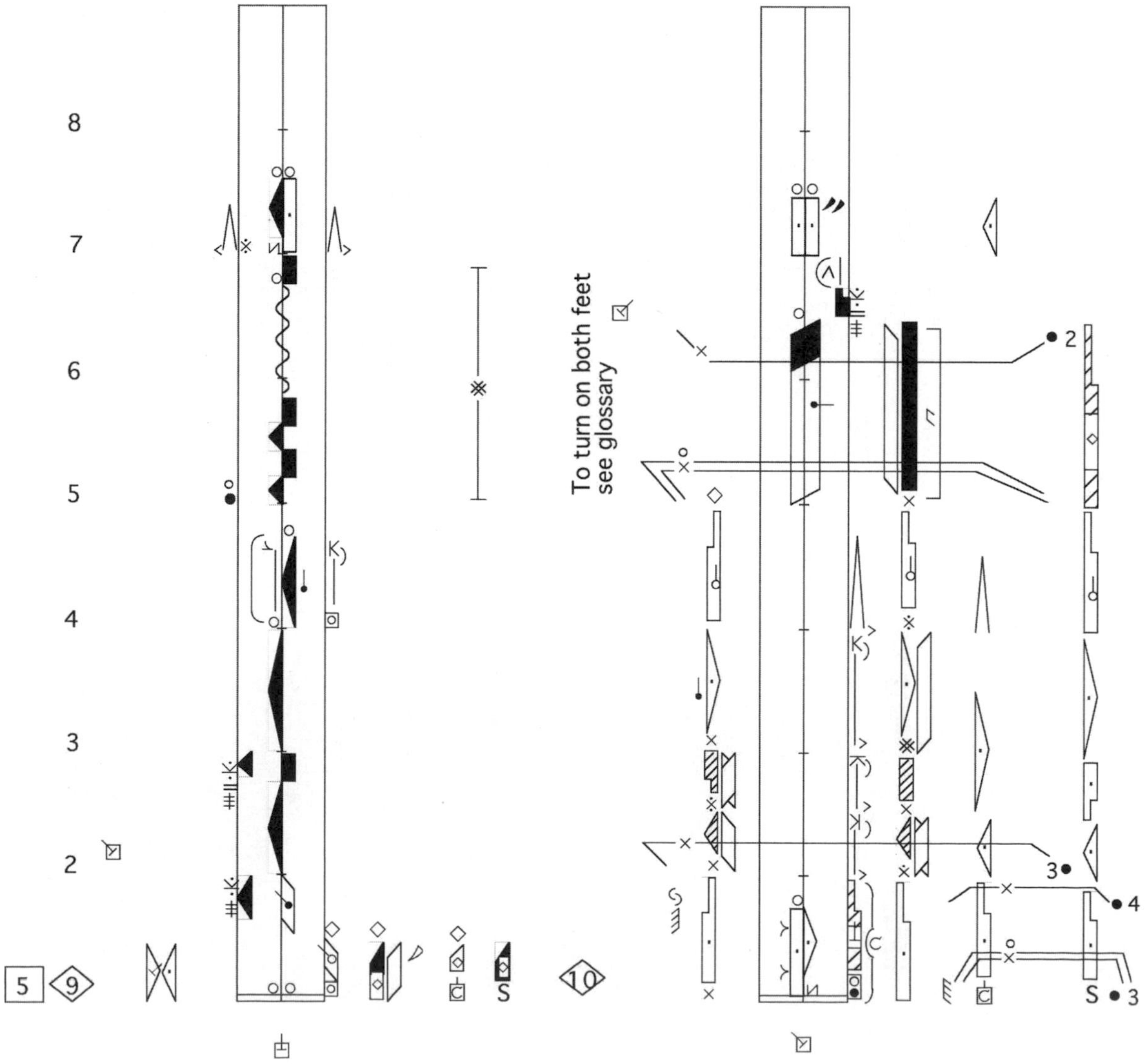

8

7

6

5

4

3

2

5 9 10

To turn on both feet
see glossary

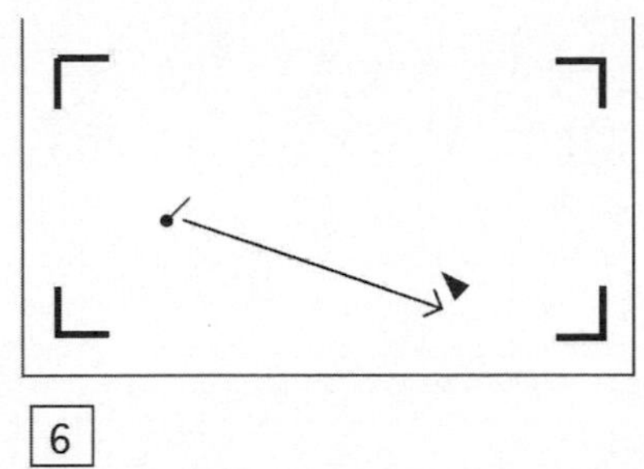

6

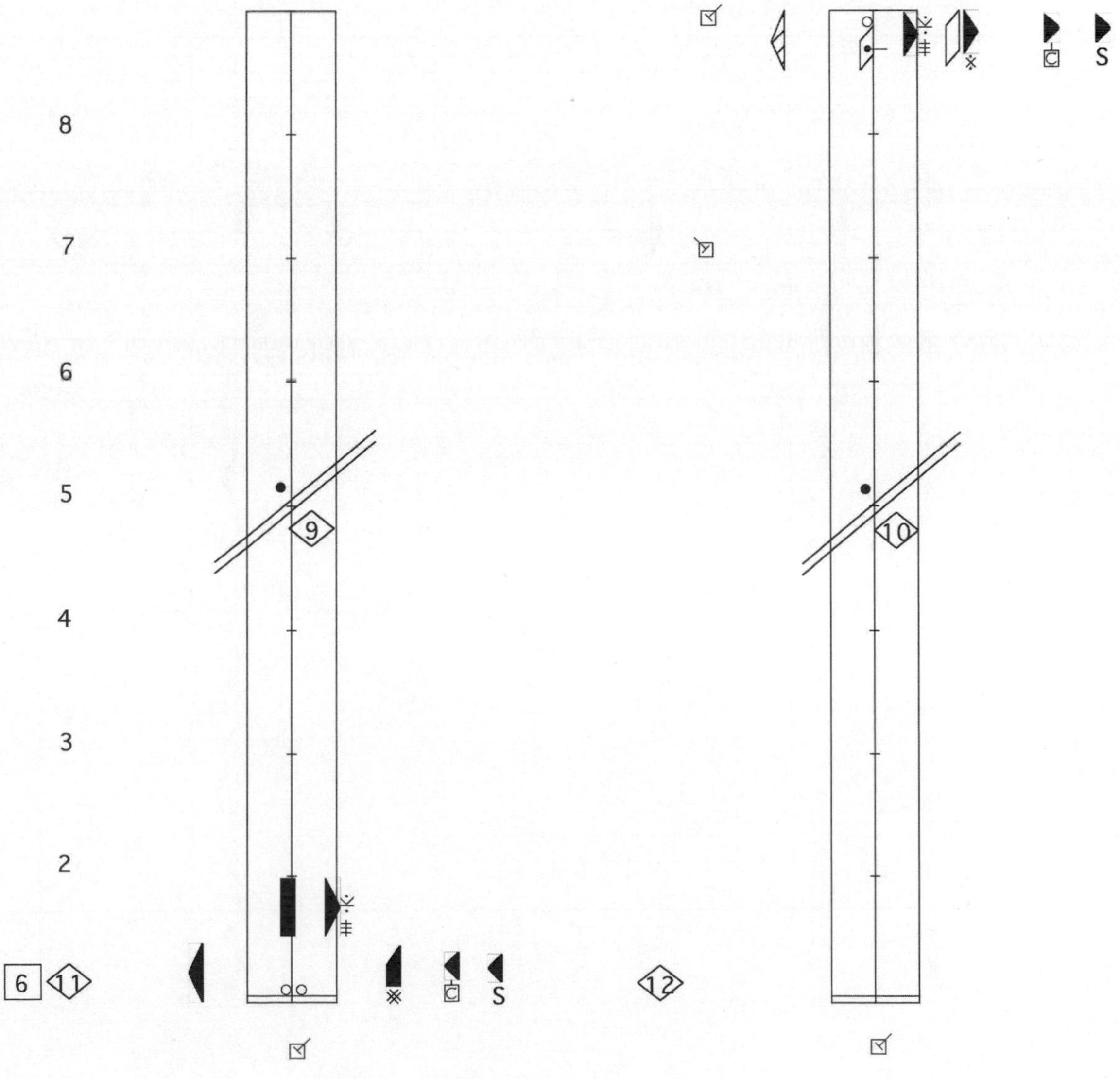

8
7
6
5
4
3
2

9
10

6 11
12

S
S

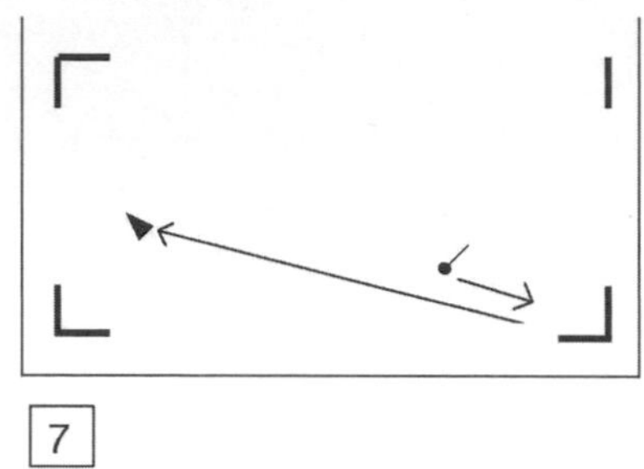

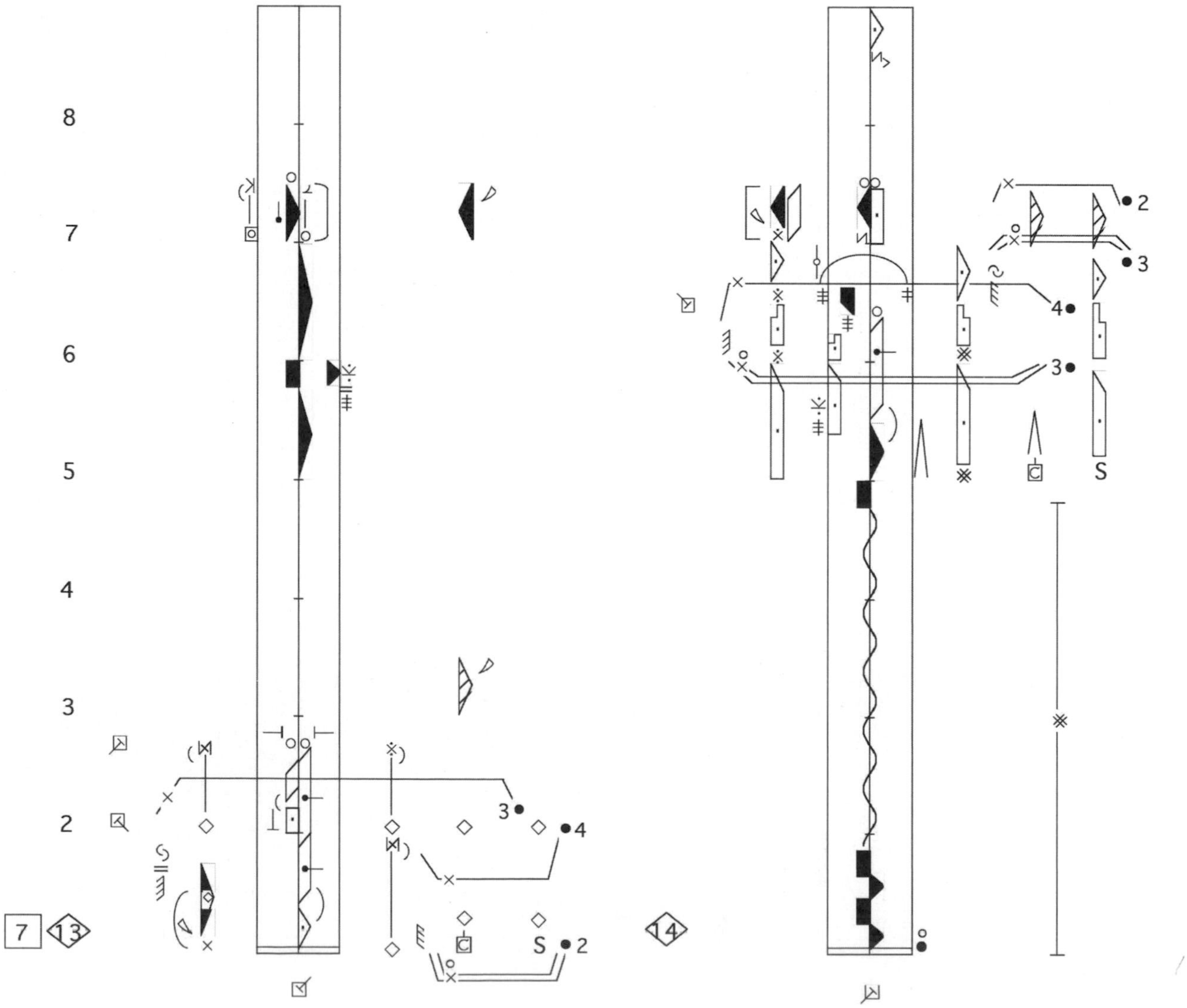

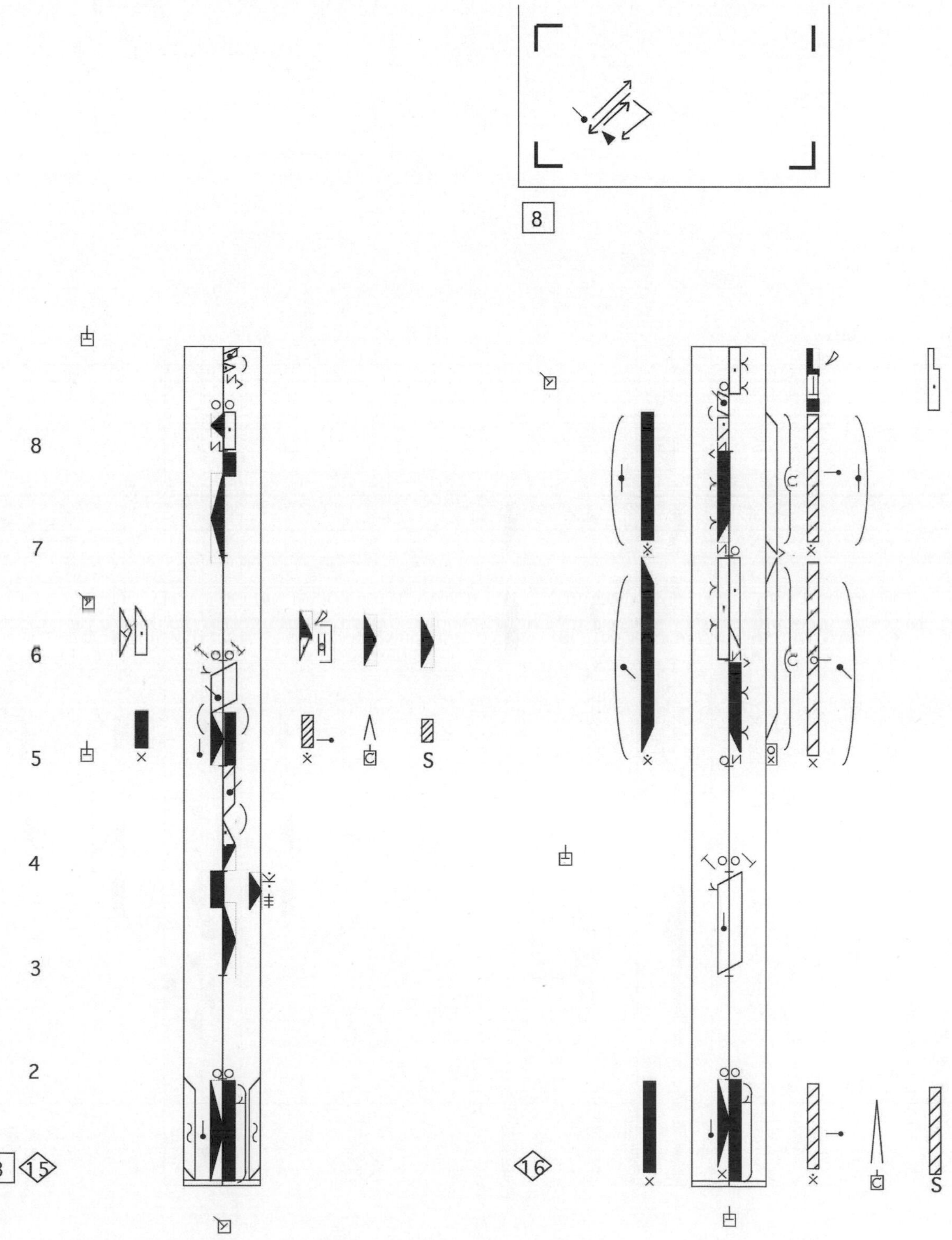
8
8
7
6
5
4
3
2
S
S
8 15
16

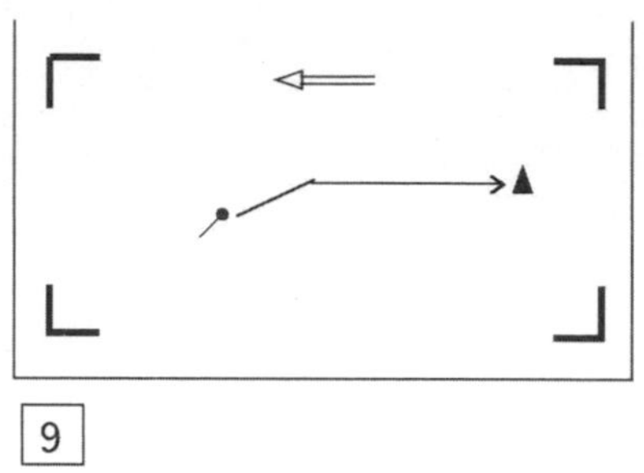

9

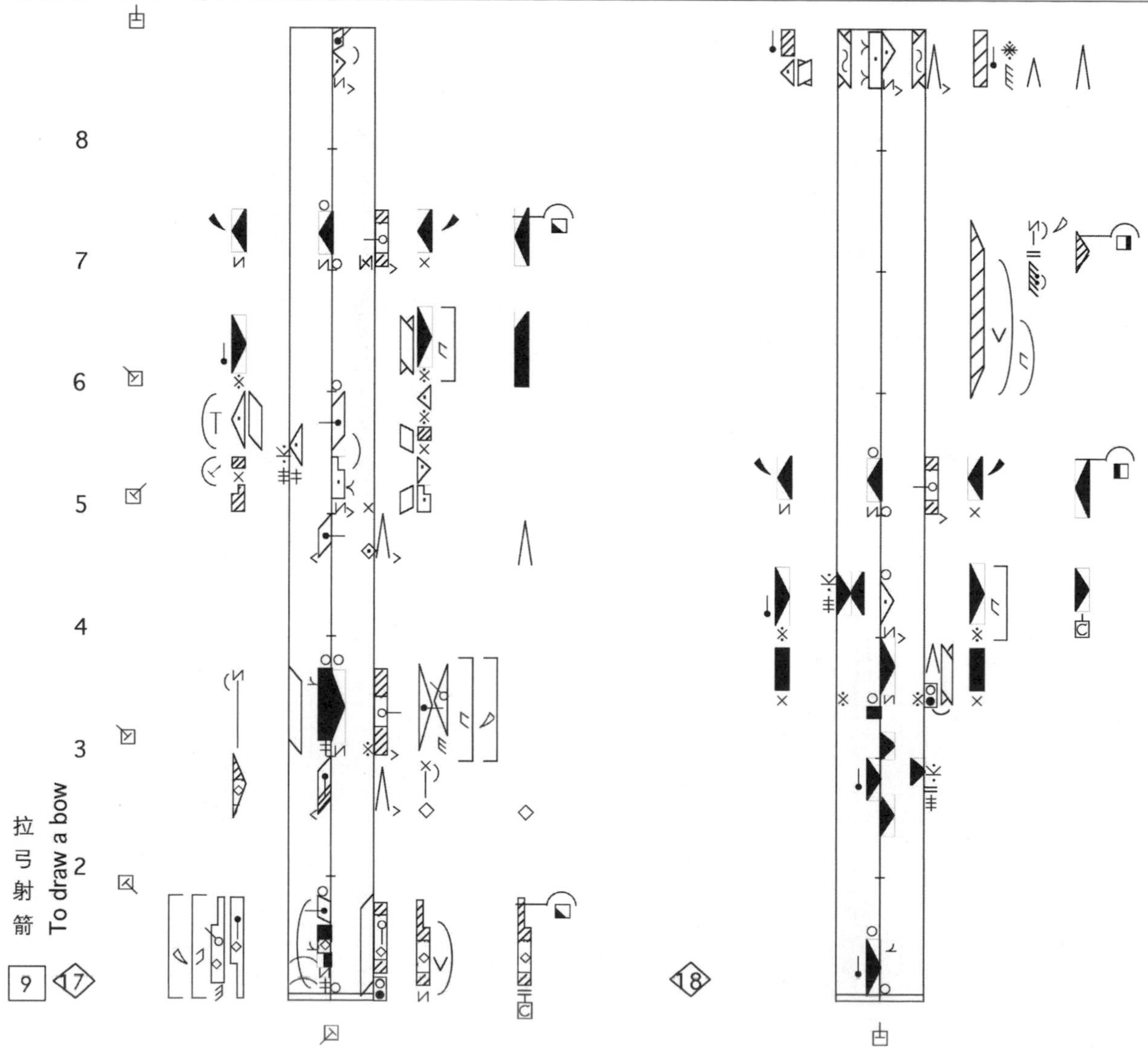

拉弓射箭 To draw a bow

9 17 18

8
7
6
5
4
3
2

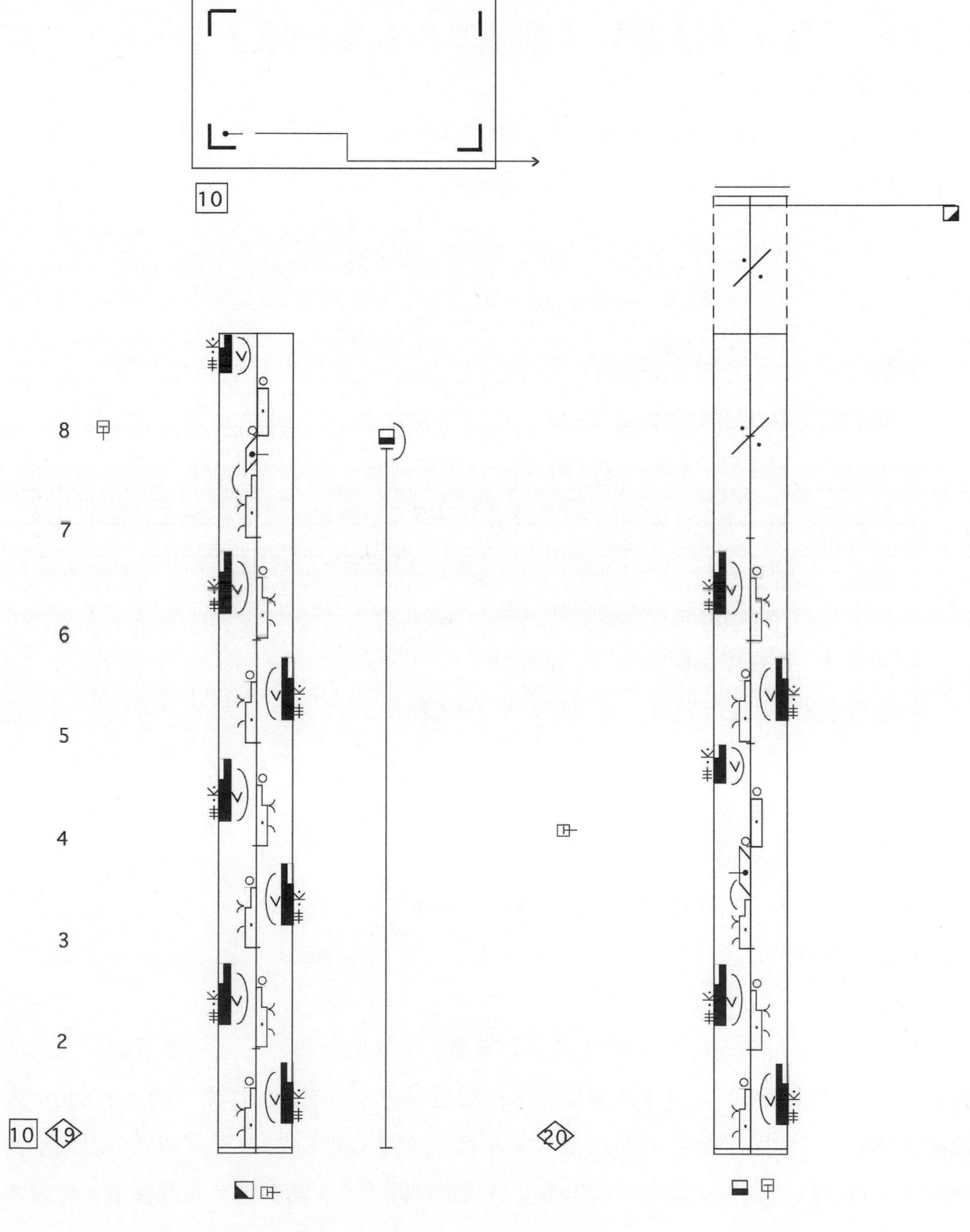
10
8
7
6
5
4
3
2
10
19
20

唐大曲《皇帝破陣樂》（劉鳳學作品第99號）
Grand Piece
The Emperor Destroys the Formations
Op. 99

首演時間：1992年3月13～15日

首演地點：臺北國家戲劇院

舞蹈重建：劉鳳學，1984～1985年重建於英國劍橋

音樂重建：Dr. L.E.R. Picken（演出樂譜由劍橋大學唐樂研究中心Dr. L.E.R. Picken、Dr. Noël J. Nickson提供，委託蘇文慶配器，版權歸唐樂研究中心保有。李時銘指揮實驗國樂團演奏。）

服裝設計：劉鳳學參照中、日文獻設計

舞蹈音樂結構：1.〈遊聲〉 2.〈序〉 3.〈入破〉

舞譜記錄：劉鳳學

舞譜輸入：曾瑞媛

舞譜審訂：安・哈欽森（Ann Hutchinson Guest）

長度：25’00”

唐大曲《皇帝破樂陣》又名《秦王破陣樂》、《破陣樂》、《破陣子》、《七德舞》、《神功破陣樂》、《小破陣樂》。該樂舞係唐太宗李世民作秦王時，於620年大敗劉武周，士兵們在獲勝歡呼時所展現之樂舞。貞觀元年（627）正月初三，唐太宗歡宴群臣，首次於宮廷表演該樂，七年後太宗親製舞圖：「左圓右方，先偏後伍，魚麗鵝

鸛，箕張翼舒，交錯屈伸，首尾回互，以象戰陣之形」。由起居郎呂才（？～665）教樂工120人，執戟而舞。並由魏徵（580～643）、虞世南（558～638）、褚亮、李百藥（565～648）改制歌詞。之後，每逢大慶典時必演出該樂舞。西元651年並曾經用於祭祀。當十部樂制建立時，太常寺大樂署協律郎張文收（約627～683）將該樂舞納入第一部讌樂：由四名舞者不執武器而舞。二部樂制建立時，120名持武器而舞之破陣樂屬立部伎，而徒手之四人舞之破陣樂被置於坐部伎。

可惜，此一具有唐朝代表性之破陣樂樂舞譜在國內均已失傳，所幸該時，日本朝野基於仰慕中華文化，先後派遣19次文化使節團前來中國，研習律法、建築及樂舞等，其中有外交官、音樂家及舞蹈家粟田真人（？～719）、吉備真備（693～775）、尾張連浜主（733～848）、藤原貞敏（808～867）等至唐朝學習樂舞。又有天竺僧菩提、林邑僧哲佛，將部分唐樂舞攜至日本，並大力推廣。因此日本至今仍保有唐樂計96首，含壹越調、平調、雙調、黃鐘調、盤涉調、太食調，分大曲、中曲、小曲三種。有龍笛、笙、箏、琵琶、篳篥、鼓等分譜（該譜均用唐代樂譜符號書寫），及舞譜66首。

破陣樂於701年傳入日本，當時日本文武天皇（697～707在位）依大寶令，在治部省設雅樂寮，保存演出該舞，並將該舞稱為《皇帝破陣樂》。

劉鳳學於1965及1966年在日本宮內廳獲得該舞譜，1983年始得知該樂譜已由英國劍橋大學唐樂研究中心譯成五線譜，此舞即係根據上項樂舞譜文獻並用拉邦舞譜重建。

唐大曲《皇帝破陣樂》（劉鳳學作品第99號）演出紀錄

演出時間	演出地點	設計群	舞者
1984年	首次於臺北孔廟拍攝錄影帶，並在英國發表	服裝設計：劉鳳學	葉忠立、曾明生 甘清益、李小華
1992年03月	臺北國家戲劇院	燈光設計：林澤雄 服裝設計：劉鳳學	盧玉珍、曾明生 劉昱慧、王淑珠 施坤成、林惟華 連于慧、葉心怡
2001年12月	臺北市中山堂中正廳	燈光設計：李俊餘 舞臺設計：張一成	林惟華、蔡佳蓉 田珮甄、楊峻貿
2002年03月	紐約文化中心臺北劇場	燈光設計：李俊餘 舞臺設計：張一成	林惟華、蔡佳蓉 田珮甄、楊峻貿
2002年03月	舊金山中華文化基金會	燈光設計：李俊餘 舞臺設計：張一成	林惟華、蔡佳蓉 田珮甄、楊峻貿
2002年11月	臺北國家戲劇院	燈光設計：王志強 舞臺設計：張一成	蔡佳蓉、田珮甄 楊峻貿、廖家誠
2003年11月	臺北國家戲劇院	燈光設計：王志強 舞臺設計：張一成	蔡佳蓉、田珮甄 楊峻貿、吳金記
2004年08月	國立臺北藝術大學戲劇廳	燈光設計：李俊餘 舞臺設計：張一成	林惟華、蔡佳蓉 楊峻貿、吳金記
2006年01月	法國國家舞蹈中心 Centre National de la Danse	燈光設計：李俊餘 舞臺設計：張一成	林惟華、田珮甄 黃庭婷、李孟璠

皇帝破陣樂

THE EMPEROR DESTROYS THE FORMATIONS

序
Prelude

破
Broaching

破一 Broaching Section 1

破二 Broaching Section 2

破三 Broaching Section 3

破四 Broaching Section 4

破五 Broaching Section 5

破六 Broaching Section 6

《皇帝破陣樂》註釋 Glossary

1.舞譜中除特別註明，所有方向記號一律以「標準十字軸」 ✦ 為依據。
All direction sings refer to the Standard Cross of Axes ✦ unless otherwise specified.

2. 1 2 3 ......方塊內數字是唐代的音樂拍數，如 1 即第1拍 2 即第2拍以此類推。
These symbols indicate the beats of the Tang music.

3. 舞者 C.D.作A.B.反方向之動作，也可以用於書寫腳和手的動作。
A.B.C.D
Dancers C and D made laterally symmetrical movements to A and B, using the other foot and hand, etc, in the opposite sideward direction.

4. 同第一小節
The same as measure 1.

5. 同第一小節，但從另外一隻腳開始。
The same starting with the other foot.

6. 某一小節右斜上方有此符號，表示該小節內之動作係作者所加。
This symbol is used to indicate that movement added by the writer.

7. =

8.

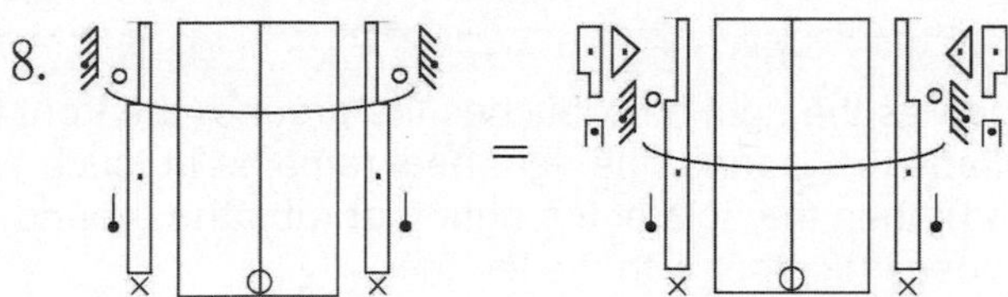

9.

將拇指邊緣接觸在骨盆的上緣

Thumb edge touches the upper rim of the pelvis.

10.

11.

12.

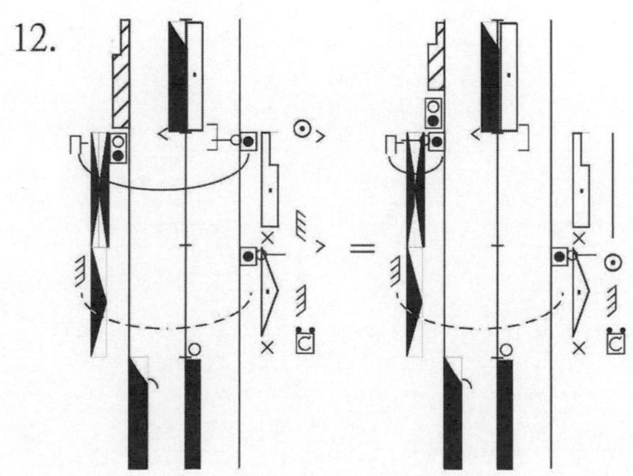

13. 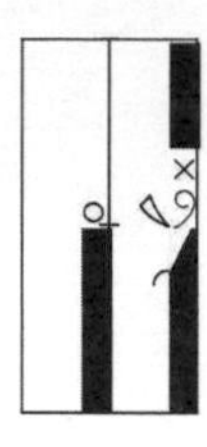

右足跟在右斜前方著地，足掌輕輕拍地後擦地向左足靠攏。
As soon as the right heel touches the ground, the front part of the sole flaps the ground (the right heel remains in touch with the ground); then the sole of the right foot rubs the ground backwards and closes together with the left foot.

14. 力度記號的使用：
Use of the dynamic signs:

𝆮	輕而快的	light accent
◢	重而快的	strong accent
9	虛而輕的	weak and light
𝄢	有彈性的	elastic,bouncing
𝄢)	有甩動力量的	swinging

皇帝破陣樂
The Emperor Destroys the Formations

Music: Transcribed from the original Sino-Japanese manuscripts by Dr. L.E.R. Picken and members of the T'ang Music Project; University of Cambridge, definitive version (see Mf TC2) 1985
Dance: Reconstructed from Shochu-yoroku °]1263°^by Liu Feng-shueh, 1984.
Notation: Notated by Liu Feng-shueh in 1985, Cambridge England.
Revision: Revised by Dr. Ann Hutchinson

序 Prelude

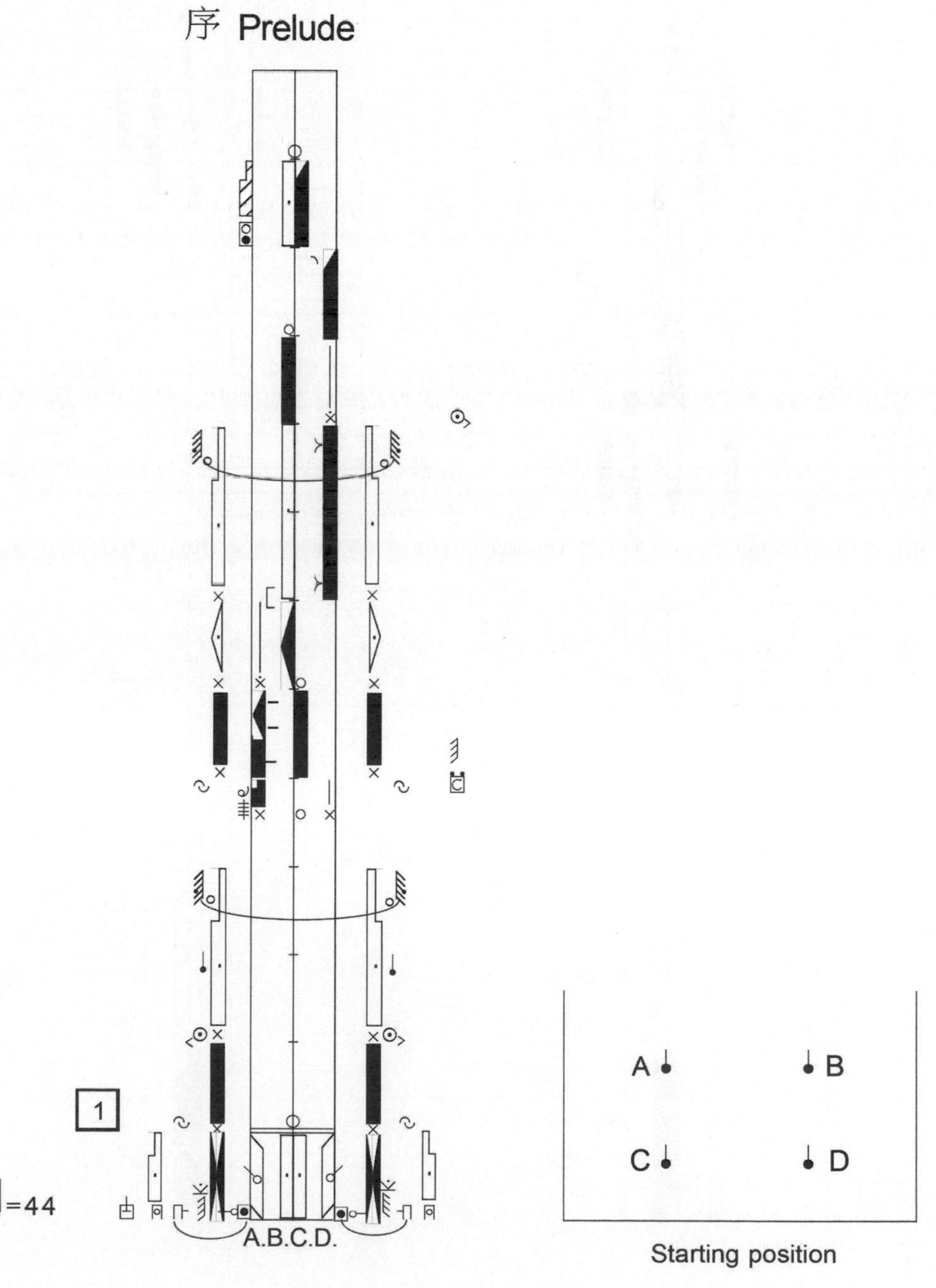

Starting position

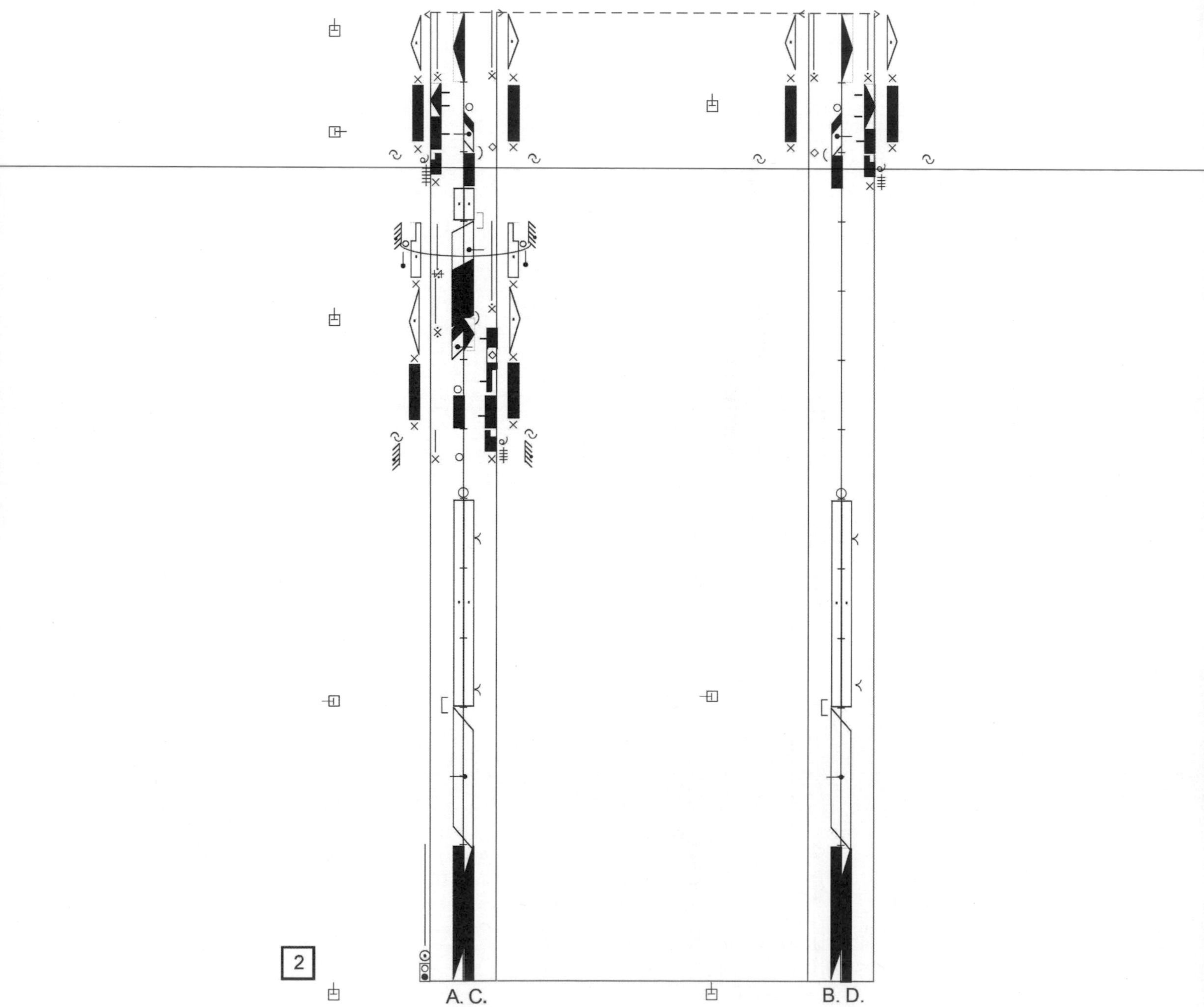
2
A. C.
B. D.

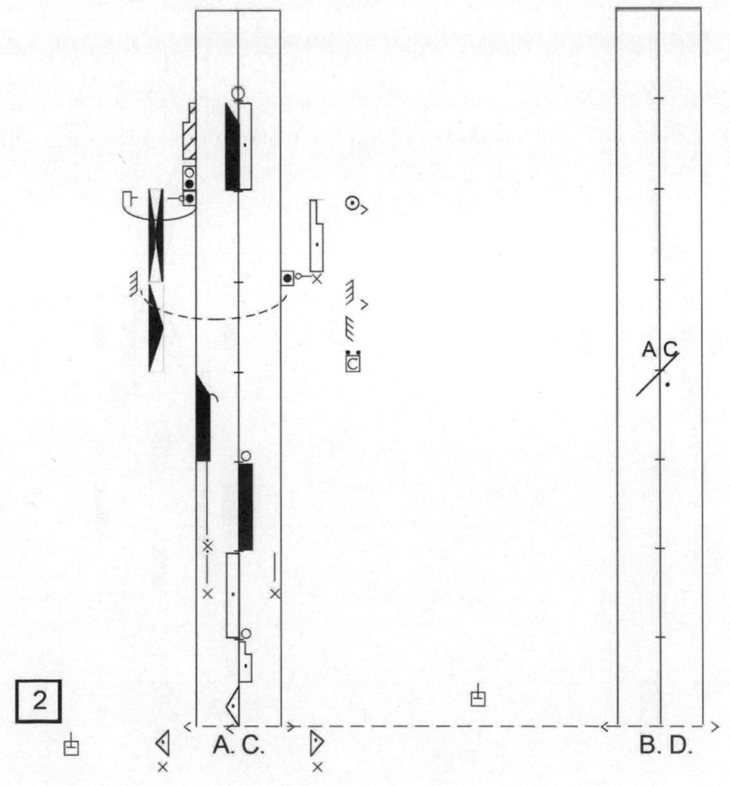
A C
2
A. C.
B. D.

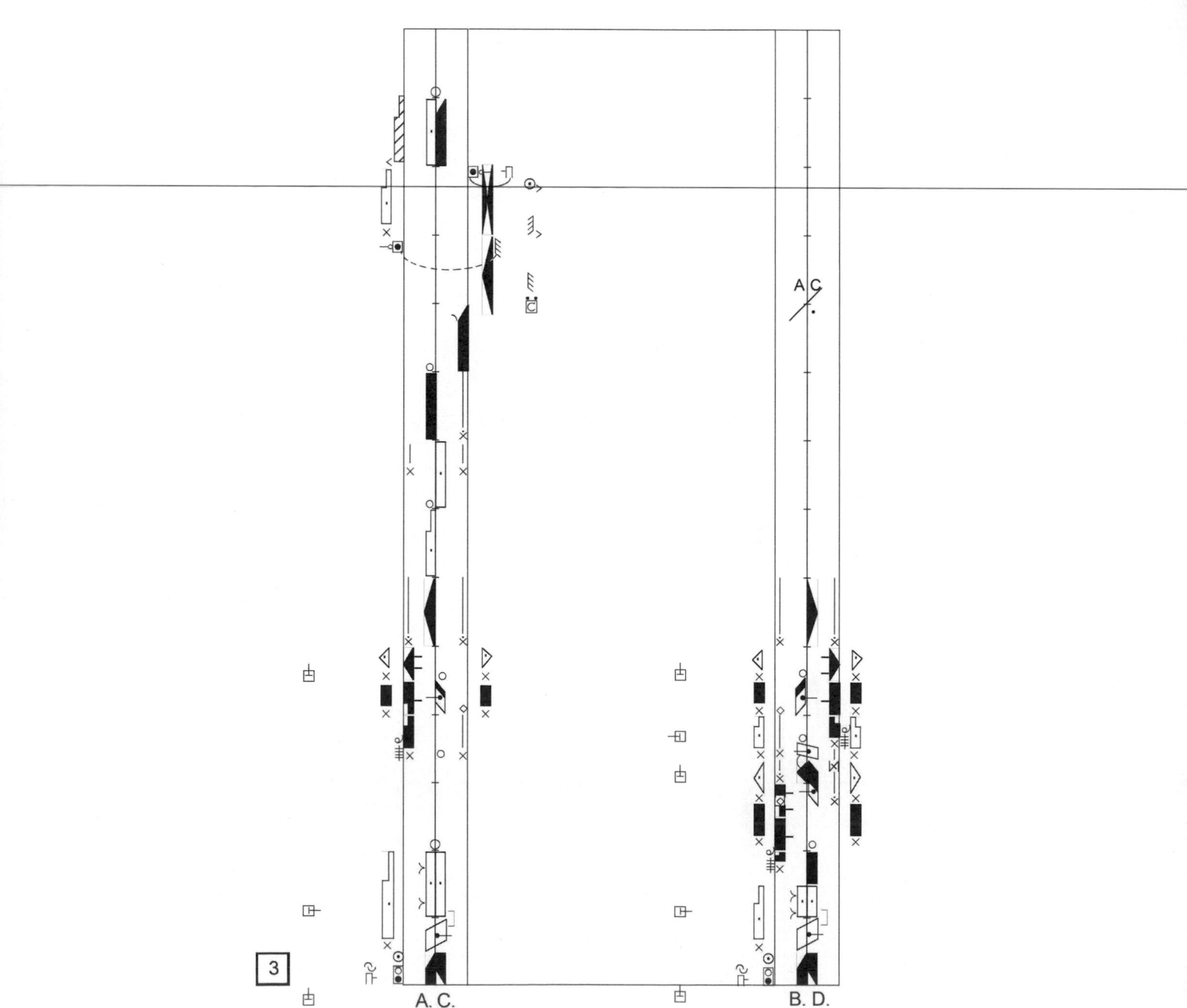
A C
3
A. C.
B. D.

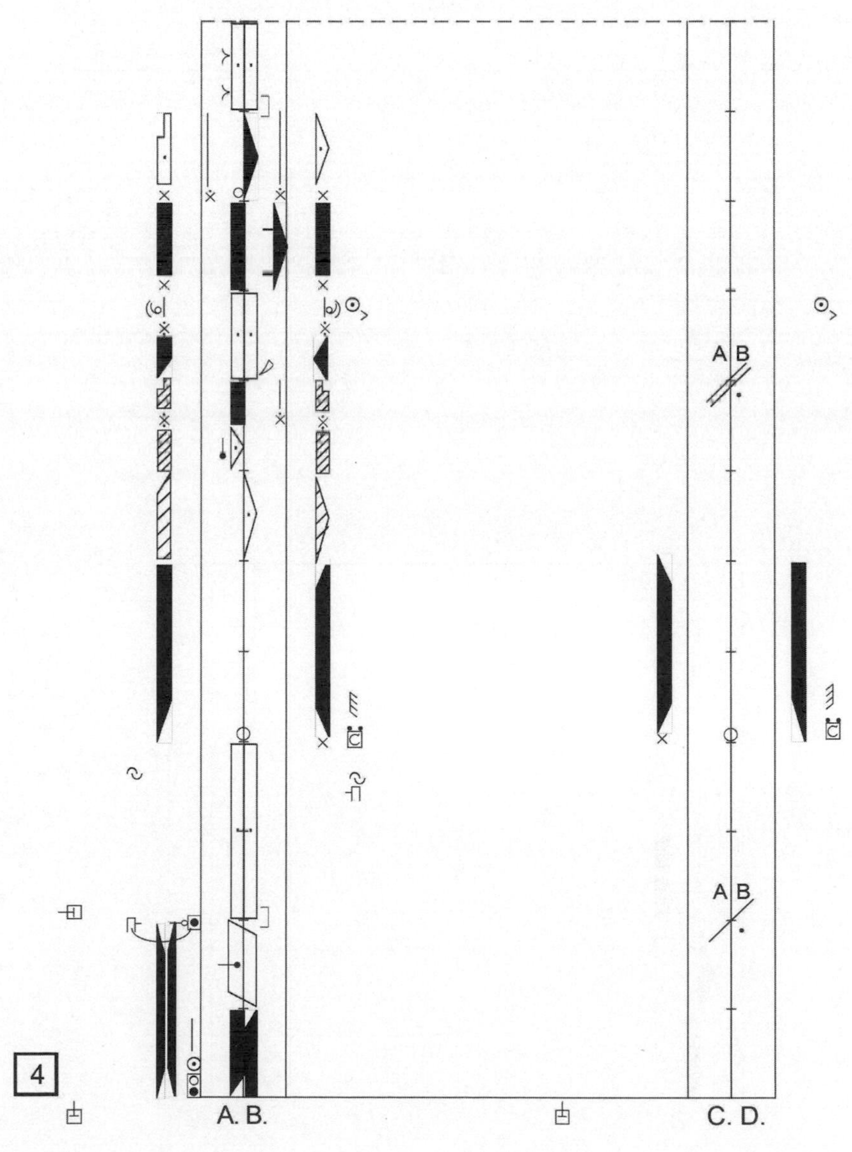
4
A. B.
C. D.
A B
A B

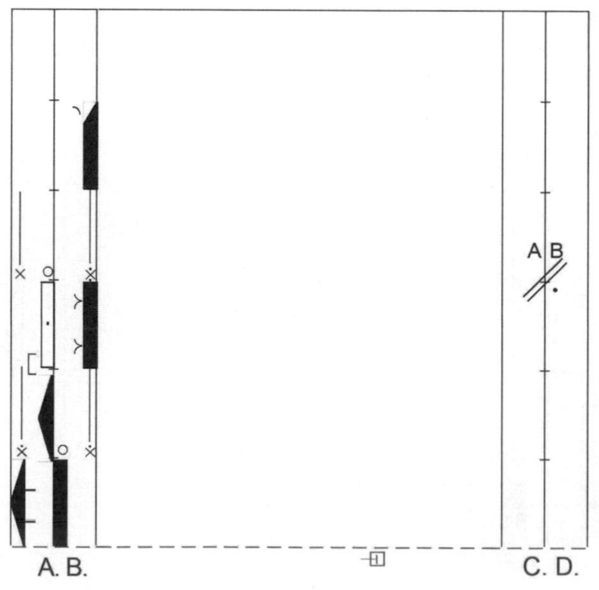
4
A B
A. B.
C. D.

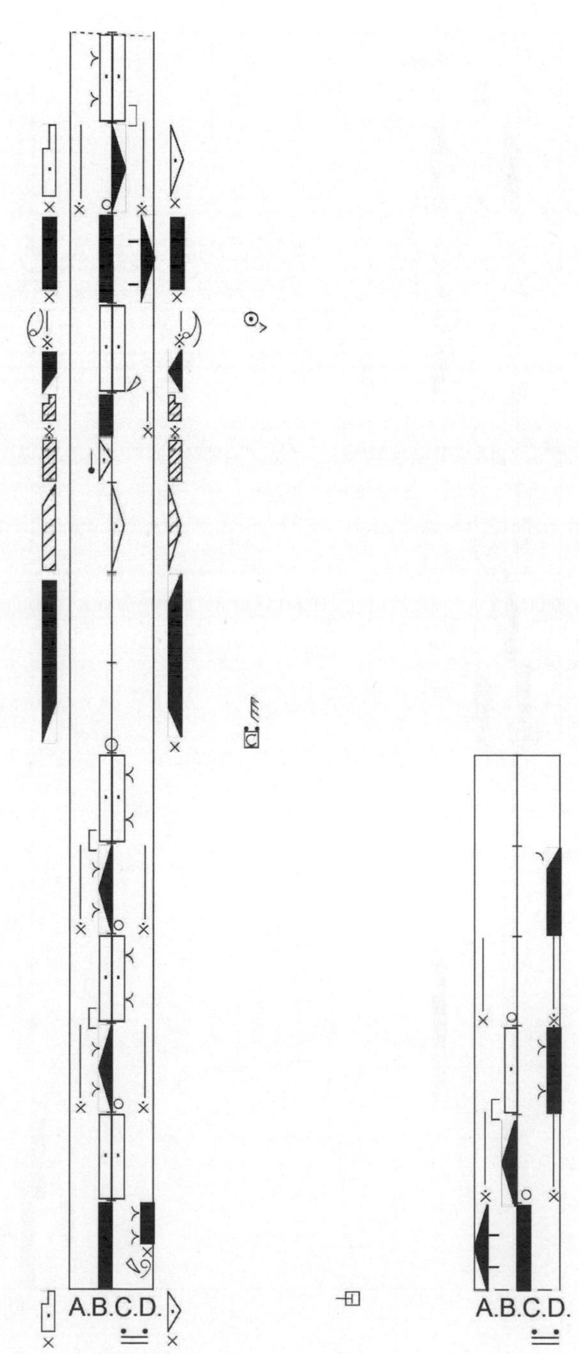
5
A.B.C.D.
A.B.C.D.

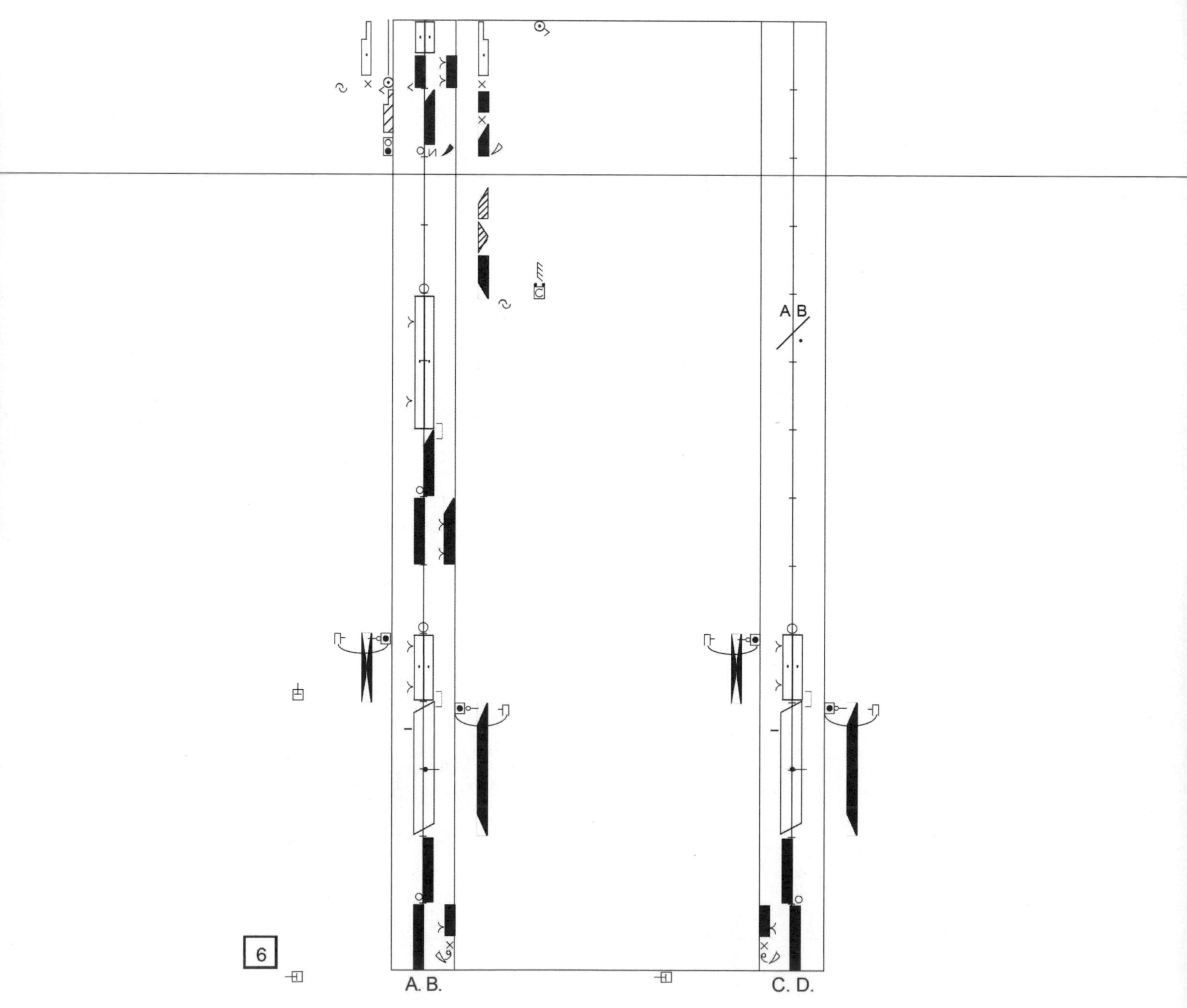
A B
6
A. B.
C. D.

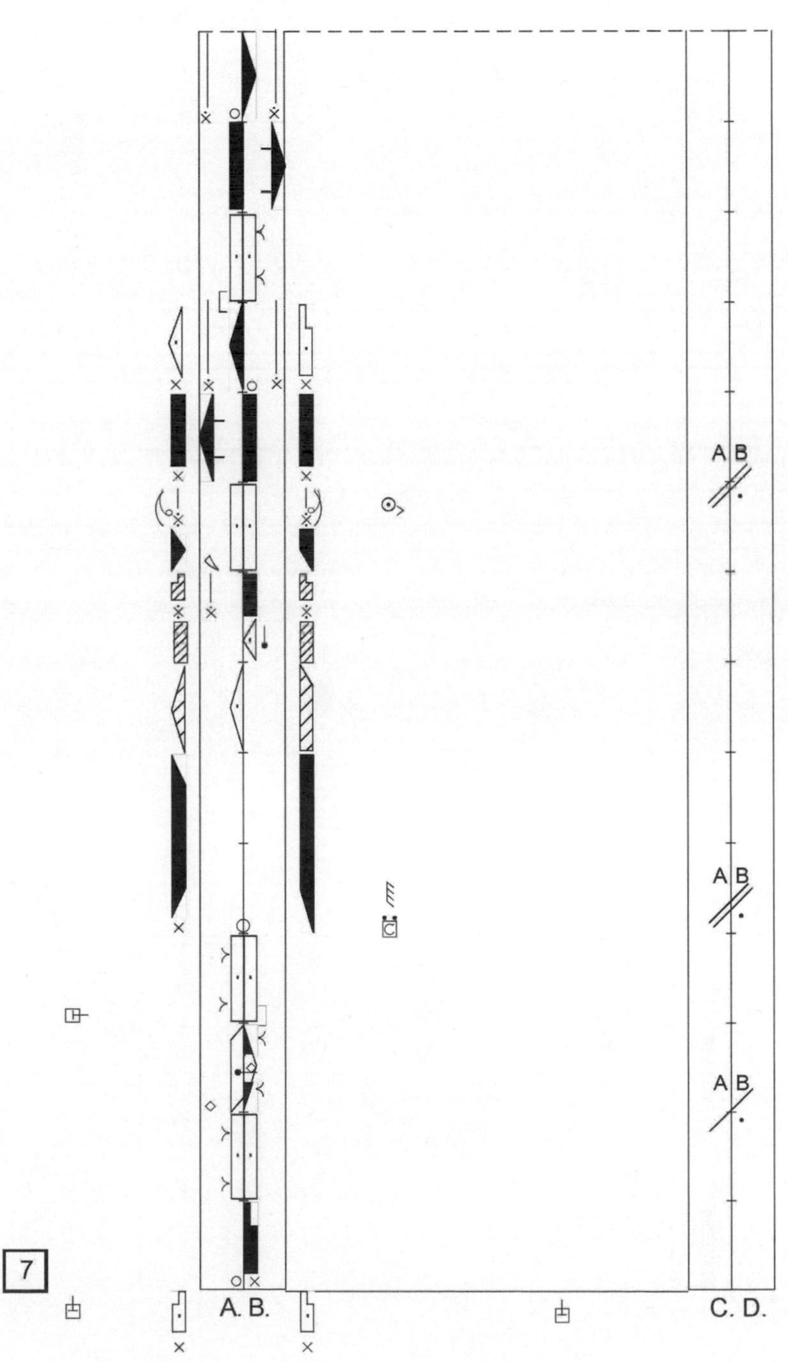
7
A. B.
C. D.
A B
A B
A B

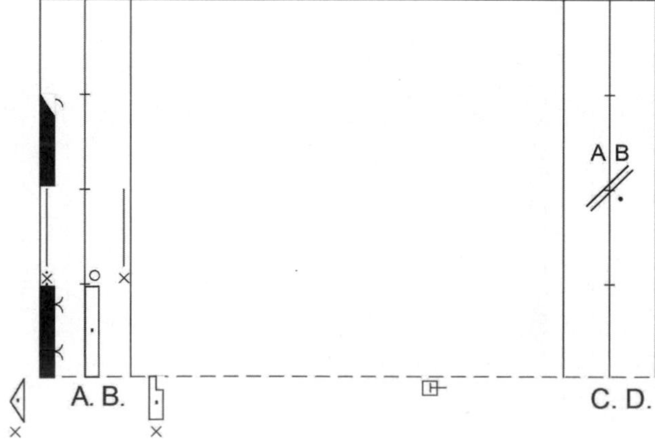
A B
A. B.
C. D.

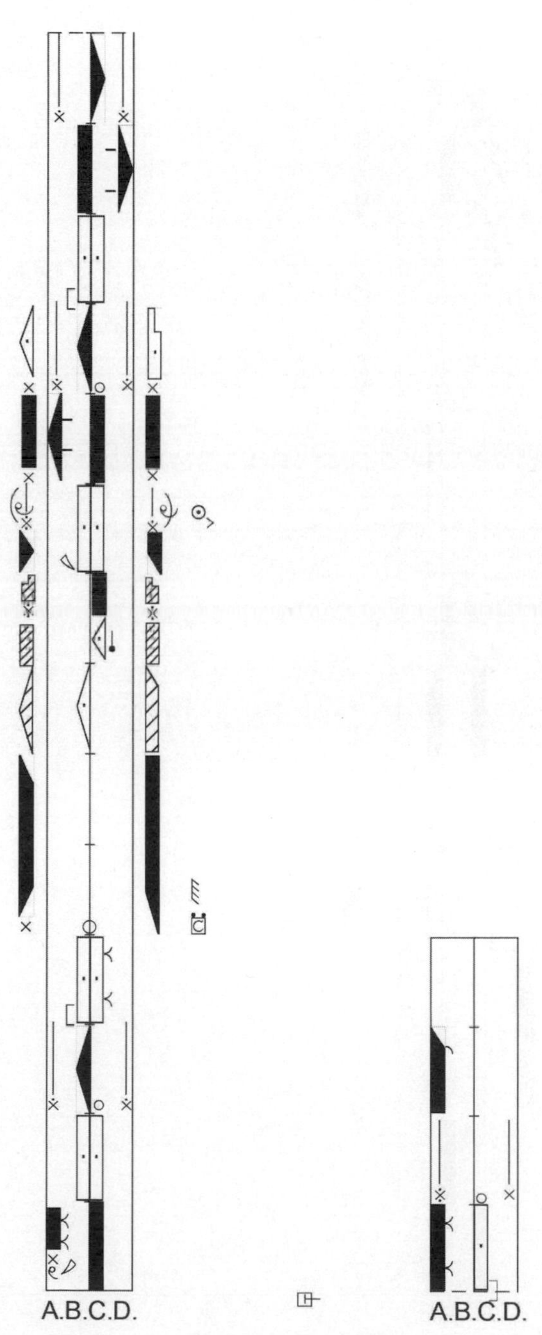
8
A.B.C.D.
A.B.C.D.

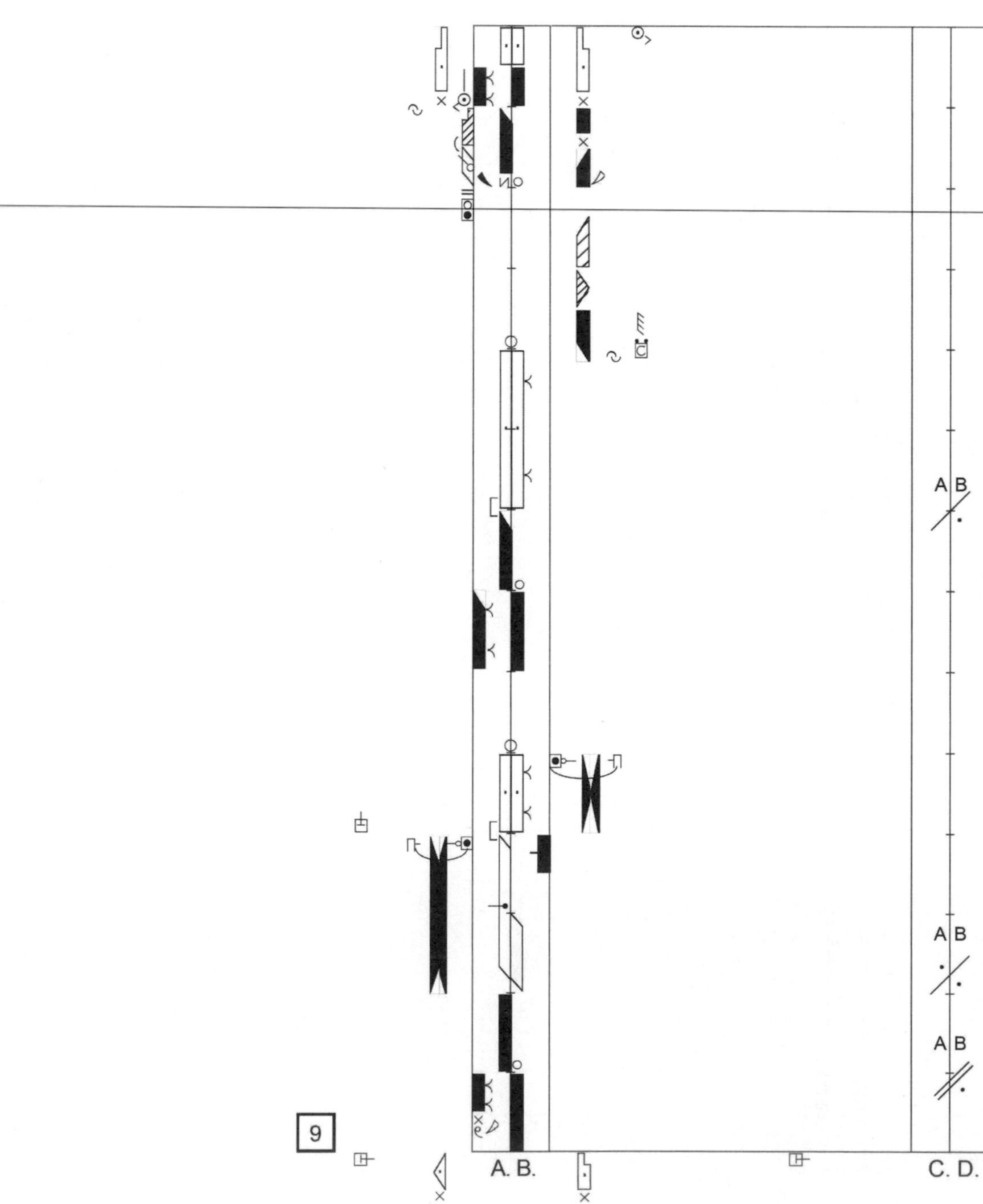
9
A. B.
C. D.
A B
A B
A B

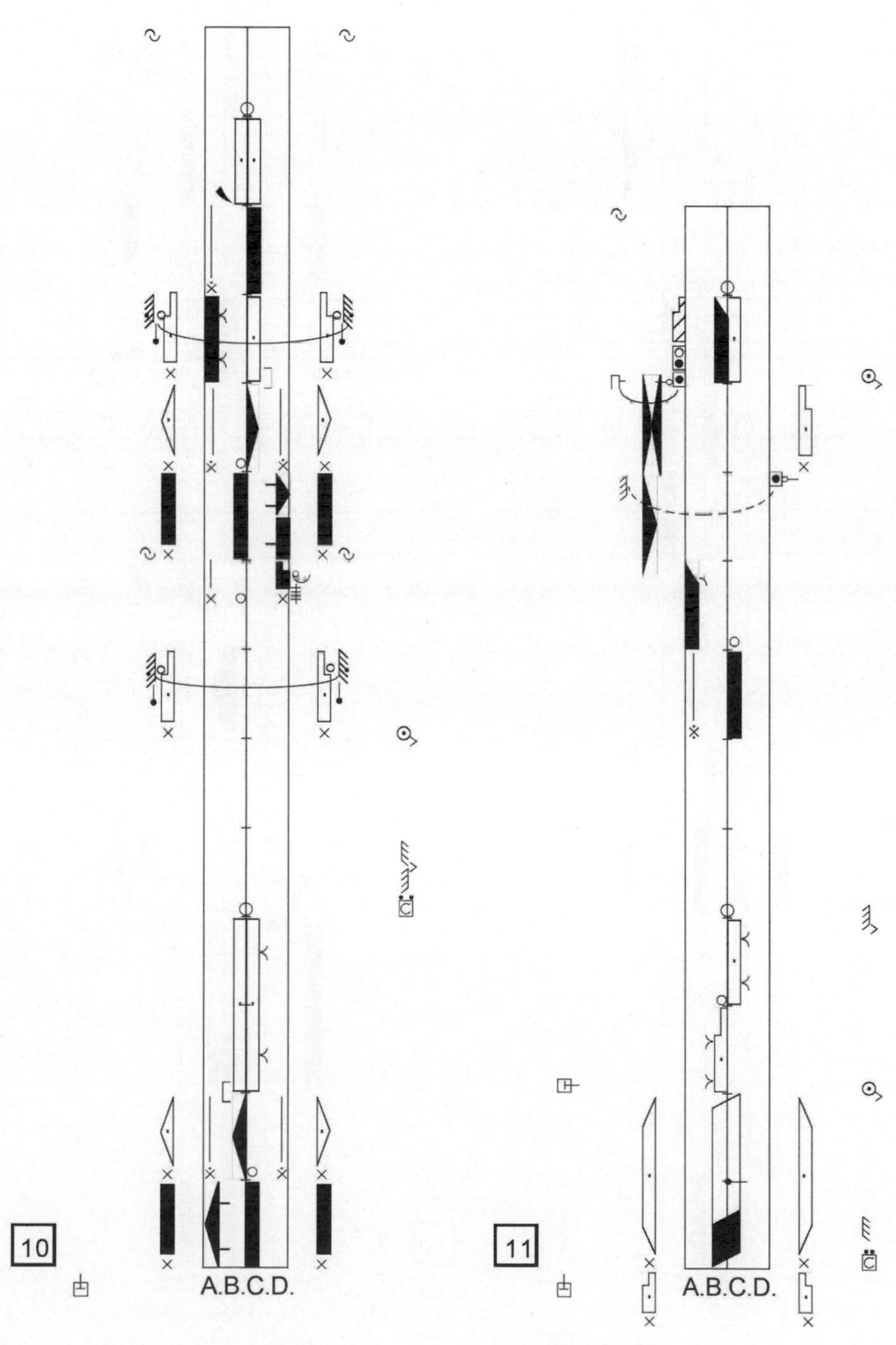
10
A.B.C.D.
11
A.B.C.D.

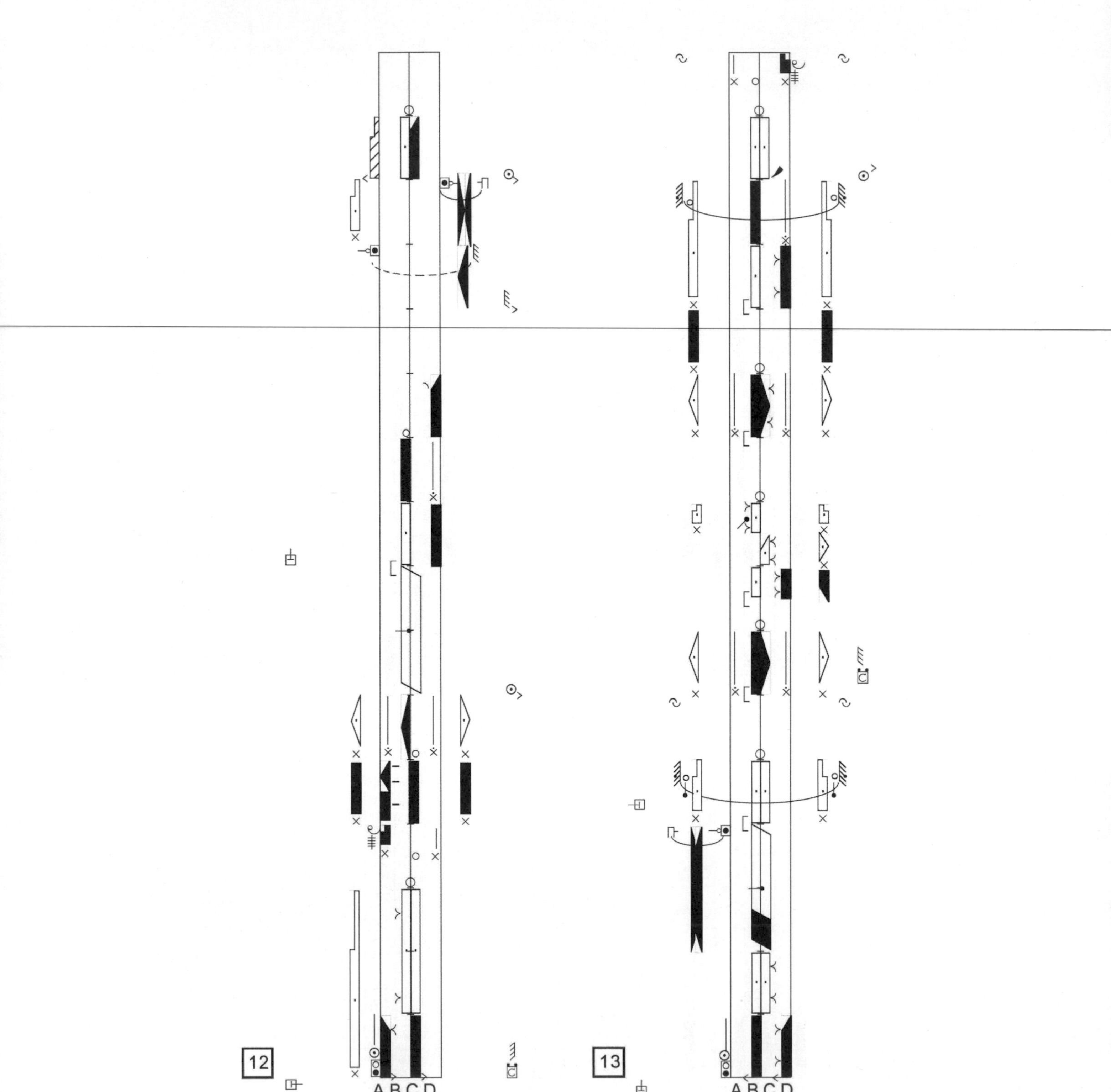
12
A.B.C.D.
13
A.B.C.D.

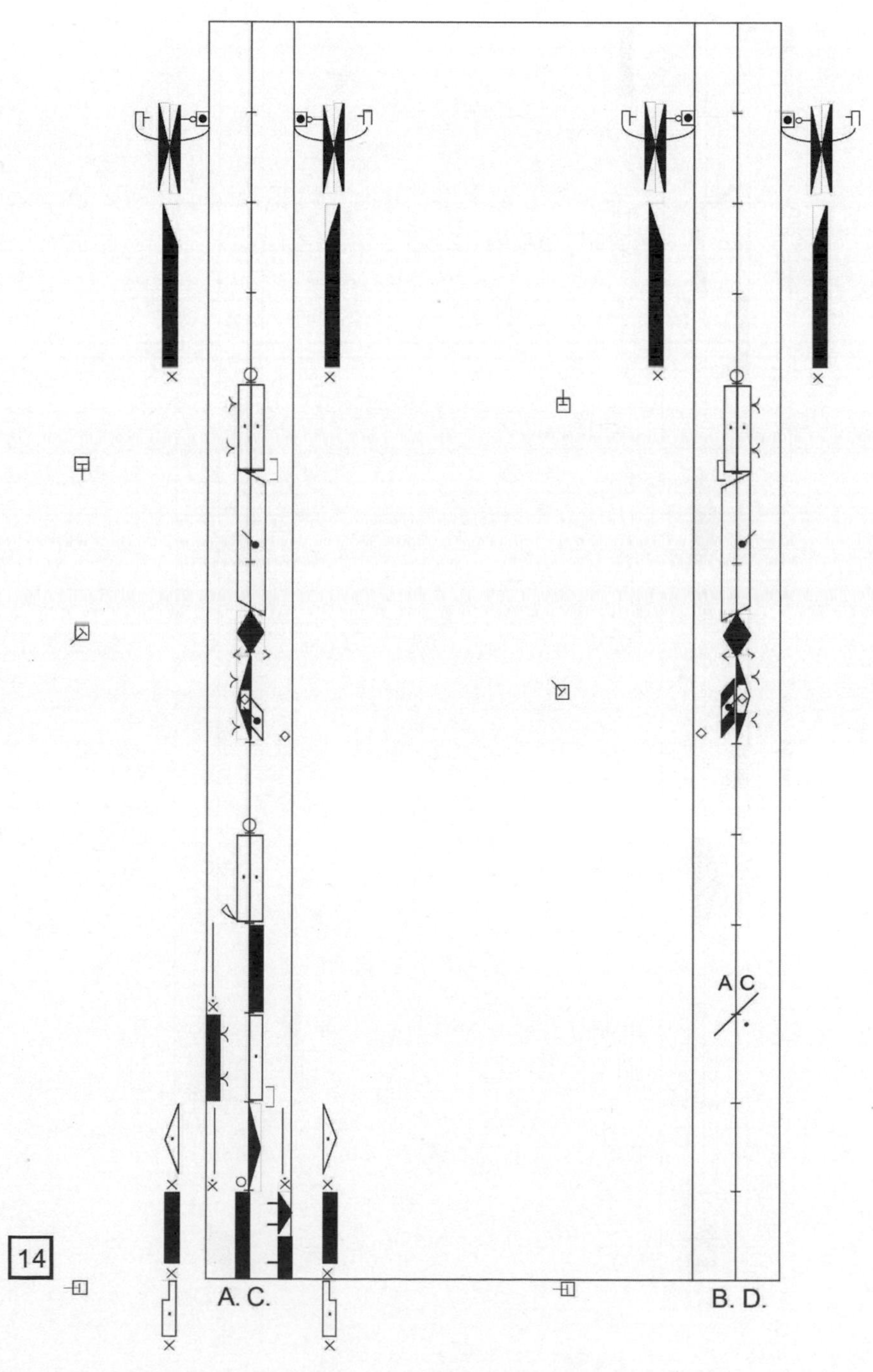
14
A. C.
B. D.
A C

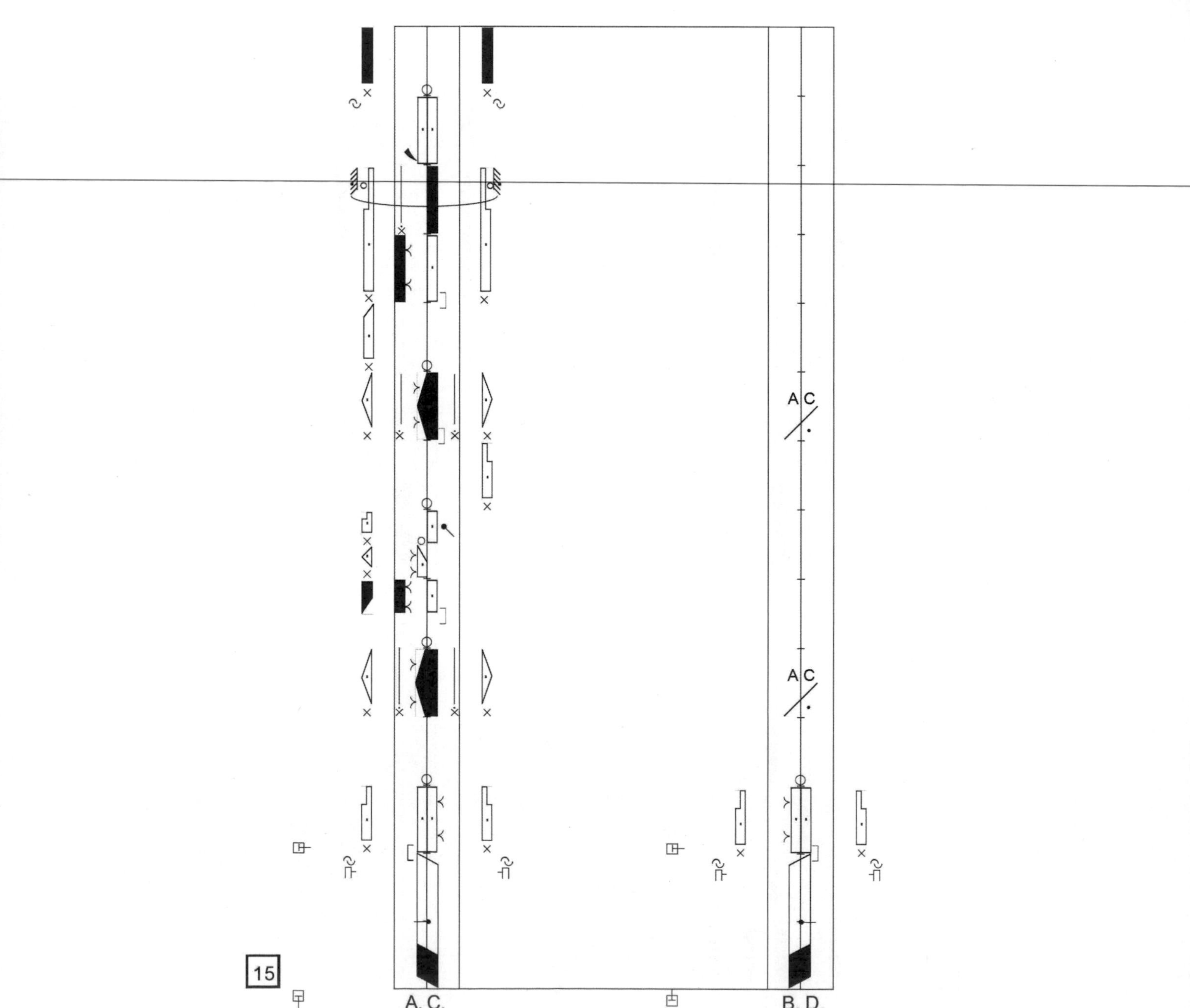
15
A C
A C
A. C.
B. D.

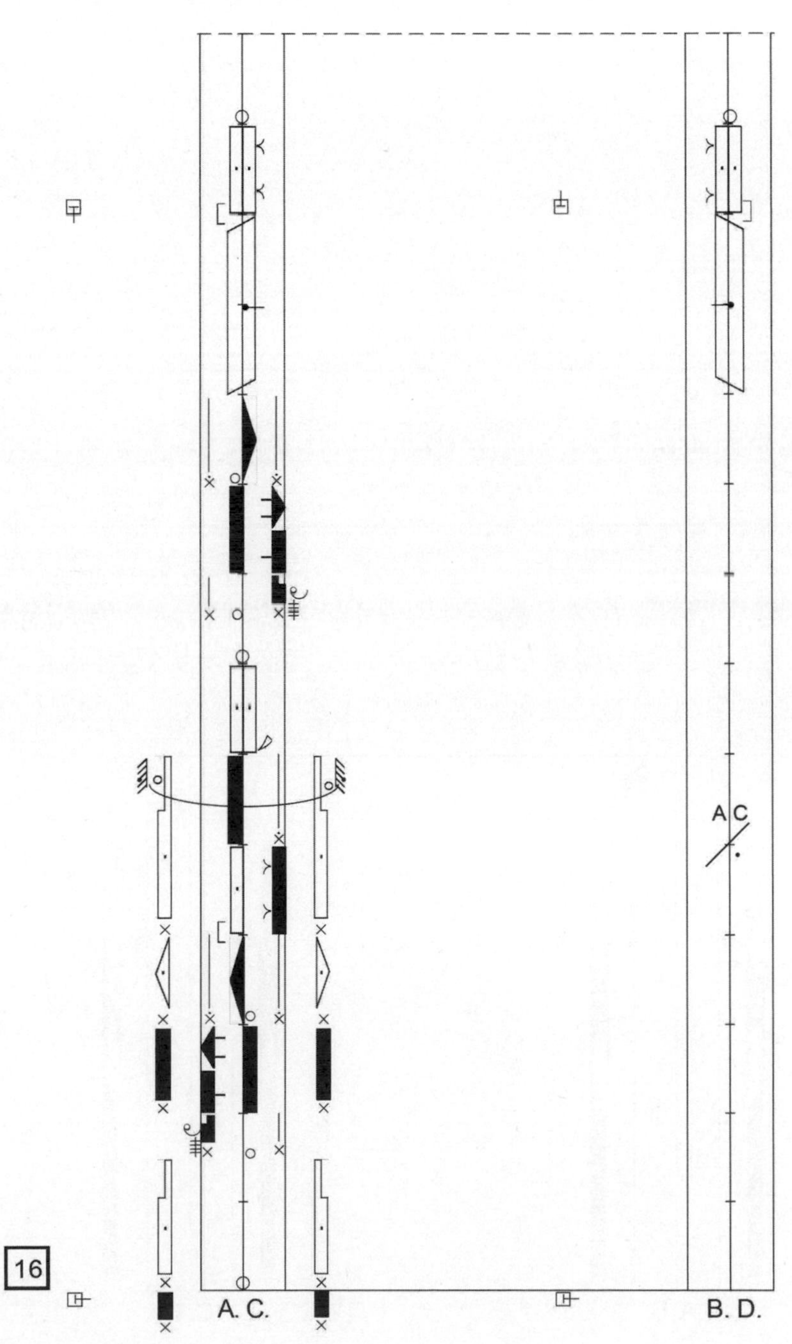
16
A C
A. C.
B. D.

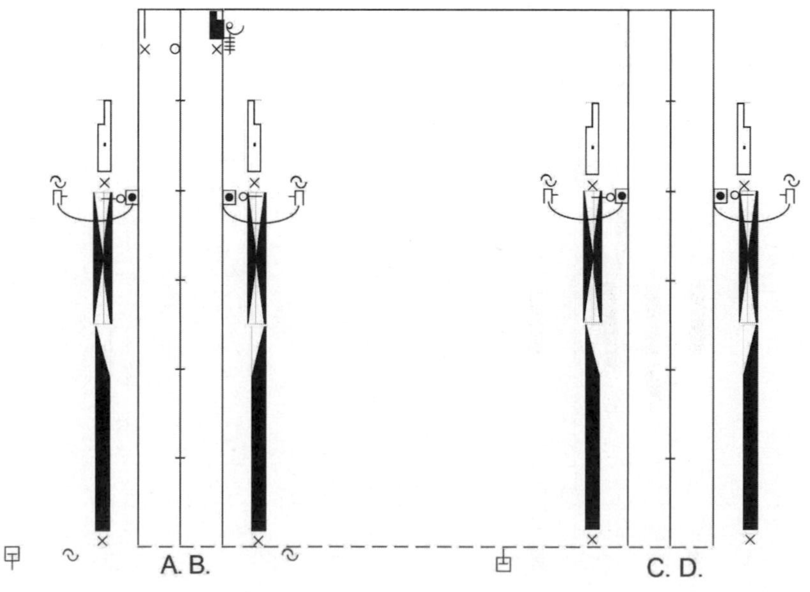
甲
A. B.
由
C. D.

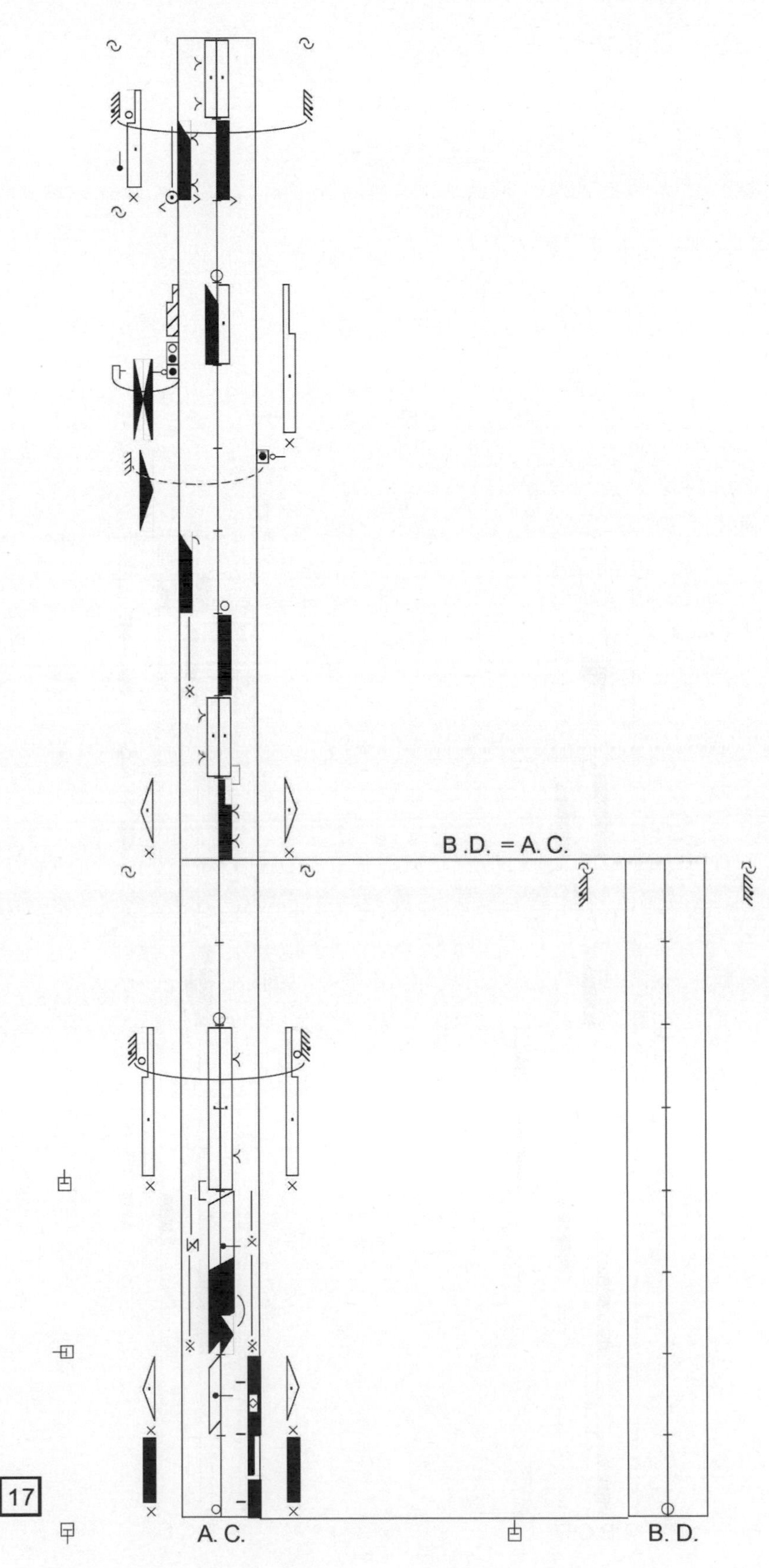
B .D. = A. C.
17
A. C.
B. D.

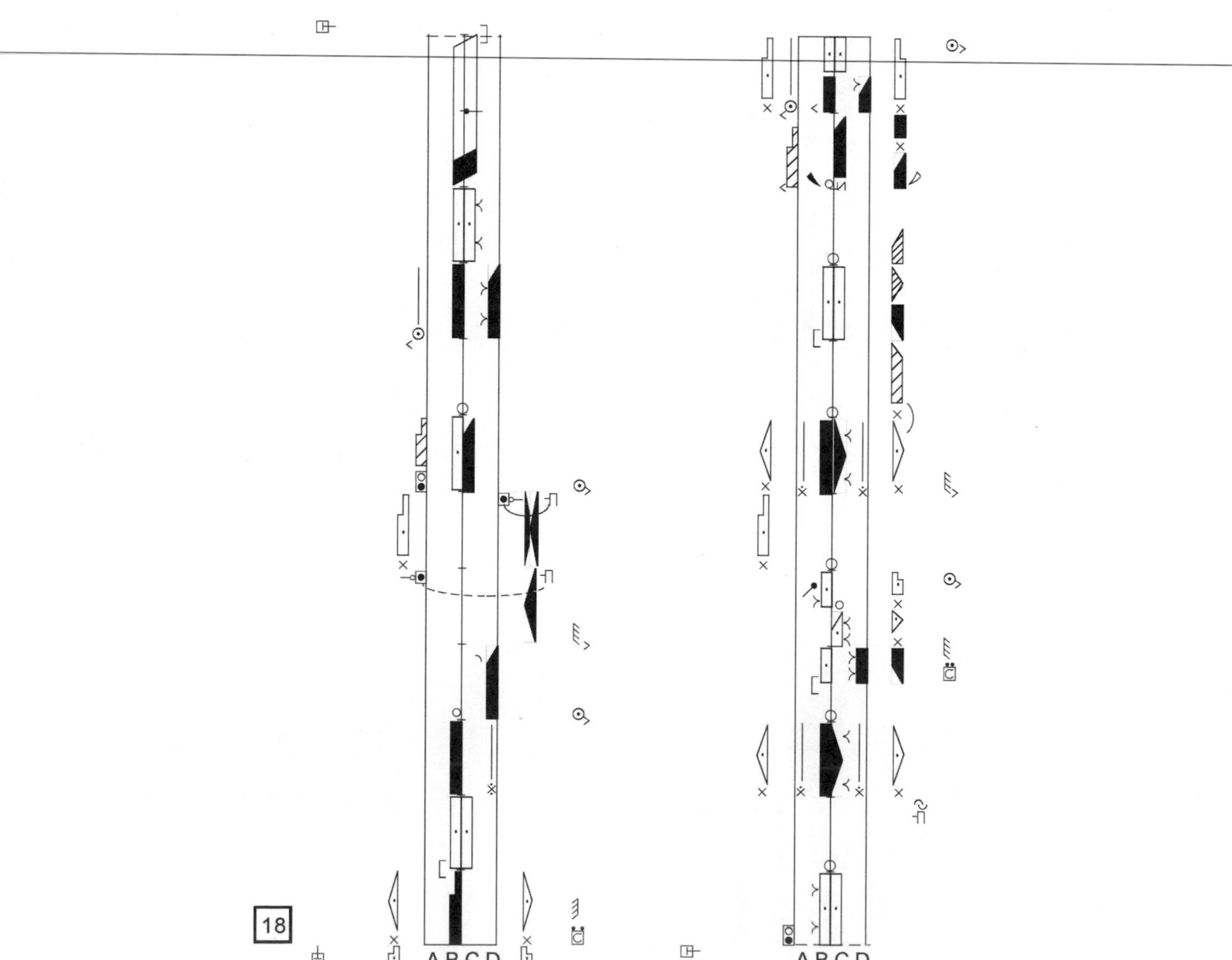
18
A.B.C.D.
A.B.C.D.

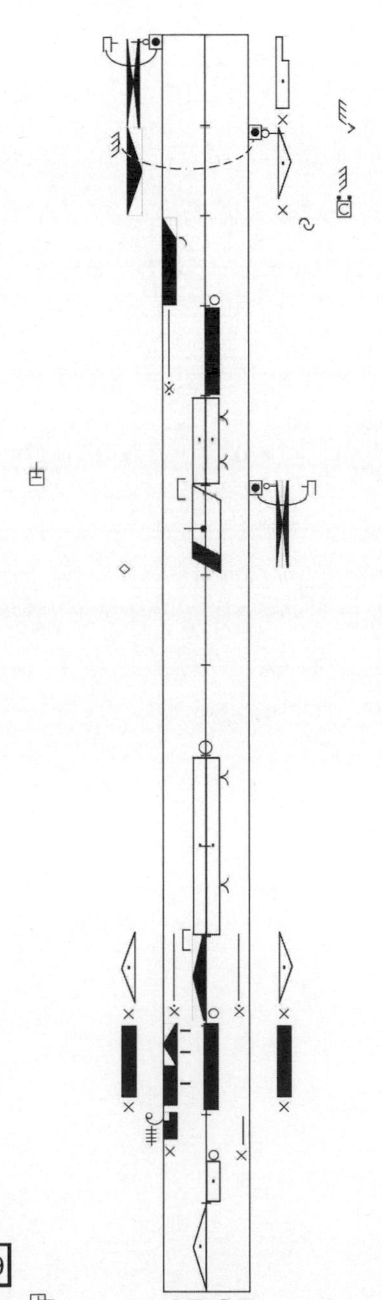
19
A.B.C.D.

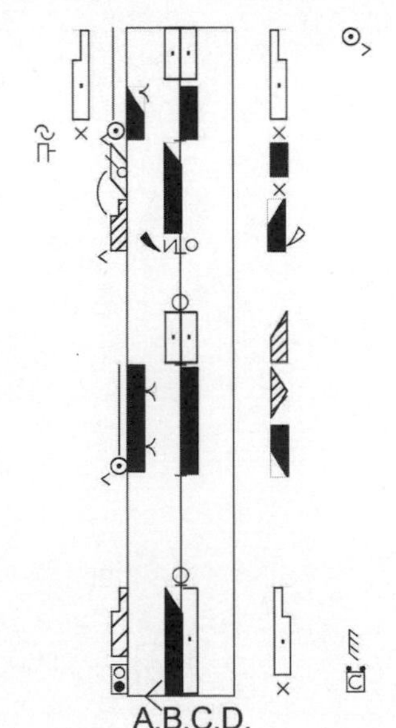
A.B.C.D.

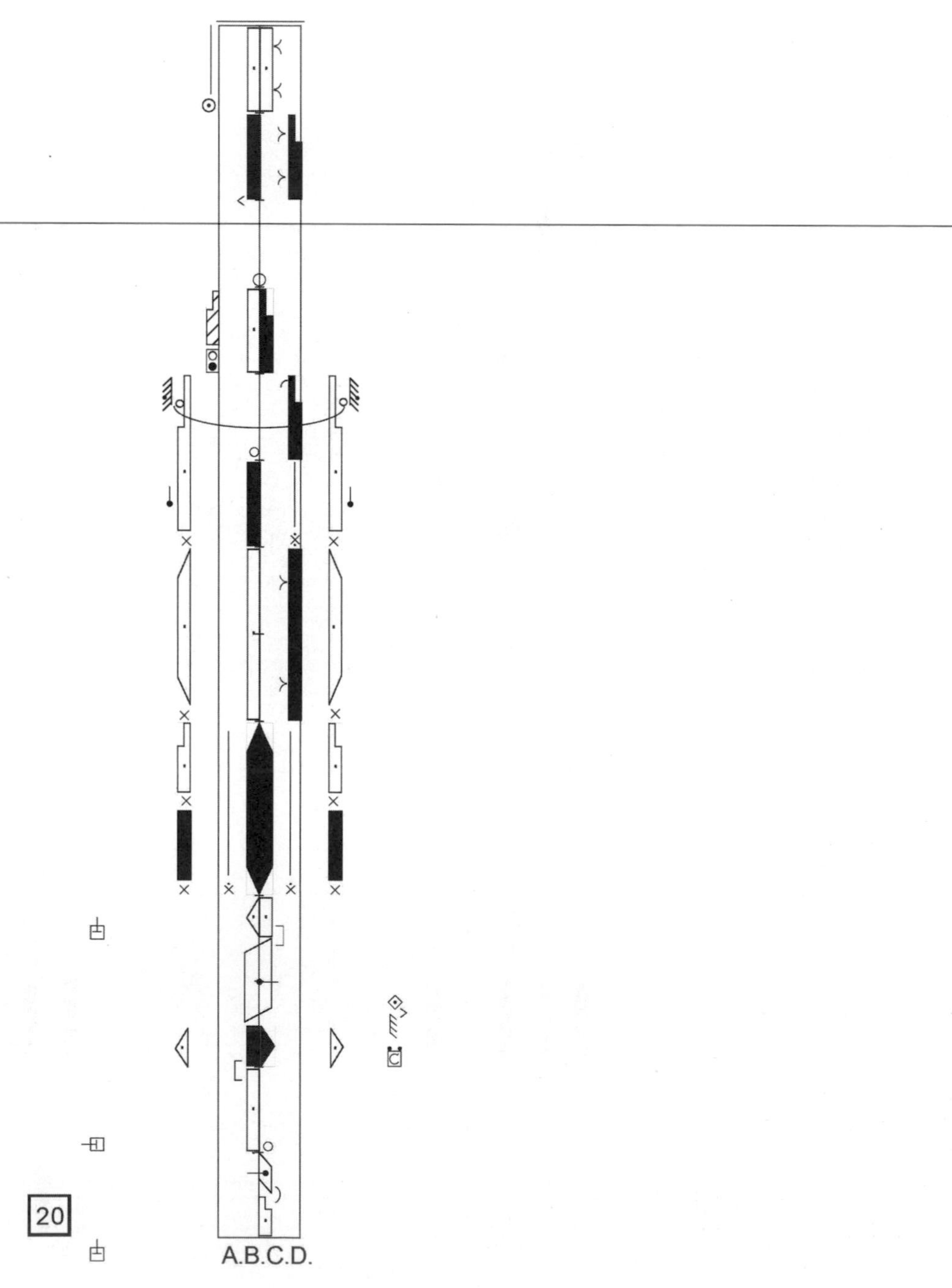
20
A.B.C.D.

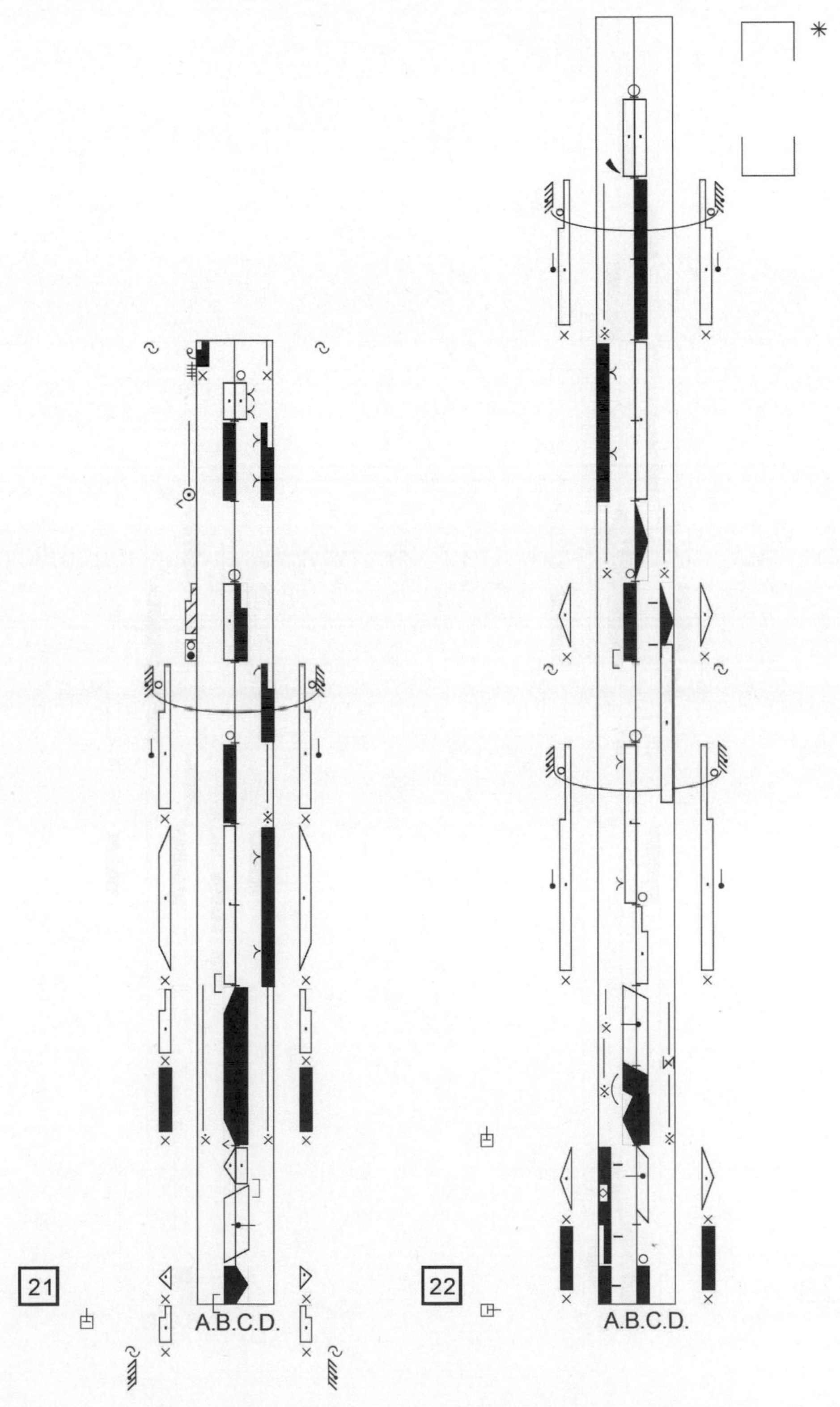

21
A.B.C.D.
22
A.B.C.D.

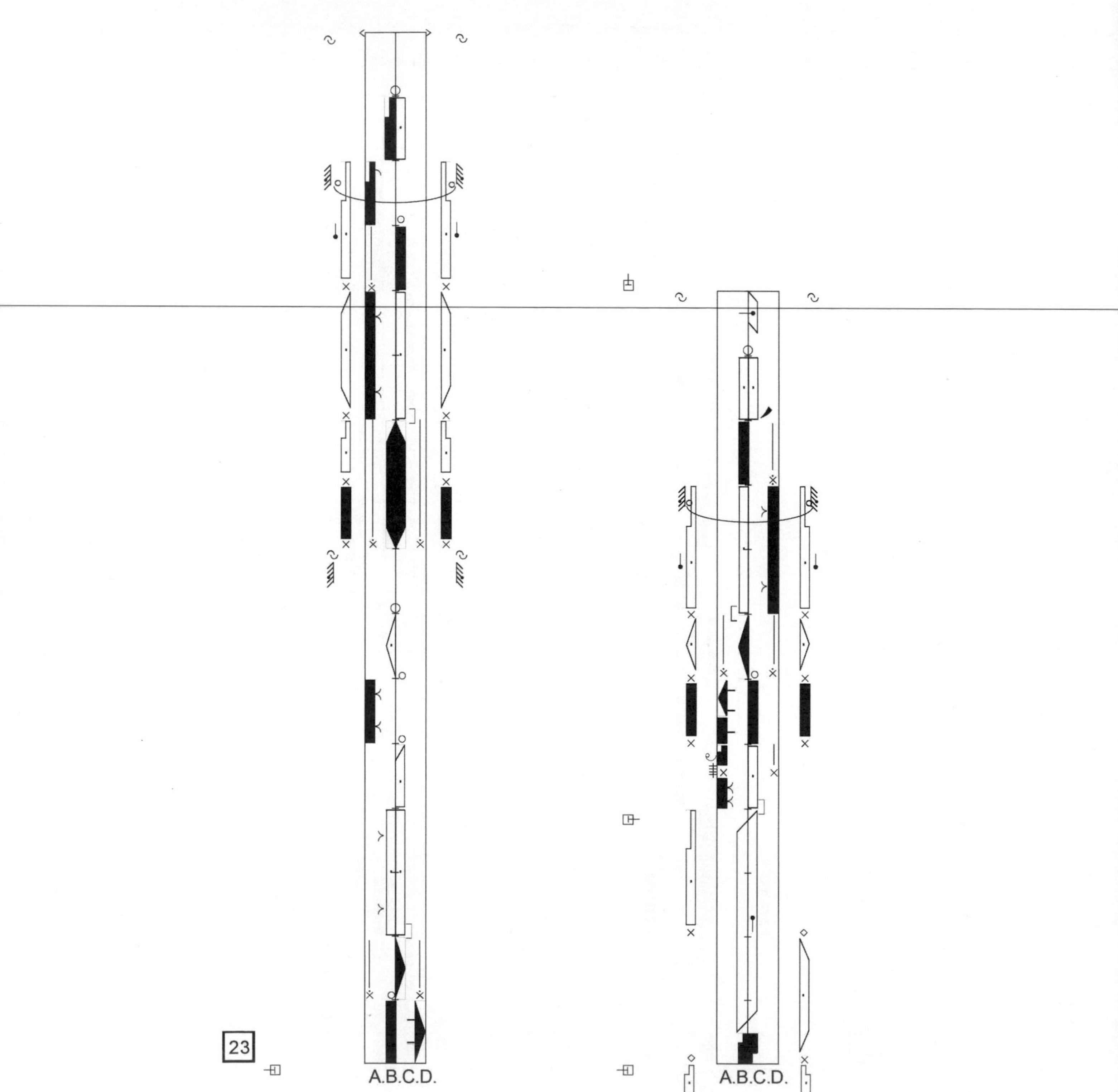
23
A.B.C.D.
A.B.C.D.

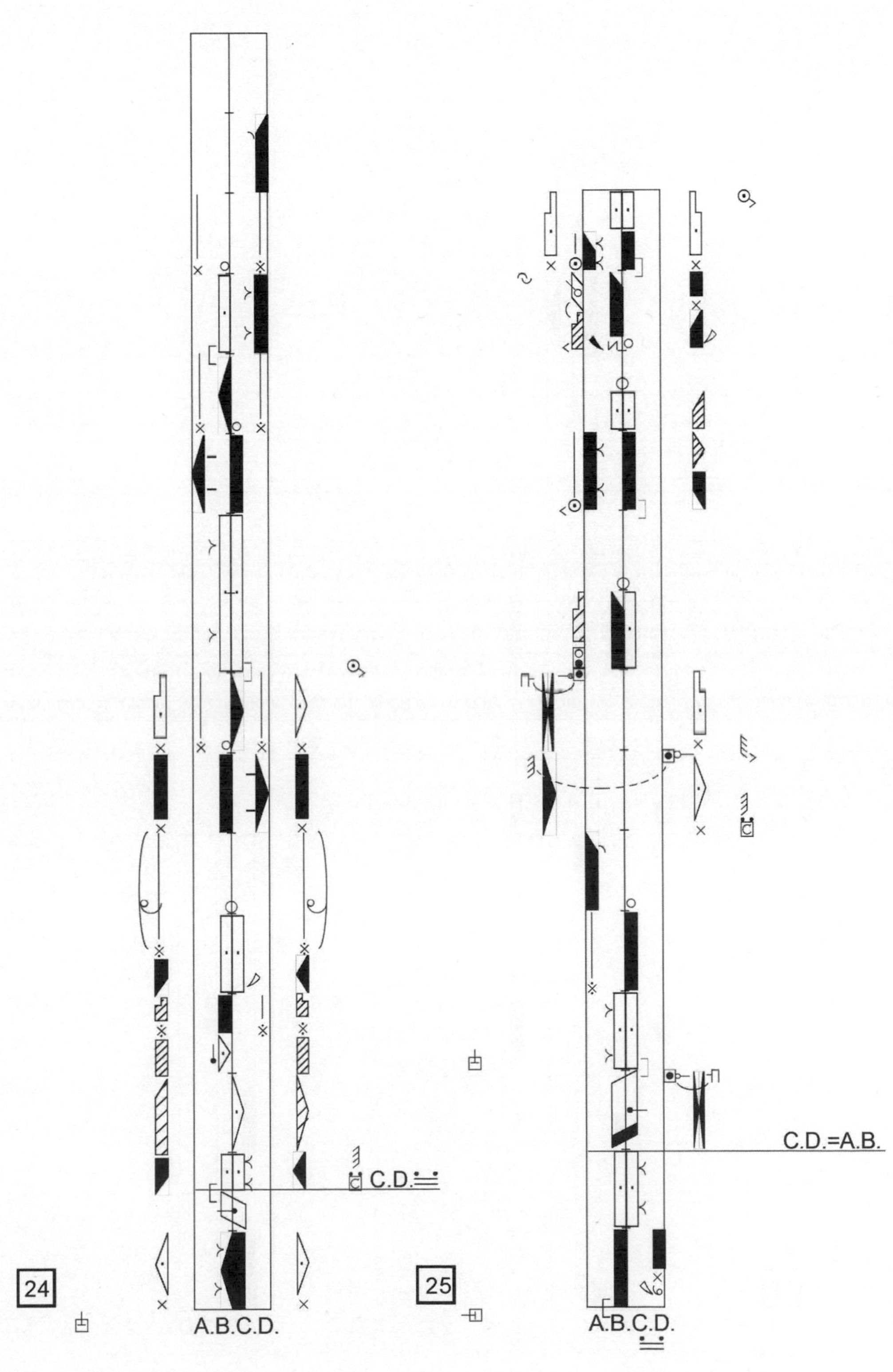
24
A.B.C.D.
C.D.
25
A.B.C.D.
C.D.=A.B.

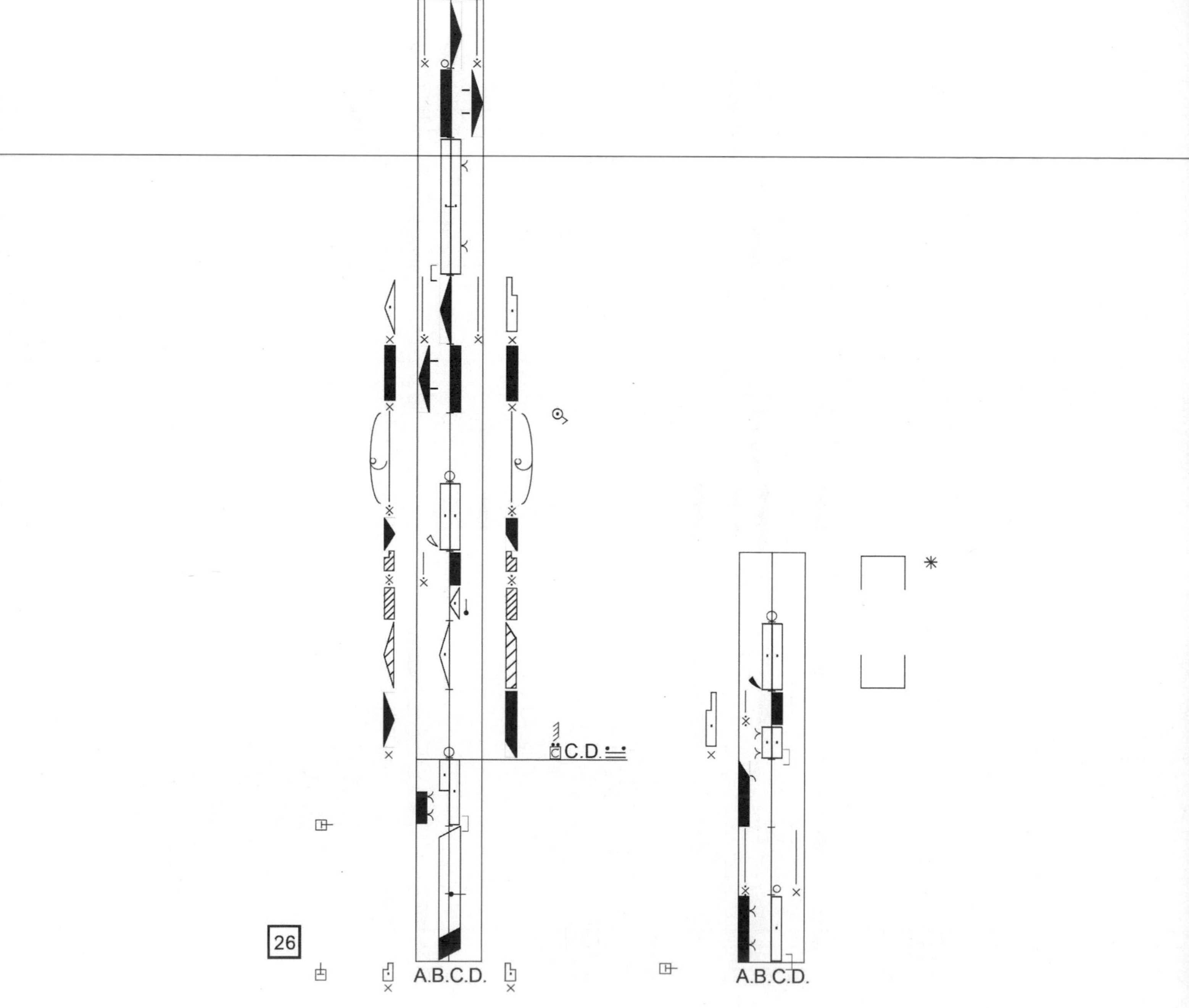
C.D.
26
A.B.C.D.
A.B.C.D.

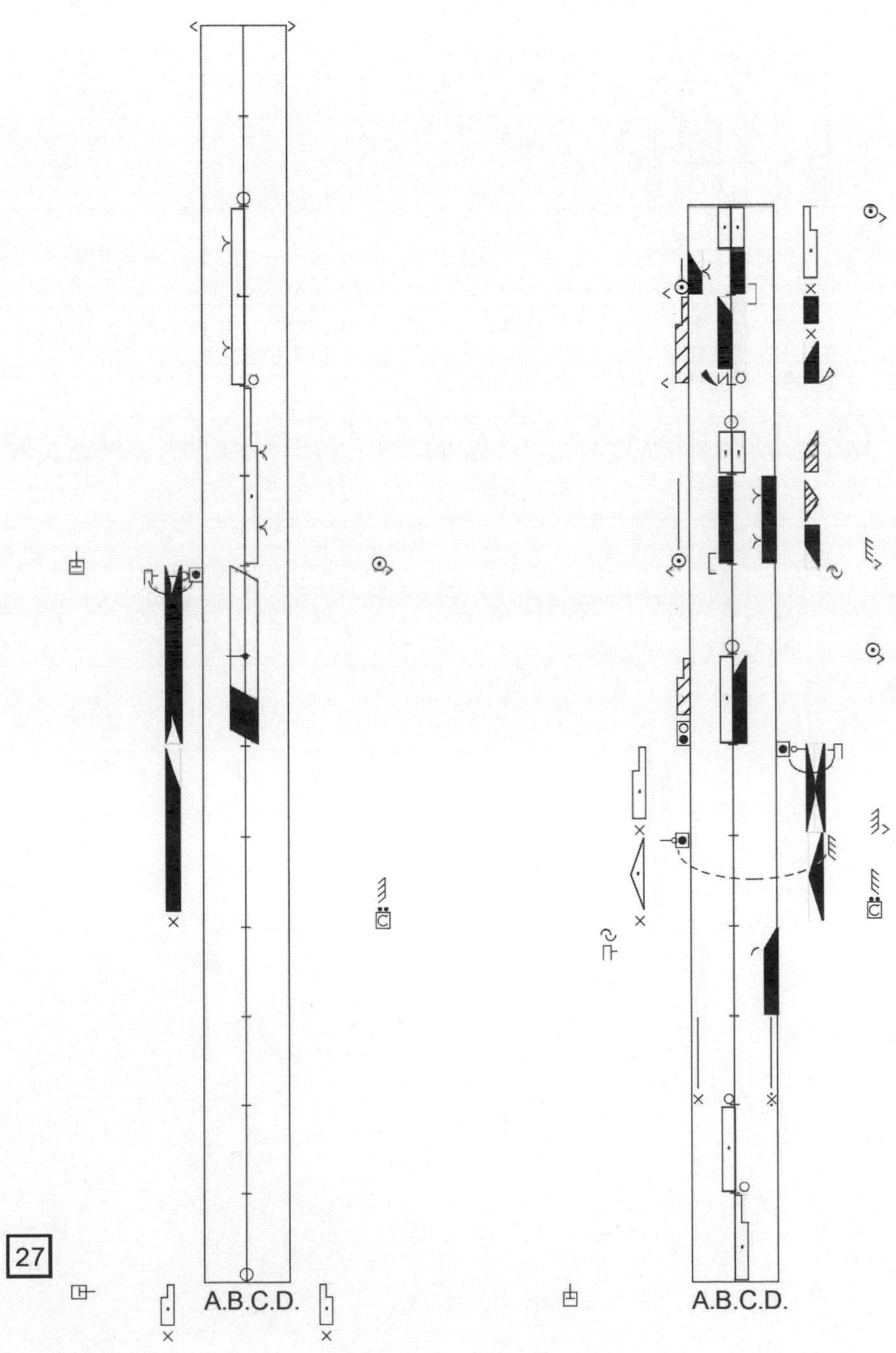
27
A.B.C.D.
A.B.C.D.

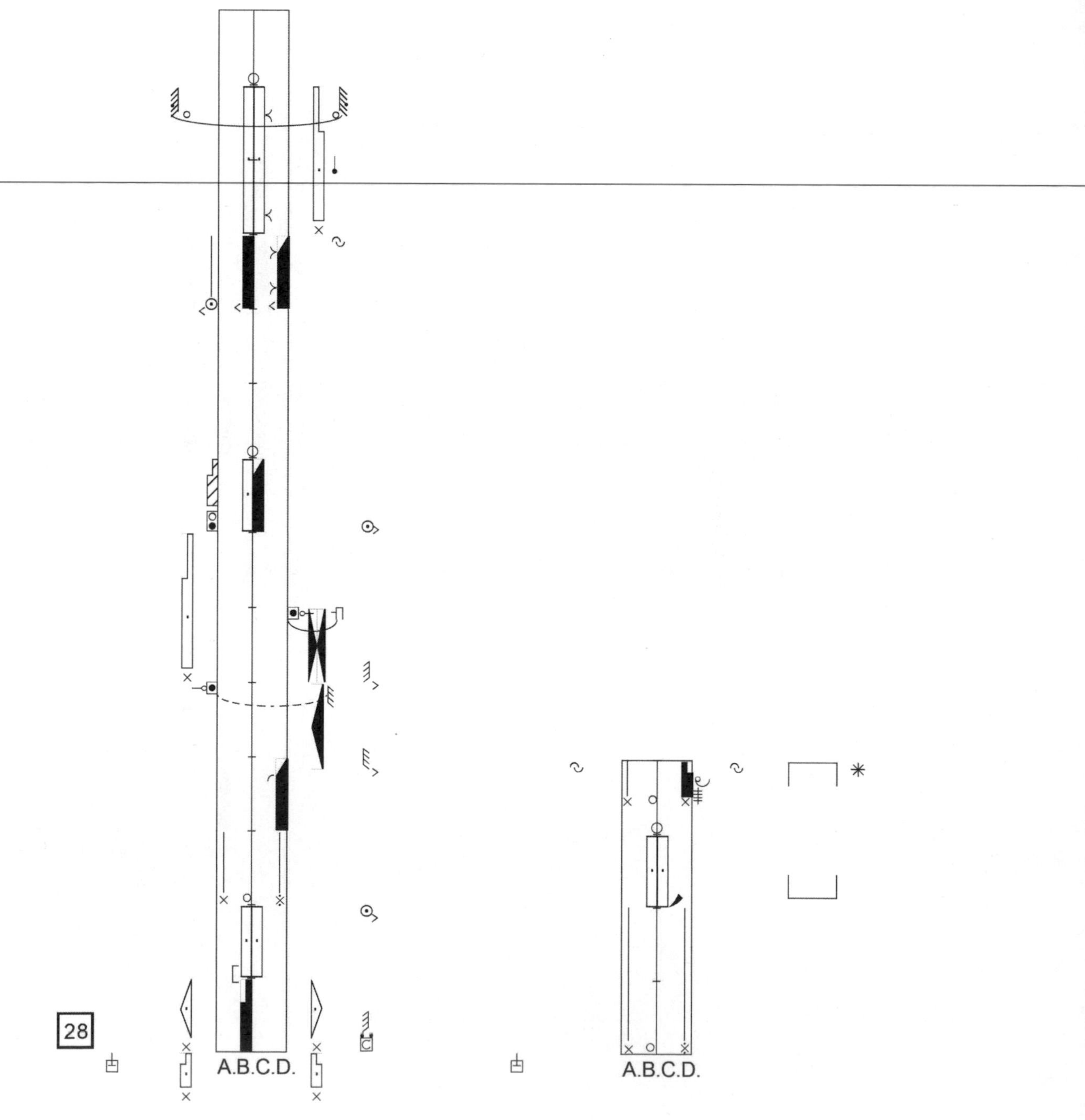
28
A.B.C.D.
A.B.C.D.

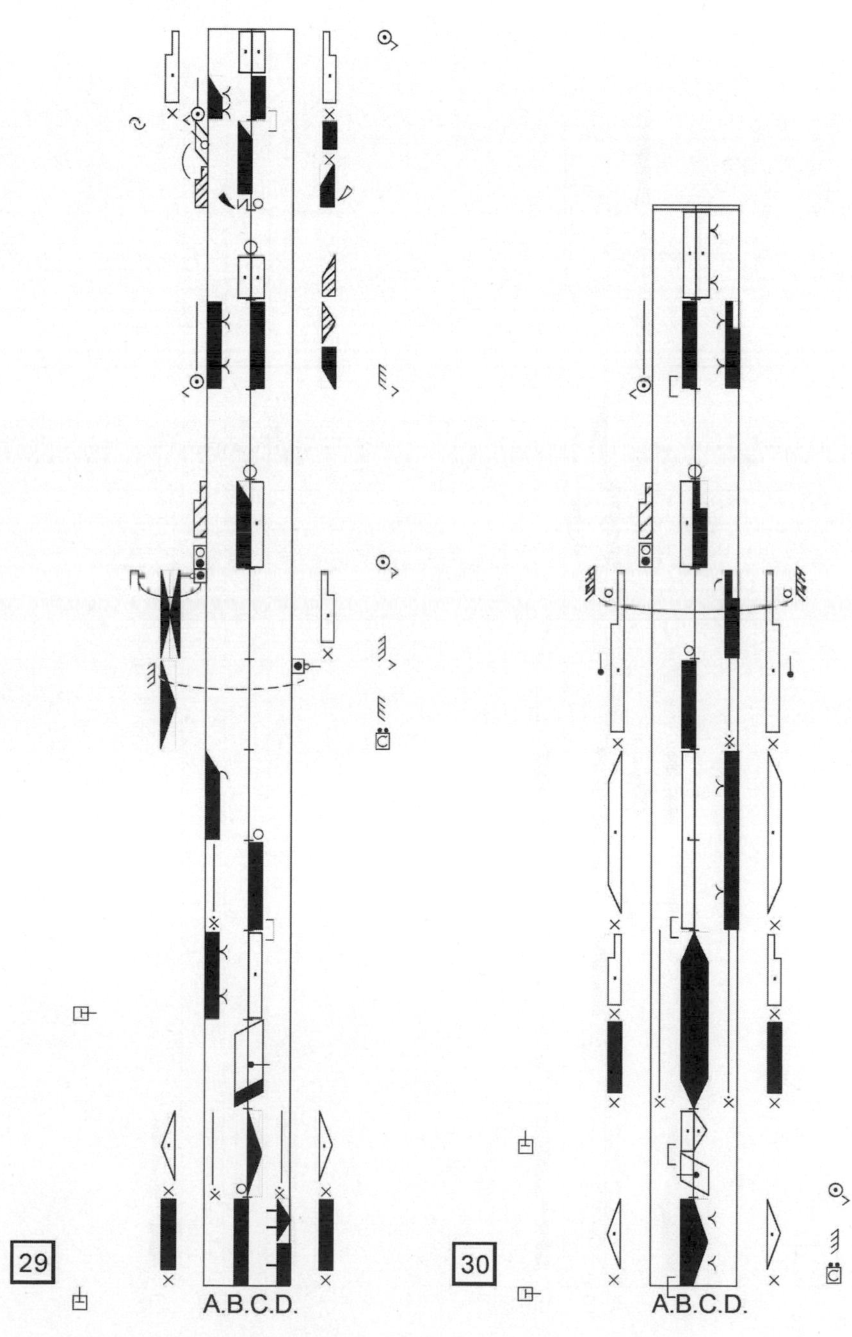
29
A.B.C.D.
30
A.B.C.D.

破(一)
Broaching
Section 1

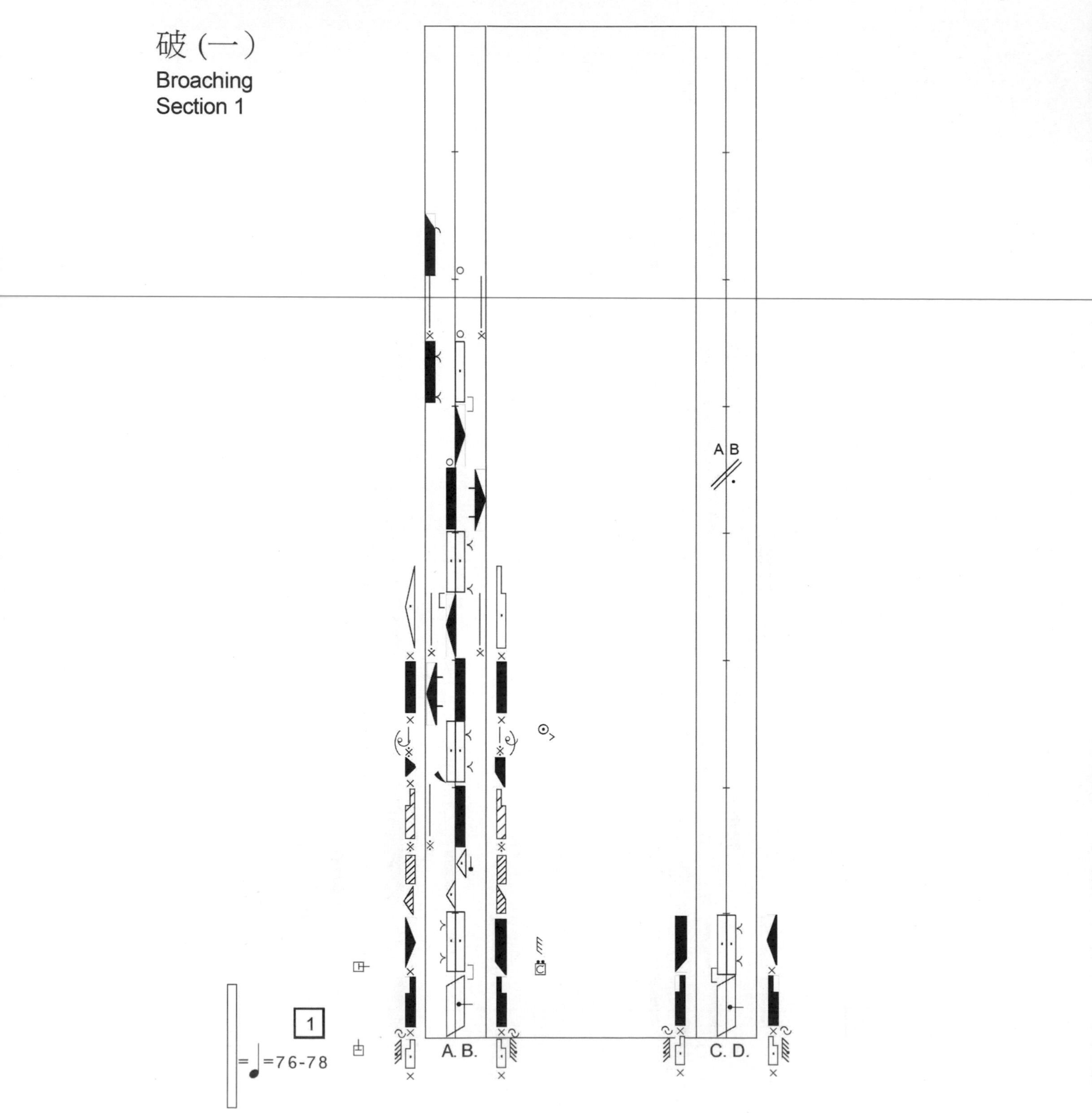

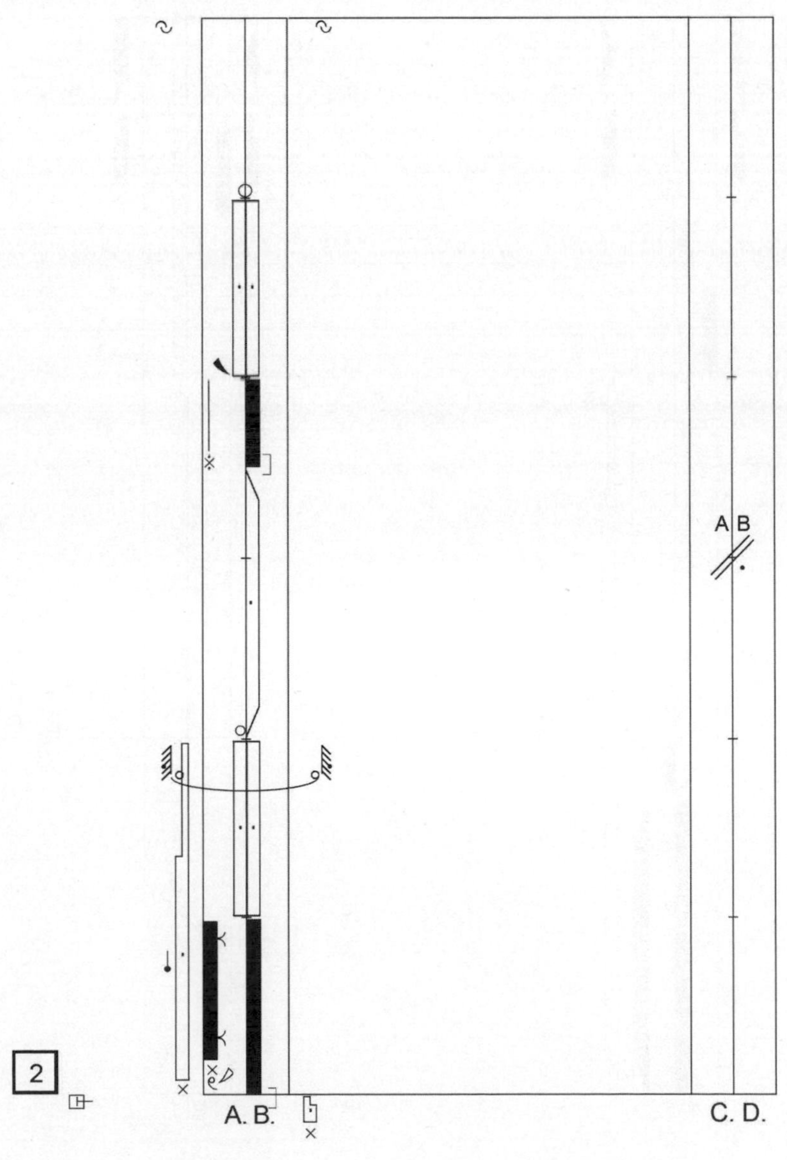
2
A. B.
C. D.
A B

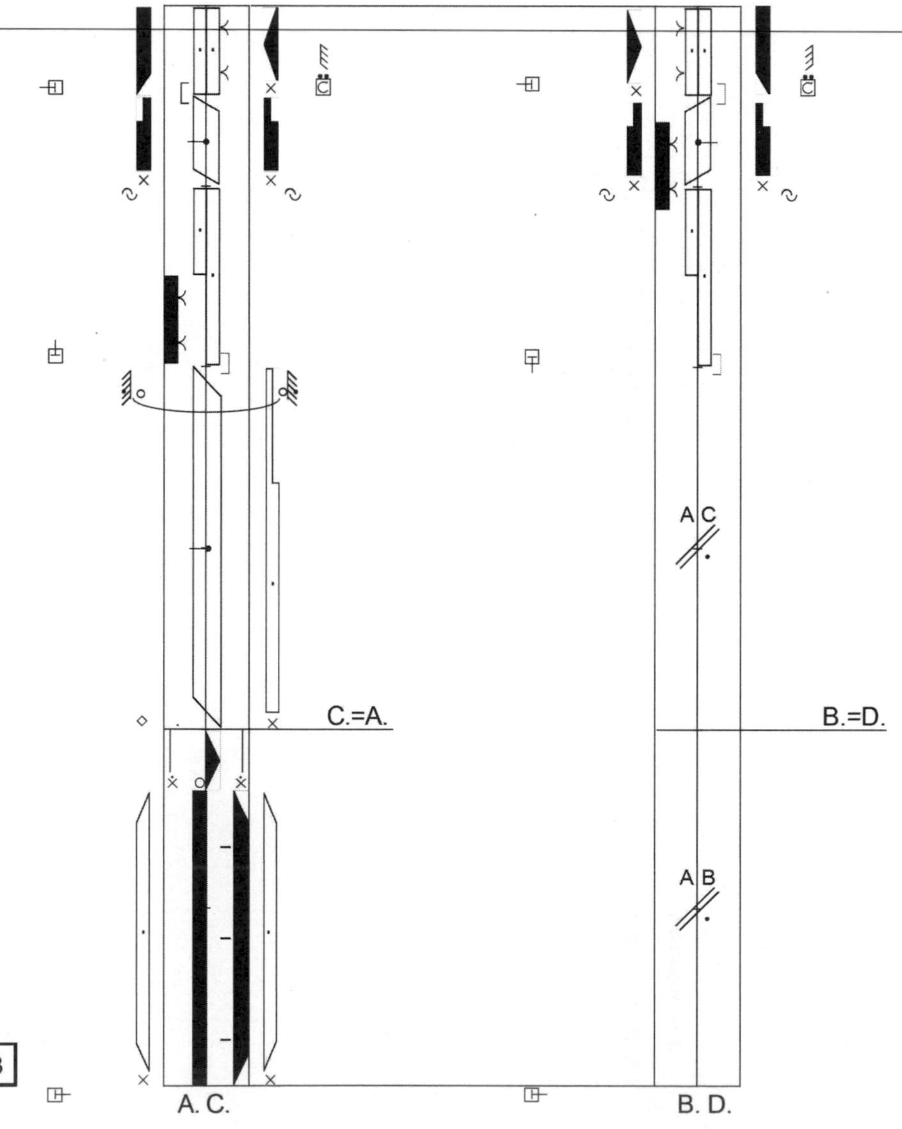
C.=A.
B.=D.
A C
A B
3
A. C.
B. D.

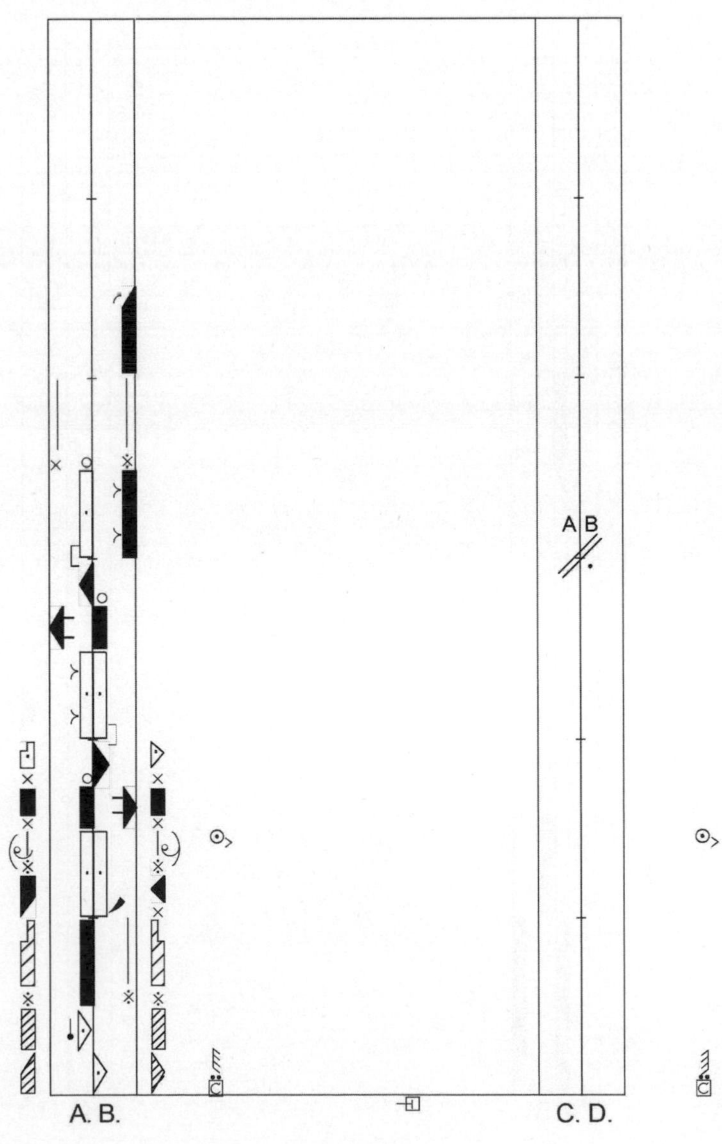
4
A. B.
A B
C. D.

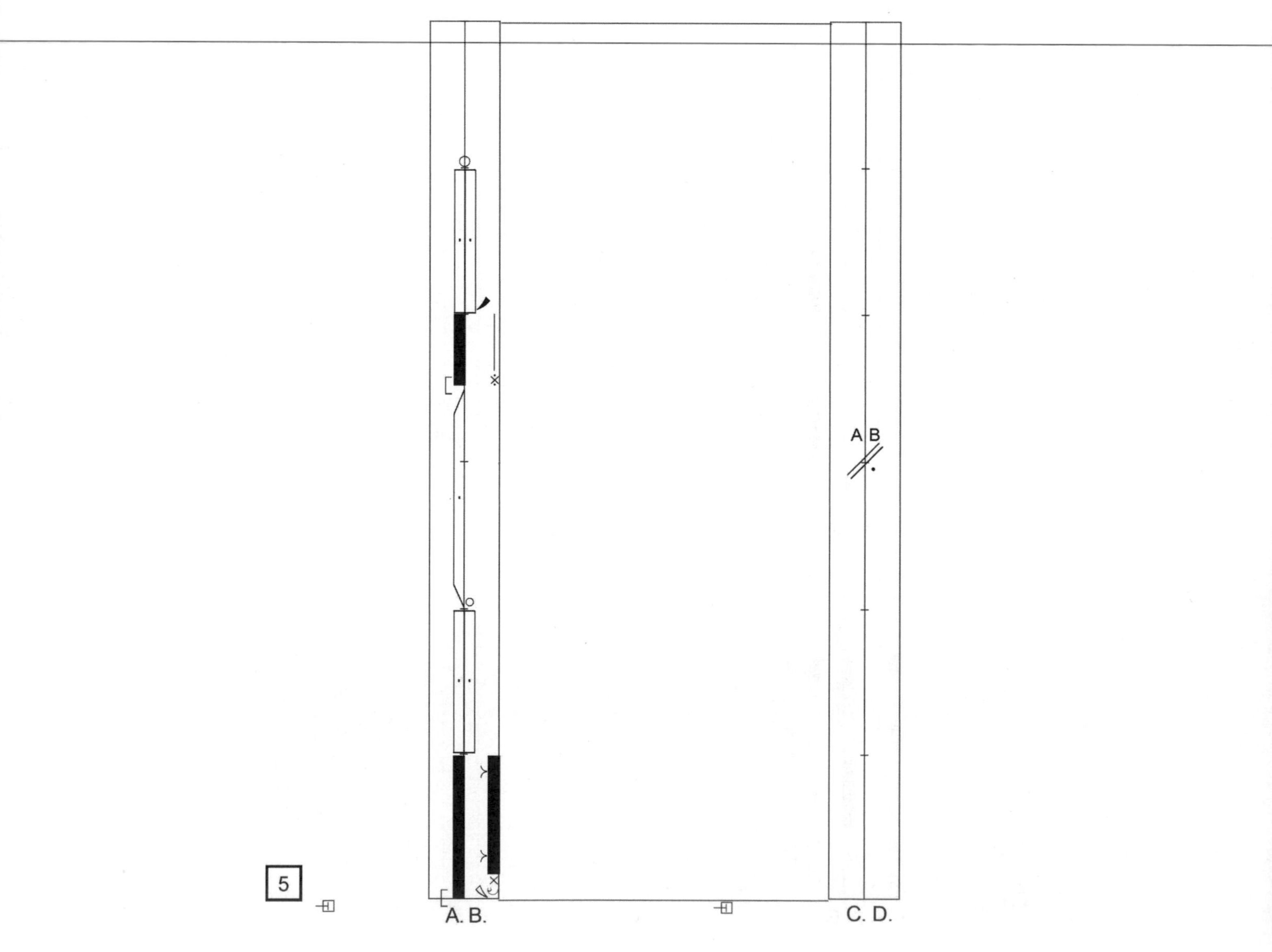
A B
5
A. B.
C. D.

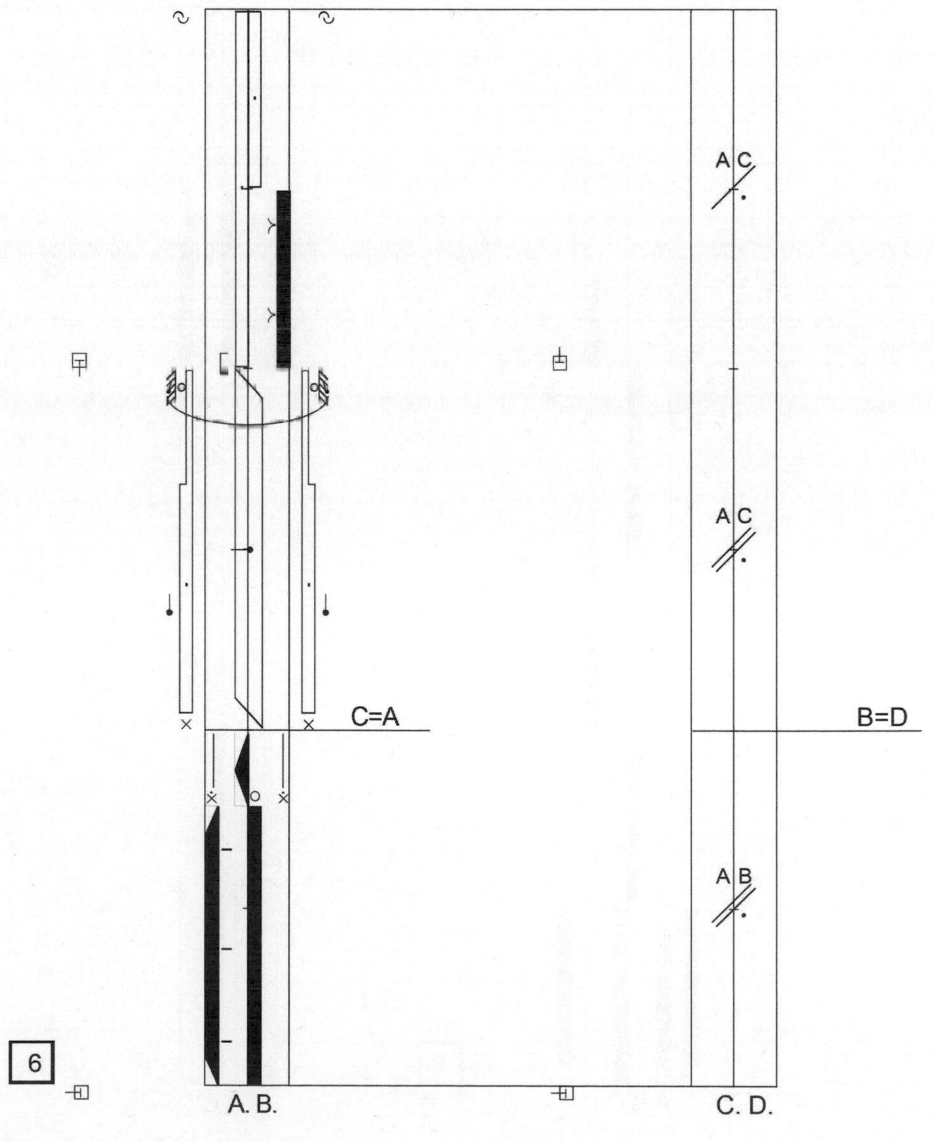
A C
A C
C=A
B=D
A B
6
A. B.
C. D.

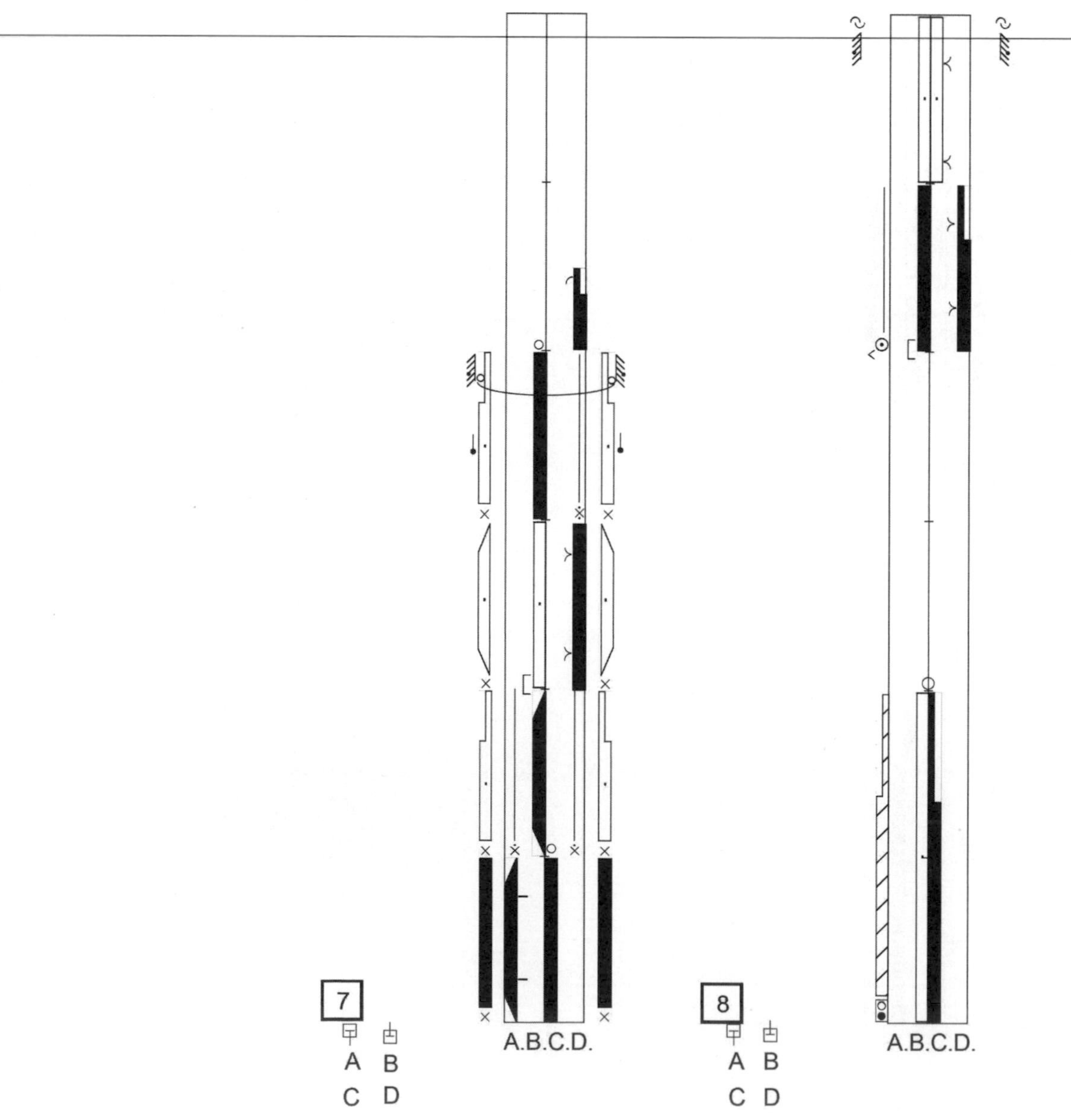
A.B.C.D.
A.B.C.D.
7
甲 由
A B
C D
8
甲 由
A B
C D

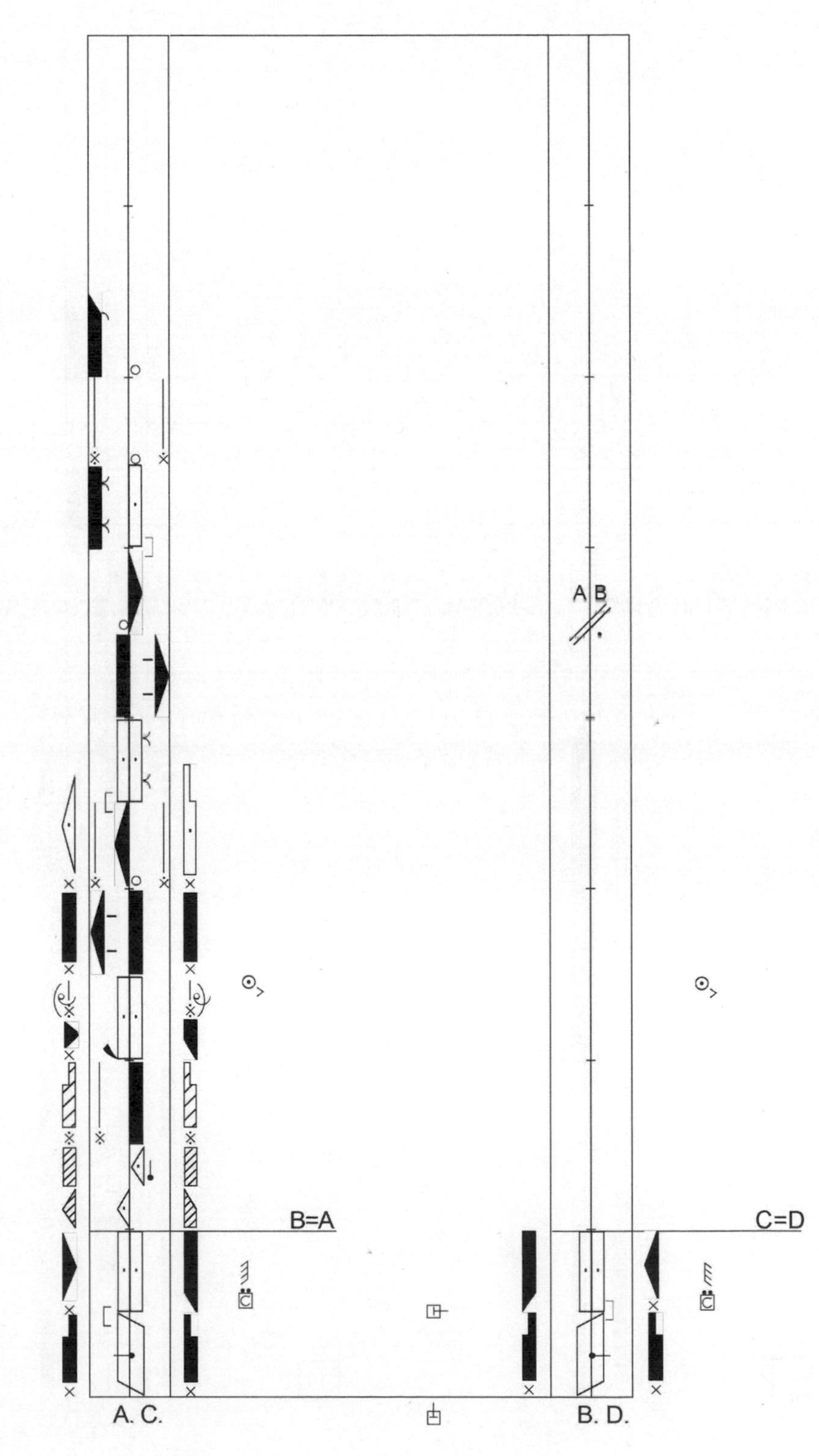
9
A. C.
B. D.
B=A
C=D
A B

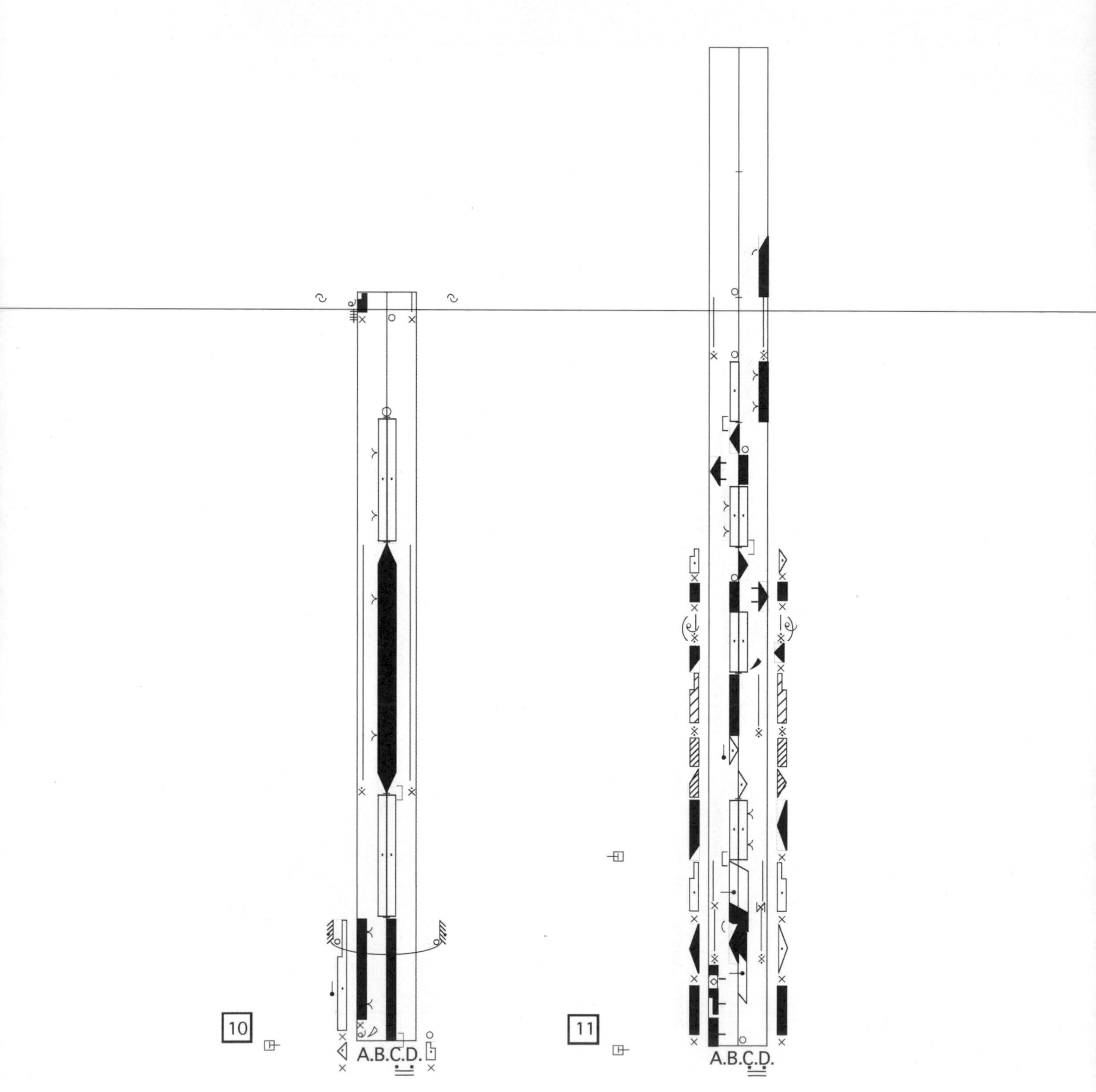
10
A.B.C.D.
11
A.B.C.D.

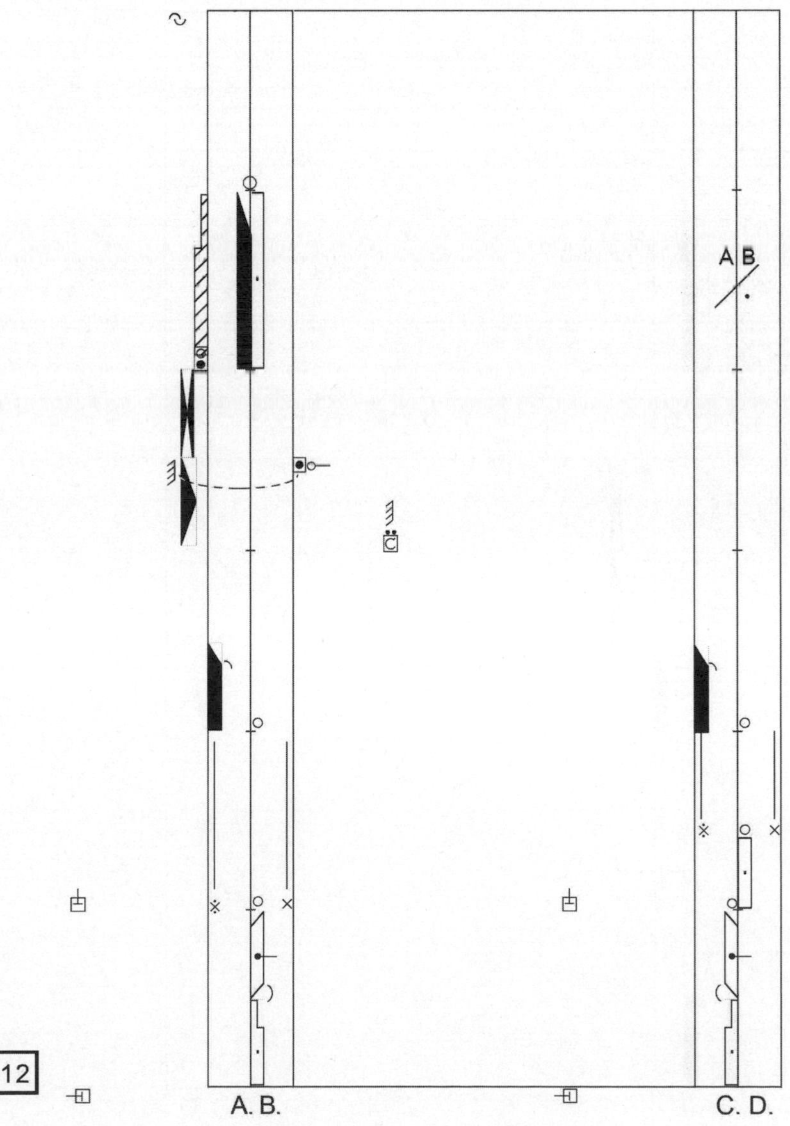
A B
12
A. B.
C. D.

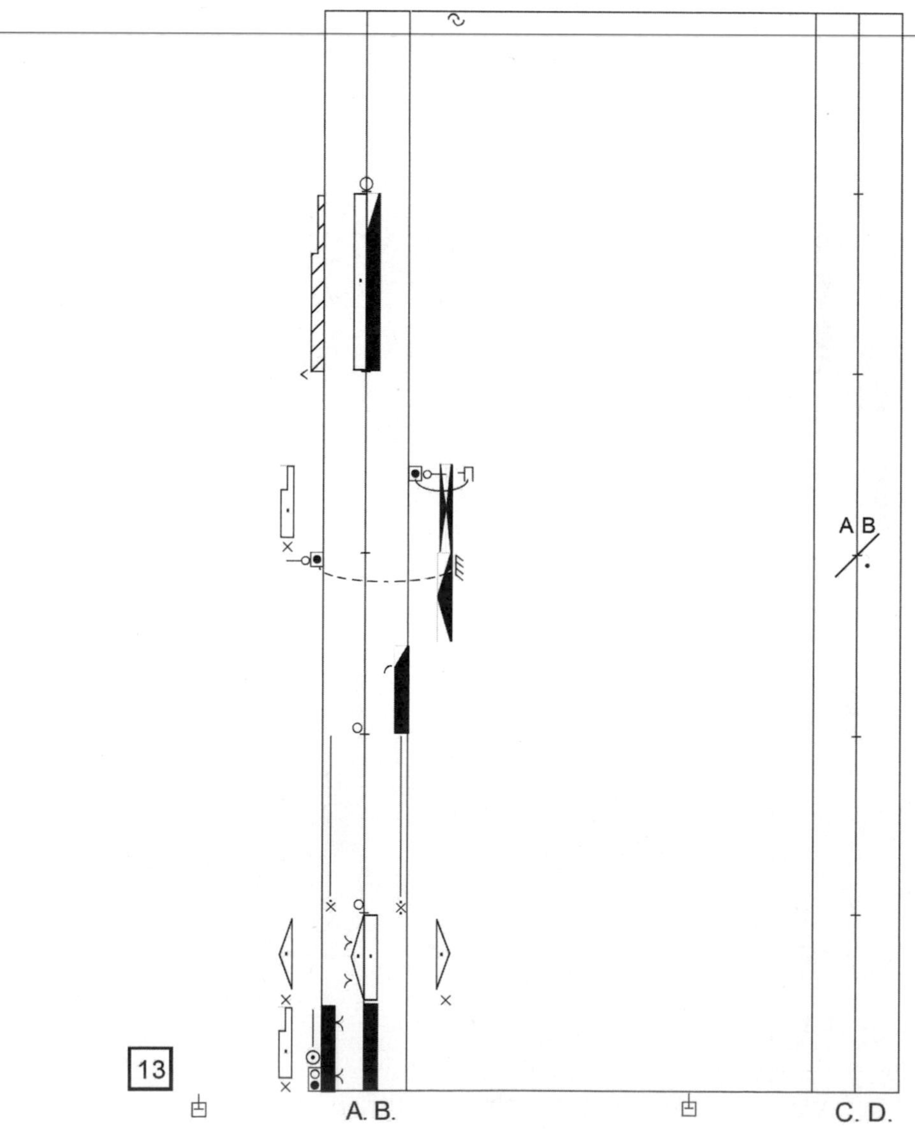
A B
13
A. B.
C. D.

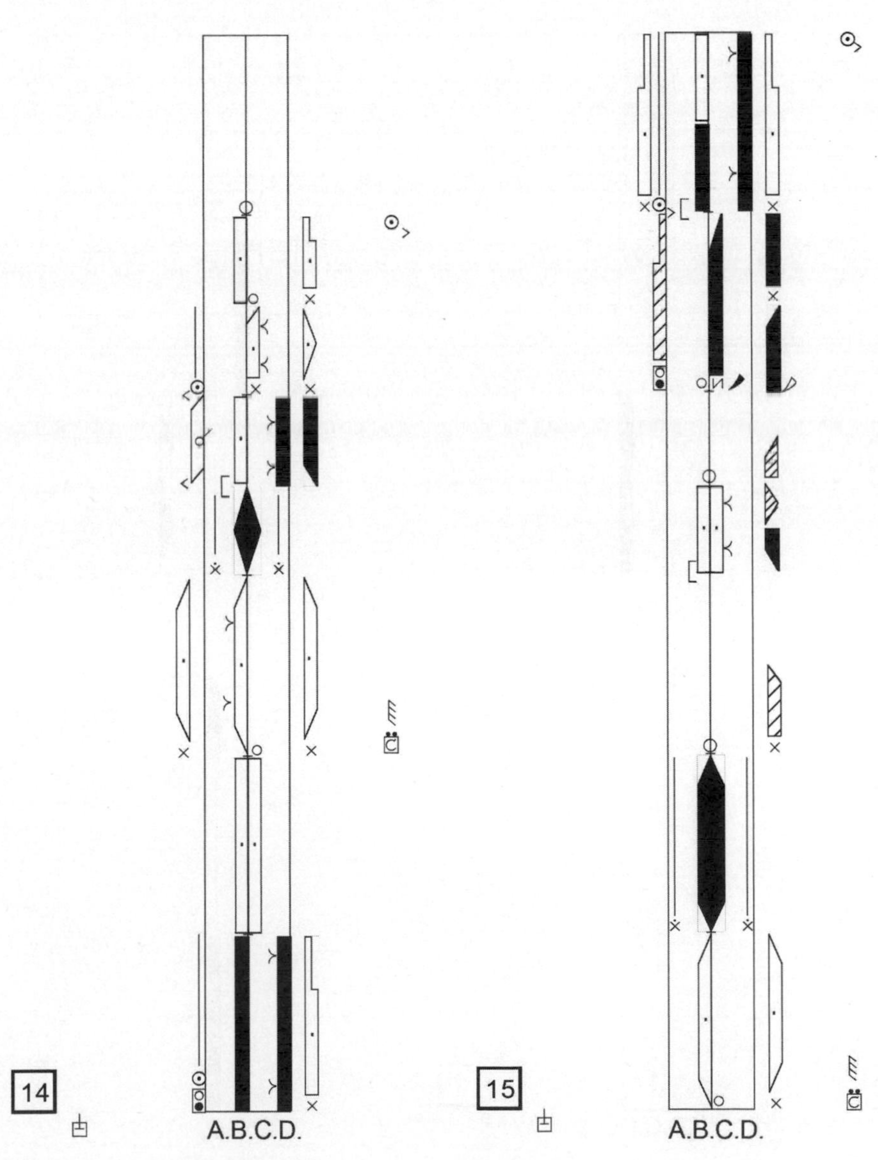
14
A.B.C.D.
15
A.B.C.D.

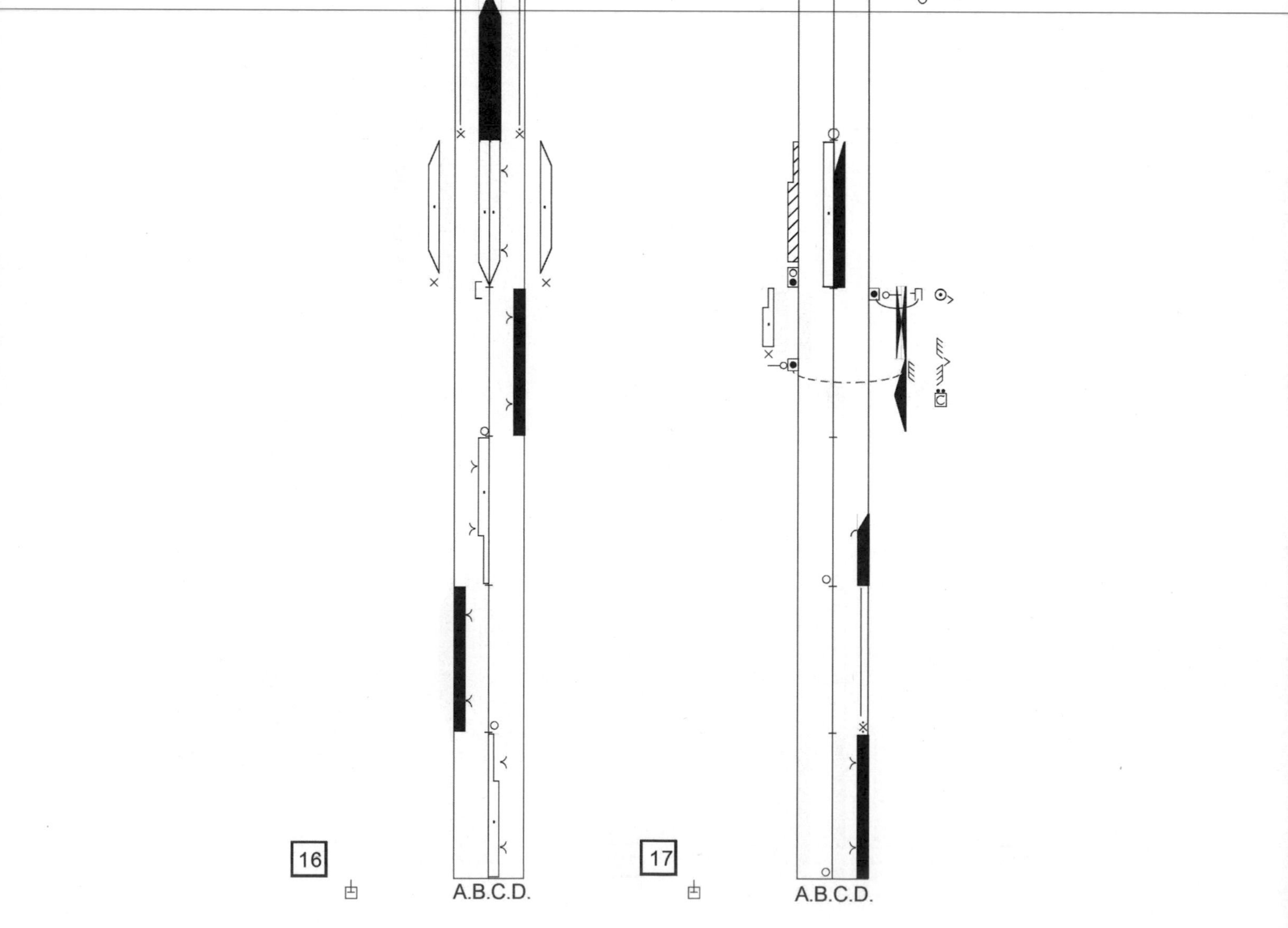
16
A.B.C.D.
17
A.B.C.D.

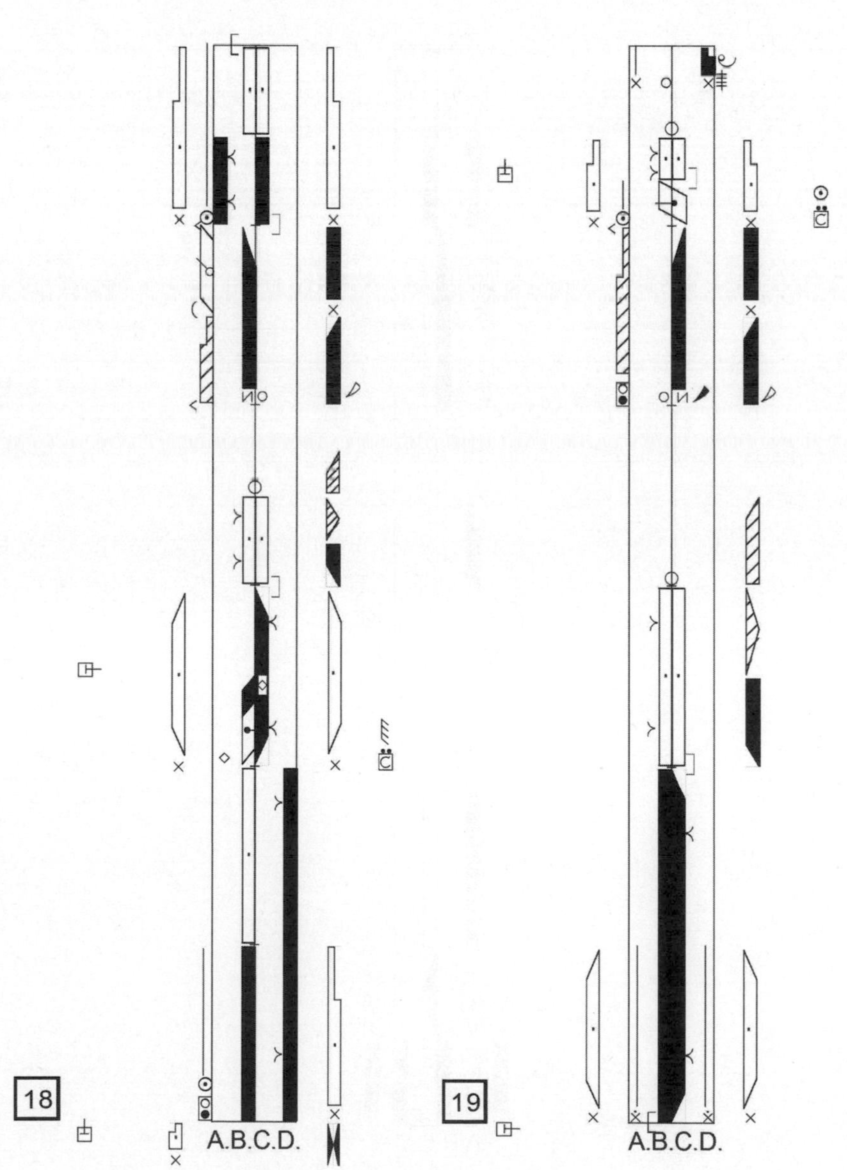
18
A.B.C.D.
19
A.B.C.D.

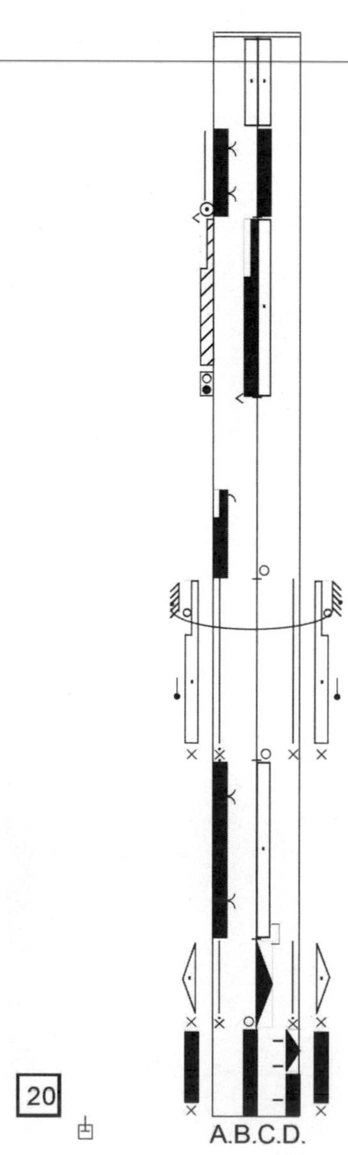
20
A.B.C.D.

破(二)
Broaching
Section 2

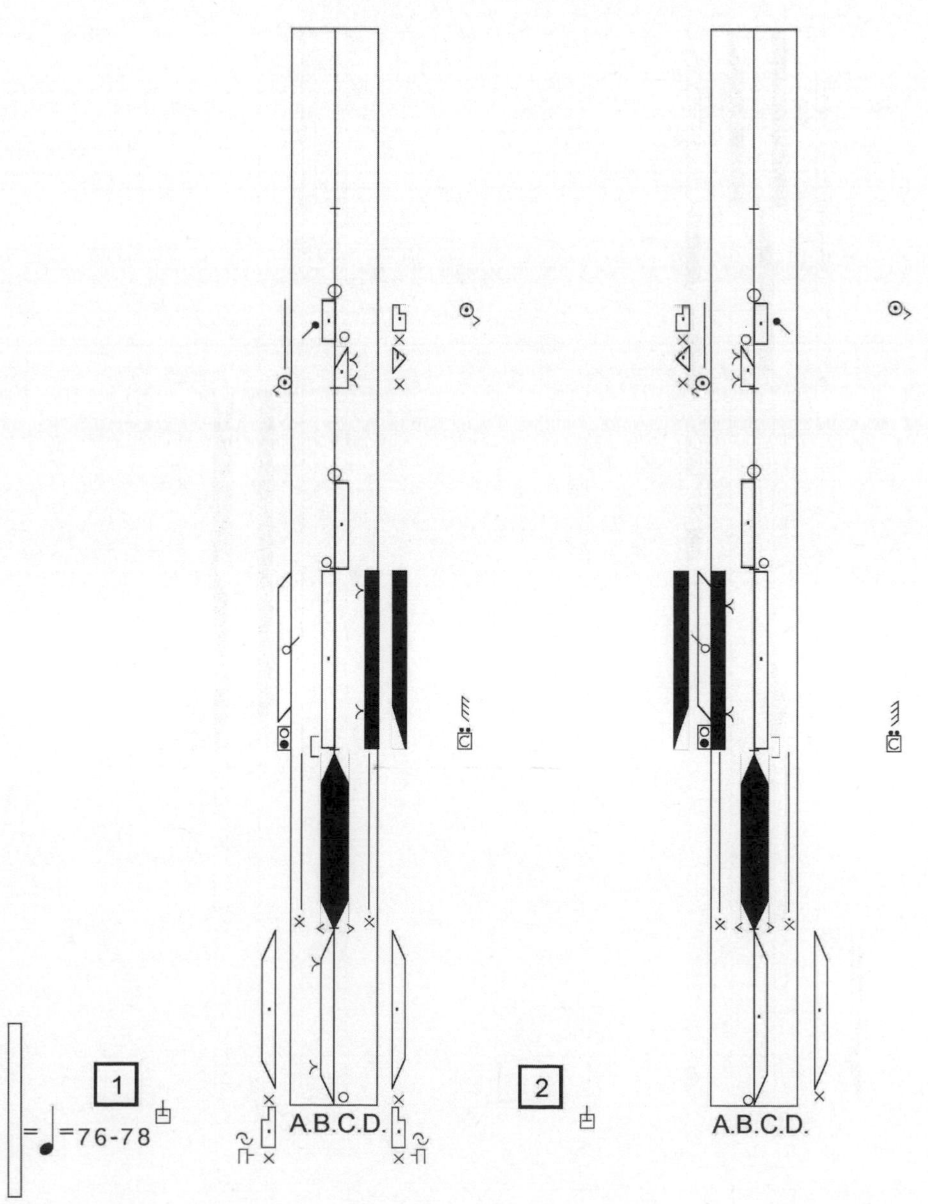

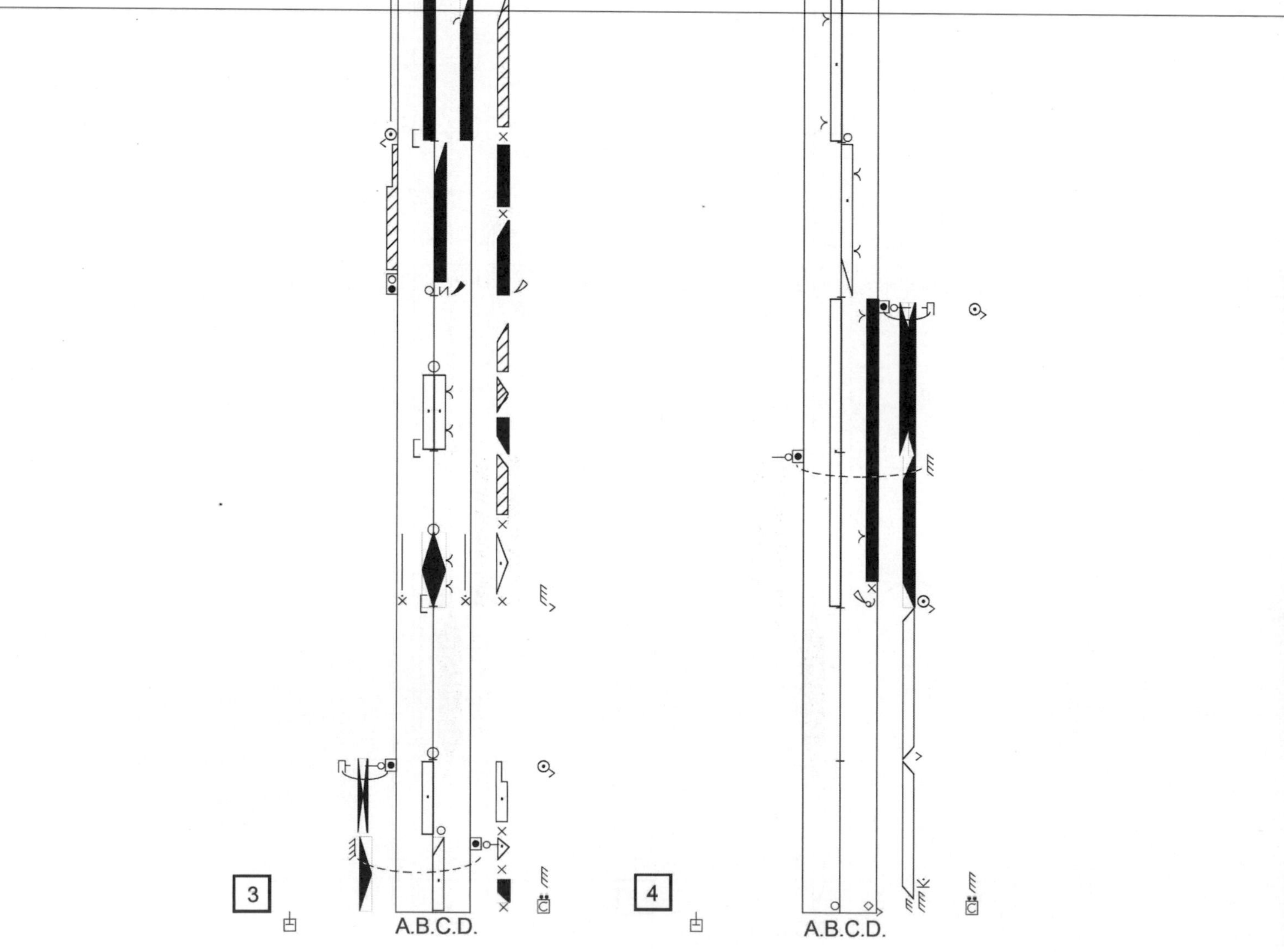
3
A.B.C.D.
4
A.B.C.D.

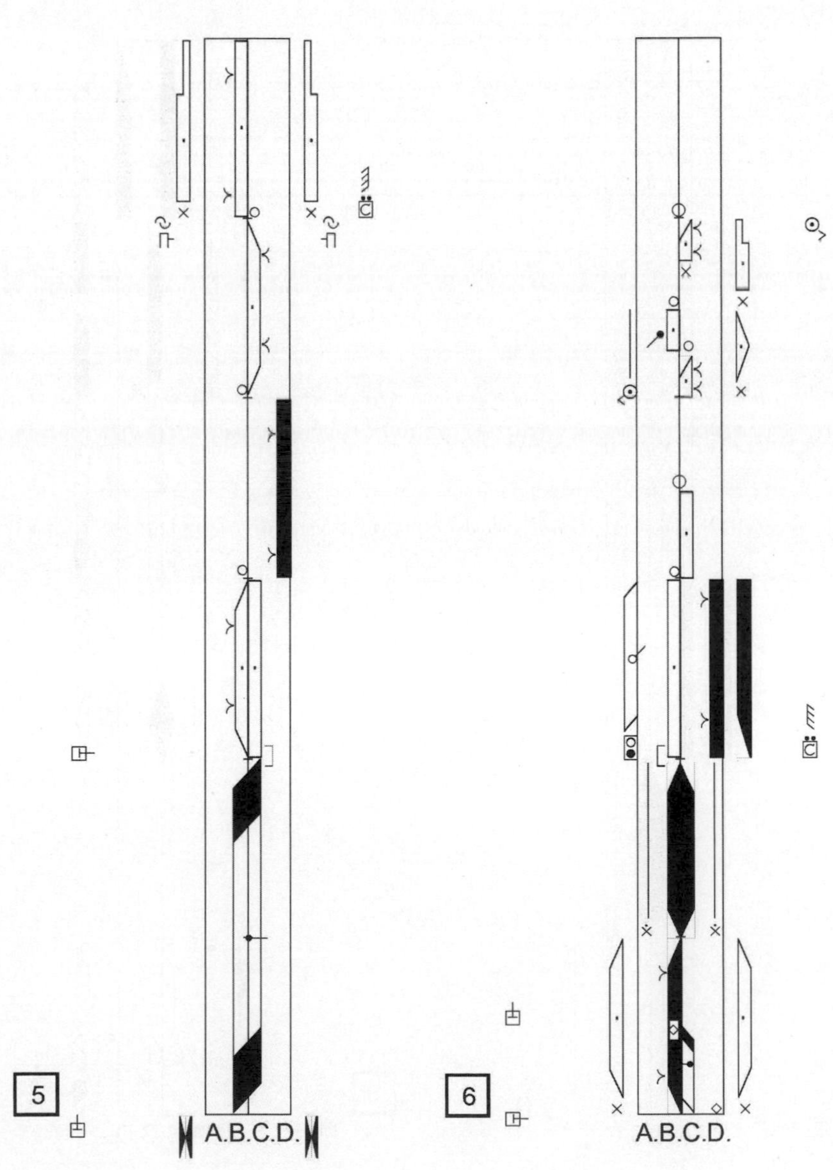
5
A.B.C.D.
6
A.B.C.D.

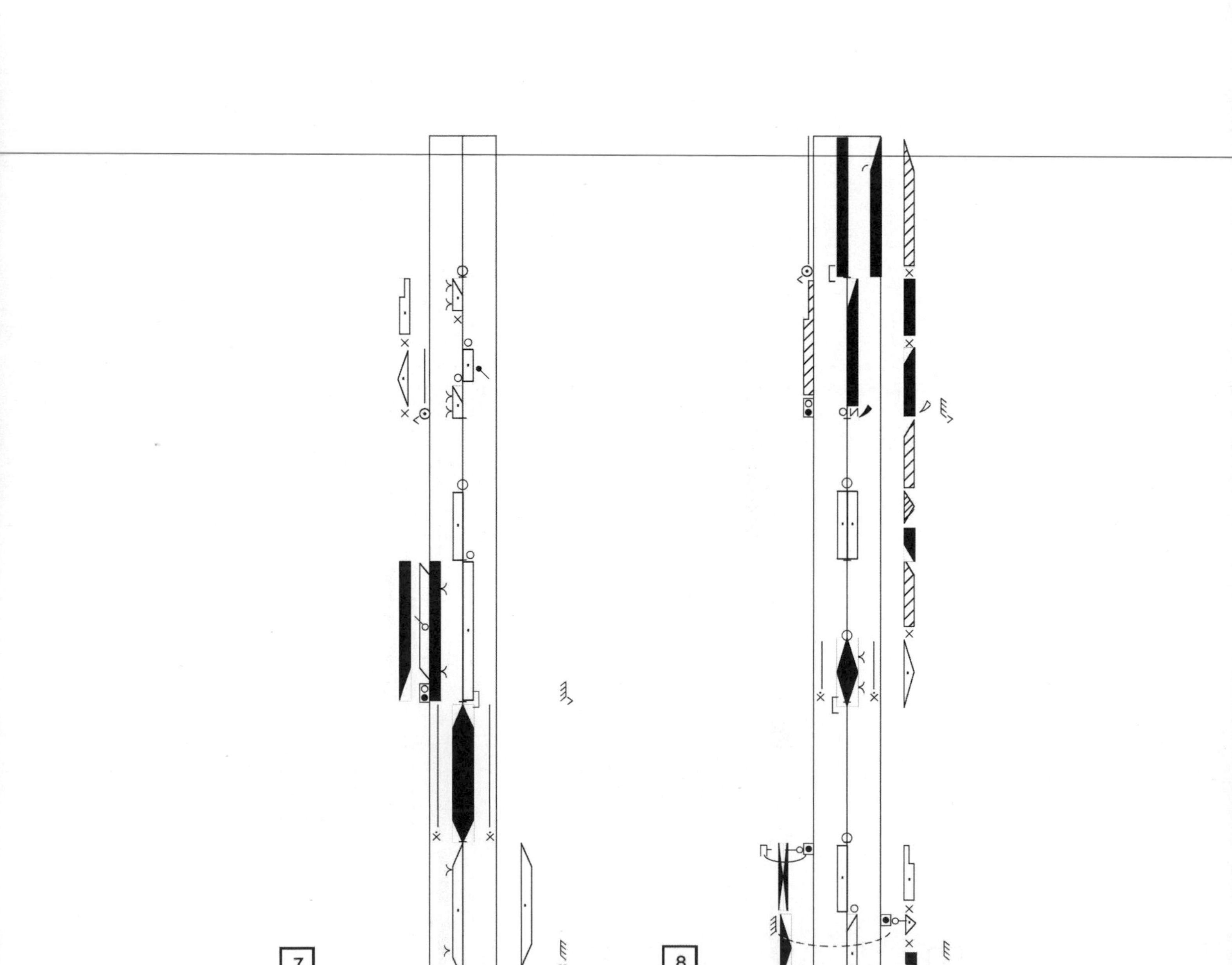
7
A.B.C.D.
8
A.B.C.D.

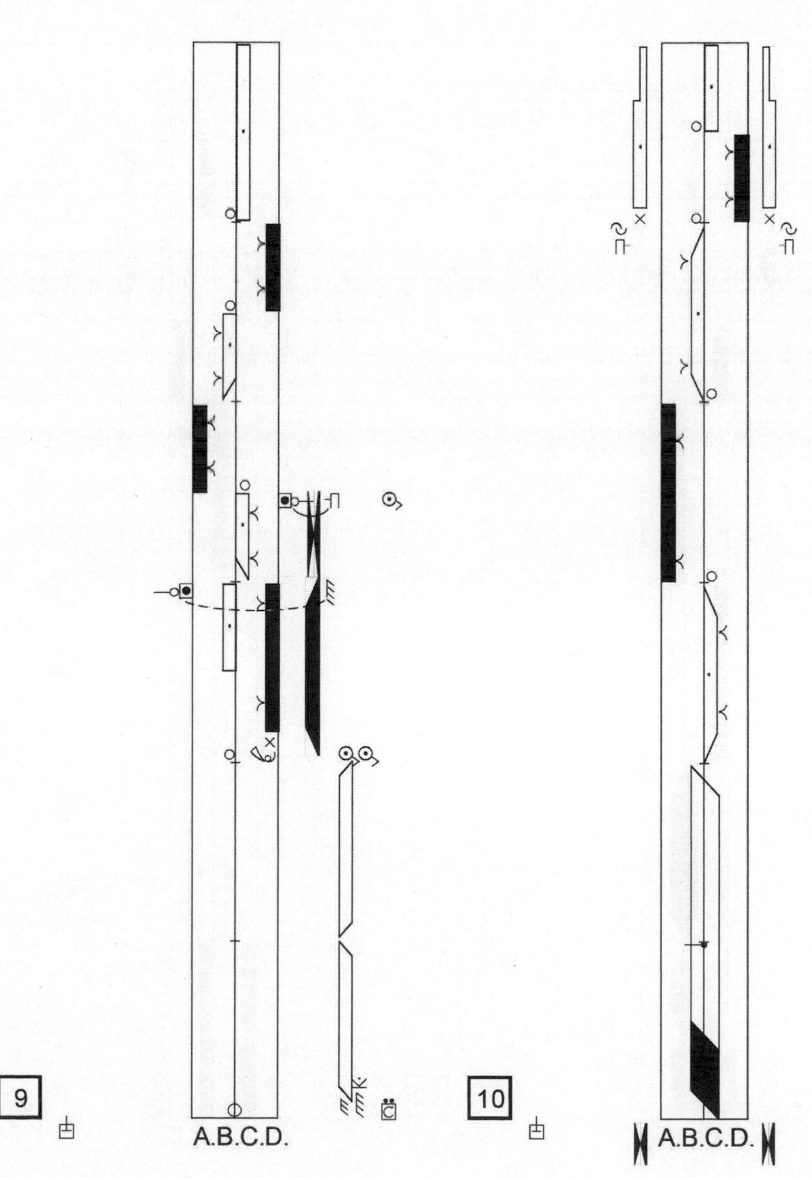
9
A.B.C.D.
10
A.B.C.D.

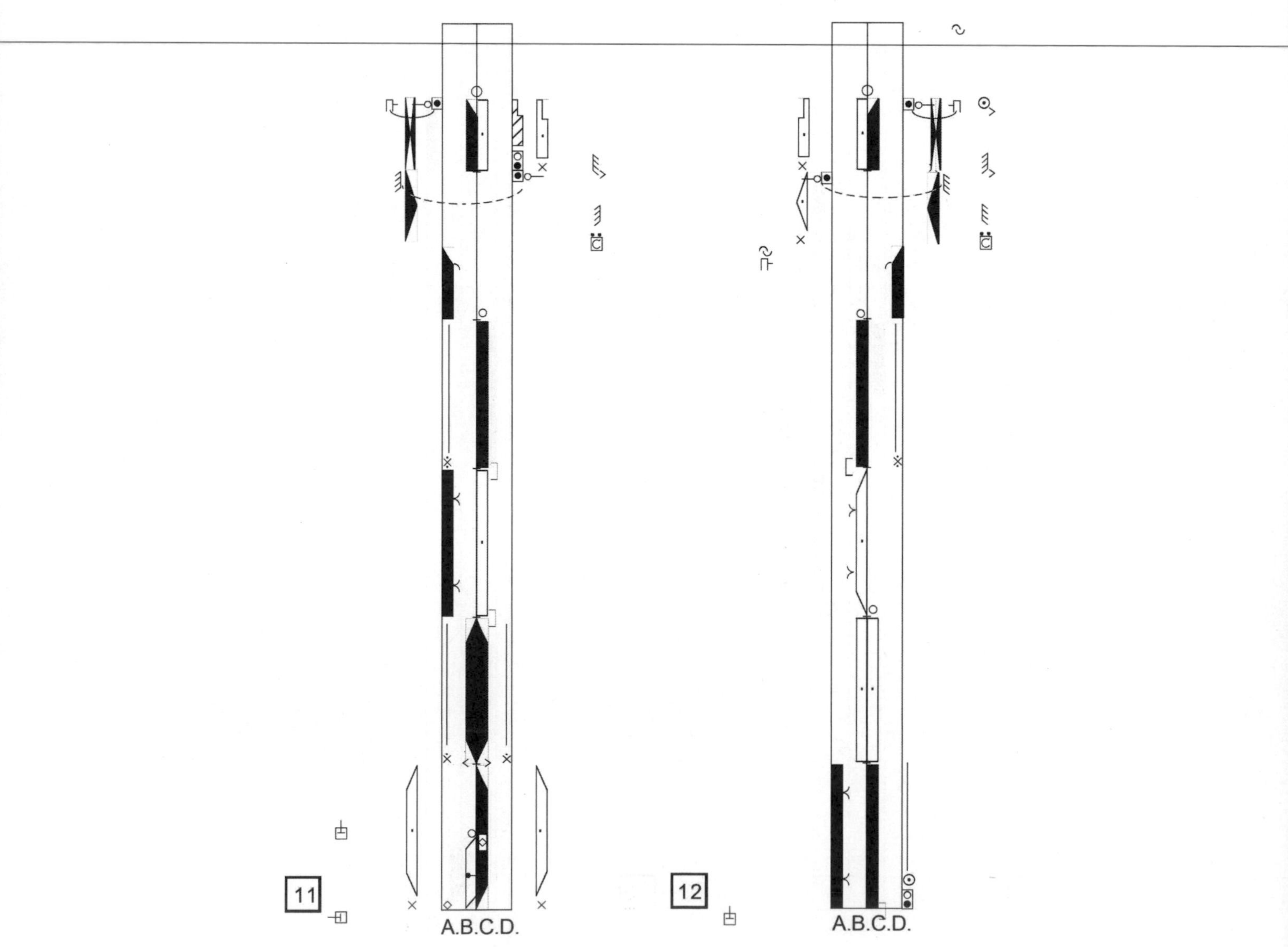
11
A.B.C.D.
12
A.B.C.D.

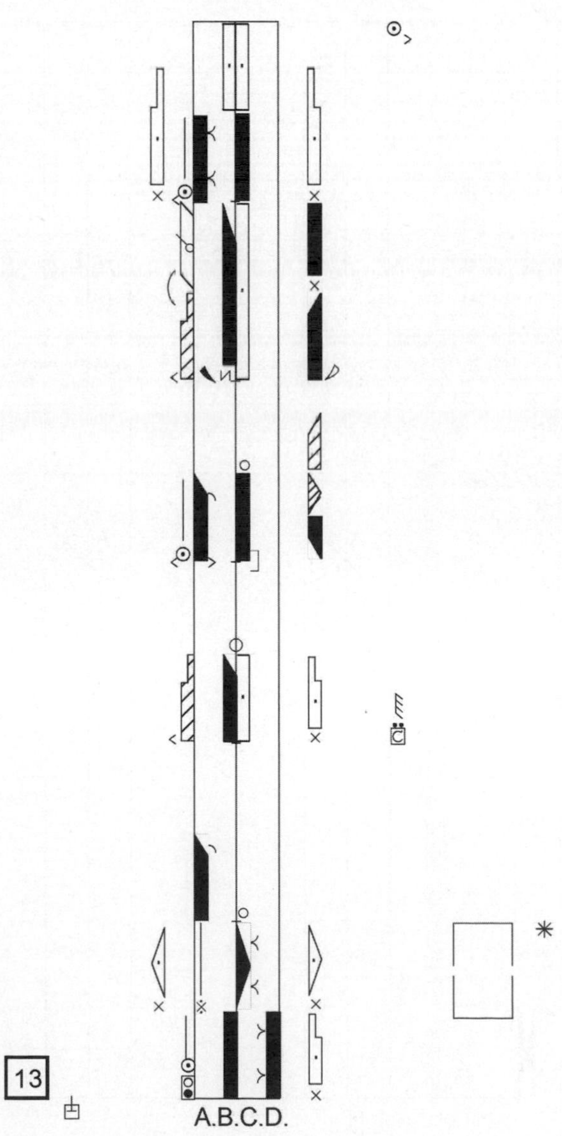
13
A.B.C.D.

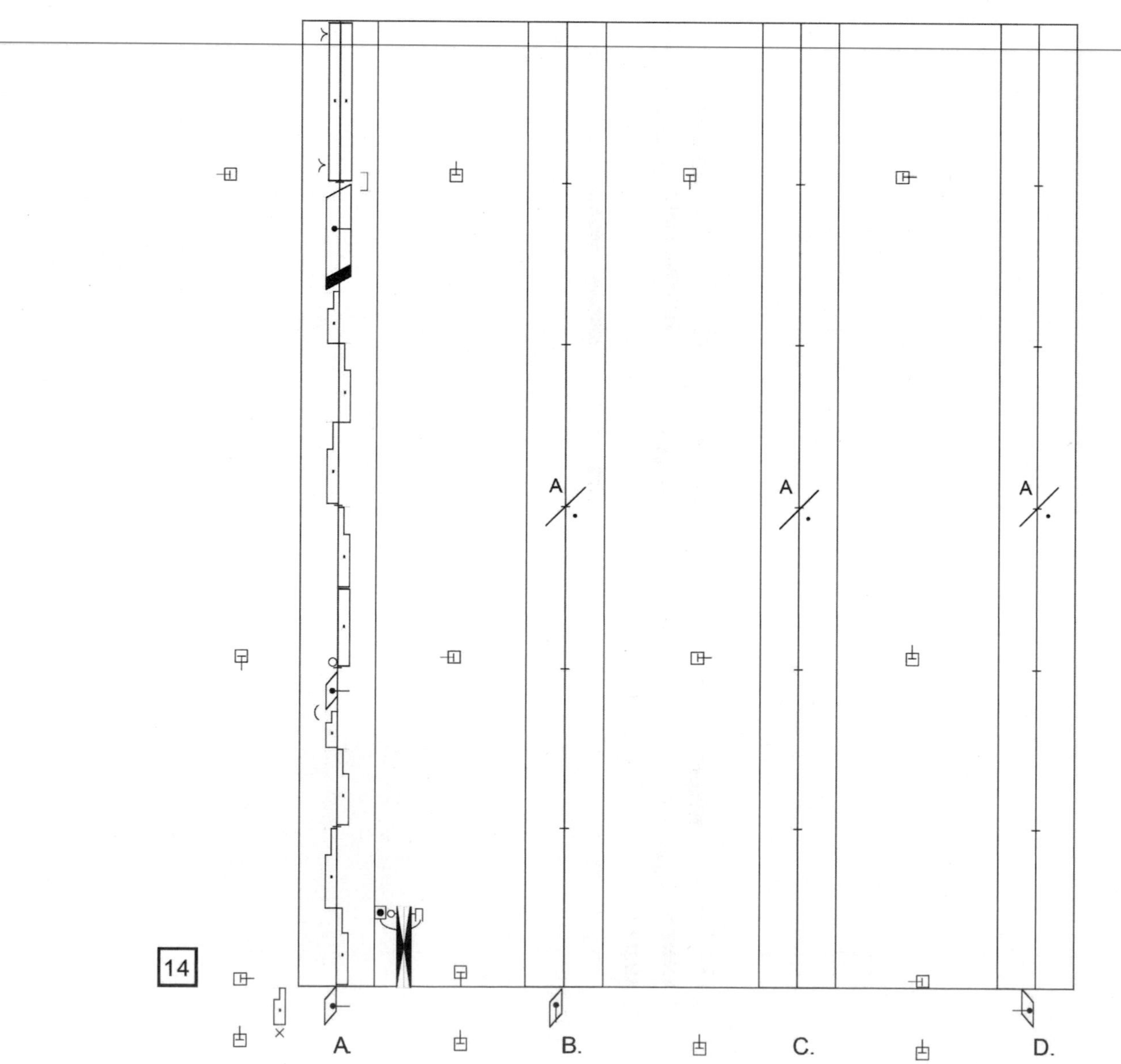
14
A
B.
C.
D.

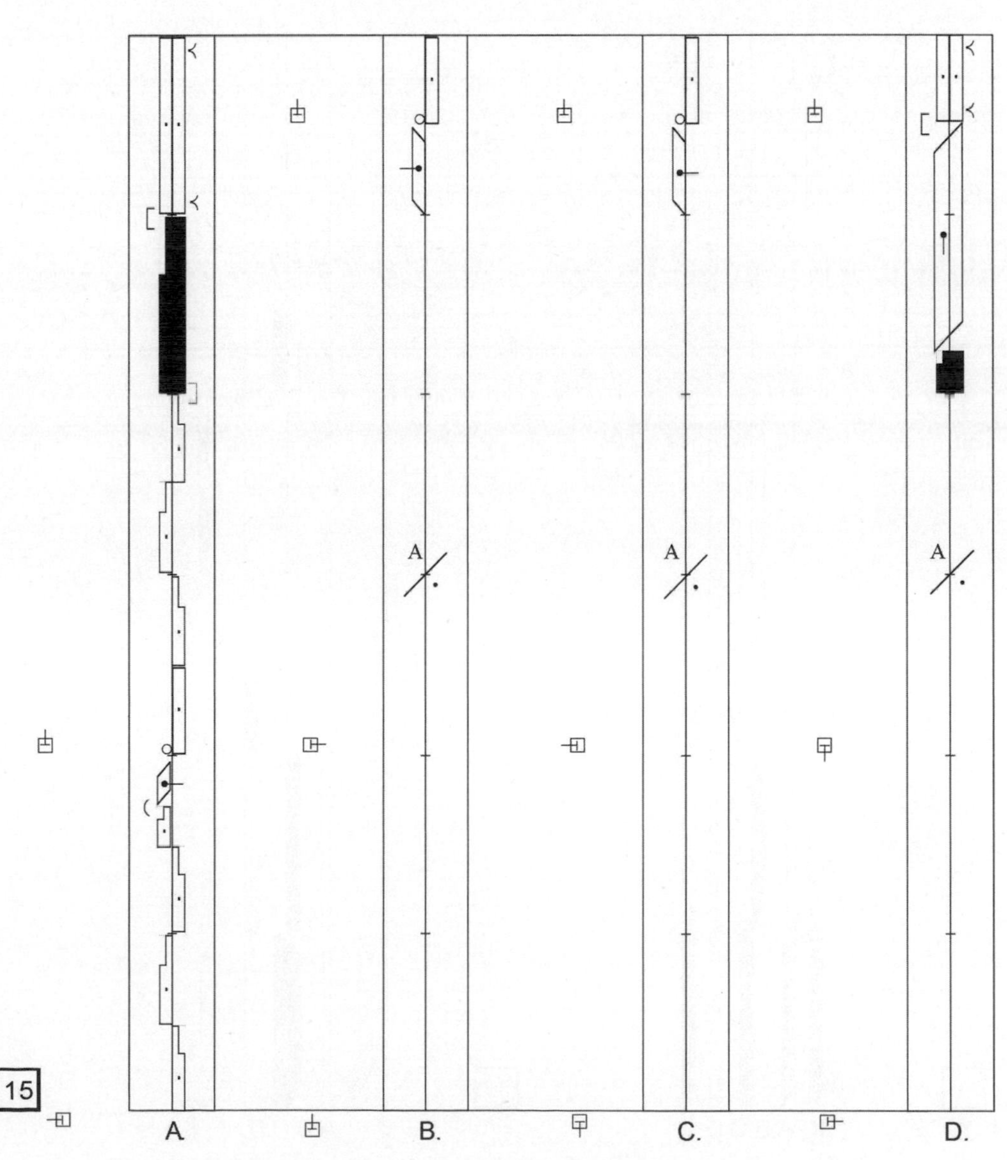
15
A
A.
B.
A
C.
A
D.

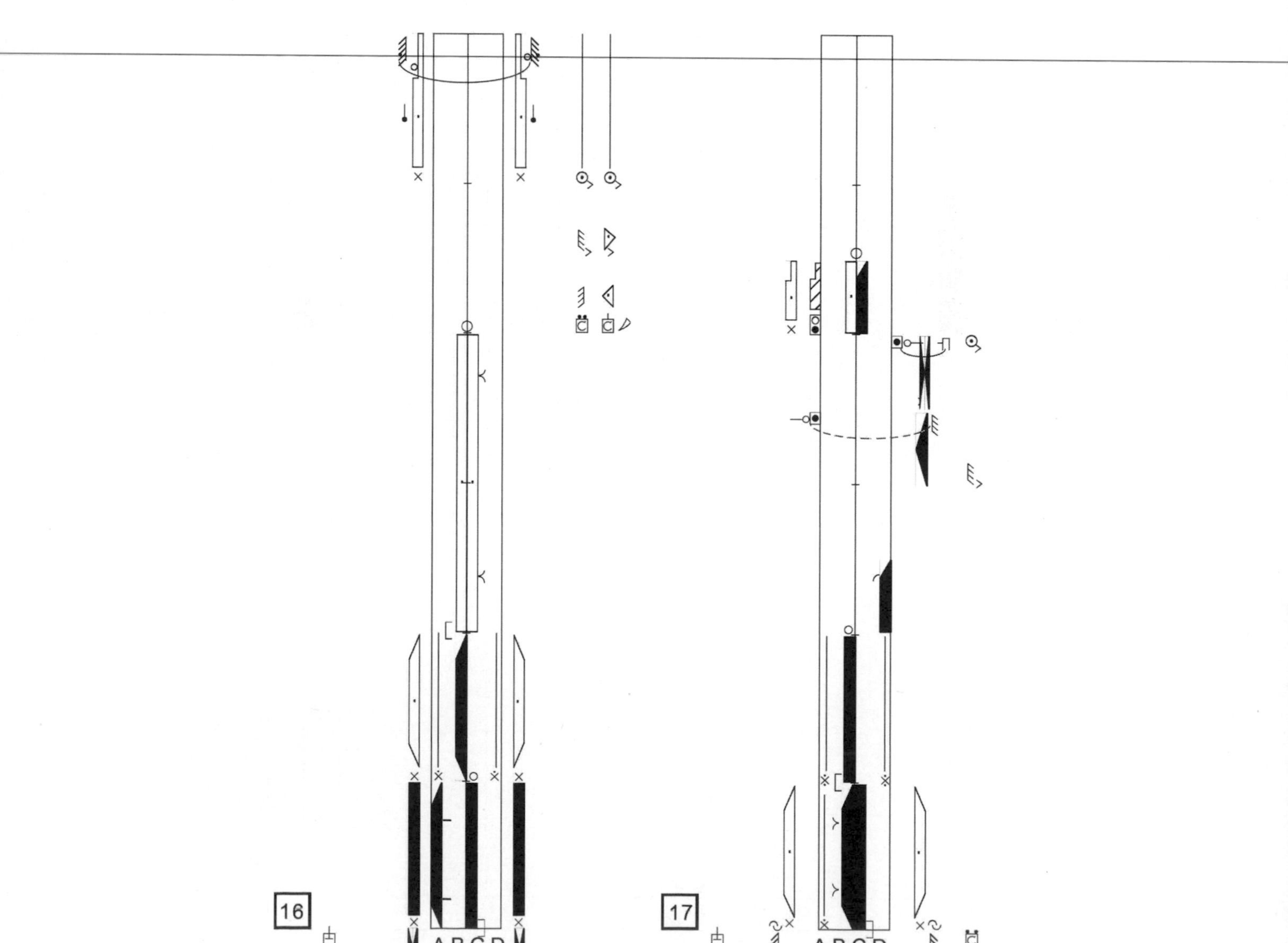
16
A.B.C.D.
17
A.B.C.D.

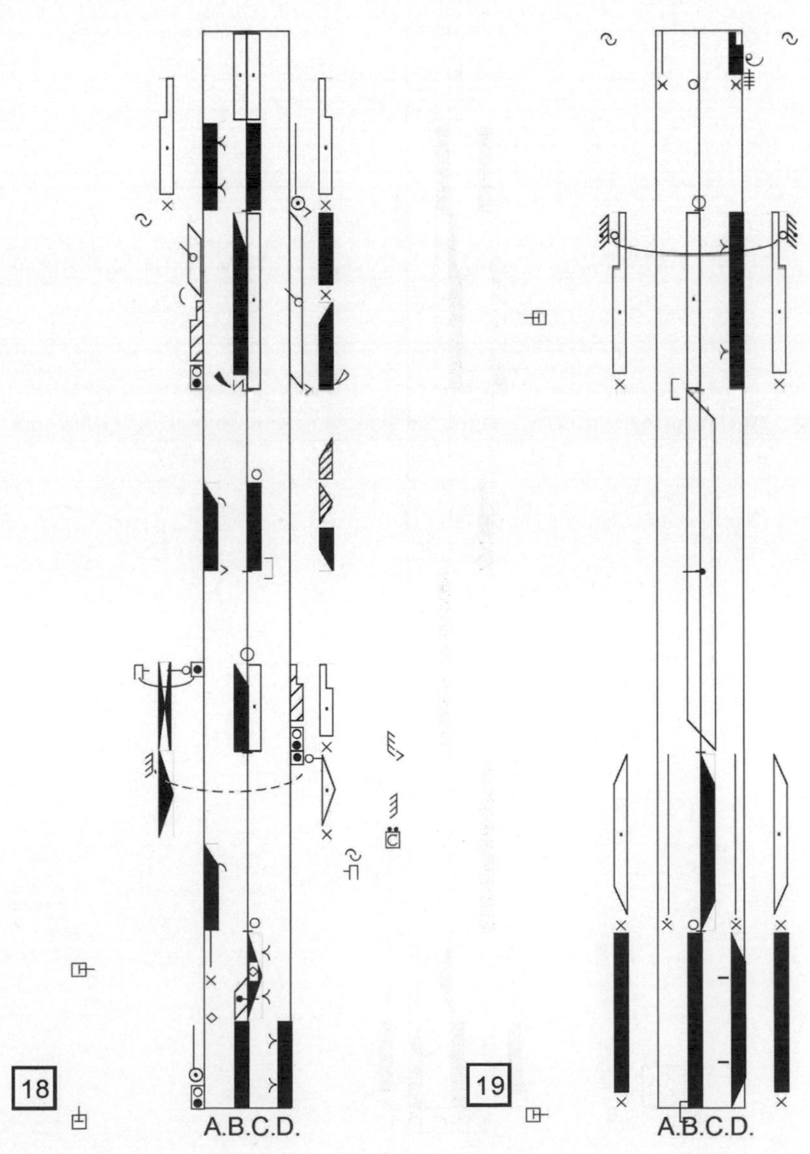
18
A.B.C.D.
19
A.B.C.D.

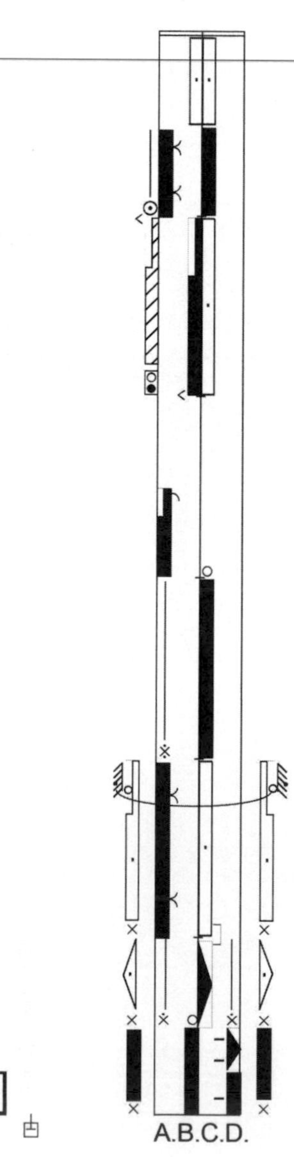
20
A.B.C.D.

破(三)
Broaching
Section 3

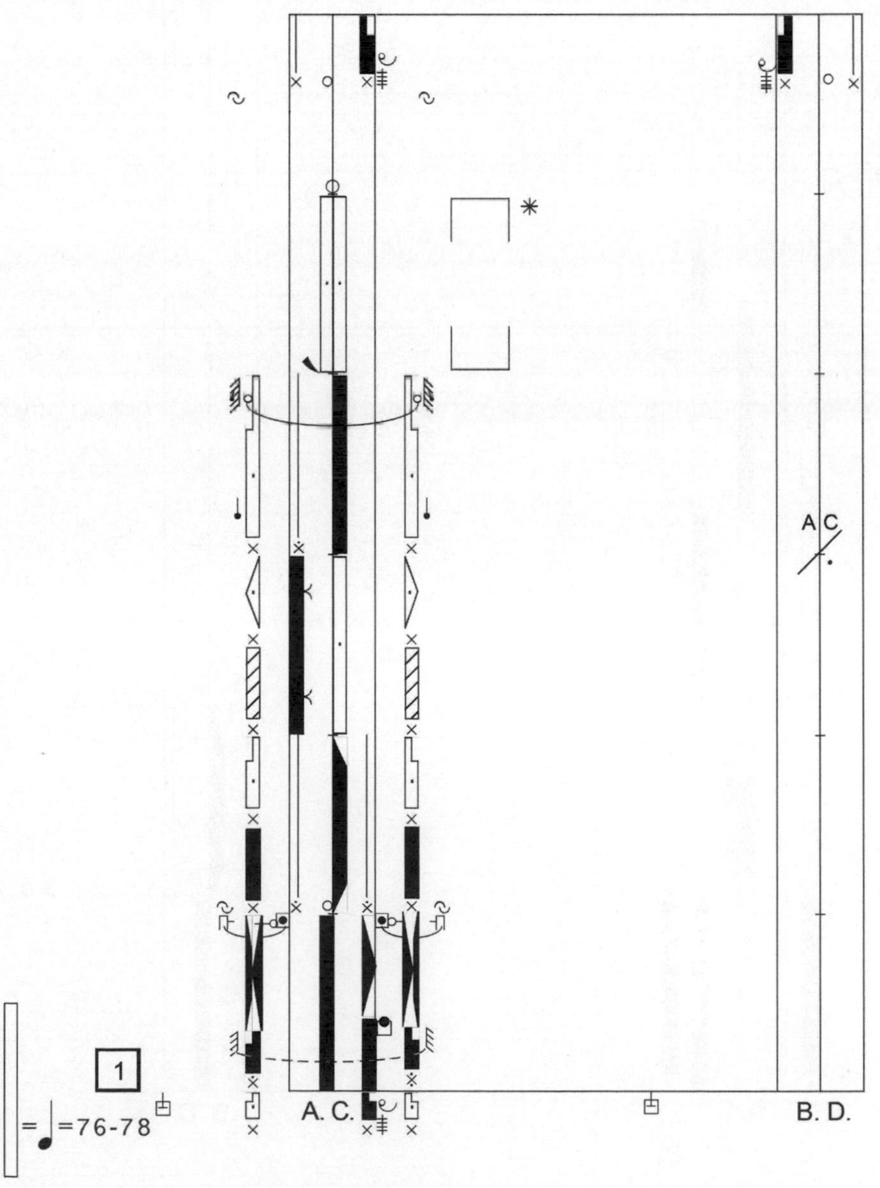

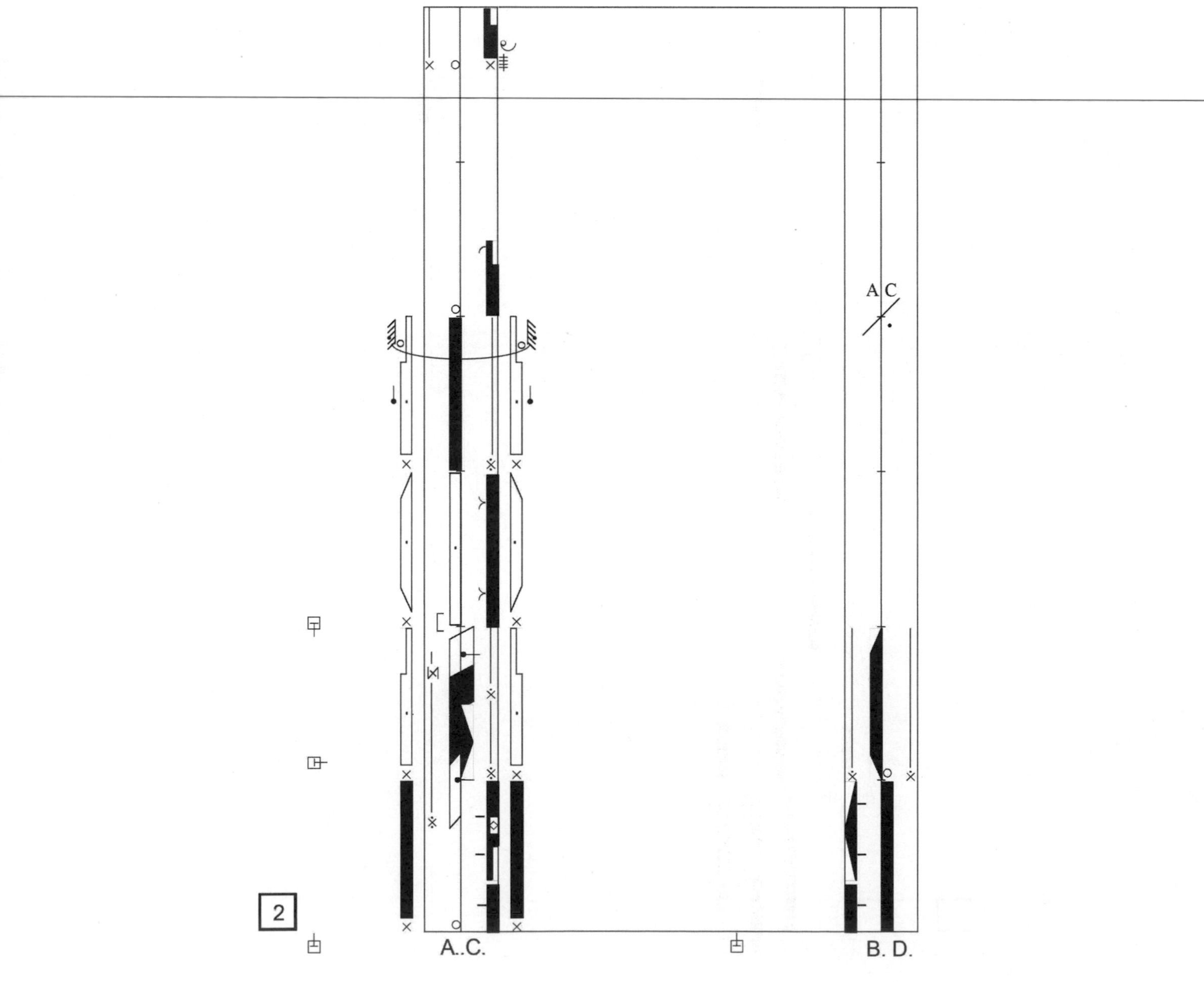
A C
2
A..C.
B. D.

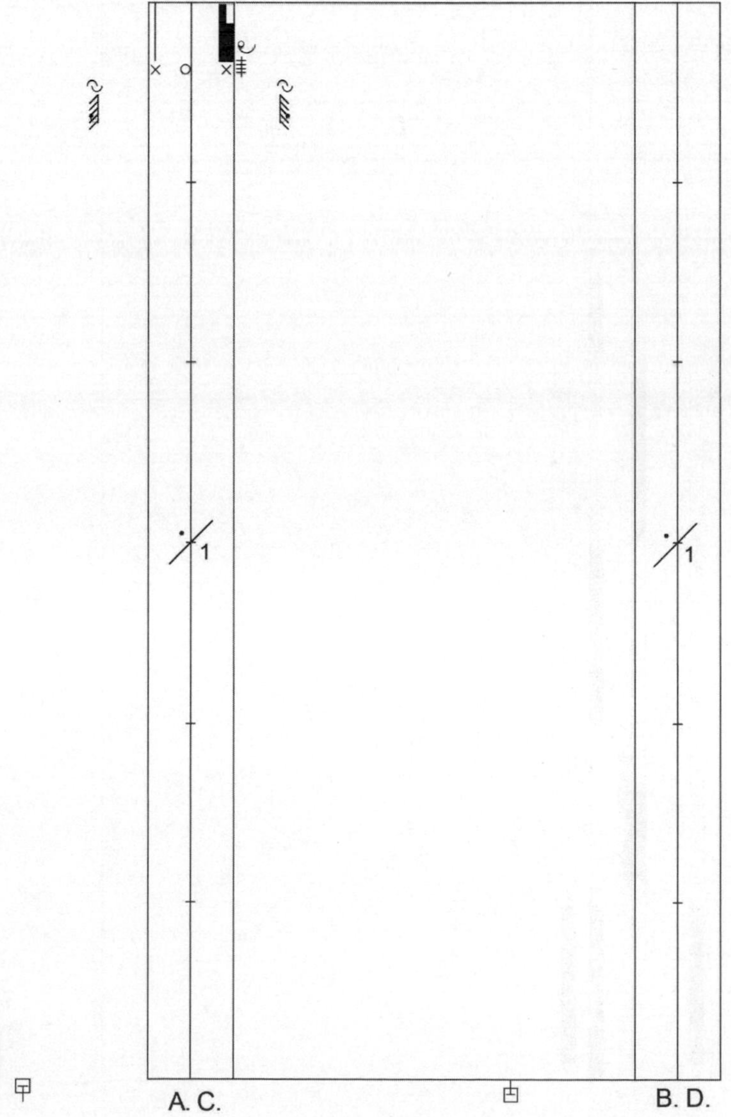
1
1
3
甲
A. C.
由
B. D.

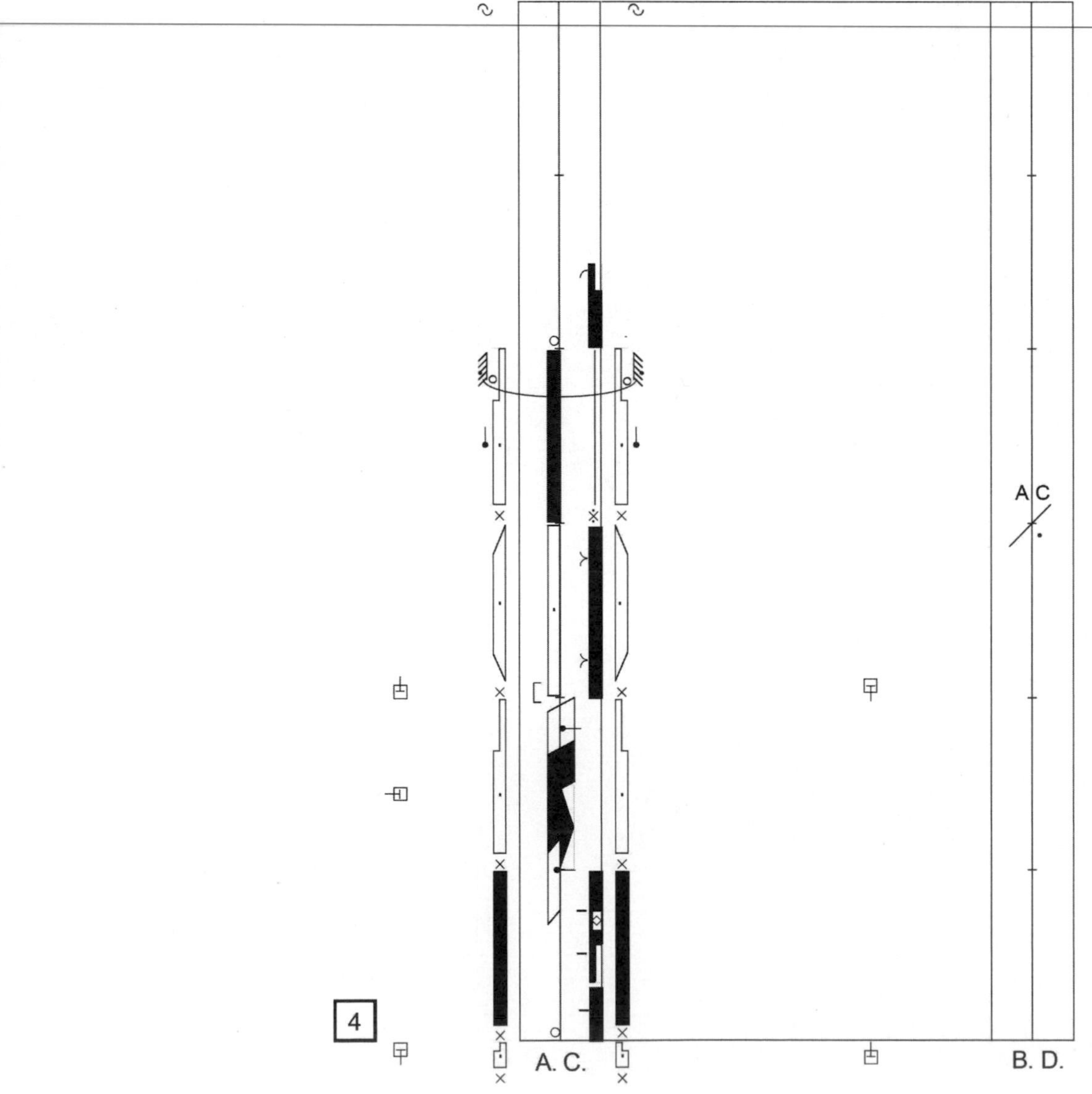
A C
4
A. C.
B. D.

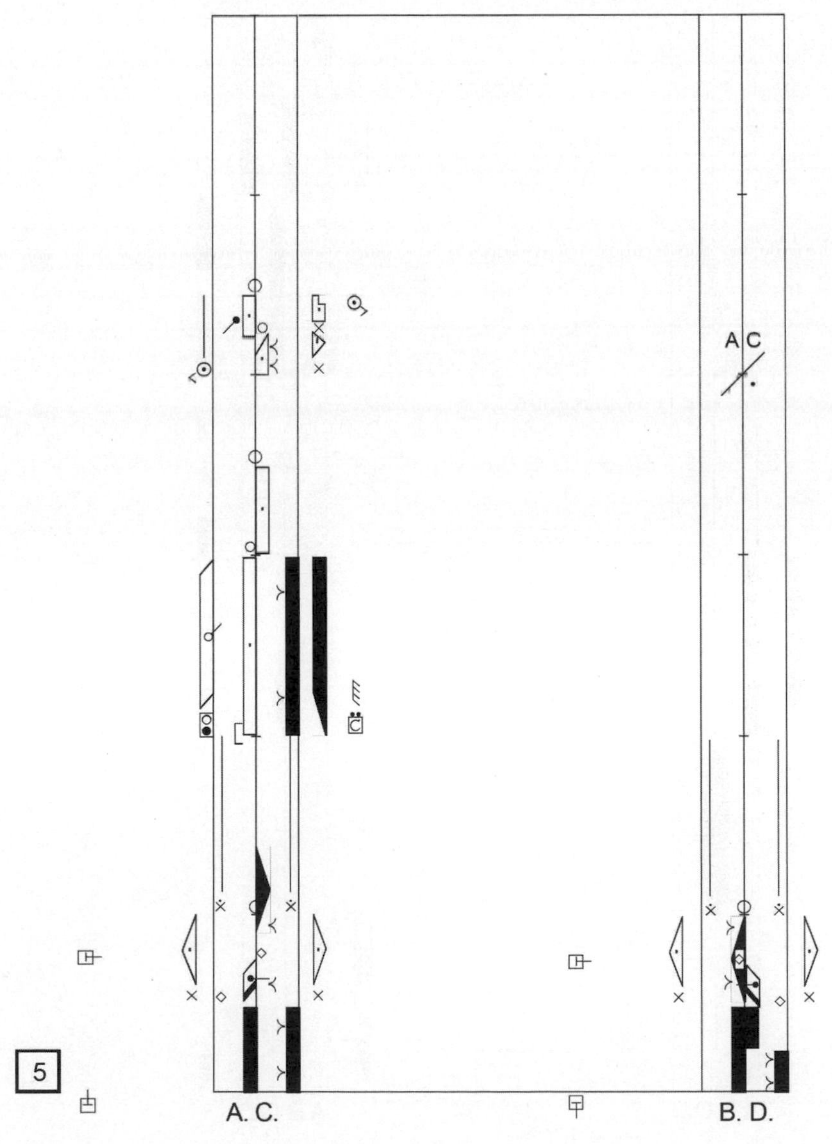
5
A C
A. C.
B. D.

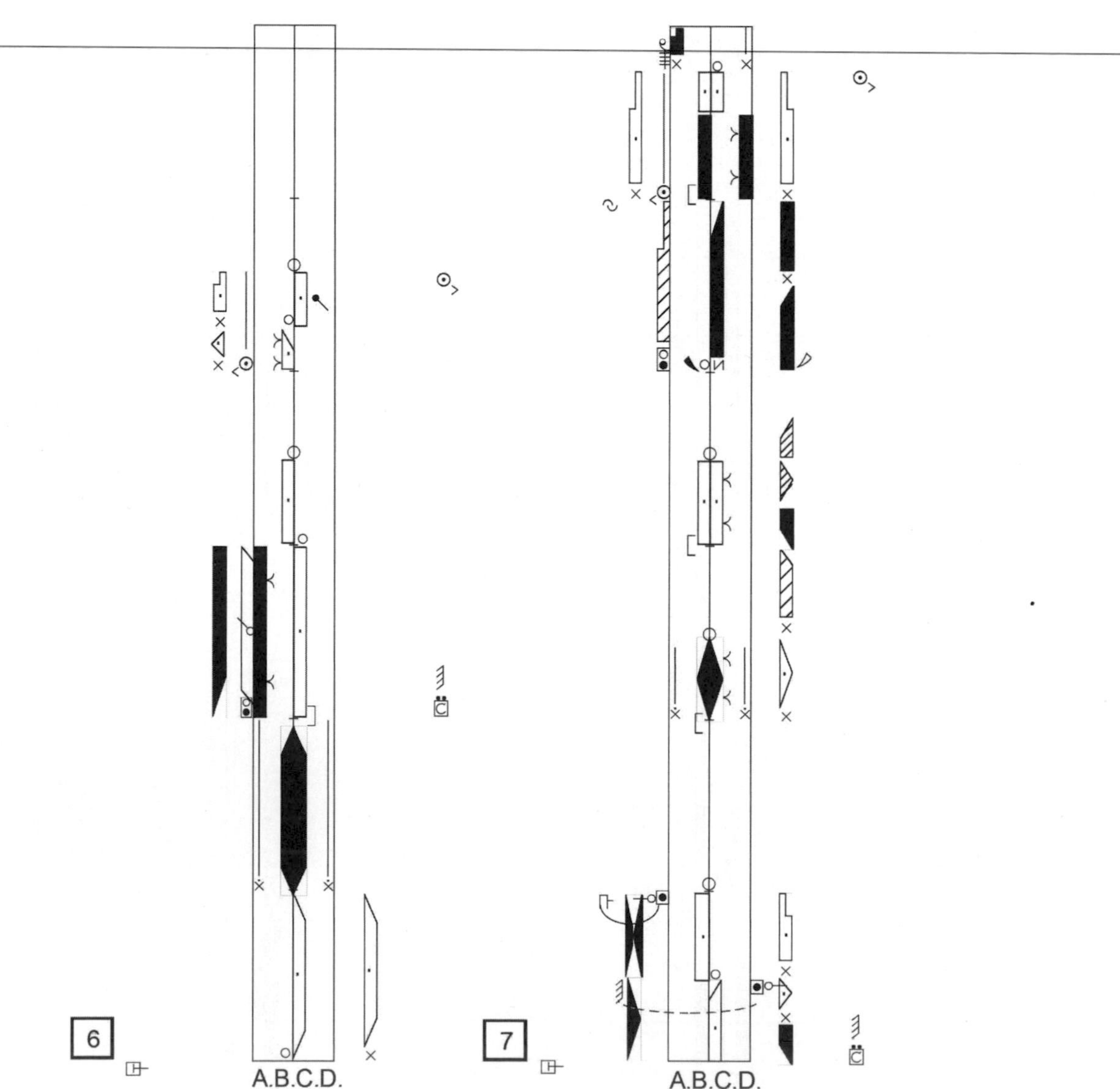
6
A.B.C.D.
7
A.B.C.D.

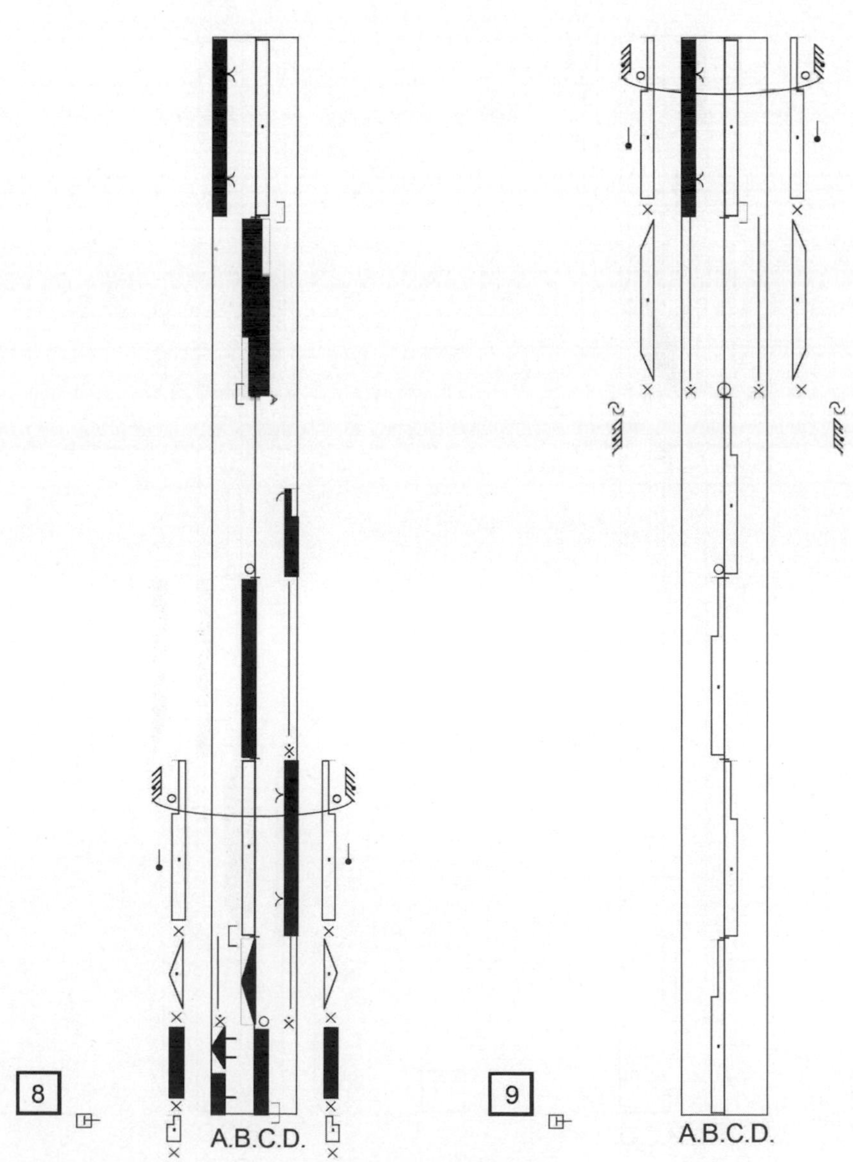
8
A.B.C.D.
9
A.B.C.D.

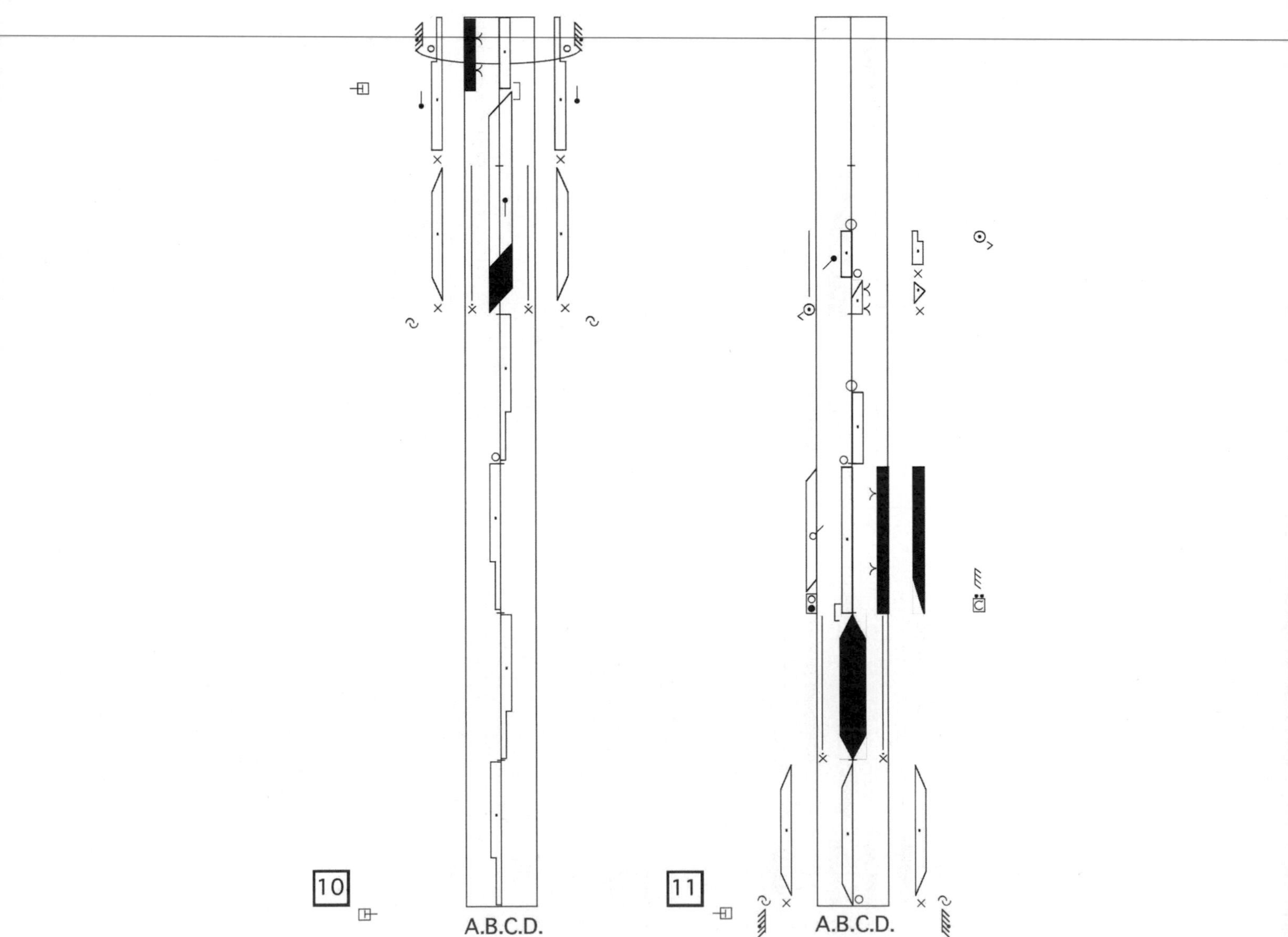
10
A.B.C.D.
11
A.B.C.D.

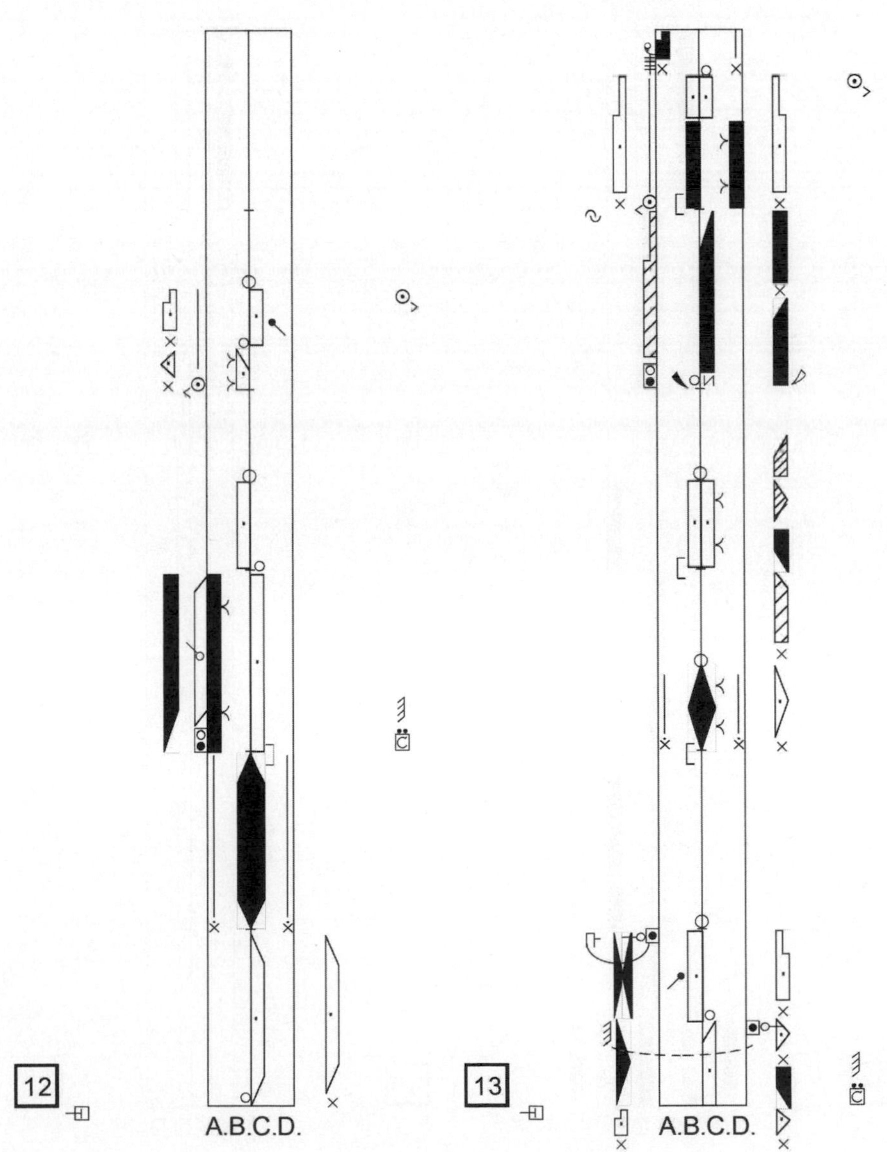
12
A.B.C.D.
13
A.B.C.D.

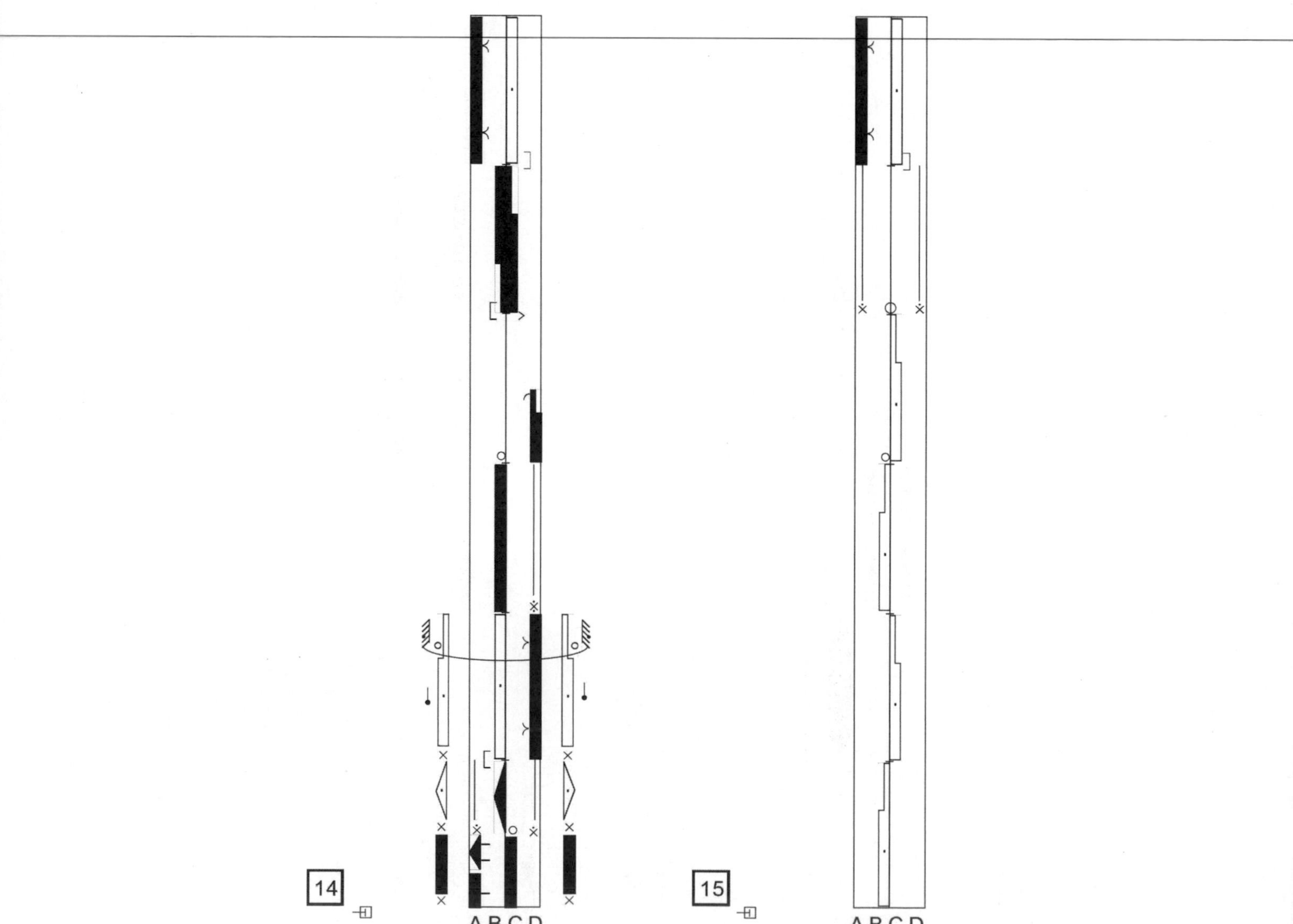
14
A.B.C.D.
15
A.B.C.D.

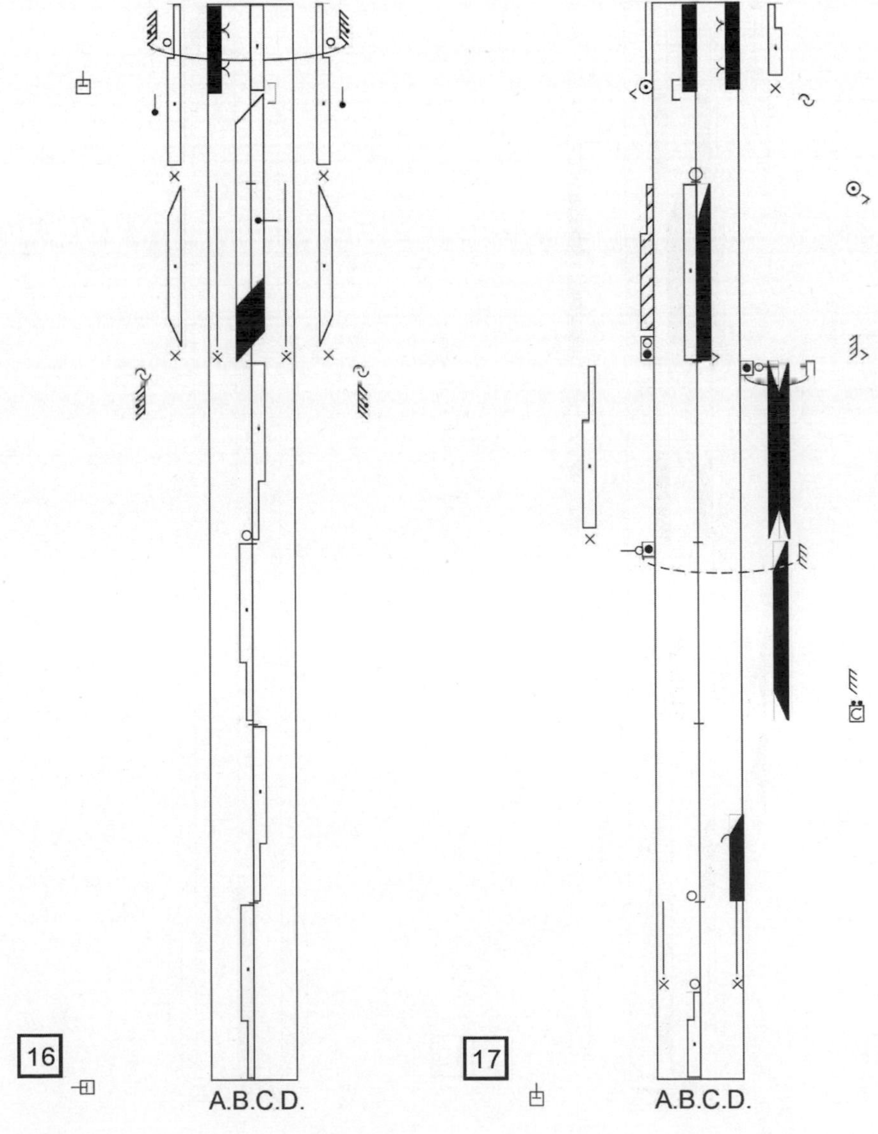
16
A.B.C.D.
17
A.B.C.D.

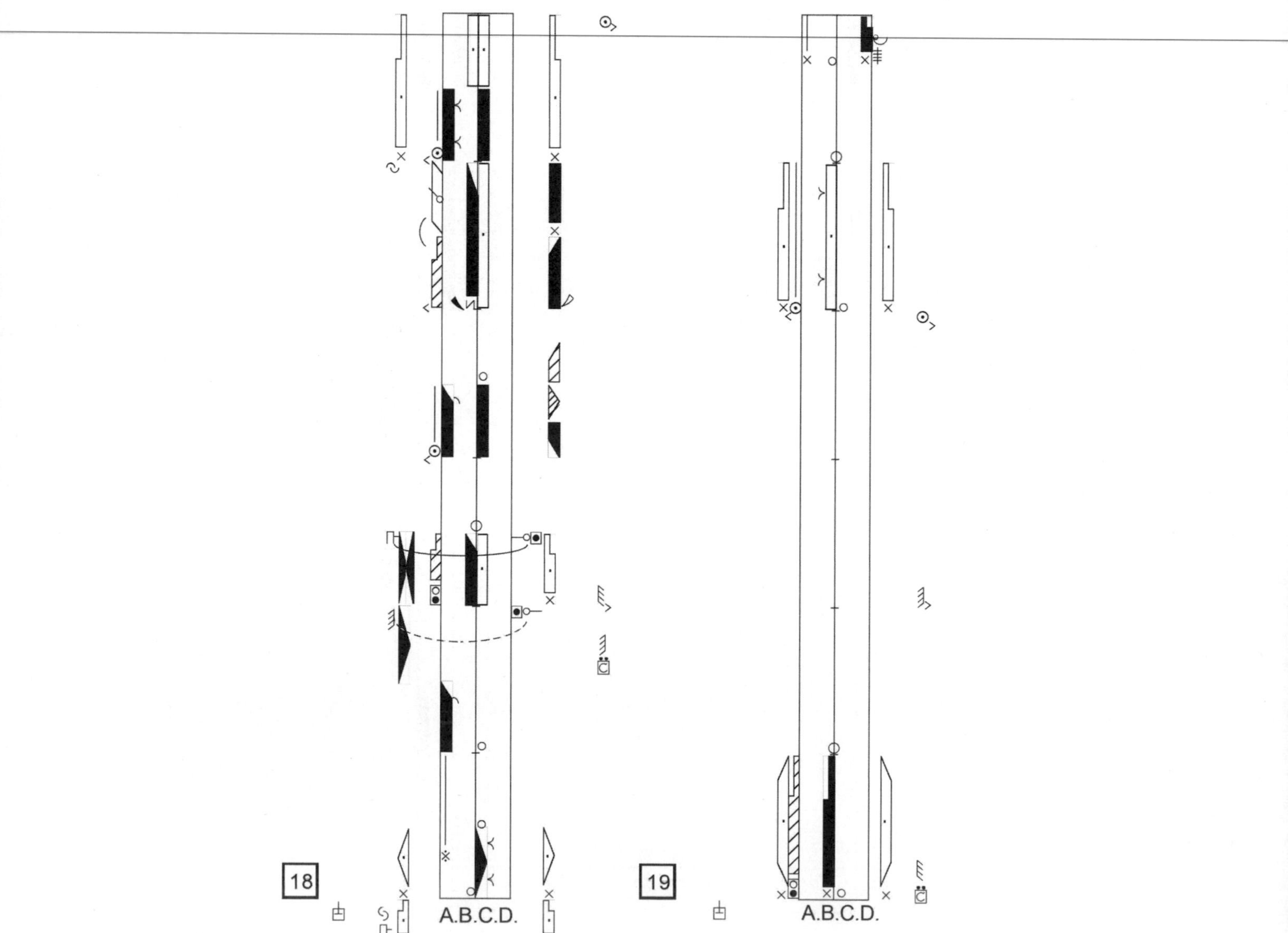
18
A.B.C.D.
19
A.B.C.D.

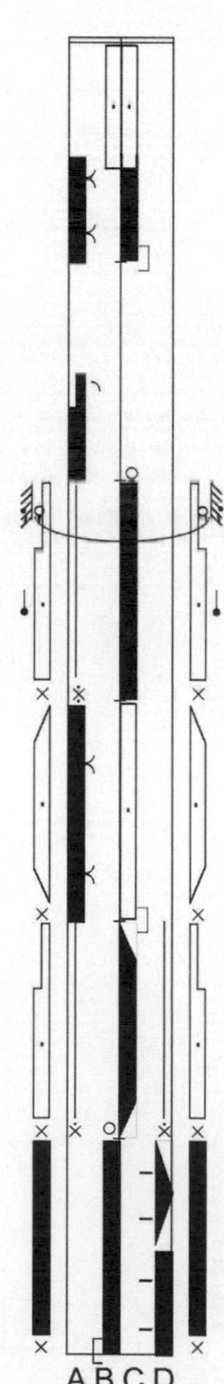

20

由

A.B.C.D.

破(四)
Broaching
Section 4

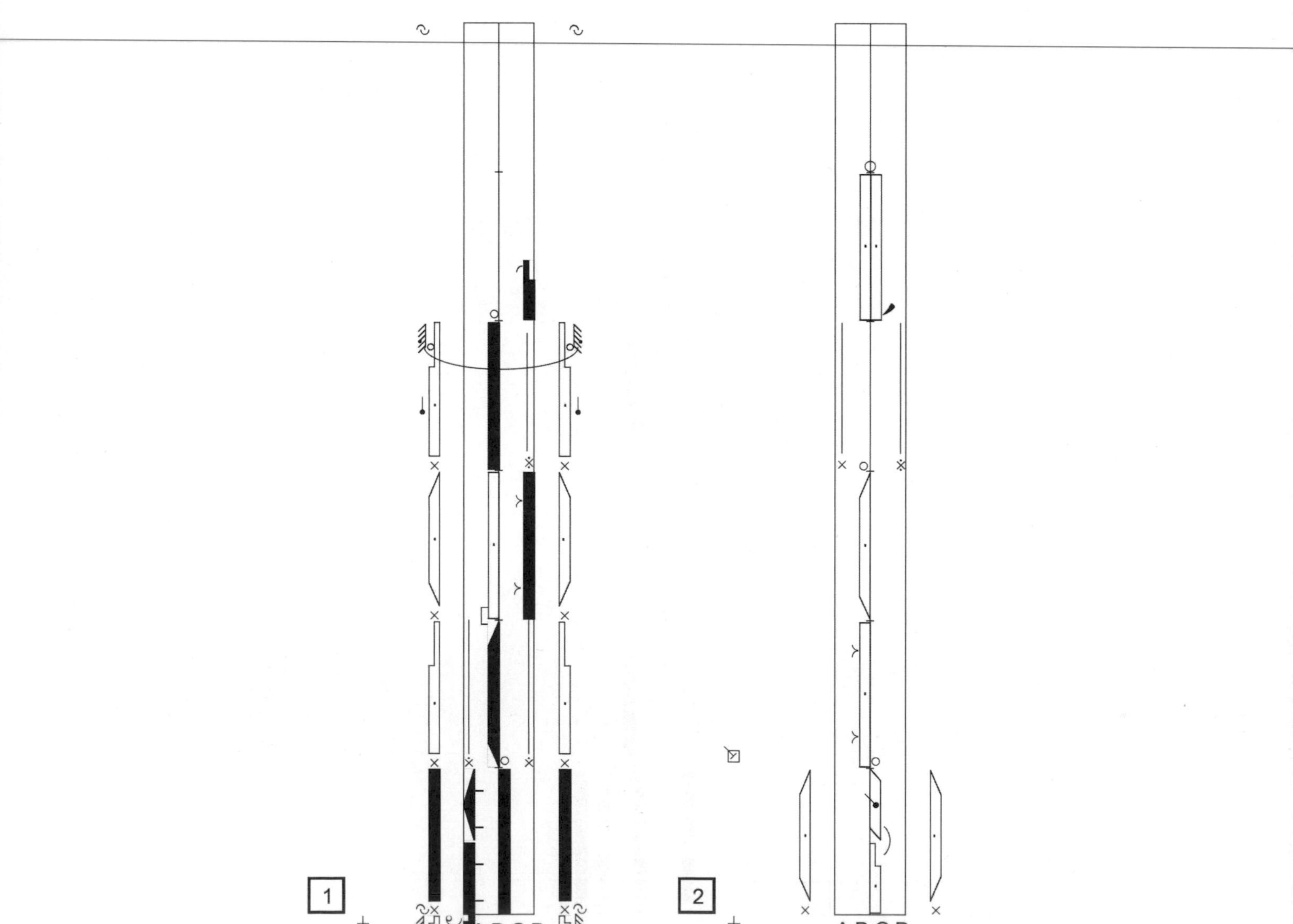

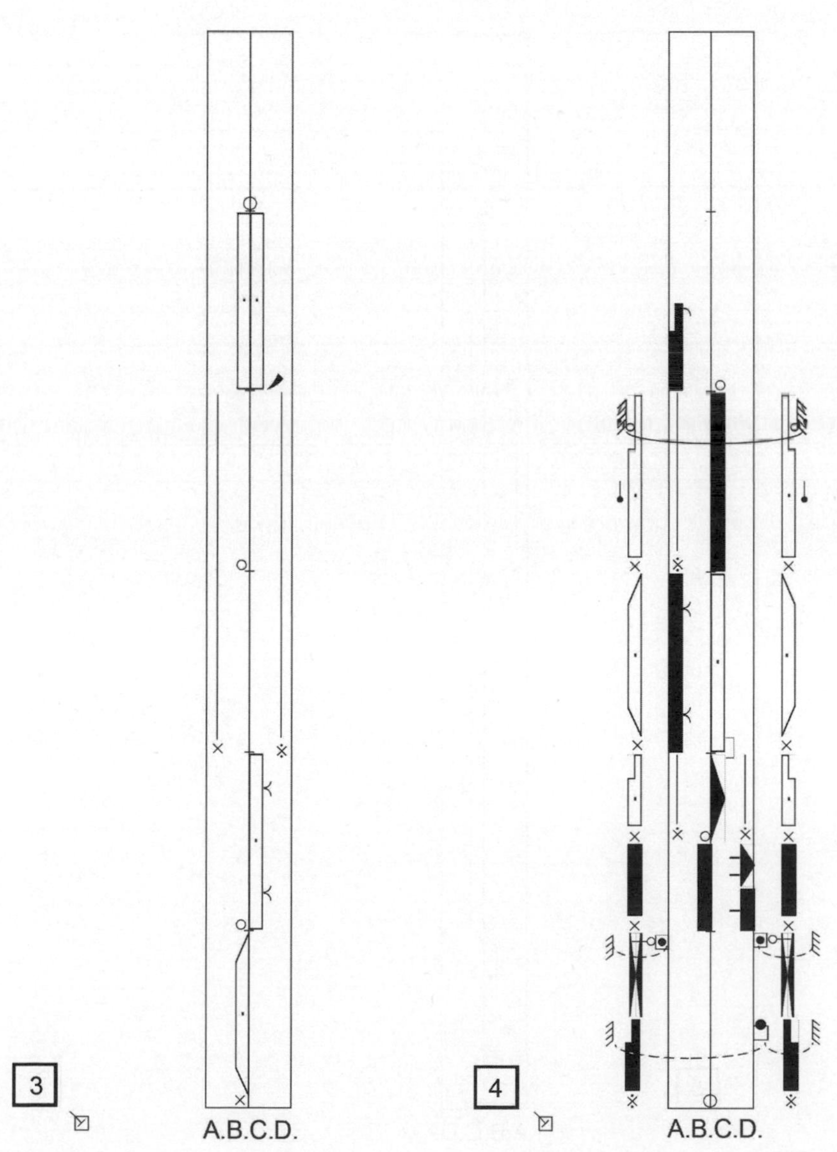
3
A.B.C.D.
4
A.B.C.D.

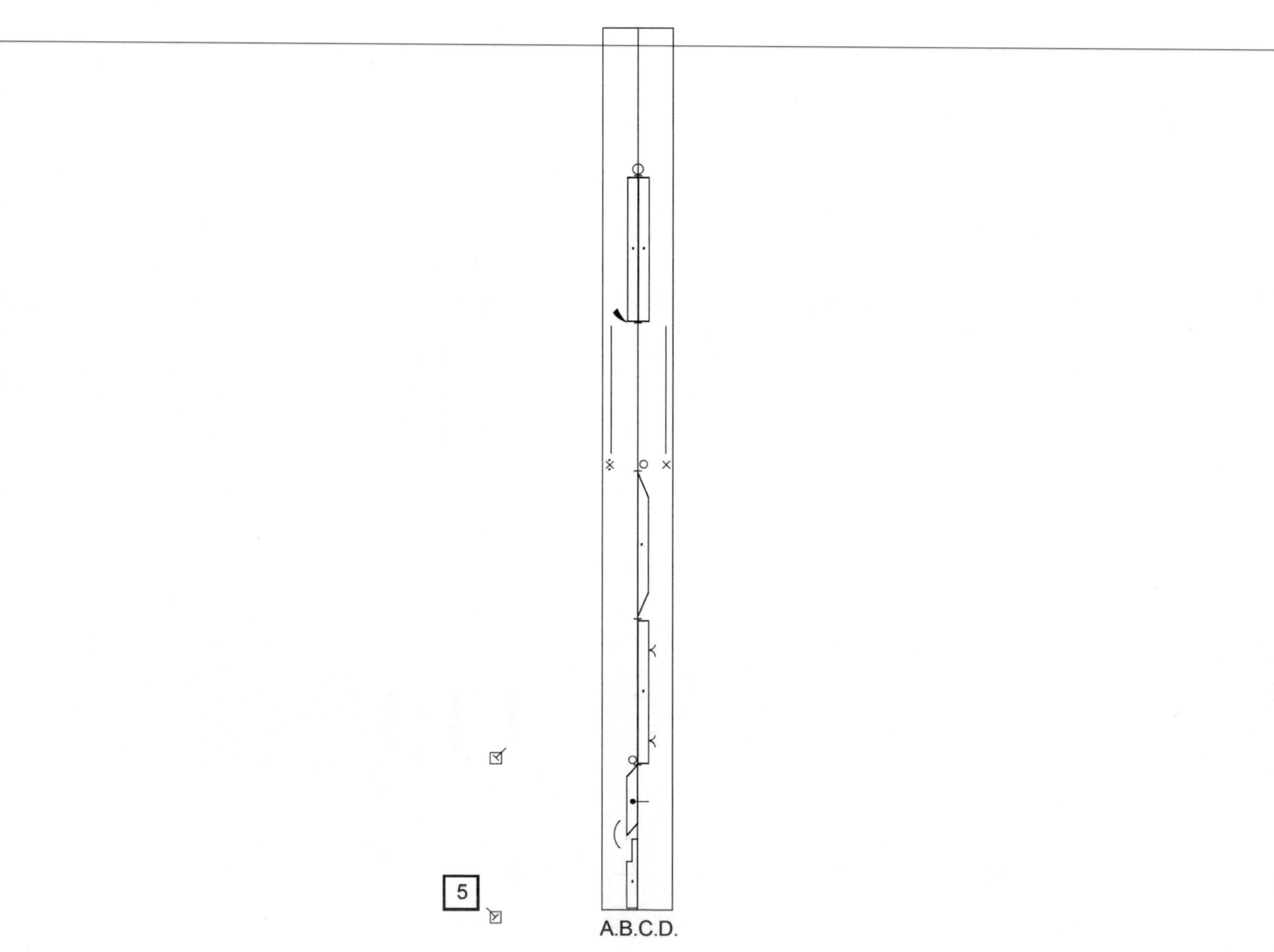
5
A.B.C.D.

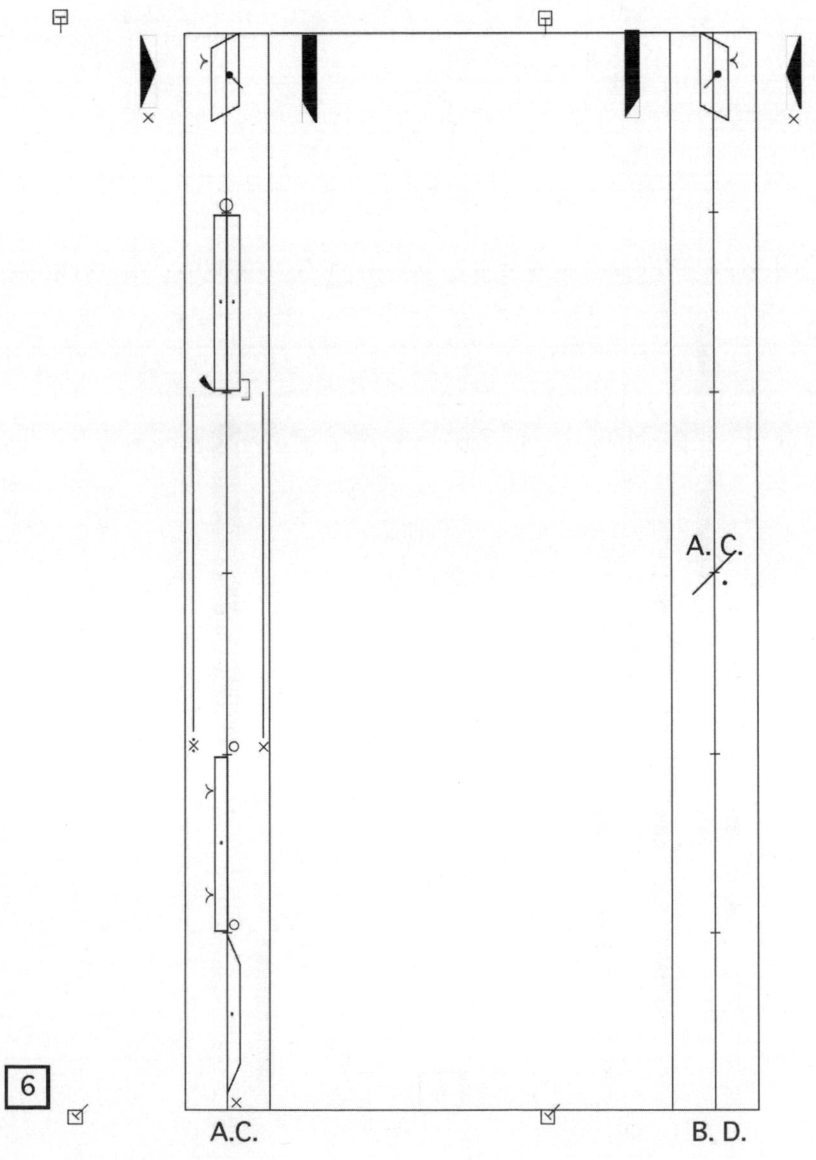
A. C.
6
A.C.
B. D.

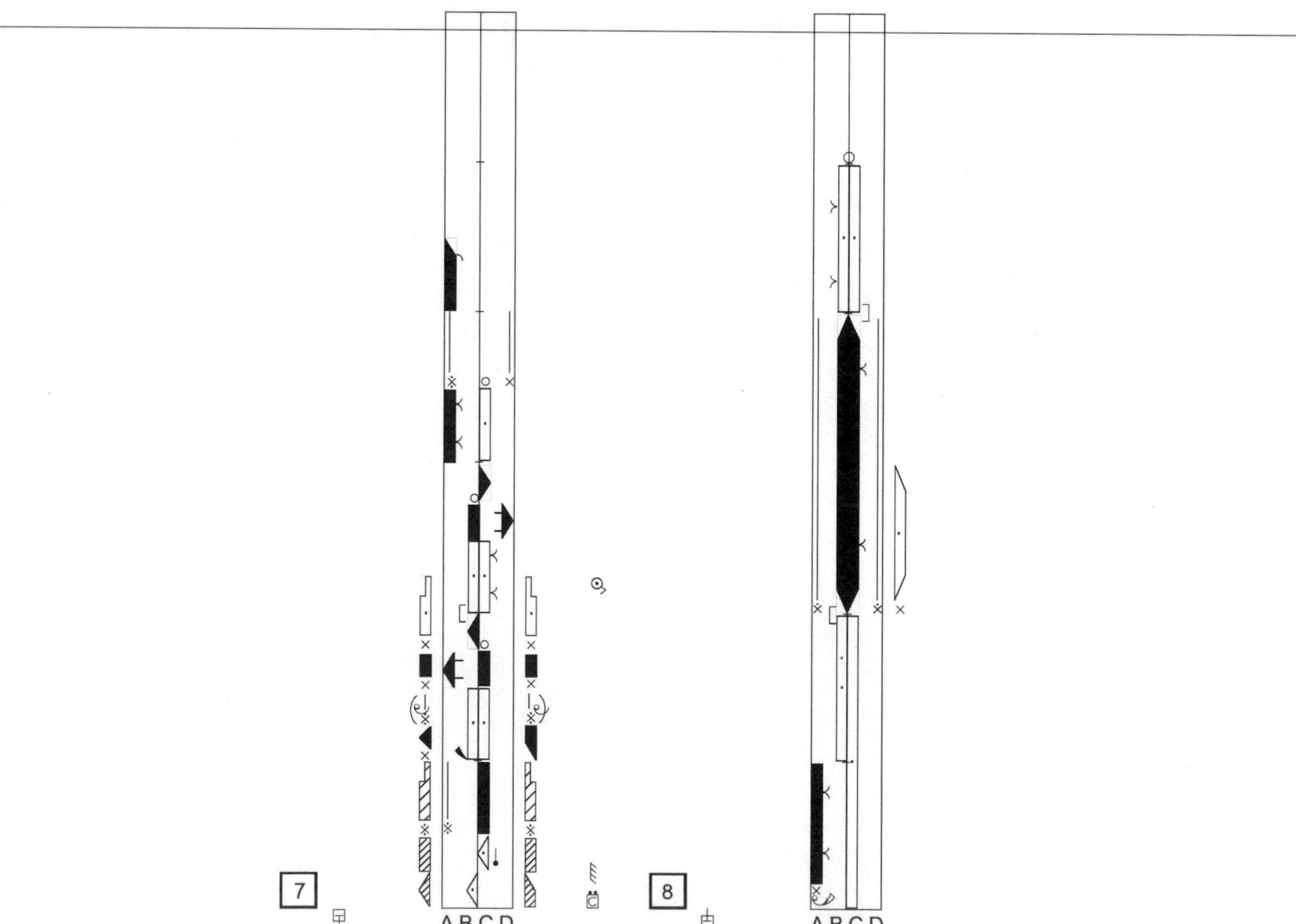
7
A.B.C.D.
8
A.B.C.D.

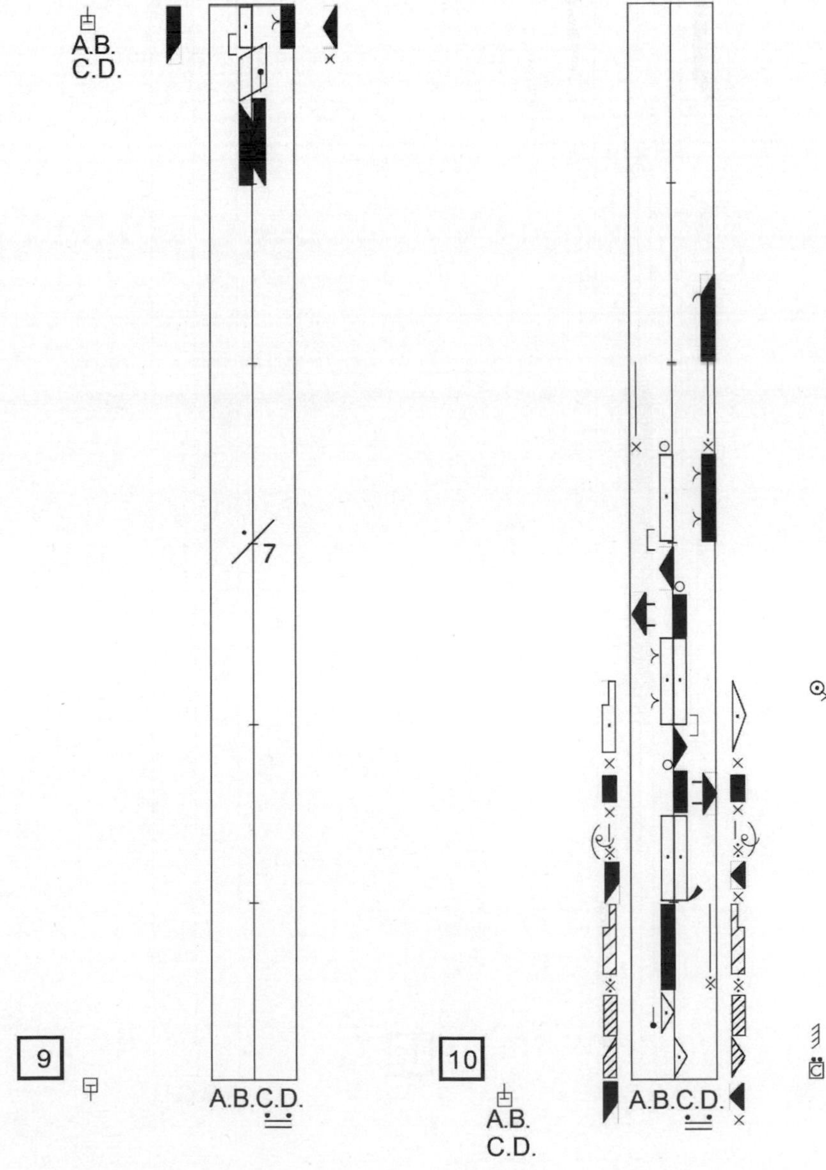
A.B.
C.D.
7
9
A.B.C.D.
10
A.B.
C.D.
A.B.C.D.

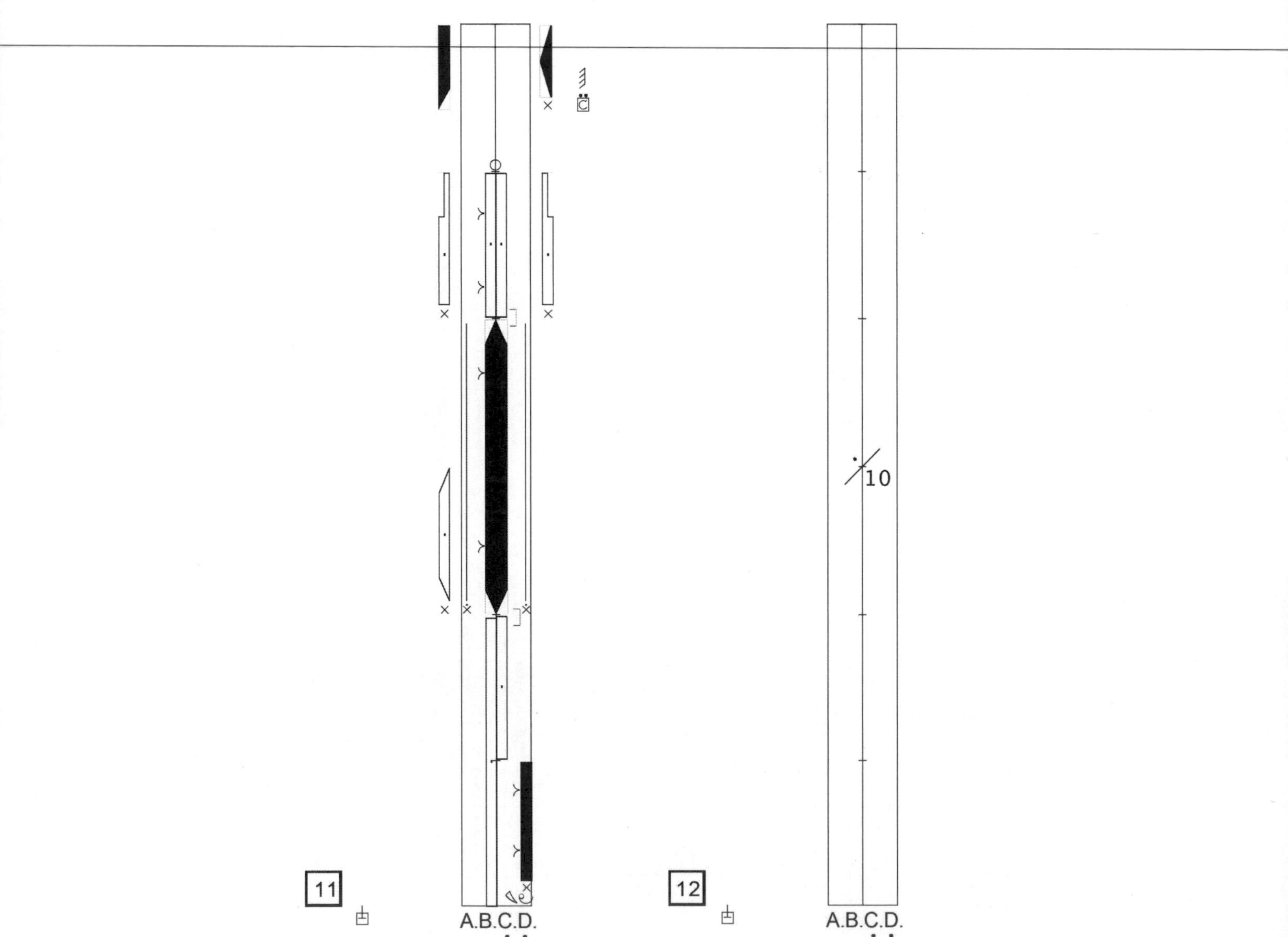
11
A.B.C.D.
12
10
A.B.C.D.

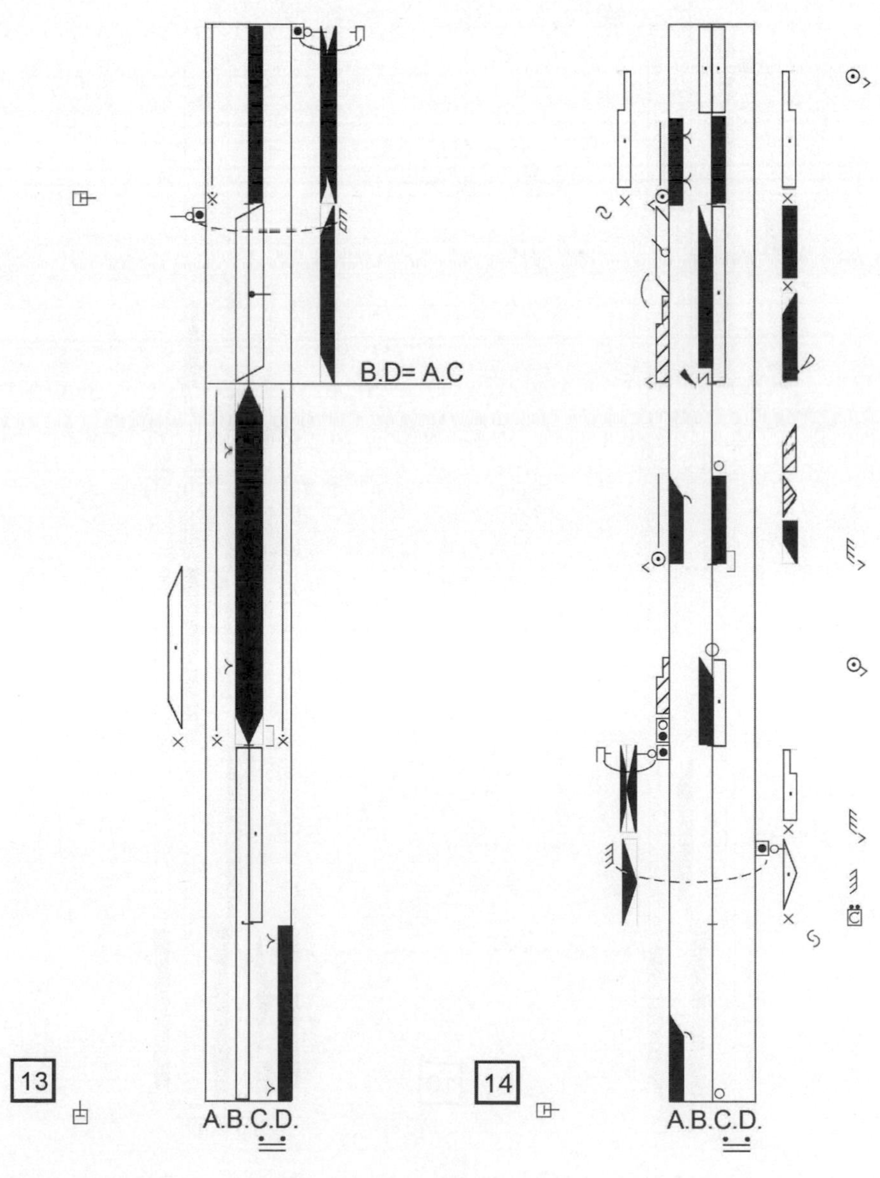
B.D= A.C
13
A.B.C.D.
14
A.B.C.D.

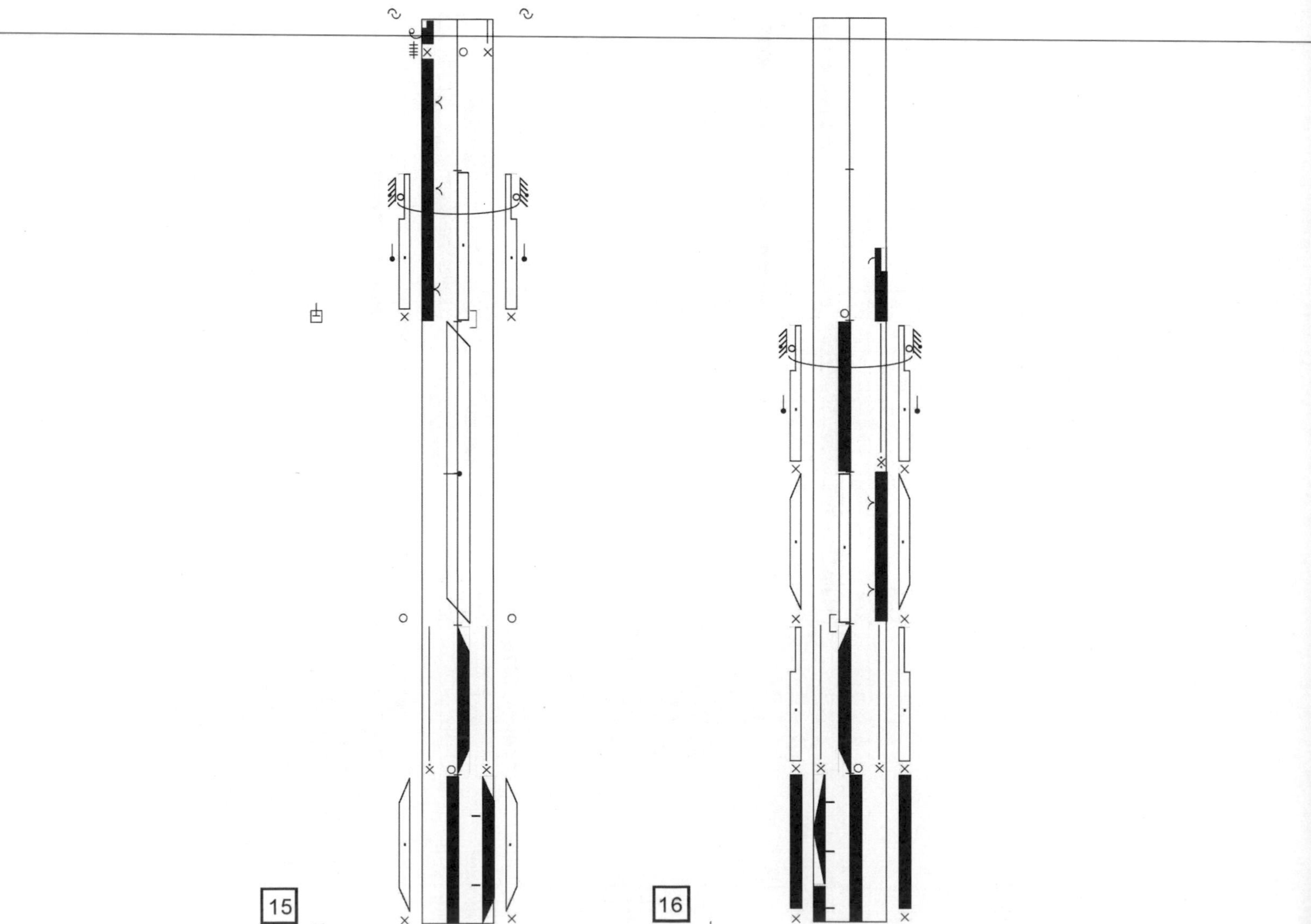
15
A.B.C.D.
16
A.B.C.D.

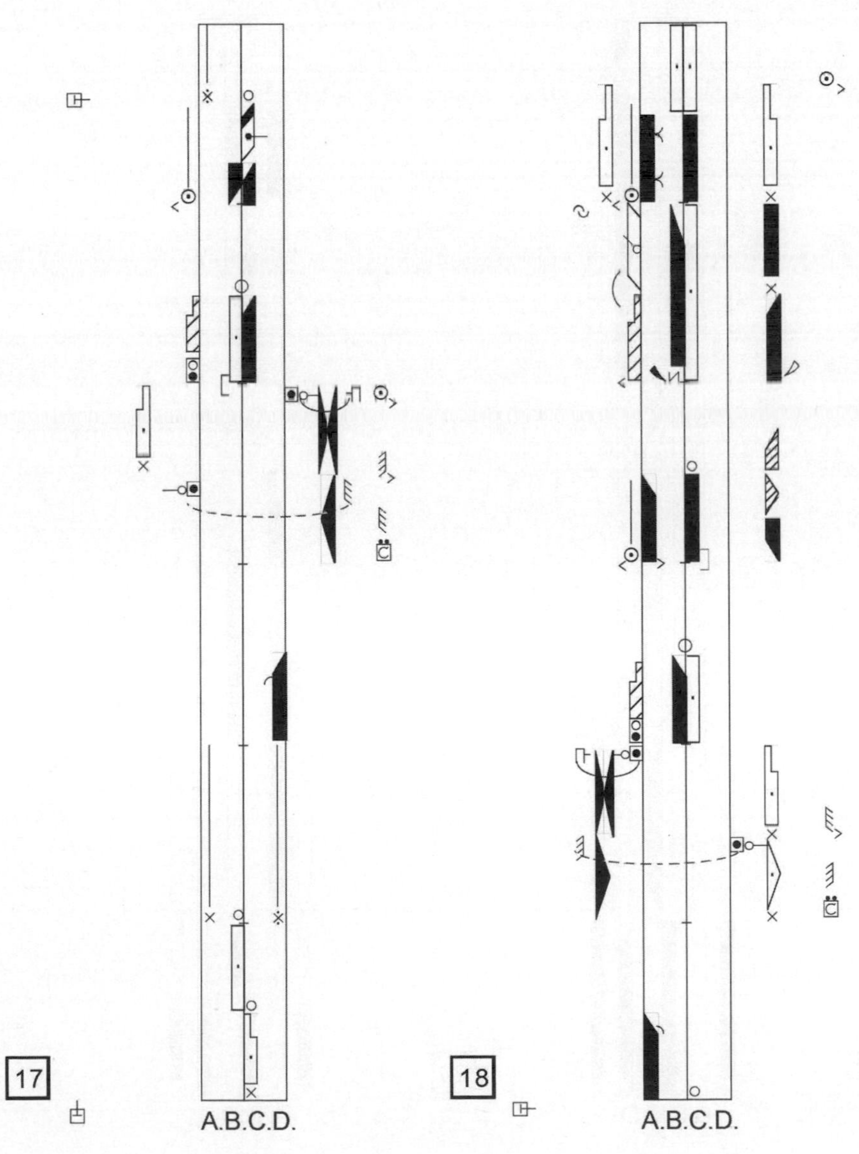
17
A.B.C.D.
18
A.B.C.D.

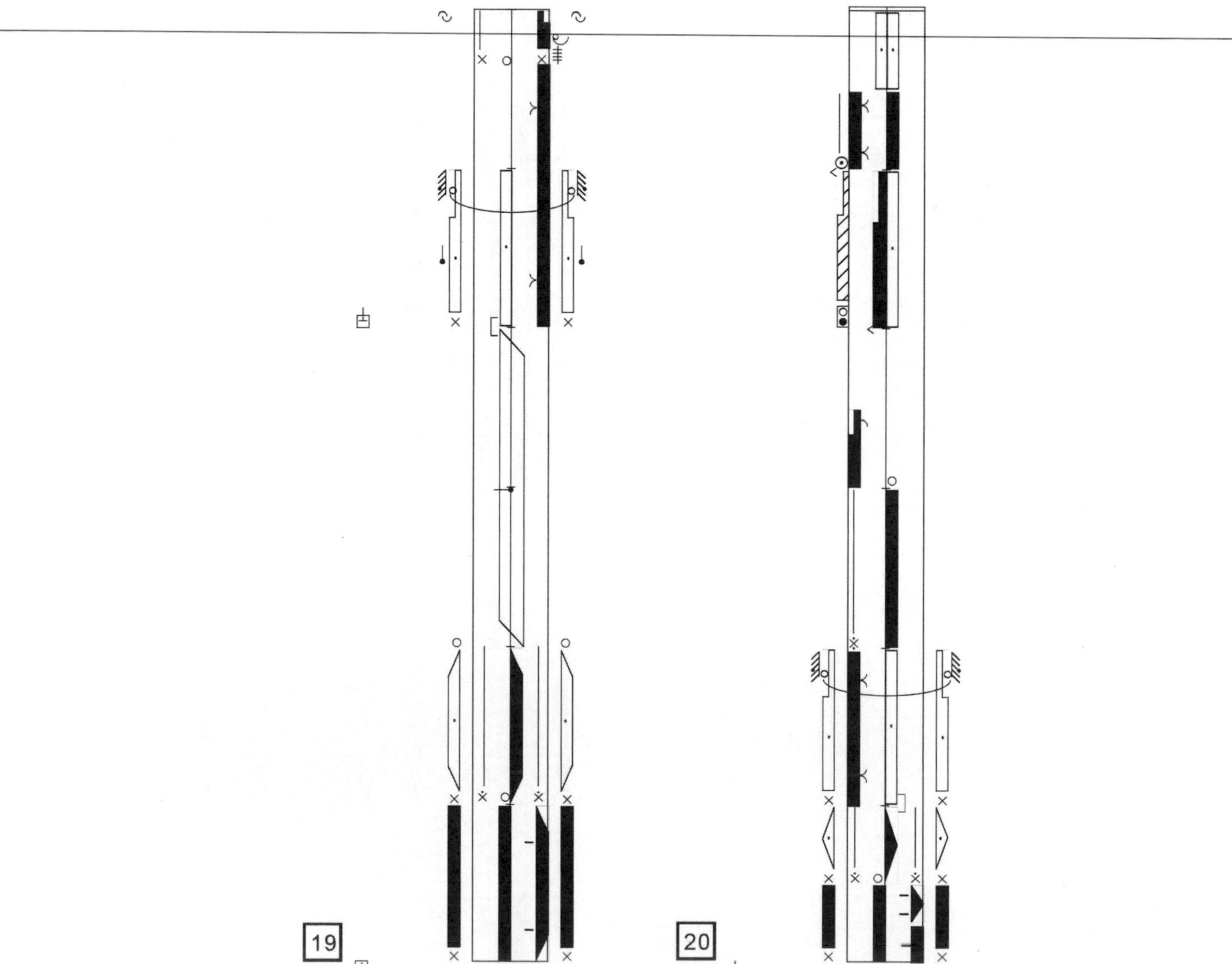
19
A.B.C.D.
20
A.B.C.D.

破(五)
Broaching
Section 5

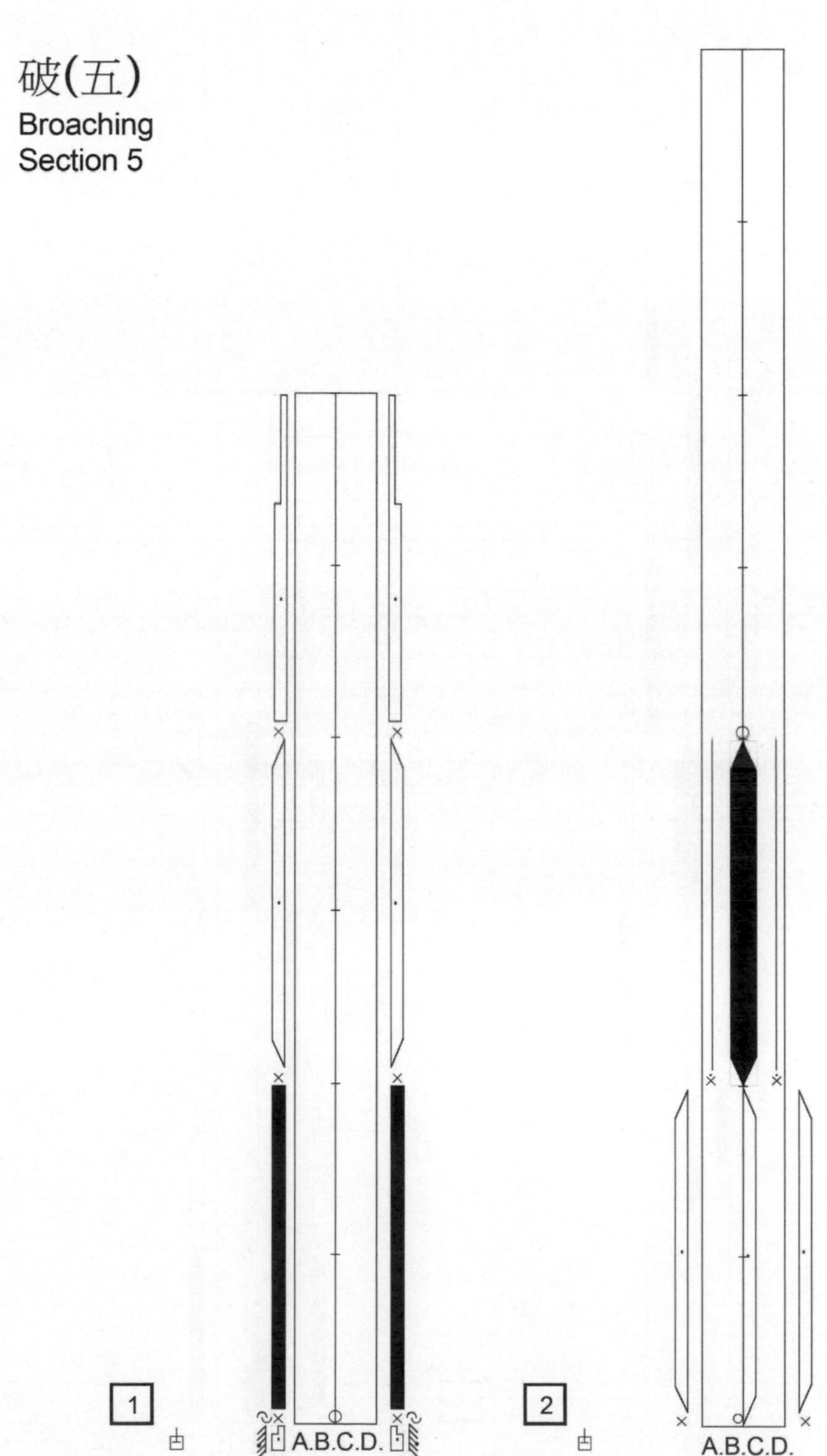

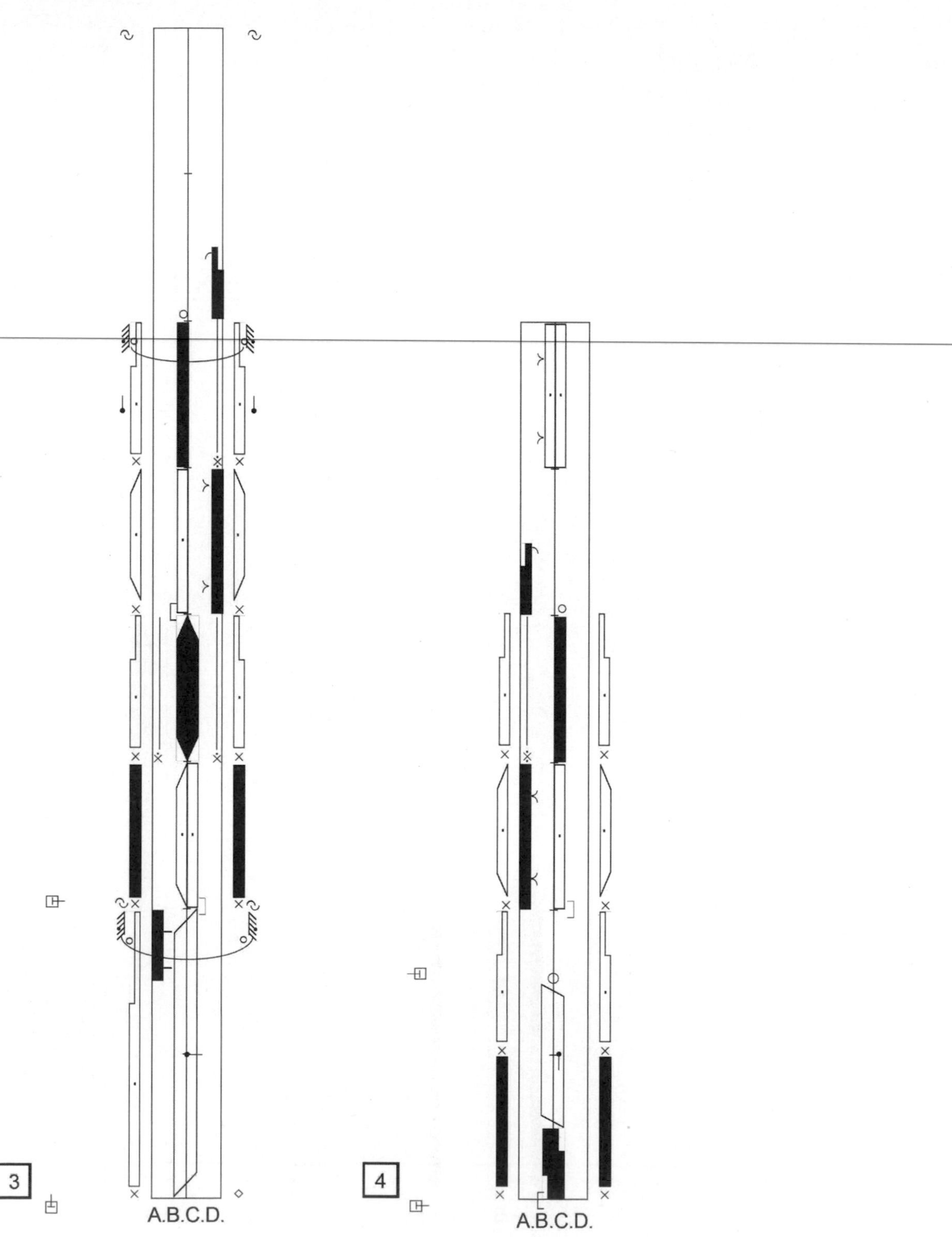
3
A.B.C.D.
4
A.B.C.D.

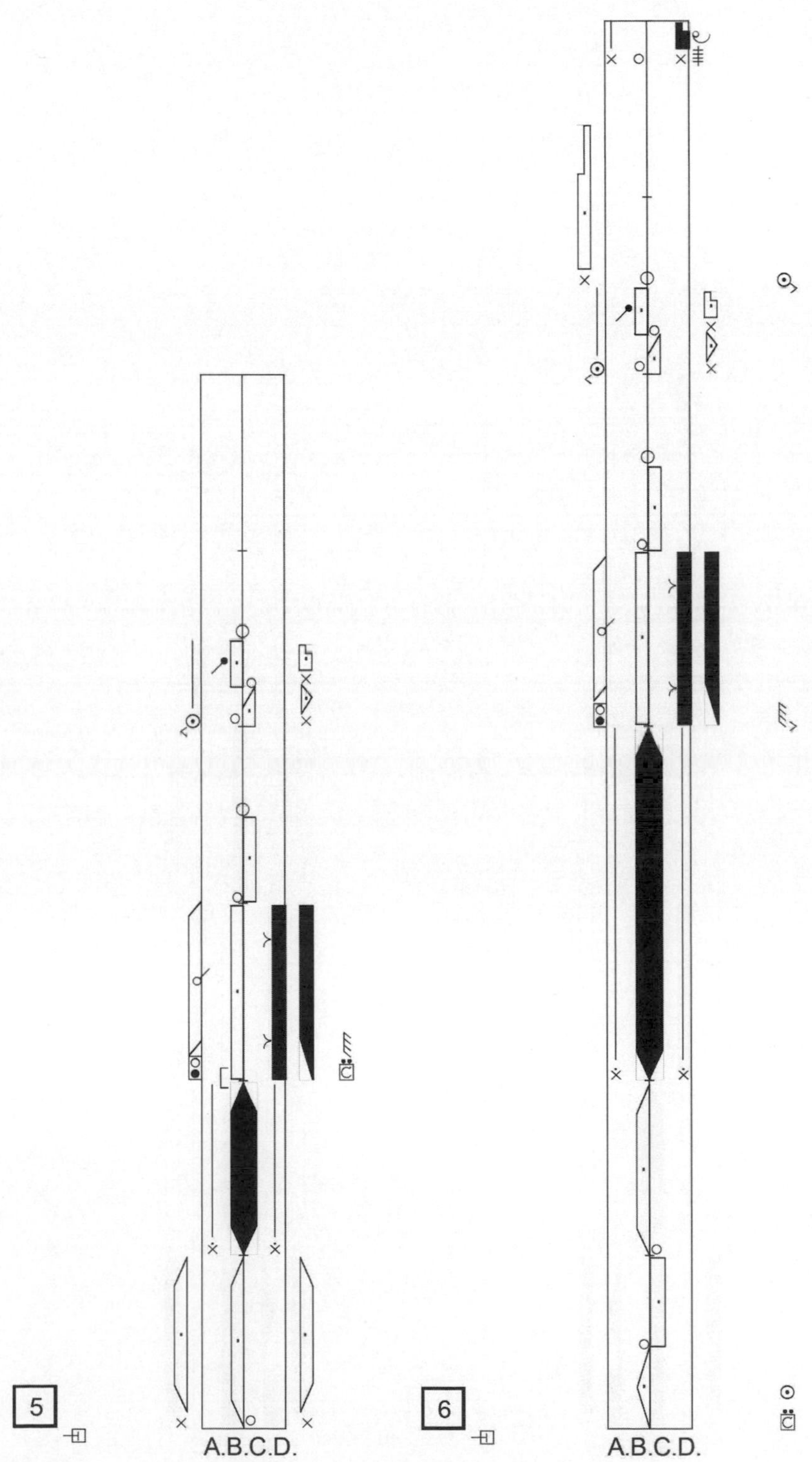
5
A.B.C.D.
6
A.B.C.D.

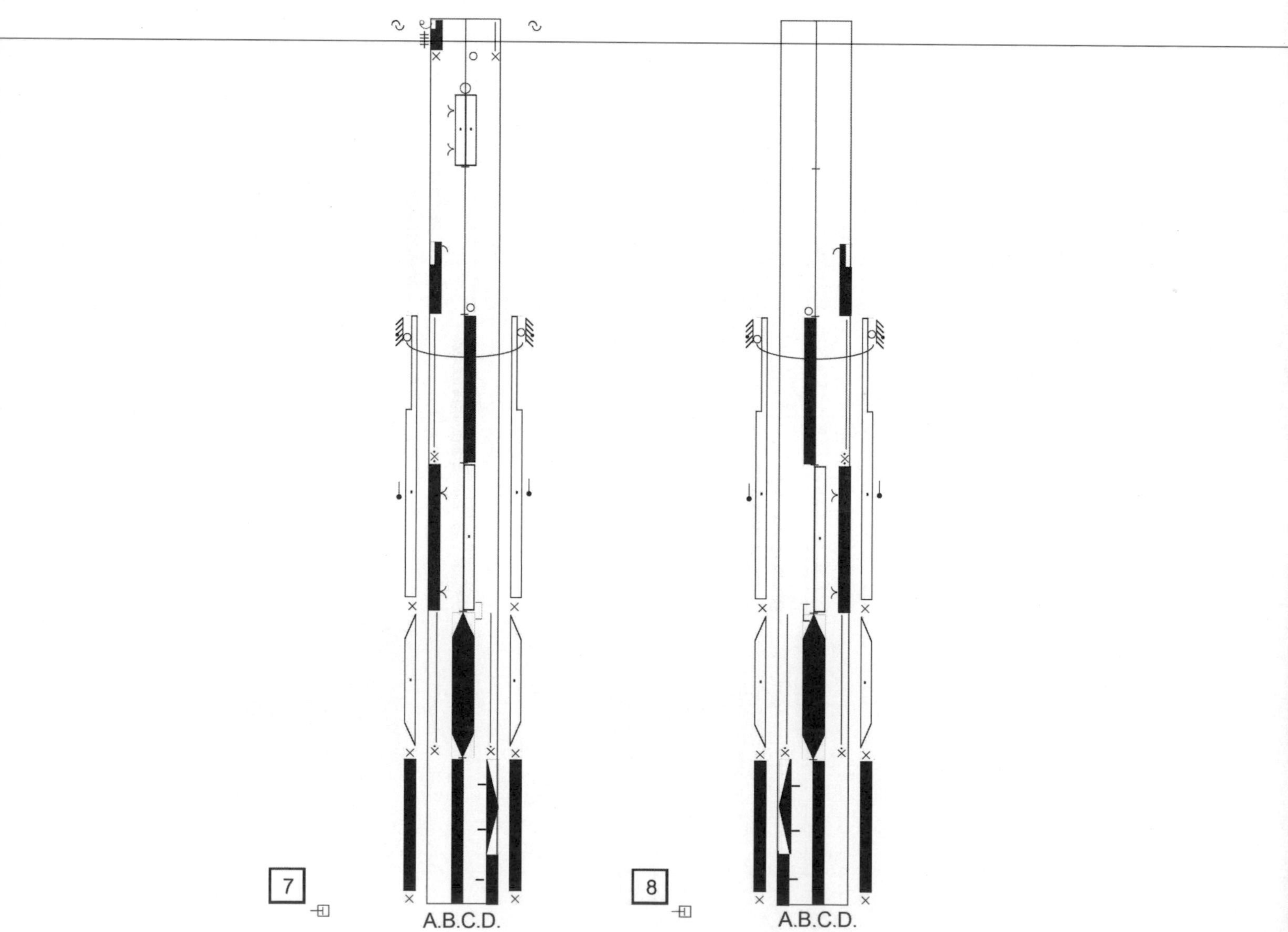
7
A.B.C.D.
8
A.B.C.D.

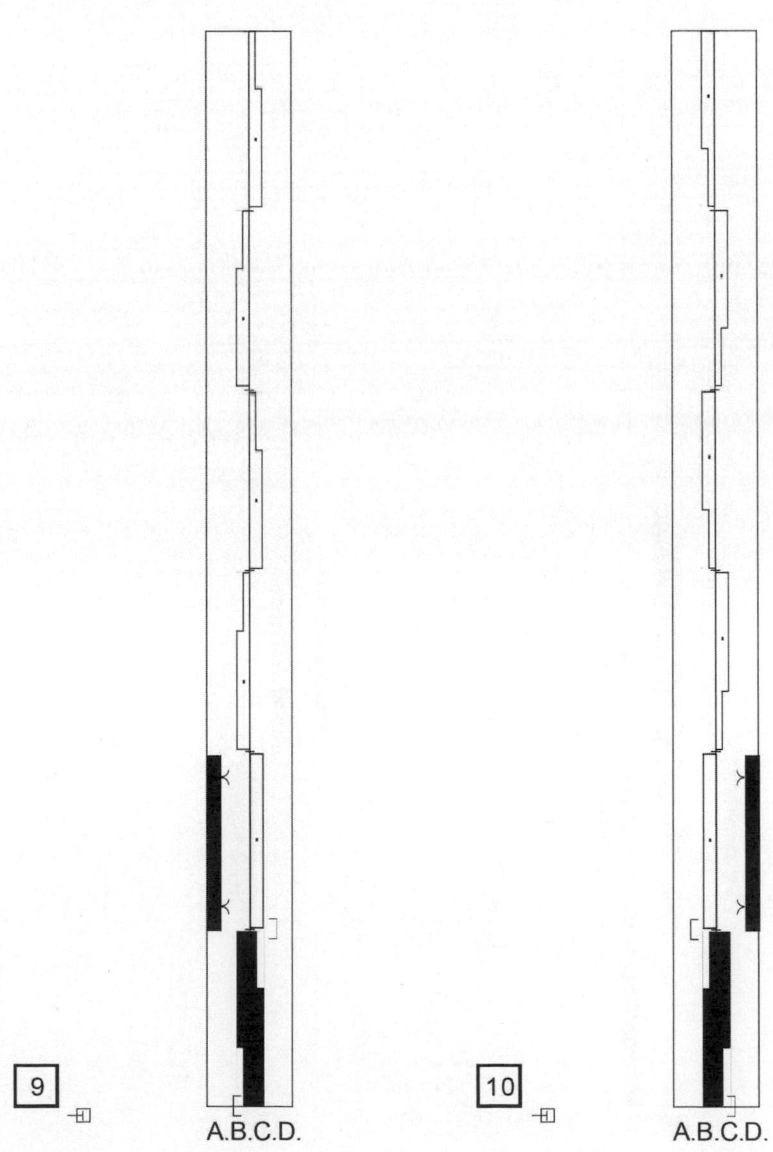
9
10
A.B.C.D.
A.B.C.D.

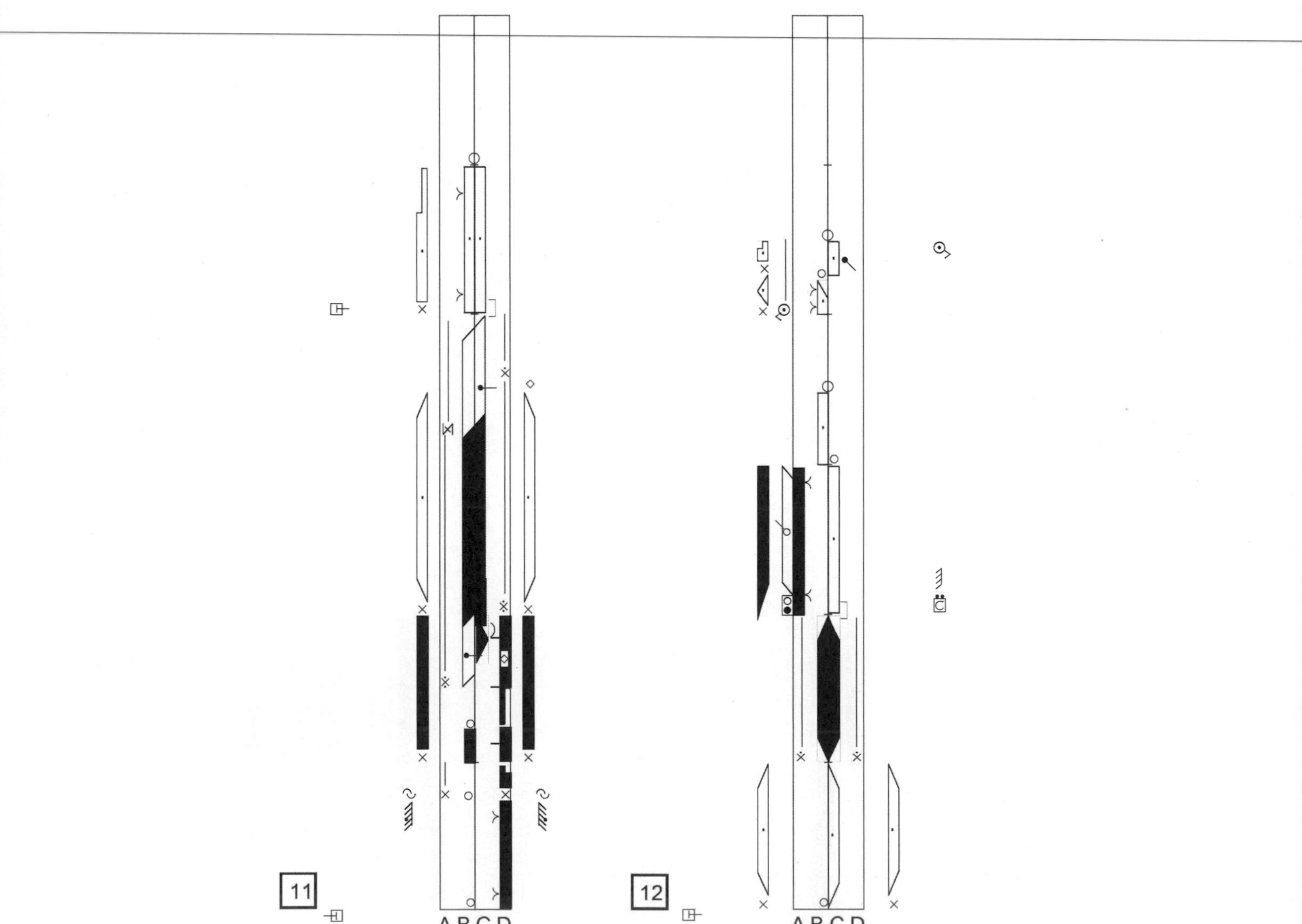
11
A.B.C.D.
12
A.B.C.D.

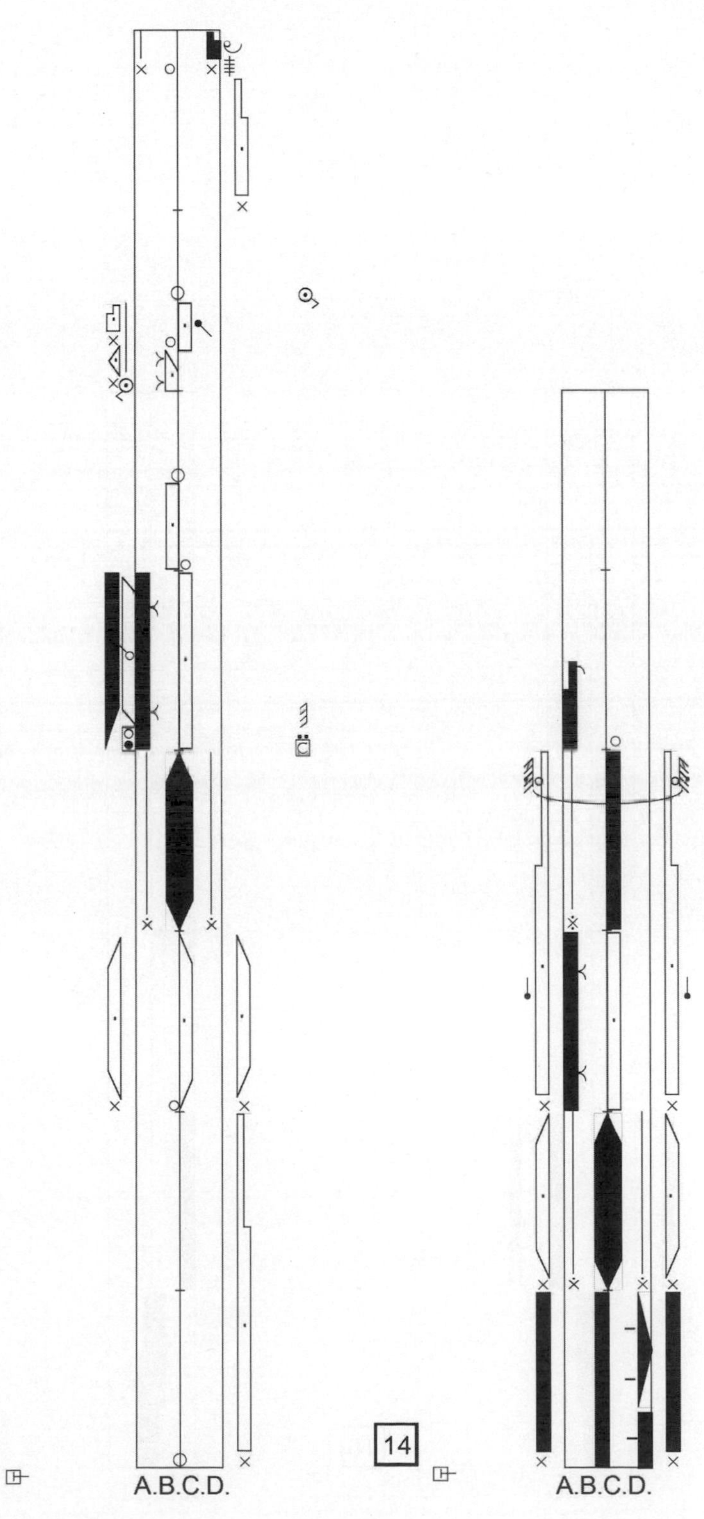
13
A.B.C.D.
14
A.B.C.D.

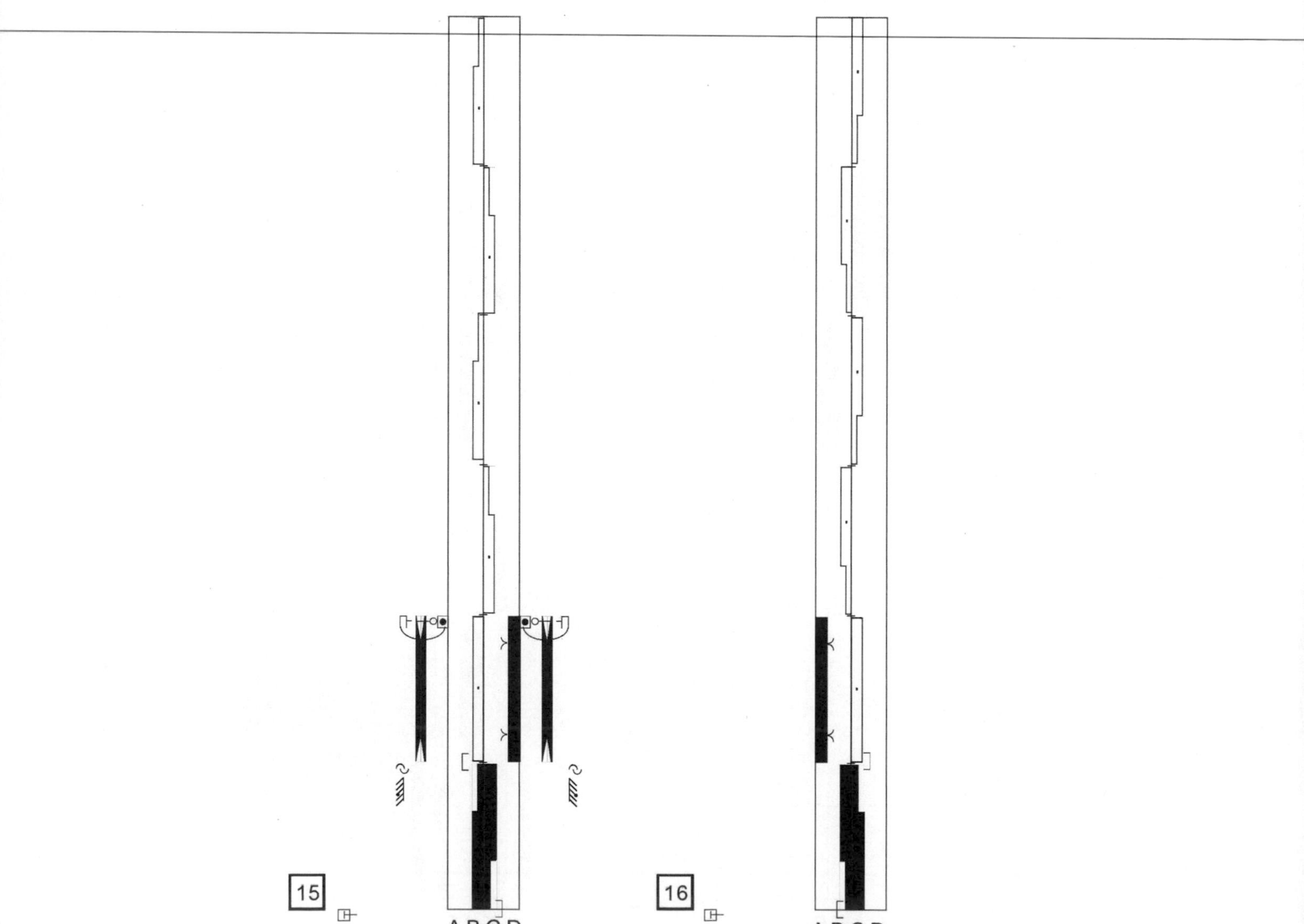
15
A.B.C.D.
16
A.B.C.D.

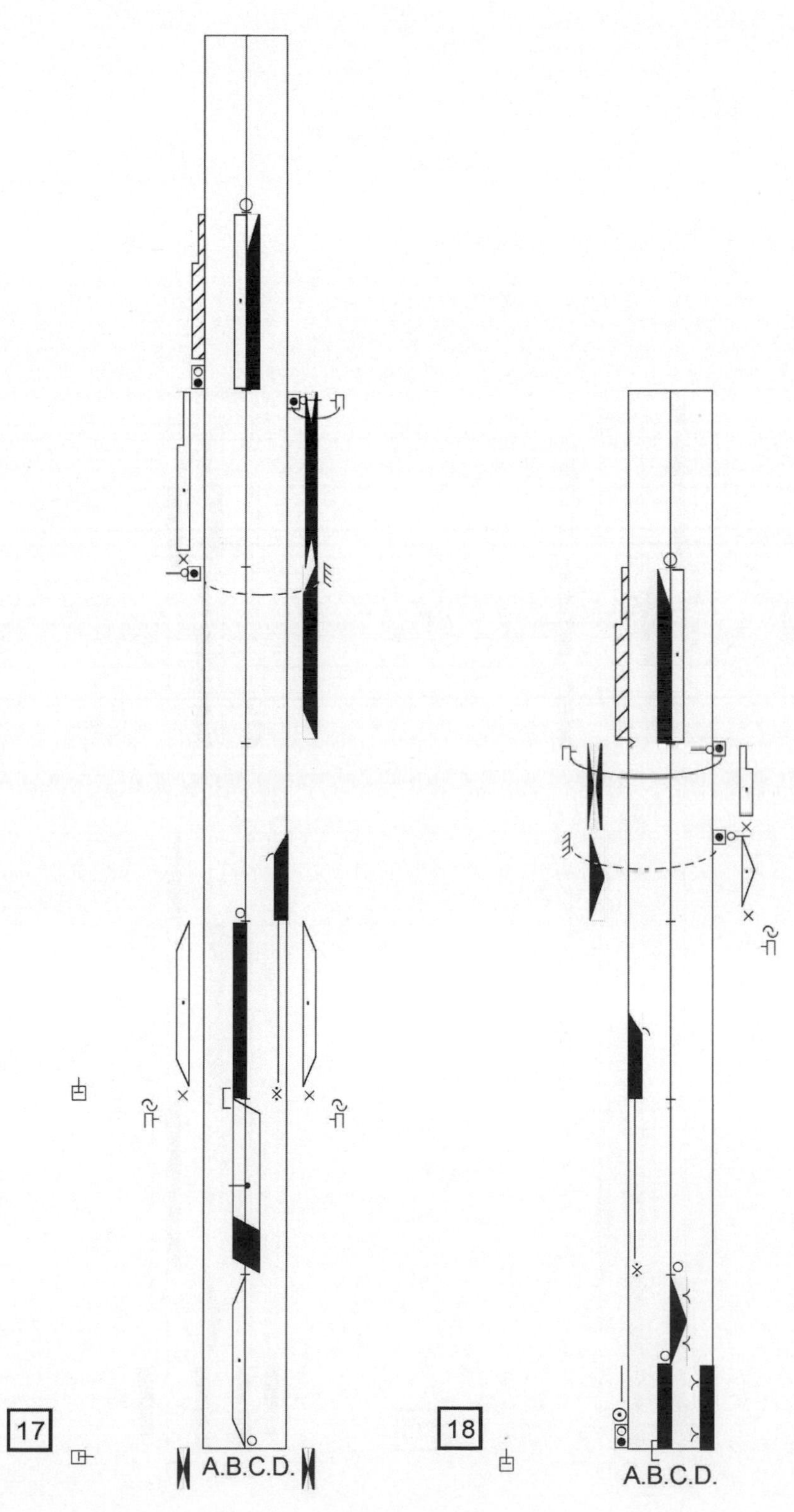
17
A.B.C.D.
18
A.B.C.D.

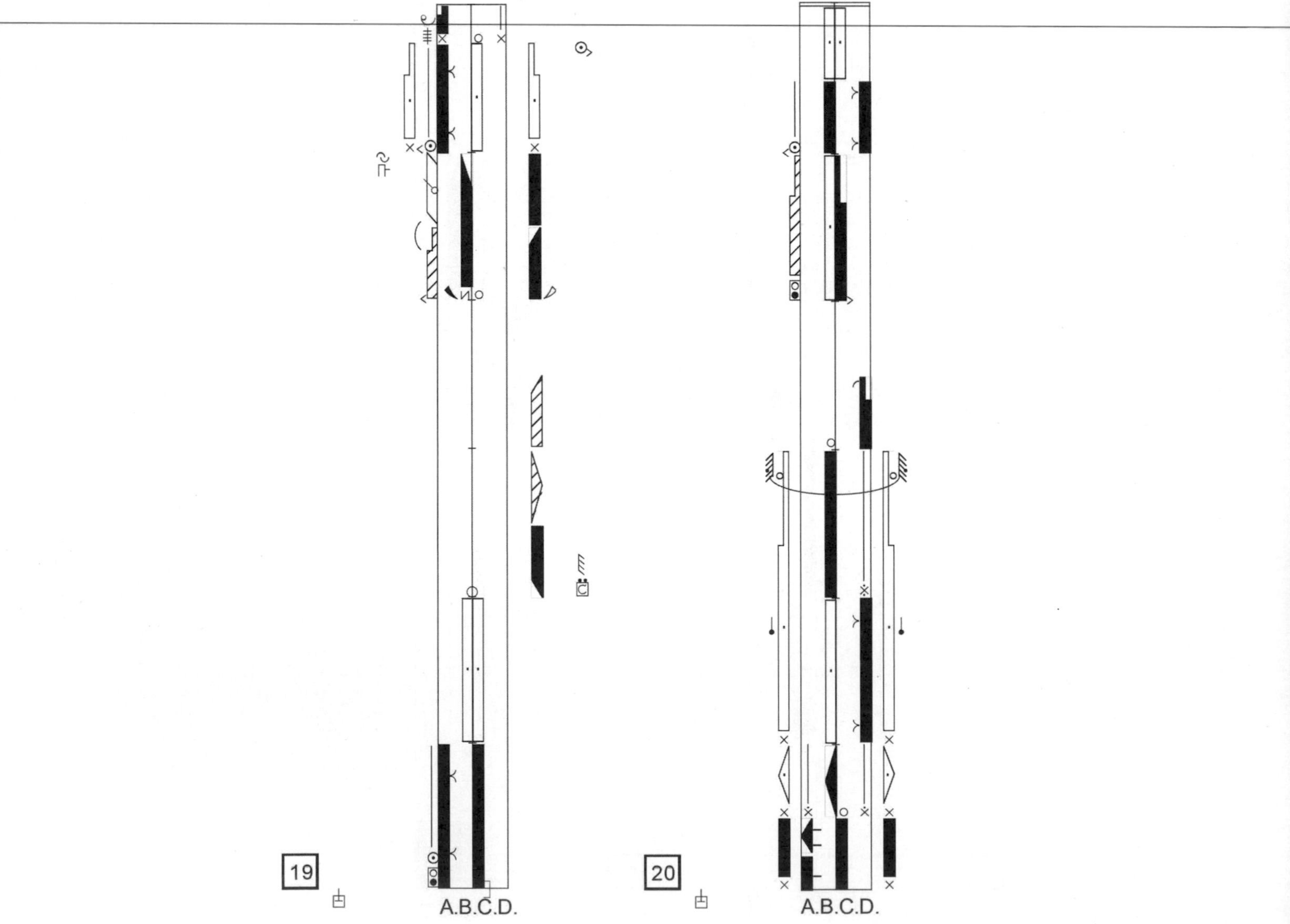
19
A.B.C.D.
20
A.B.C.D.

破(六)
Broaching
Section 6

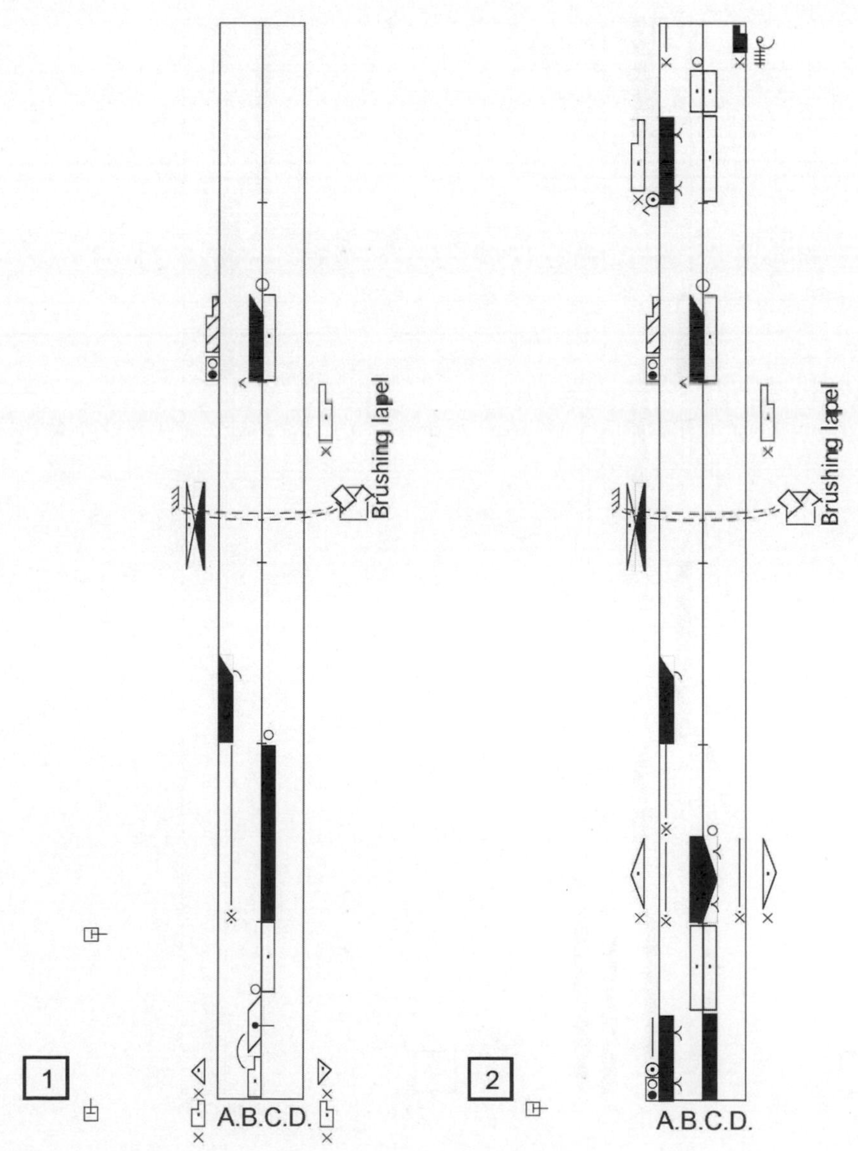

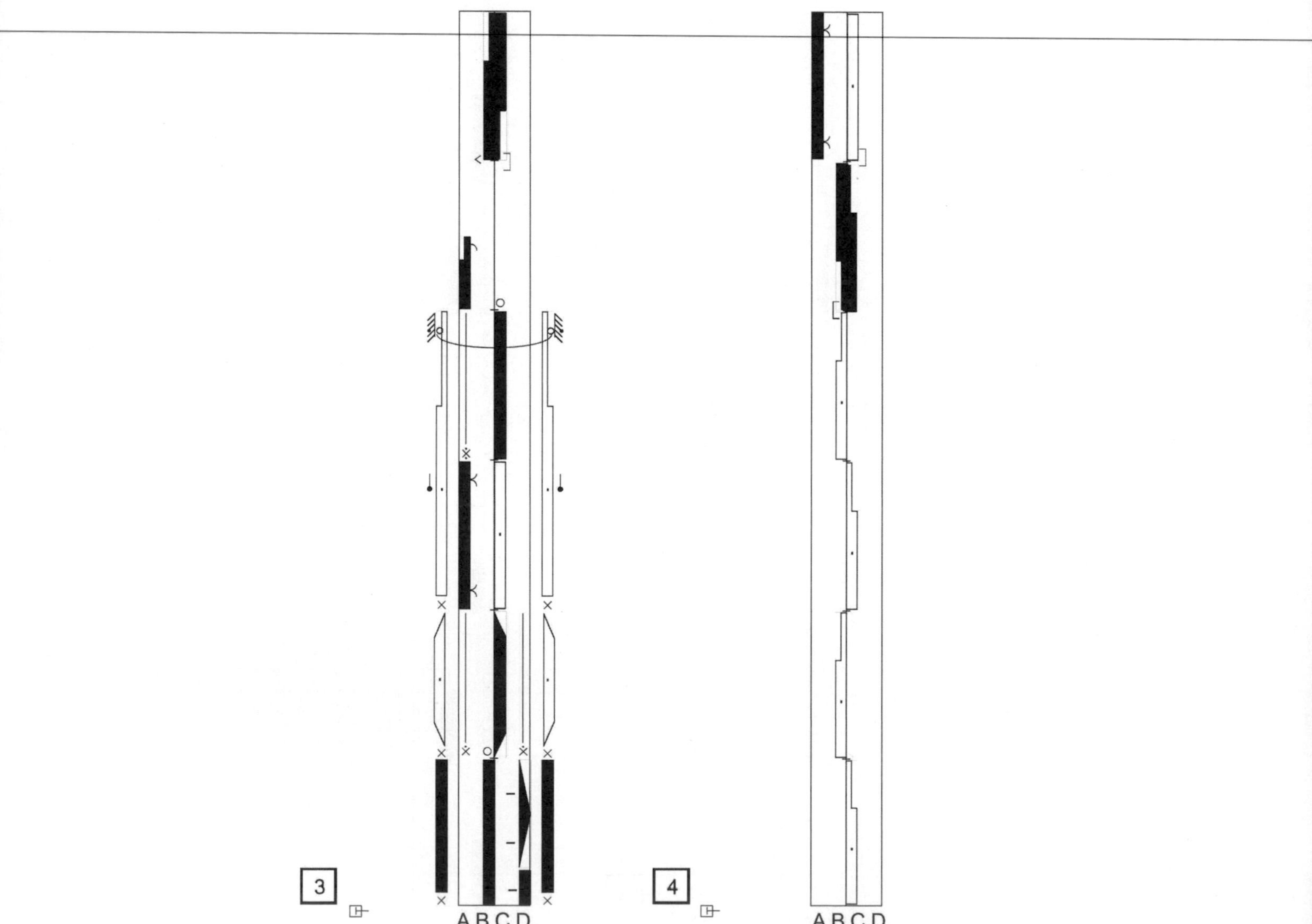
3
A.B.C.D.
4
A.B.C.D.

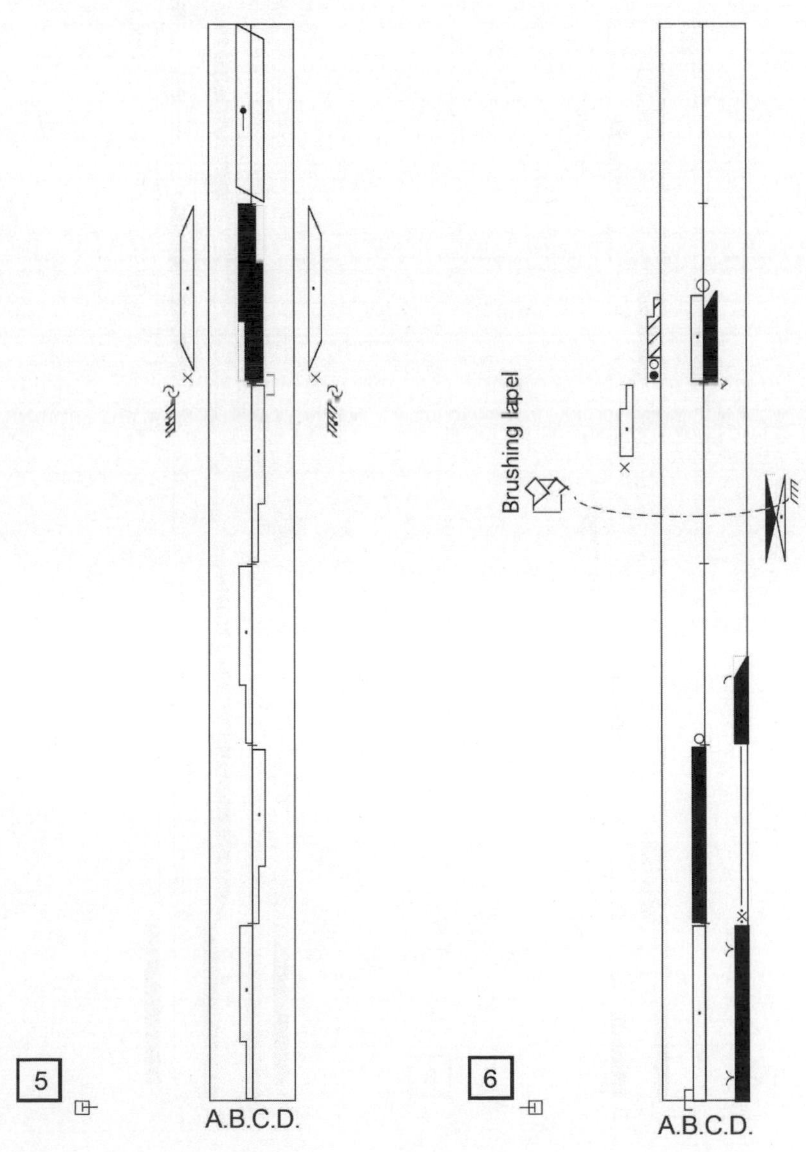
5
A.B.C.D.
6
Brushing lapel
A.B.C.D.

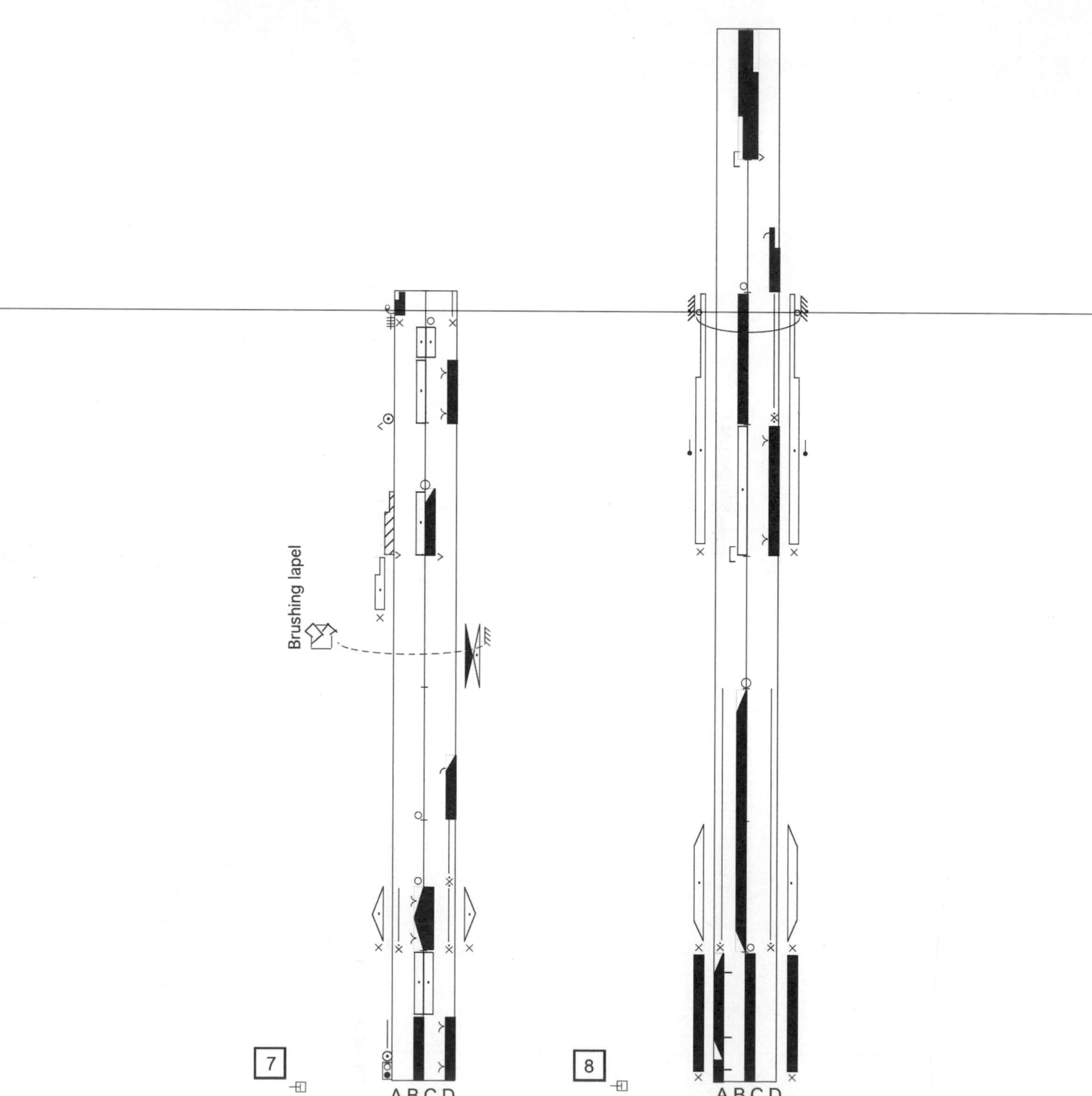
Brushing lapel
7
A.B.C.D.
8
A.B.C.D.

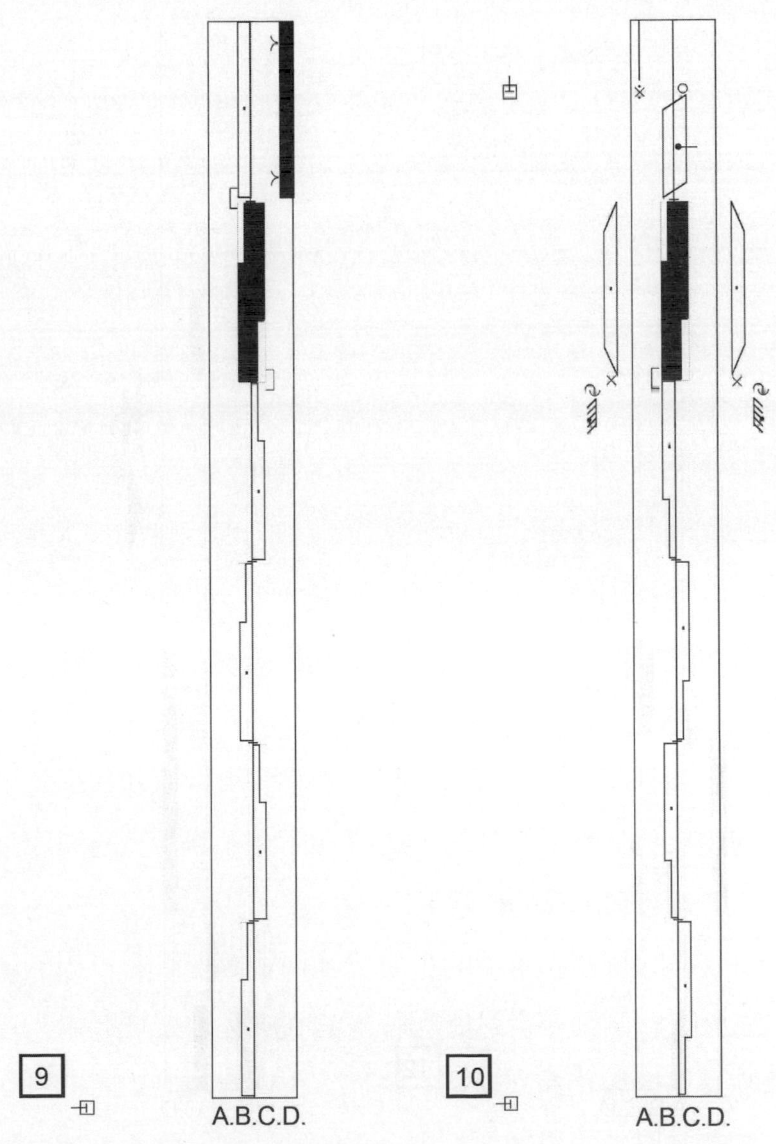
9
A.B.C.D.
10
A.B.C.D.

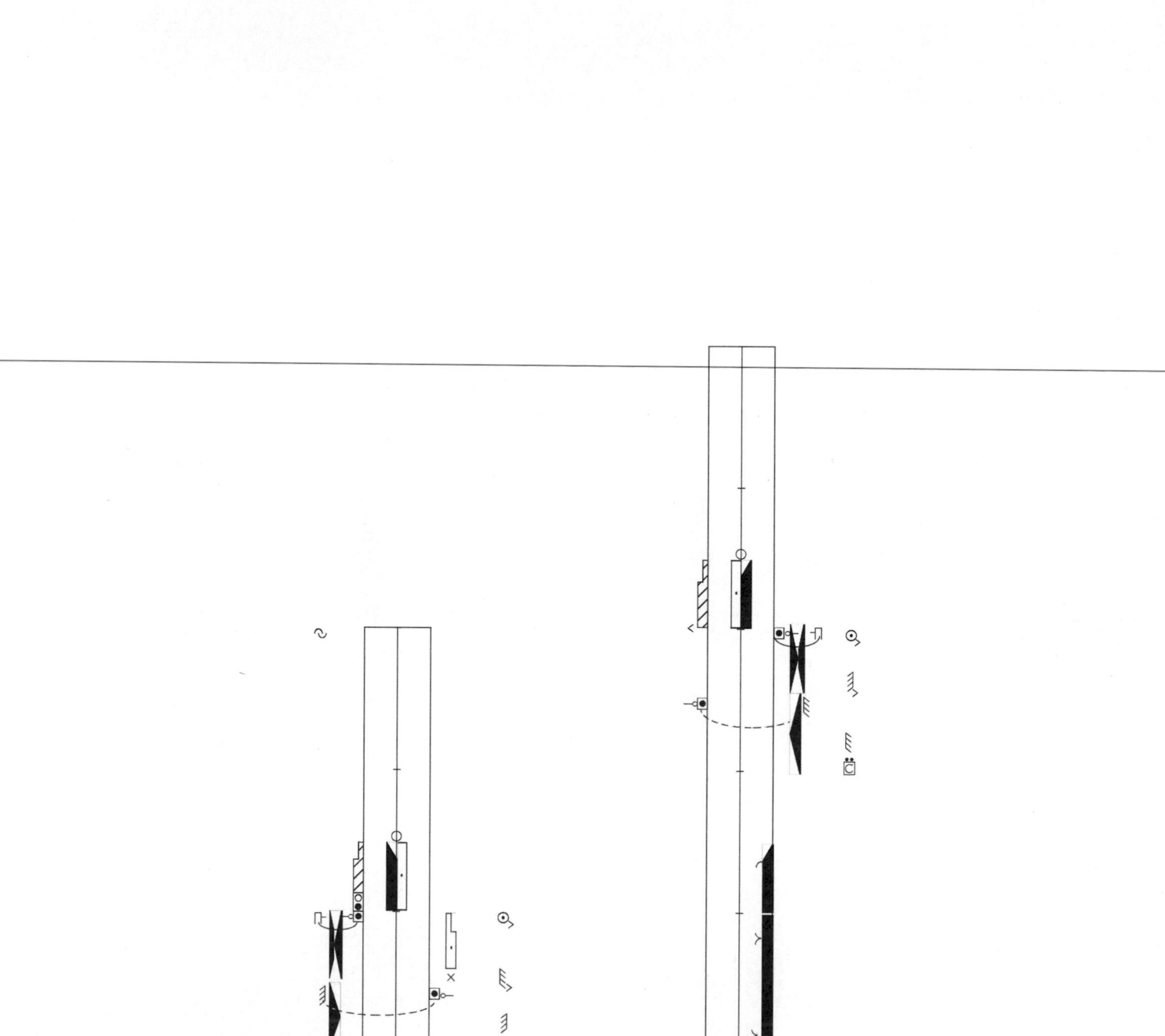
11
A.B.C.D.
12
A.B.C.D.

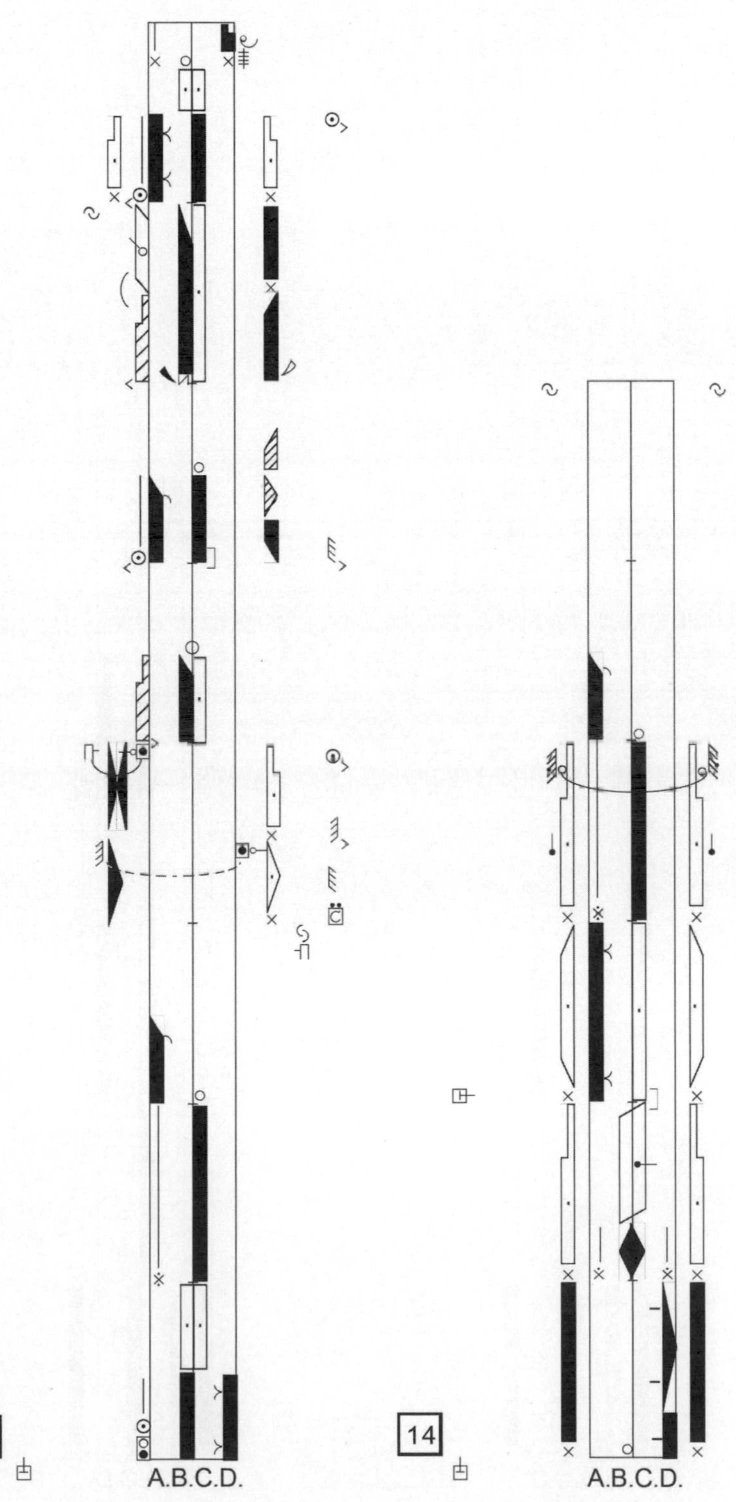
13
A.B.C.D.
14
A.B.C.D.

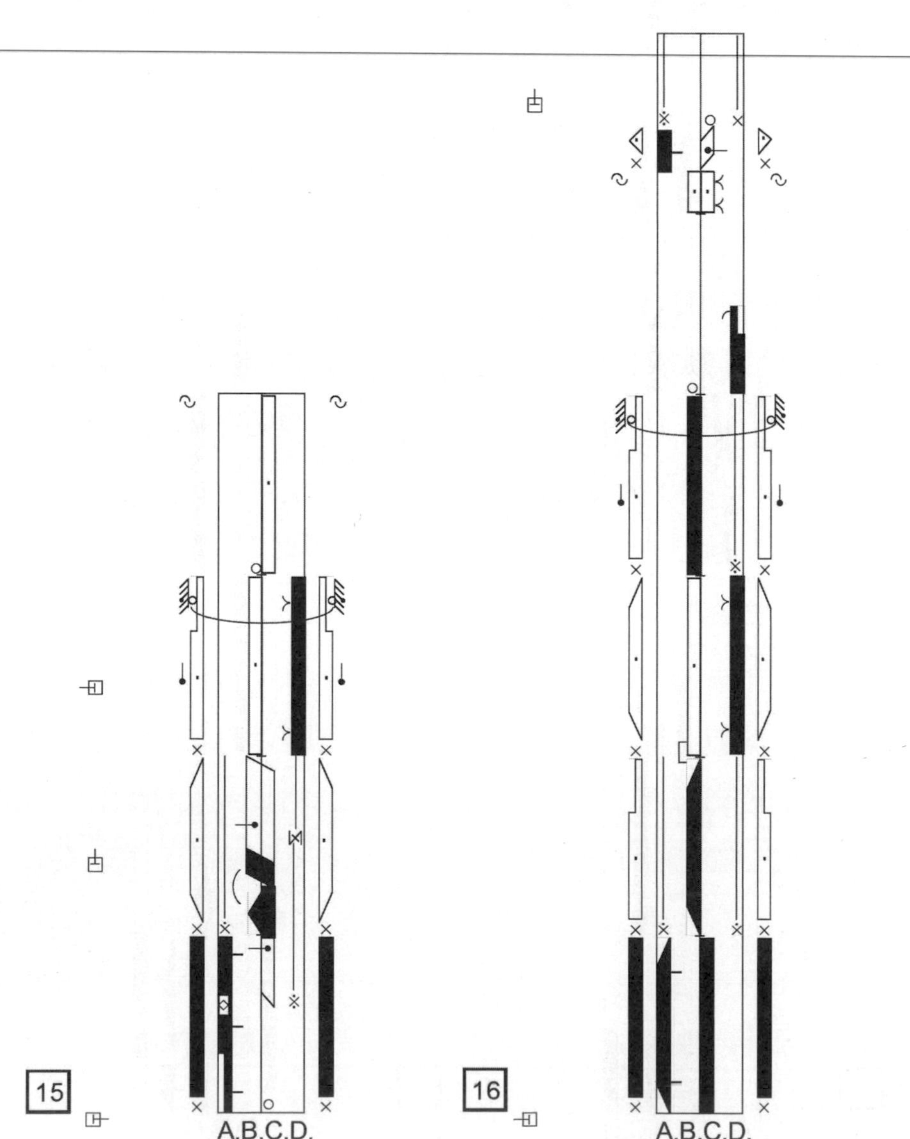
15
A.B.C.D.
16
A.B.C.D.

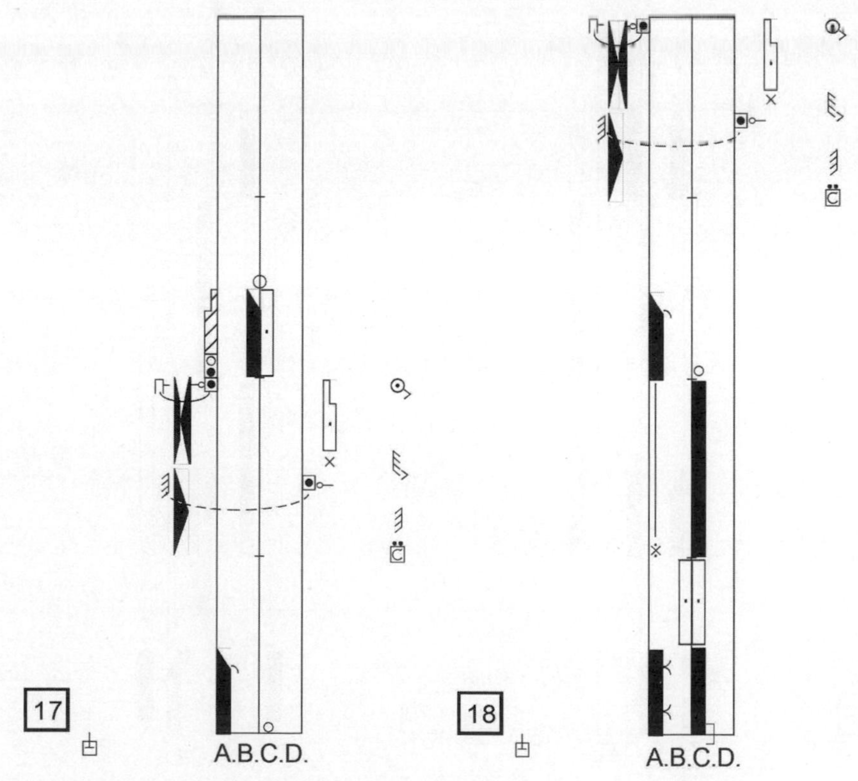
17
A.B.C.D.
18
A.B.C.D.

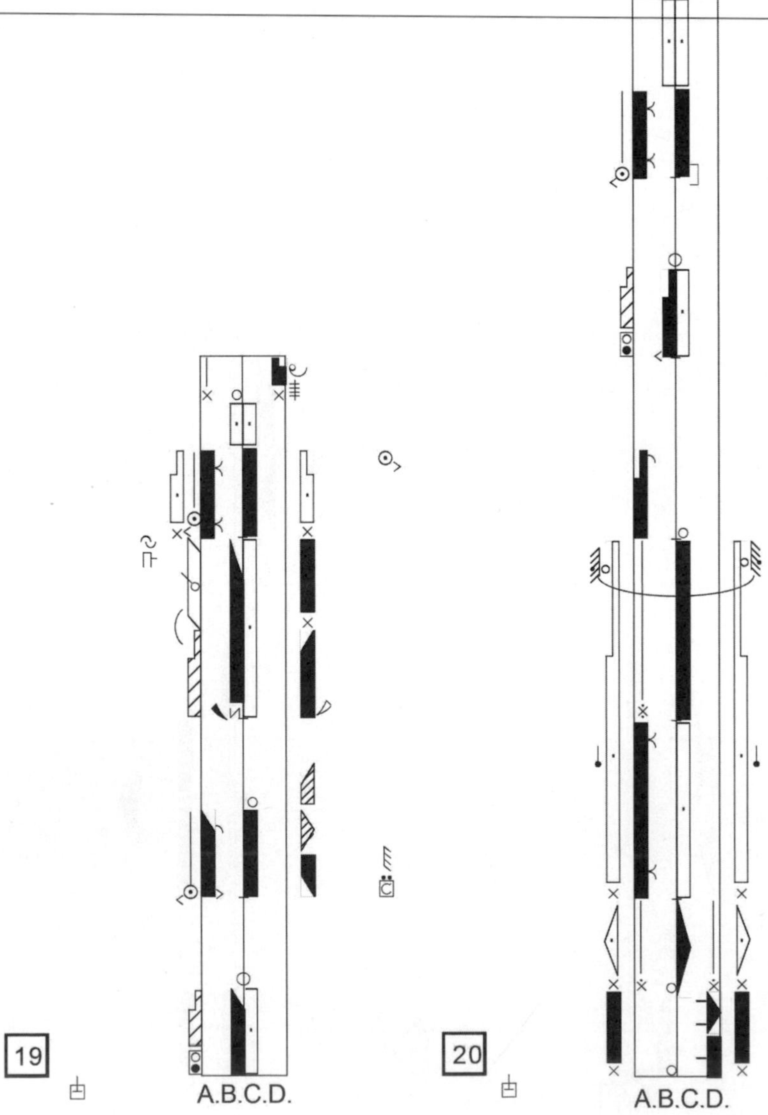
19
A.B.C.D.
20
A.B.C.D.

劉鳳學 Liu Feng Shueh

新古典舞團／唐樂舞　創辦人、創團藝術總監
財團法人新古典表演藝術基金會　創辦人
財團法人新古典表演藝術基金會　紅樹林劇場　創辦人
國立臺灣師範大學體育學系　榮譽教授

1925年生於黑龍江省齊齊哈爾市。1949年畢業於國立長白師範學院，主修舞蹈、輔修音樂。1965～1966年於日本東京教育大學研究舞蹈學，同時在日本宮內廳研究唐朝傳至日本之讌樂舞。1971～1972年於德國福克旺藝術學院（Folkwang Hochschule）隨Albrecht Knust及Hans Zülich研究拉邦動作譜及舞蹈創作。1981～1987年在英國拉邦舞蹈學院（Laban Centre for Movement and Dance）攻讀博士學位。1982～1987年間，在劍橋大學教授L. E. R. Picken指導下撰寫博士論文，1987年通過口試，獲哲學博士學位，為臺灣第一位舞蹈博士。

劉鳳學舞蹈創作生涯超過一甲子，作品編號已有130首，1976年創立「新古典舞團」，2001年創立「唐樂舞」。其中大型舞作如《招魂》、《北大荒》、《冪零群》、《布蘭詩歌》、《沉默的杵音》、《曹丕與甄宓》、《黑洞》、《灰瀾三重奏》、《黃河》、《大漠孤煙直》、《沉默的飛魚》、《雲豹之鄉》、《春之祭》、《揮劍烏江冷》等。她首倡「中國現代舞」，1967年以「古代與現代中國舞蹈」為題在臺北中山堂舉辦舞蹈發表會，發表「中國現代舞宣言」，為舞壇開闢出一條嶄新的道路，呈現一個創作者面對時代的回應。劉鳳學舞蹈風格結構嚴謹，肢體語彙簡潔有力，獨特的舞蹈空間安排，宛如一首精緻完美的交響詩。

其創作與研究涵蓋四個領域：一、創作（首倡中國現代舞）；二、臺灣原住民舞蹈文化人類學之研究、創作與出版；三、儒家舞蹈研究、重建及出版；四、唐讌樂舞蹈文化研究、重建、演出及古譜之譯解、出版。已經出版之著作有《教育舞蹈》、《舞蹈概

論》、《倫理舞蹈「人舞」研究》、《與自然共舞——臺灣原住民舞蹈》，舞譜出版有《大漠孤煙直：劉鳳學作品第115號舞蹈交響詩》（2003）與《春之祭：劉鳳學作品第125號現代舞劇》（2016）。

劉鳳學經常於國內外學術會議發表論文，建議政府改革舞蹈藝術教育制度，1990年代提供中小學舞蹈班及「七年一貫制舞蹈教育制度」之構想及課程架構。曾獲教育部第一屆國家文藝獎—舞蹈獎、薪傳獎、國家文藝獎特別貢獻獎、國家文化藝術基金會第一屆舞蹈藝術獎及兩次CORD舞蹈學者獎、2016年獲總統府景星勳章、2021年獲第40屆行政院文化獎等。

新古典舞團

1976年3月20日，劉鳳學懷抱「化身體為春秋筆、寫盡人間情與理」之千古情懷，和一群獻身舞蹈文化的學生於臺北市創立「新古典舞團」，秉「尊重傳統、創造現代」的精神，以深度人文內涵，融會西方藝術，將歷史春秋之情化成天下之舞，透過研究、創作和演出，呈現多元化的風貌。

舞團成立逾40年歷史，但其成立的原因要追溯到更早之前，劉鳳學找到自我的創作方向，結合研究與再創傳統舞蹈為開端，先後以「古代與現代」、「傳統與現代」為題，於臺北中山堂發表《拔頭》、《蘭陵王》、《春鶯囀》、《崑崙八仙》等重建唐樂舞的作品，同時提出「中國現代舞宣言」和理論，以及《旅》、《女性塑像》、《沉默》、《現代三部曲》等舞作。

身為新古典舞團創團藝術總監，劉鳳學的舞作多趨向於抽象及舞作本質的深入探討，如動作、時間、空間、質感等；就題材及內容而言，除致力於發揚與重建中國傳統素材外，亦融匯聲樂、歌劇、西方音樂及原住民文化，將舞作之氣勢表演得更加磅礴盡致。

新古典舞團的足跡遍及全臺，曾多次受邀至歐陸、美國、俄羅斯及東南亞等地演出，同時獲得極高的評價。另於1993、2007、2010及2014年應邀赴北京、成都、廣州、深圳、中山、西安等地巡迴演出，亦深受各界好評。

2019年起，新古典舞團藝術總監正式由盧怡全接棒，劉鳳學則退居幕後致力於唐樂舞寫作、研究與重建。

唐樂舞

唐樂舞是指唐讌樂。唐朝（618～907）讌樂是在國家莊嚴的慶典及宮廷正式的宴會或娛樂場合中表演的樂舞，起源於第三世紀，經過約四百年的文化激盪，由佛教文化、伊斯蘭文化、中亞地區文化及中國本土道教文化與儒家思維相融合，在中國古代文化的核心「禮」的制約下，形成的藝術瑰寶。

唐玄宗（712～755）時代，唐宮廷不僅有300餘首樂舞經常上演，並有萬餘名樂舞人員，分別在教坊、梨園等樂舞機構接受訓練及演出，可惜唐樂舞其完整的教育、考試及行政管理制度，隨著安史之亂與繼之而起的排外思潮，加上韓愈等人所提倡的文學復古運動，逐一流失殆盡。後世對中國古代文明的追求，則不得不求唐樂於日本，宋樂於韓國。

劉鳳學歷經逾60年，跨越亞洲、中國大陸、歐洲各地蒐集資料，於1966年3至9月在日本宮內廳研究、學習唐樂舞，2001年12月29日在臺北市創立「唐樂舞」，創團宗旨為重建唐朝宮廷樂舞之人類文化資產，針對相關文化、典章、制度及文獻，進行發掘、研究與保存等工作。自1968年起，劉鳳學重建之唐樂舞有大曲《皇帝破陣樂》、《春鶯囀》、《蘇合香》、《團亂旋》，中曲《崑崙八仙》、《蘭陵王》、《傾盃樂》、《貴德》，小曲《拔頭》、《胡飲酒》等，均依據日本之古樂譜及古舞譜，同時參考中、日兩國相關文獻進行重建。

劉鳳學年表

1925	6月19日生於黑龍江省齊齊哈爾市。
學　歷	
1932	入黑龍江省齊齊哈爾市昂昂溪區第一小學。
1938	入黑龍江省齊齊哈爾女子高等學校。
1942	入長春女子師道大學音樂體育系。
1946	入國立長白師範學院體育系，主修舞蹈，輔修音樂。
1949	國立長白師範學院畢業，獲教育學士學位。
1965～1966	日本國立教育大學舞蹈學研究，同時在日本宮內廳研究唐代樂舞及隨江口隆哉研究舞蹈創作法。
1970～1972	入德國福克旺藝術學院（Folkwang Hochschule）研究。
1981～1987	入英國拉邦舞蹈學院（Laban Centre for Movement and Dance at the University of London Goldsmiths' College）攻讀博士學位。 自1982年在劍橋大學教授L. E. R. Picken, Sc.D., F.B.A指導下，撰寫博士論文。
1987	2月通過口試，獲英國國家哲學博士學位。
經　歷	
1948	任國立長白師範學院助教。
1950	任臺灣省立臺中師範學校教師。
1953	任中國青年救國團組員兼臺北市第二女子中學舞蹈教師。
1954～1985	任國立臺灣師範大學講師、副教授、教授。
1985～1988	任國立臺灣藝術專科學校舞蹈科教授兼主任。
1988～1990	任國家戲劇院、國家音樂廳主任。
1990	8月退休。
1990～2019	新古典舞團藝術總監。
2019～	新古典舞團總監製。
貢　獻	
1967	成立現代舞研究中心。
1976	成立新古典舞團。

1979	參加行政院舉辦之國建會，提出「國民中小學舞蹈實驗班」實施建議案。
1987～1996	主持撰寫《舞蹈名詞》，由國立編譯館主編，洪葉文化公司出版。
1994	成立新古典表演藝術基金會。 參加第七屆全國教育會議，提出「七年一貫制藝術教育制度」建議。
1996～2004	主持編撰《舞蹈辭典》，由國立編譯館主編。
2001	成立唐樂舞。
榮　譽	
1969	獲教育部國家文藝獎第一屆舞蹈獎。
1977	獲美國國際舞蹈研究委員會（CORD）傑出舞蹈學者獎。
1987	獲民族藝術薪傳獎—舞蹈獎。
1991	獲國家文藝獎—特別貢獻獎。
1997	獲第一屆國家文化藝術基金會文藝獎——舞蹈獎。
2008	獲第49屆中國文藝協會文藝獎章——榮譽文藝舞蹈獎。
2014	獲教育部第一屆藝術教育貢獻獎——終身成就獎。 獲教育部體育署體育推手獎——終身成就獎。
2016	獲總統府頒授二等景星勛章。
2021	獲第40屆行政院文化獎。
出　版	
1952	《唱遊創作集》，由李瑞方作曲，劉鳳學作詞及設計動作。
1964	《教育舞蹈》、《舞蹈概論》。
1968	《倫理舞蹈「人舞」研究》。
1973	在美國舞譜局出版《中國舞譜》。
2000	《與自然共舞——臺灣原住民舞蹈》。
2003	《大漠孤煙直：劉鳳學作品第115號舞蹈交響詩》。
2004	《舞蹈辭典》。
2016	《春之祭：劉鳳學作品第125號現代舞劇》。
2021	《劉鳳學舞蹈全集》第一卷・唐宮廷讌樂舞研究（一）。
研　究	
1953	赴蘭嶼調查原住民雅美族舞蹈、音樂。

1955	赴烏來及南投調查原住民泰雅族舞蹈、音樂。
1957	開始研究中國傳統舞蹈，以及實驗中國現代舞。
1959	赴南投仁愛鄉調查研究原住民布農族舞蹈、音樂。
1961	赴嘉義達邦鄉調查研究原住民鄒族舞蹈、音樂。
1968	接受教育部委託修訂祭孔佾舞。
1969	赴苗栗向天湖及五峰鄉調查研究原住民賽夏族舞蹈、音樂。 接受教育部委託修訂祭孔佾舞。
1970	修訂祭孔佾舞。
1973	赴以色列出席國際民族舞蹈研討會，並以〈舞譜在中國民族舞蹈上的應用〉為題，發表研究報告。
1976	赴屏東三地門、霧臺、桃源鄉調查研究原住民排灣族舞蹈、音樂。
	接受臺灣省民政廳委託，重建雅美、阿美、泰雅、魯凱、鄒族及排灣等族之舞蹈。
1977	接受臺灣省民政廳委託，赴臺東調查研究原住民卑南族舞蹈、音樂，並重新編創卑南、賽夏及布農族等族之舞蹈。
1978	8月應邀赴美國夏威夷出席舞蹈研究委員會、舞蹈公會主辦之國際舞蹈會議，並擔任「舞蹈的知覺與其符號轉化」小組討論會組員。
1980	1月赴蘭嶼研究雅美族舞蹈。
1982～1987	博士論文《從公元前十七世紀至十三世紀的中國古代禮儀舞蹈與儀式舞蹈記錄和舞蹈分析研究（A Documented Historical and Analytical Study of Chinese Ritual and Ceremonial Dance from the Second Millennium B.C. to the Thirteenth Century）》。
1984	再度赴韓國研究考察宋朝傳至韓國之儒家舞蹈及韓國於15世紀仿儒家舞蹈所創之宗廟舞蹈。
1993	4、5月赴四川、阿壩藏族羌族自治州研究羌族樂舞禮俗。
1999	於廣東省深圳市發表論文〈整合拉邦動作譜及拉邦動作分析法對中國唐代讌樂《春鶯囀》分析研究〉。
2000	於捷克發表論文〈Establishment of the Dance Cultural Forum on the Website（舞蹈文化論壇網路建立）〉。
2001	於Novosibirsk Russia新西伯利亞發表論文〈中國傳統舞蹈——新古典舞蹈比較分析（New Face: Traditional Chinese Dance-Neo Classic Dance）〉。
2003	於Asia Society New York City 紐約亞洲協會發表〈尋找失去的舞跡．重建唐樂舞文明（Tracing the Footprints of the Dance long lost Reconstruction of Tang Music and Dance Civilization）〉。

2006	於法國舞蹈中心發表論文〈中國唐朝宮廷讌樂舞研究（Banquet Music and Dance at the Táng court (618-907AD)）〉。
2009	於北京《中國藝術報》中發表〈讓《佾舞》接軌世界文化〉。 於臺灣《PAR表演藝術雜誌》198期中發表〈重探原歌原舞　還諸天地海洋〉。 於法國《*Danses et identities*》中發表〈La yanyue: Musique et de banquet à la cour des Tang (618-907AD)〉。 於北京《當代中華藝術的多點透視》中發表論文〈儒家禮儀舞蹈《佾舞》研究。
2010	於北京「甲子歸哺」資華筠舞蹈藝術生涯60年紀念文集中發表〈追求完美　追求卓越——資華筠先生從事舞蹈藝術實踐、舞蹈研究六十週年〉。
2012	於Celebrating Dance In Asia And The Pacific—Identity And Diversity中發表〈A Study of Banquet Music and Dance at the Tang Court (618-907AD)〉。
2014	於北京發表論文〈唐宮廷讌樂舞研究〉。 於北京舞蹈學院「中和大雅」學術研討會中發表〈只拍子對唐樂舞「質」的影響研究：以重建《撥頭》為例〉。

創作、演出

1950	創作	藍色多瑙河	（作品第103號）	首演於臺中體育場
		懇求	（作品第2號）	首演於臺中師範學校禮堂
1951	創作	白鳥湖	（作品第3號）	首演於臺中師範學校禮堂
		蒙古祝捷舞	（作品第4號）	
		火花	（作品第5號）	
		三七五減租頌舞	（作品第6號）	
		雪恥復國	（作品第7號）	
1952	創作	菩提舞	（作品第8號）	首演於臺中師範學校禮堂
		凌波舞	（作品第9號）	
		白帆	（作品第10號）	
		農家樂	（作品第11號）	
1954	創作	海	（作品第13號）	首演於臺灣師範大學
		銀盤舞	（作品第14號）	首演於臺北市中山堂
		春之聲	（作品第15號）	首演於臺灣師範大學
		森林的鐵匠	（作品第16號）	

		練習舞之一	（作品第17號）	
1955	創作	奔向自由	（作品第12號）	首演於臺北市三軍球場
		練習舞之二	（作品第18號）	首演於臺灣師範大學體育館
		命運	（作品第19號）	首演於臺灣師範大學禮堂
1956	創作	荷花湖	（作品第20號）	首演於臺北市三軍球場
		維也納森林	（作品第21號）	首演於臺灣師範大學體育館
		虹彩妹妹	（作品第22號）	
		蘭嶼夏夜	（作品第23號）	首演於臺北市三軍球場
		沙里紅巴	（作品第24號）	首演於臺灣師範大學體育館
		練習舞之三	（作品第25號）	
		康巴族舞	（作品第26號）	
1957	創作	女巫	（作品第27號）	首演於臺灣師範大學禮堂
		最後的審判	（作品第28號）	
		花的圓舞曲	（作品第29號）	
		海獵	（作品第30號）	
		虹	（作品第31號）	
		練習舞之四	（作品第32號）	
1958	創作	十面埋伏	（作品第33號）	首演於臺灣師範大學禮堂
		採桑舞	（作品第34號）	
		鈴蘭舞	（作品第35號）	
		練習舞之五	（作品第36號）	
1959	創作	傜人舞	（作品第37號）	首演於臺灣師範大學禮堂
		練習舞之六	（作品第38號）	
1960	創作	碧濤之舞	（作品第39號）	首演於臺灣師範大學禮堂
		練習舞之七	（作品第40號）	
1961	創作	時間的韻律	（作品第41號）	首演於臺灣師範大學禮堂
1963	創作	迎晨	（作品第42號）	首演於臺灣師範大學
		練習舞之八	（作品第43號）	

		人舞	（作品第44號）	
		佾舞	（作品第45號）	
		練習舞之九	（作品第46號）	
1964	創作	青春的旋律	（作品第47號）	首演於臺灣師範大學
		練習舞之十	（作品第48號）	
1967	創作	太極劍舞	（作品第49號）	首演於臺北市中山堂（4月8日）
		練習舞之十一	（作品第50號）	首演於臺灣師範大學
		練習舞之十二	（作品第51號）	
		牧笛	（作品第52號）	首演於臺北市中山堂（4月8日）
		新年樂	（作品第53號）	
		鬥	（作品第54號）	
		女性的塑像	（作品第55號）	
		旅	（作品第56號）	
		相依為命	（作品第57號）	
		直？圓？	（作品第58號）	
		拔頭（重建）	（作品第59號）	
		蘭陵王（重建）	（作品第60號）	
		春鶯囀（重建）	（作品第61號）	
	公演	4月8日在臺北市中山堂，以「古代與現代中國舞蹈」為題，舉行舞蹈發表會。介紹中國傳統舞蹈及中國現代舞之創作原理及研究創作成果。		
1968	創作	崑崙八仙（重建）	（作品第62號）	首演於臺北市中山堂
		二十四小時又一秒	（作品第63號）	
		街頭	（作品第64號）	
		沉默	（作品第65號）	

		門神	（作品第66號）	
		炊煙	（作品第67號）	
		練習舞之十三	（作品第68號）	首演於臺灣師範大學
		現代三部曲	（作品第69號）	首演於臺北市中山堂
	公演	5月9日在臺北市中山堂，以「傳統與現代」為題舉行舞蹈發表會。		
1973	創作	柏林圍牆	（作品第70號）	首演於臺北市中山堂
		聖母頌	（作品第71號）	
		神曲（舞劇——嫦娥奔月）	（作品第72號）	
	公演	5月19日在臺北市中山堂舉行舞蹈發表會。		
1974	創作	投壺戲	（作品第73號）	首演於臺北市國父紀念館
		蝕	（作品第74號）	
		天問	（作品第75號）	
		遊子吟	（作品第76號）	
		招魂	（作品第77號）	
		秋江	（作品第78號）	
	公演	12月15、16日在臺北市國父紀念館舉行舞蹈發表會。 12月22日在臺中市中興堂舉行舞蹈發表會。		
1975	創作	疏離	（作品第79號）	首演於臺北市中山堂
		抒情詩	（作品第80號）	
		小小天問	（作品第81號）	
	公演	率領中國舞蹈團赴玻利維亞參加國際民族舞蹈節表演。		
1976	創作	嬉春圖	（作品第82號）	首演於臺北市國父紀念館（3月20日）
		現代人	（作品第83號）	
		戀歌	（作品第84號）	
		洛神	（作品第85號）	
		秋瑾	（作品第86號）	

	公演	3月20、21日在臺北市國父紀念館舉行創團公演舞蹈發表會。 6月19日在臺中中興堂舉行原住民族舞蹈發表會。 9月應美國舊金山州立大學邀請赴舊金山、洛杉磯、夏威夷等地公演，並以「西方及中國舞蹈的比較」為題，發表演講。		
1977	創作	北大荒	（作品第87號）	首演於臺北市國父紀念館（11月13日）
		尋夫記	（作品第88號）	未完成
		漁歌子	（作品第89號）	首演於臺北市國父紀念館（11月13日）
		度小月	（作品第90號）	
		冪零群	（作品第91號）	
	公演	11月3、4日在臺北市國父紀念館，以「抽象與寫實」為題，舉行舞蹈發表會。		
1978	創作	智慧島	（作品第92號）	首演於臺北市國父紀念館
		慶典	（作品第93號）	
	公演	3月10日至13日在臺北市國父紀念館舉行臺灣原住民舞蹈發表會。 11月6日至10日，11月18、19日分別在臺北市國父紀念館及臺南市中正圖書館育樂堂舉行劉鳳學舞蹈創作20年回顧公演。		
1979	公演	8月應奧地利及德國邀請，率新古典舞團赴奧地利參加「巴魯克隆」民俗藝術節後赴西德，在海德堡大學、佛蘭斯堡歌劇院、慕尼黑斯坦堡演出6場。 11月在臺北國父紀念館舉行第一屆新銳創作展。		
1980	創作	海濱	（作品第94號）	首演於臺北市國父紀念館（4月10日）
		雪祭	（作品第95號）	
		雅美人	（作品第96號）	未完成
	公演	參加教育部第一屆文藝季在臺北、臺中、高雄演出4場。 7月赴法國參加「第18屆比里牛斯世界民俗舞蹈節」。 9月赴新加坡公演。		
1981	創作	拉邦三環創作法實驗	（作品第97號）	
		保太平——重建韓國佾儒家舞蹈	（作品第98號）	
1984	創作	皇帝破陣樂（重建）	（作品第99號）	首演於1992年臺北市國家戲劇院

1991	創作	圓	（作品第100號）	首演於臺北市國家戲劇院
		檔案	（作品第101號）	
		1991年，舞團復出，11月在國家戲劇院以「她，走過四十年」為題，演出《冪零群》、《招魂》、《圓》及《檔案》。		
1992	創作	俑之一——漢俑	（作品第102號）	首演於臺北市國家戲劇院（3月13日）
		布蘭詩歌	（作品第103號）	首演於臺北市國家戲劇院（11月13日）
	公演	3月13至15日於臺北市國家戲劇院演出「中國之美」系列。11月13至15日於臺北市國家戲劇院演出《布蘭詩歌》，11月26日於新竹市清華大學演出《布蘭詩歌》，12月5日於臺中縣立文化中心演出《布蘭詩歌》，12月6日於南投縣立文化中心演出《布蘭詩歌》，12月16日於中壢藝術館演出《布蘭詩歌》，12月17日於基隆文化中心演出《布蘭詩歌》。		
1993	創作	化成天下之舞（重建）	（作品第104號）	首演於紐約中國文化中心臺北劇場
		威加四海（重建）	（作品第105號）	
		俑之二——羌俑	（作品第106號）	
	公演	2月赴北京、成都、廣州演出。 9月赴美國紐約臺北劇場演出4場，並以「儒家舞蹈」為題，演講與座談。 12月於臺中市中山堂、新竹清華大學演出。		
1994	創作	沉默的杵音	（作品第107號）	首演於臺北市國家戲劇院
1995	創作	青春之歌	（作品第108號）	首演於臺北市政府禮堂
1996	創作	曹丕與甄宓	（作品第109號）	首演於臺北市國家戲劇院（4月12日）
		黑洞	（作品第110號）	首演於臺北市國家戲劇院（11月1日）
1997	創作	灰瀾三重奏	（作品第111號）	首演於臺北市國家戲劇院（11月7日）
1998	創作	地獄不空誓不成佛	（作品第112號）	首演於臺北市國家戲劇院（6月4日）

1999	創作	南管樂舞	（作品第113號）	首演於臺北市國家戲劇院實驗劇場（3月）
		黃河	（作品第114號）	首演於臺北市國家戲劇院（5月）
2000	創作	大漠孤煙直	（作品第115號）	首演於臺北市國家戲劇院（5月）
		童瞳（電腦編舞作品）	（作品第116號）	首演於臺北市國家戲劇院實驗劇場（9月）
		無尾熊與符號（電腦編舞作品）	（作品第117號）	
2001	公演	4月赴俄羅斯新西伯利亞演出《大漠孤煙直》。 12月於臺北市中山堂中正廳演出唐樂舞「尋找失去的舞跡　重建唐樂舞文明」《皇帝破陣樂》、《拔頭》、《春鶯囀》。		
2002	創作	蘇合香（重建）	（作品第118號）	首演於臺北市國家戲劇院（11月）
	公演	3月赴紐約、舊金山演出《皇帝破陣樂》、《拔頭》、《春鶯囀》。 11月於臺北市國家戲劇院演出唐樂舞《皇帝破陣樂》、《春鶯囀》、《拔頭》、《蘇合香》。		
2003	創作	胡飲酒（重建）	（作品第119號）	首演於臺北市國家戲劇院（11月）
		團亂旋（重建）	（作品第120號）	
	公演	6月赴紐約亞洲協會參加第46屆APAP會議示範演出《皇帝破陣樂》、《春鶯囀》、《拔頭》、《蘇合香》。 11月於臺北市國家戲劇院演出唐樂舞《皇帝破陣樂》、《春鶯囀》、《胡飲酒》、《蘇合香》、《團亂旋》。		
2004	公演	5月於臺北市國家戲劇院、臺南市立藝術中心演出《曹丕與甄宓》。 7月參加高雄市政府「戀舞八十：大師對談－李彩娥VS劉鳳學」演出《俑之一——漢俑》。 8月參加臺灣國際舞蹈論壇於臺北藝術大學戲劇廳演出《皇帝破陣樂》、《春鶯囀》、《拔頭》、《蘇合香》。		
2005	創作	飛墨	（作品第121號）	首演於臺北市中山堂光復廳（1月）
	公演	1月「漢字文化節」於臺北市中山堂光復廳演出《春鶯囀》、《拔頭》、《蘇合香》、《團亂旋》、《南管樂舞——起手版》、《飛墨》。		

		3月政大駐校藝術家系列活動「劉鳳學與新古典的舞蹈世界」演出《曹丕與甄宓》。 10月新古典舞團重建美國現代舞宗師安娜・索克洛（Anna Sokolow）名作《房間》、《夢魘》於臺北市國家戲劇院、高雄市立文化中心至德堂、新竹市立文化局演藝廳演出。		
2006	公演	4月至6月新古典舞團成立30週年，精華再現。於臺北市國家戲劇院、彰化員林演藝廳、高雄市立文化中心至德堂、臺南市立文化中心、臺中市文化局中山堂、臺灣師範大學、新竹高中演出《布蘭詩歌》。 6月應法國舞蹈中心之邀前往演出唐樂舞《皇帝破陣樂》、《春鶯囀》、《拔頭》、《蘇合香》、《團亂旋》。		
2007	創作	沉默的飛魚	（作品第122號）	首演於臺北市國家戲劇院（10月）
	公演	1月兩岸文化交流巡迴於深圳、廣州、中山演出《曹丕與甄宓》。 4月兩廳院20週年「雙十年華舞蹈彩匯」演出《招魂》。 6月於苗栗巨蛋體育館演出《布蘭詩歌》。		
2008	公演	5月「民國四十六年——頓悟・劉鳳學的飛舞年代」於臺北市國家戲劇院演出《火花》、《最後的審判》、《十面埋伏》、《二十四小時又一秒》、《冪零群》、《俑之一——漢俑》。 11月「舞蹈文化人類學研討會」於新古典表演藝術基金會紅樹林劇場演出「唐樂舞」。		
2009	創作	雲豹之鄉	（作品第123號）	首演於臺北市國家戲劇院（6月）
	公演	3月應臺灣大學藝文中心之邀於臺大雅頌坊演出唐樂舞《春鶯囀》、《拔頭》、《蘇合香》、《團亂旋》。 10月於新竹清華大學演出《雲豹之鄉》。		
2010	公演	4月於苗栗巨蛋體育館演出《雲豹之鄉》。 8月受西安音樂學院邀請至西安、北京參加第29屆世界音樂教育大會演出唐樂舞「來自唐朝的聲影」《春鶯囀》、《拔頭》、《蘇合香》、《團亂旋》。 10月於新古典表演藝術基金會紅樹林劇場演出唐樂舞《春鶯囀》、《拔頭》、《蘇合香》、《團亂旋》。		
2011	創作	傾盃樂 （重建）	（作品第124號）	首演於臺北市國家戲劇院（10月）
	公演	10月於臺北市國家戲劇院演出唐樂舞《春鶯囀》、《拔頭》、《蘇合香》、《團亂旋》、《傾盃樂》。 11月於新古典表演藝術基金會紅樹林劇場演出《大漠孤煙直》。		

2012	創作	春之祭	（作品第125號）	首演於莫斯科RAMT Theatre（6月）
		感恩之歌	（作品第126號）	
		揮劍烏江冷	（作品第127號）	首演於臺北市國家戲劇院（11月）
	公演	12月「原住民舞蹈的傳承與轉化」於新古典表演藝術基金會紅樹林劇場演出《雲豹之鄉》選粹、《感恩之歌》。		
2013	創作	被遺忘的奉獻	（作品第128號）	首演於臺北市國家戲劇院（10月）
		基督升天	（作品第129號）	
	公演	4月於高雄衛武營藝術文化中心281展演場演出《大漠孤煙直》。 10月於臺北市國家戲劇院演出《被遺忘的奉獻》、《基督升天》、《春之祭》。 10月於新竹演藝廳演出《大漠孤煙直》。		
2014	公演	11月受北京舞蹈學院邀請至北京參加東方古代雅樂展示交流「中和大雅·古舞今聲」演出唐樂舞《春鶯囀》、《拔頭》、《蘇合香》、《團亂旋》、《傾盃樂》。		
2015	公演	11月「舞蹈文化人類學國際學術研討會——不同視野下之傳統樂舞：傳承、創新與推廣之研究」於臺灣師範大學知音劇場演出唐樂舞《春鶯囀》、《拔頭》、《蘇合香》以及《漢俑》。		
2020	創作	貴德 （重建）	（作品第130號）	首演於新古典表演藝術基金會紅樹林劇場（10月）
	公演	10月於新古典表演藝術基金會紅樹林劇場演出唐樂舞《團亂旋》、《拔頭》、《蘇合香》、《傾盃樂》、《貴德》、《春鶯囀》。		

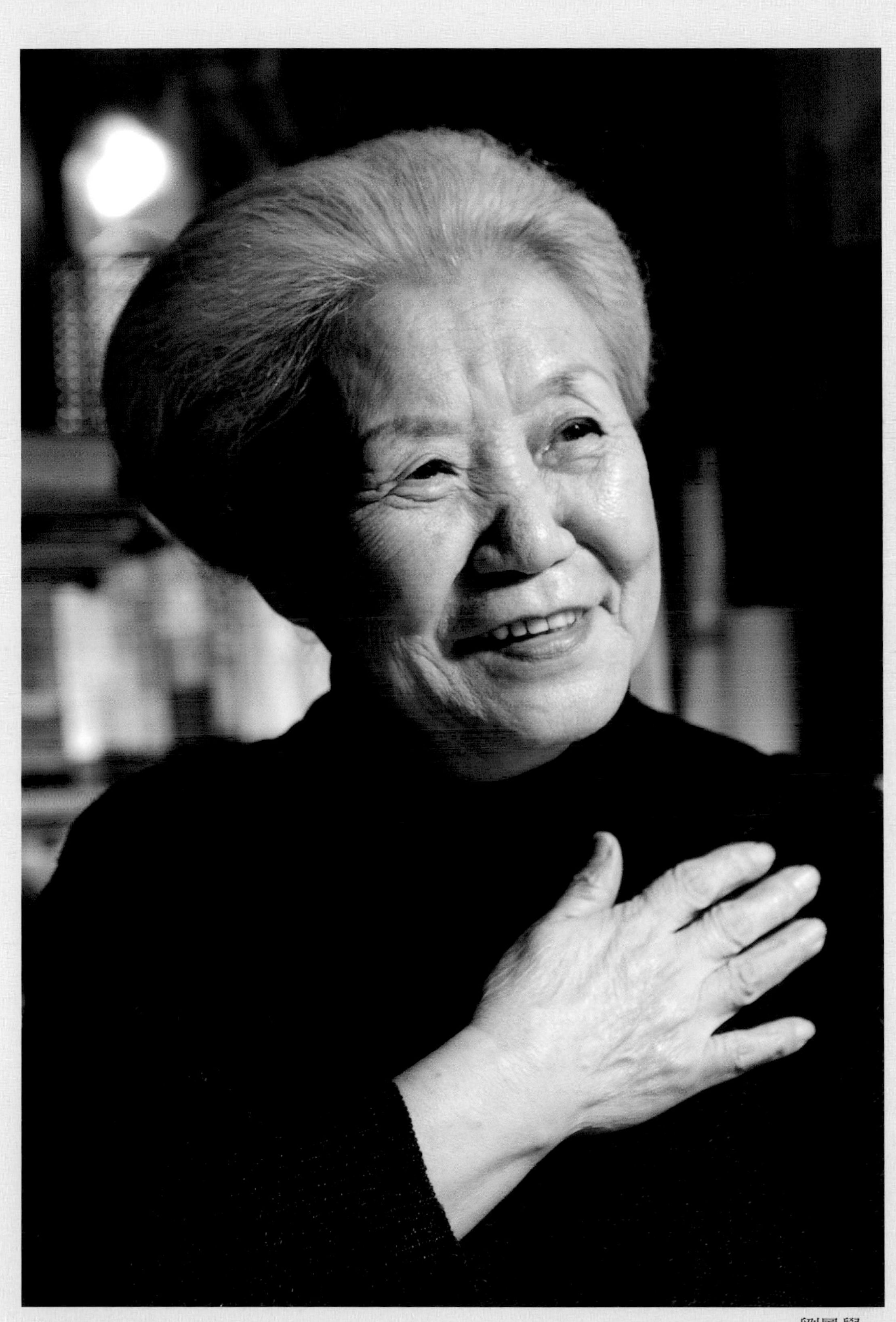

劉鳳學。
攝影／何經泰

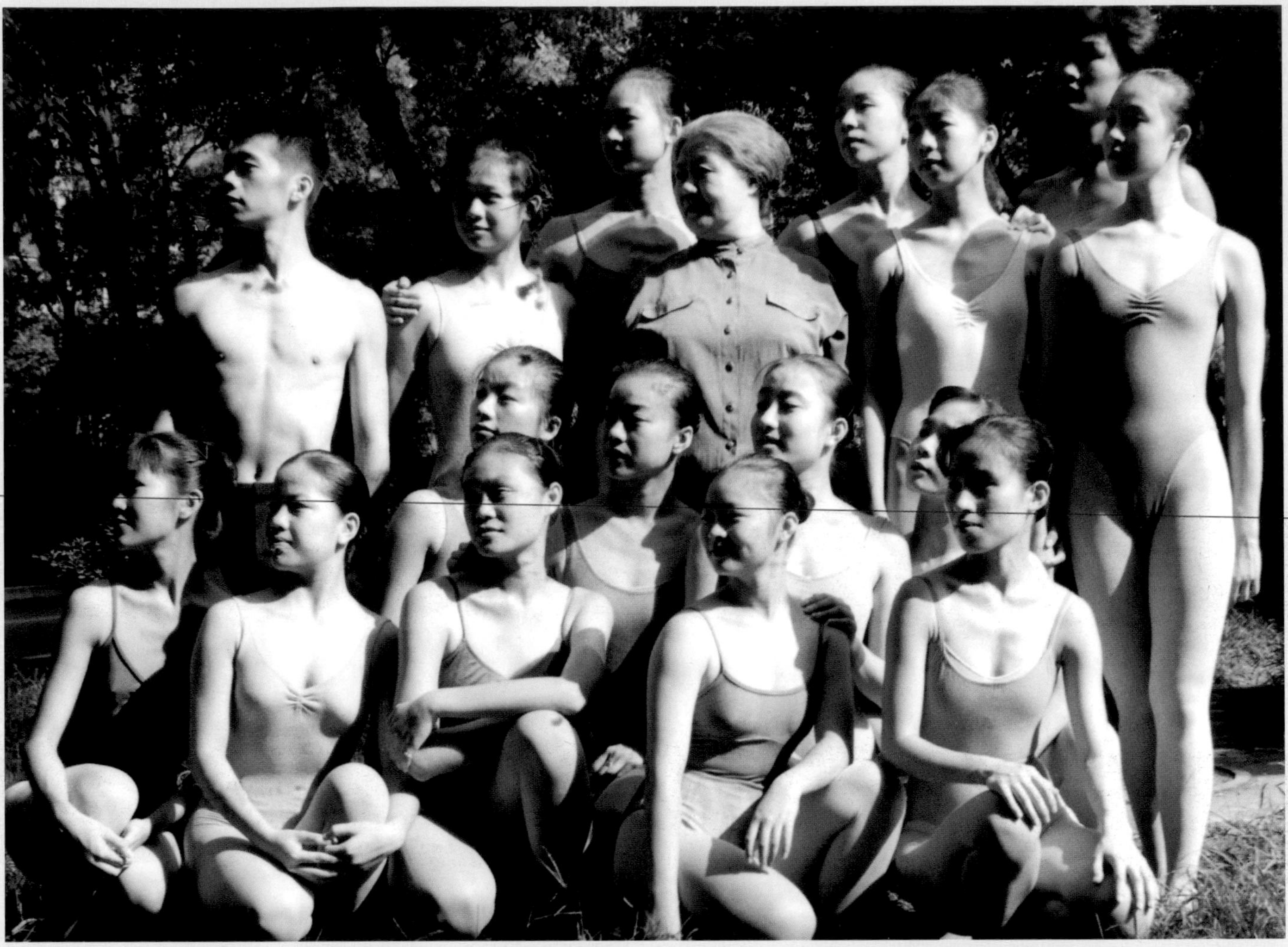

劉鳳學與新古典舞團團員。舞團成立於1976年3月20日。

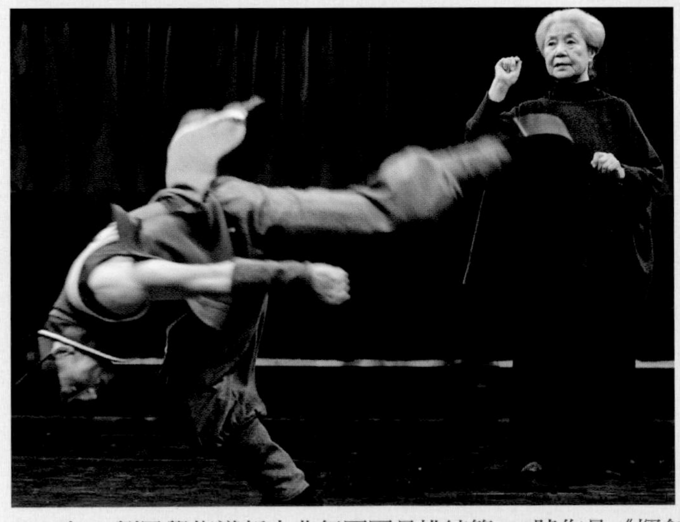

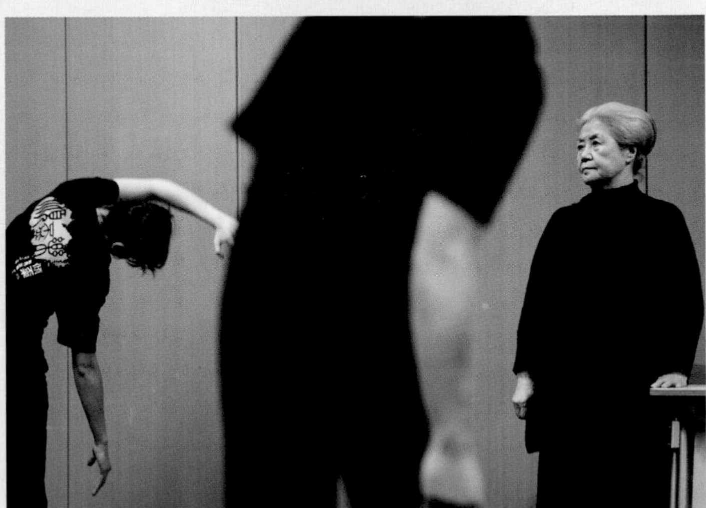

2012年，劉鳳學指導新古典舞團團員排練第127號作品《揮劍烏江冷》。
攝影／何經泰

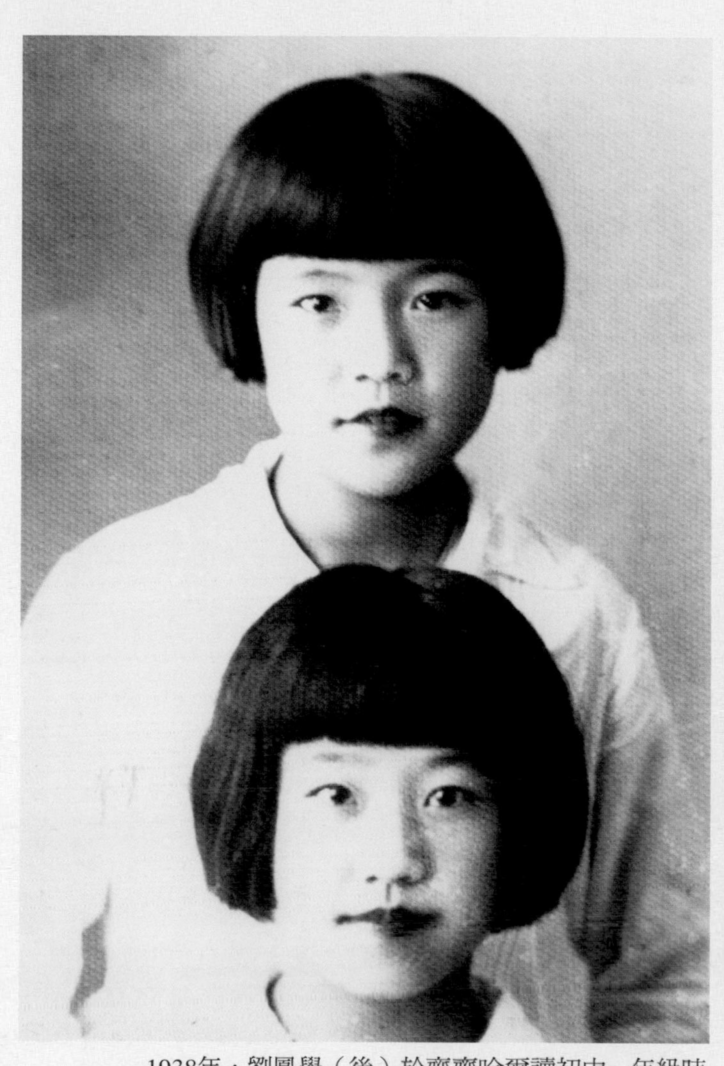

1938年，劉鳳學（後）於齊齊哈爾讀初中一年級時與姊姊劉鳳芝。

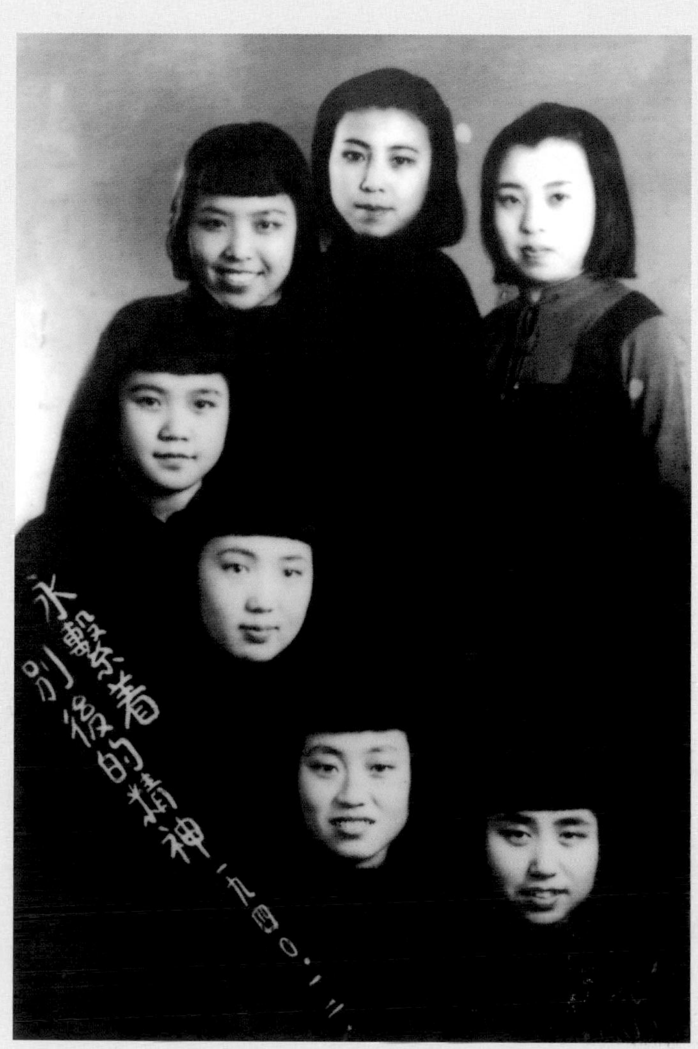

1940年12月，劉鳳學（中立者）初中畢業時攝。

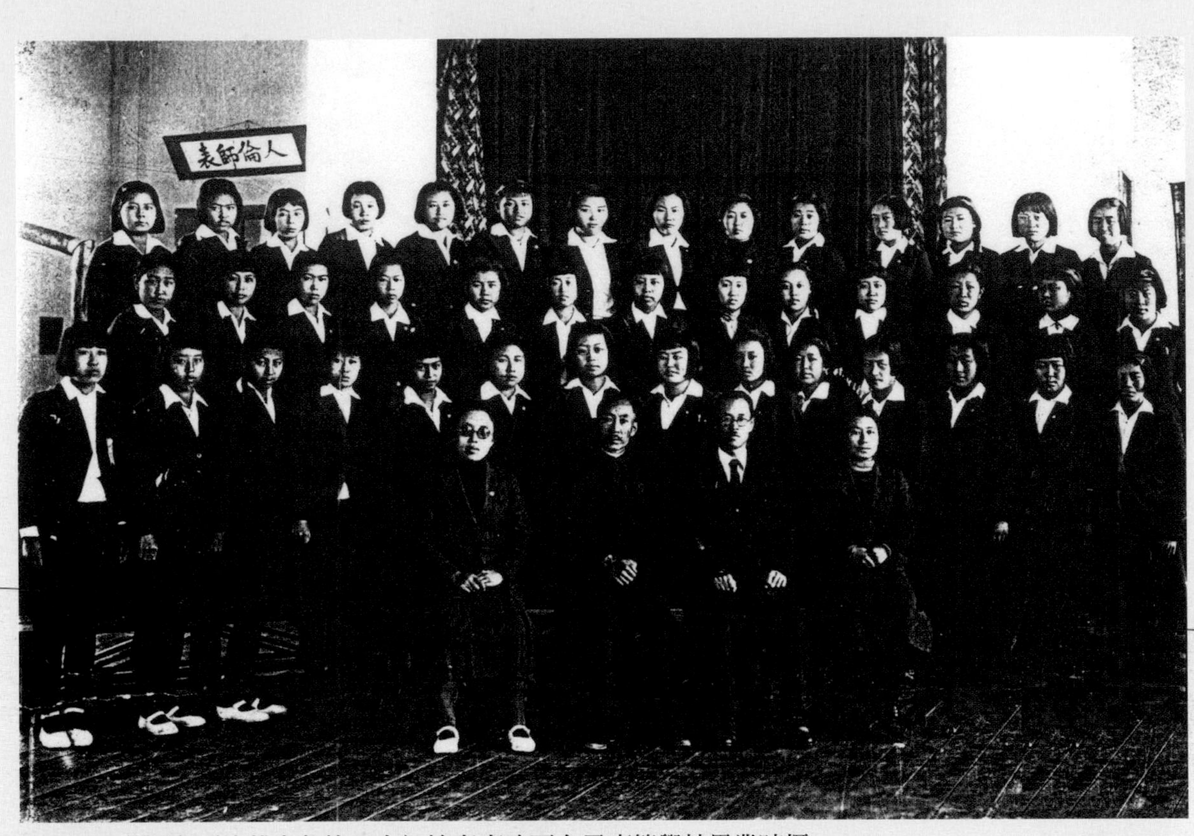

1941年，劉鳳學（中排左起第五人）於齊齊哈爾女子高等學校畢業時攝。
前排坐者左起第一人為其最尊敬的國文老師李冠林女士。

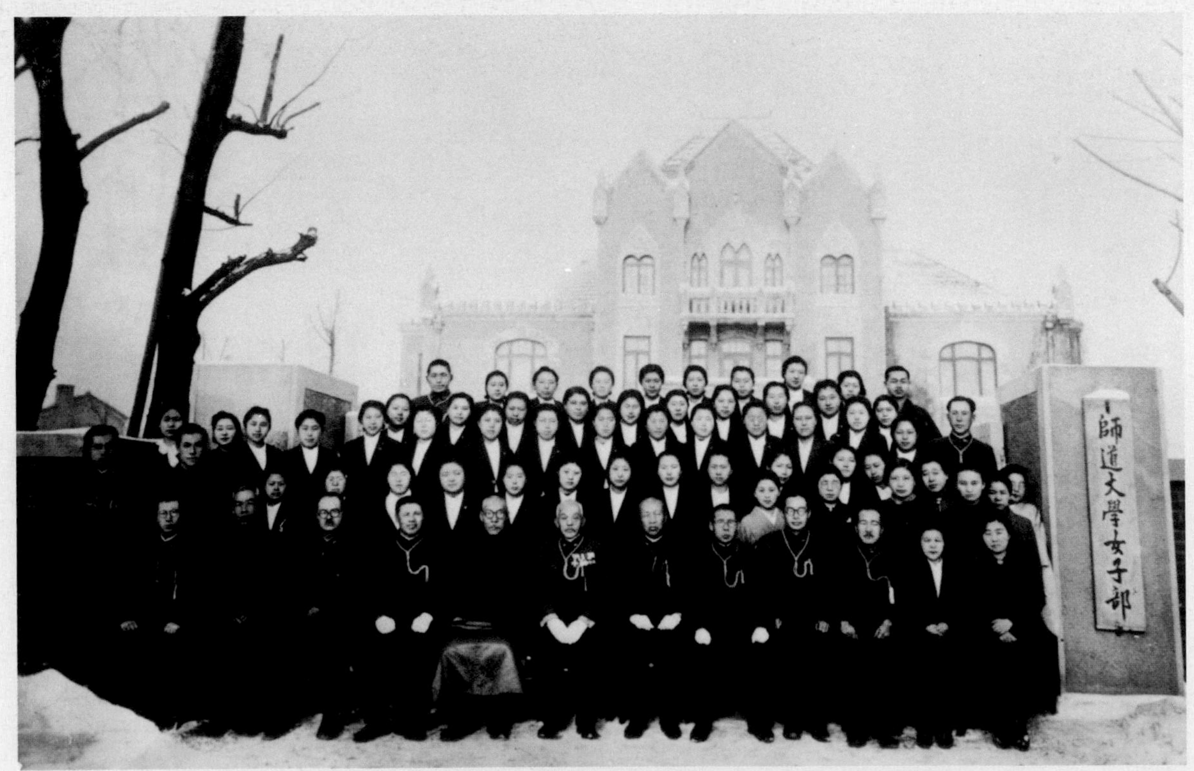

1945年，劉鳳學（最後排左起第五人）就讀長春女子師道大學時攝。

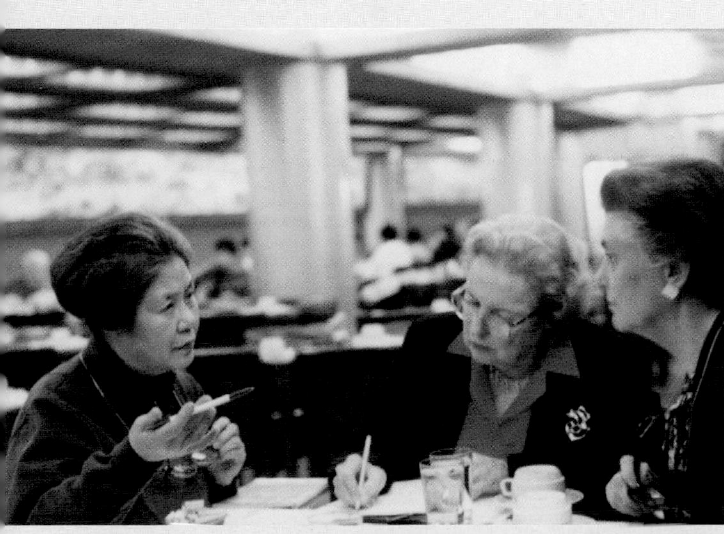

1980年代，劉鳳學與拉邦舞蹈學院院長Marion North博士（右）及Bonnie Bird博士（中）討論課程。

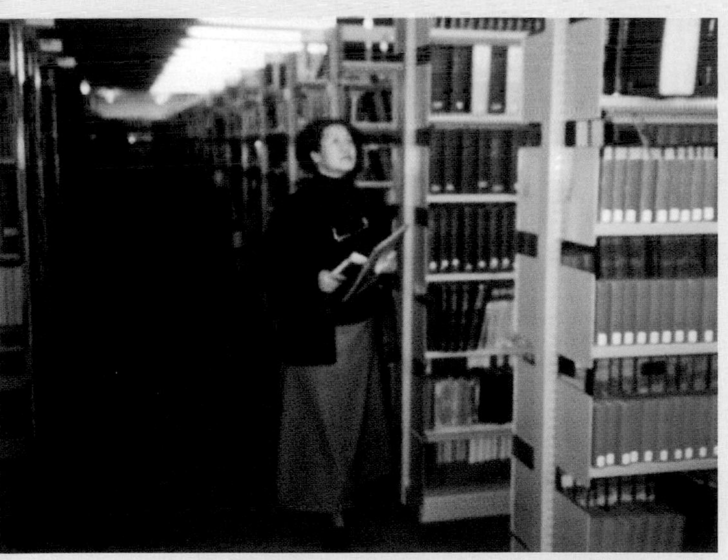

1980年代，劉鳳學於倫敦大學亞非圖書館。

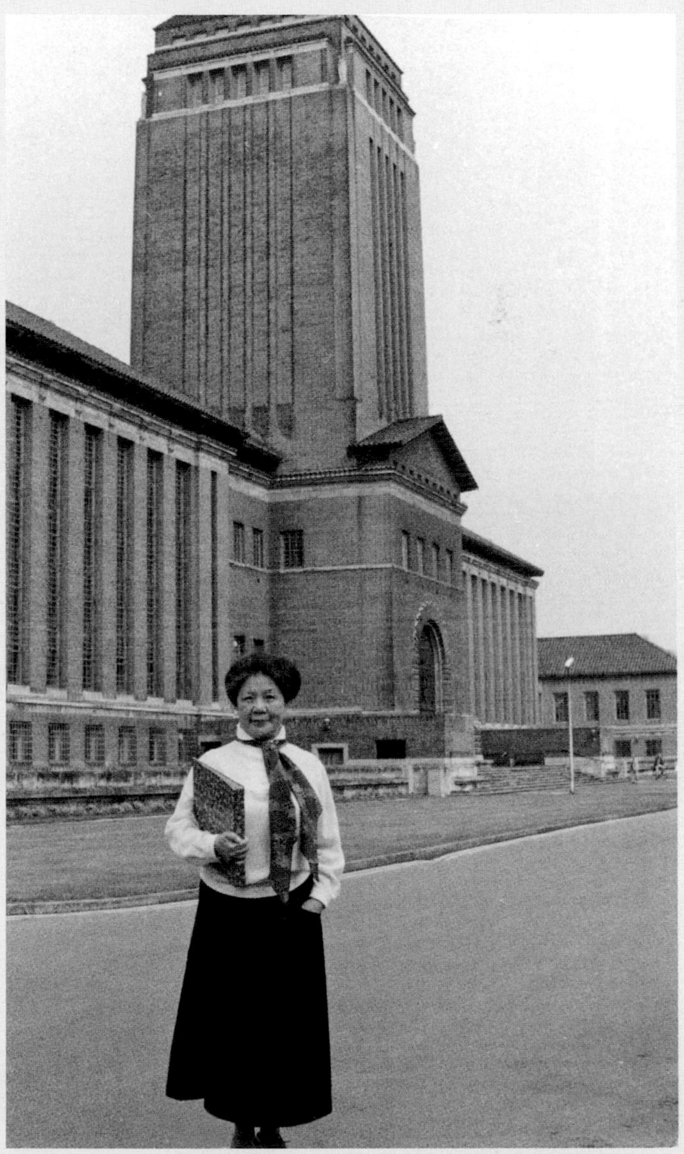

1980年代，劉鳳學攝於劍橋大學圖書館前。

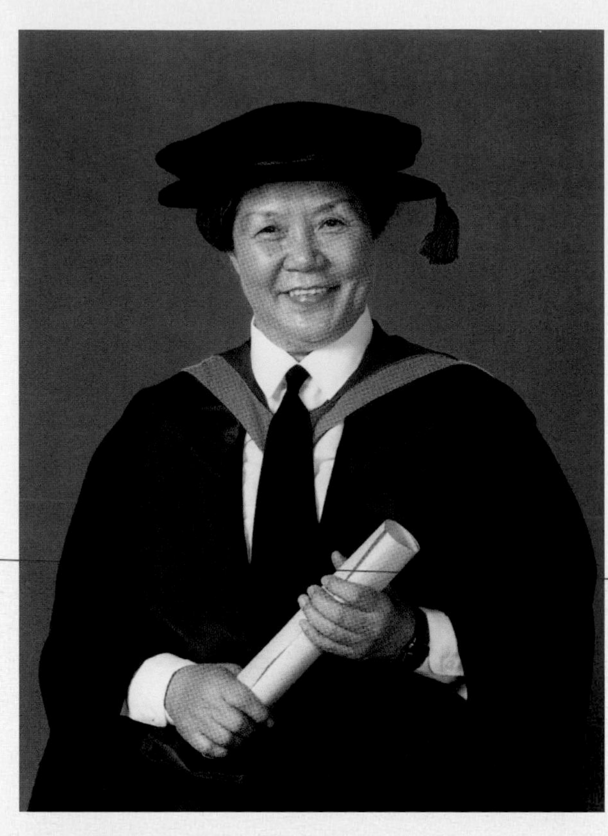

1987年，領取博士學位。劉鳳學為臺灣第一位舞蹈博士。

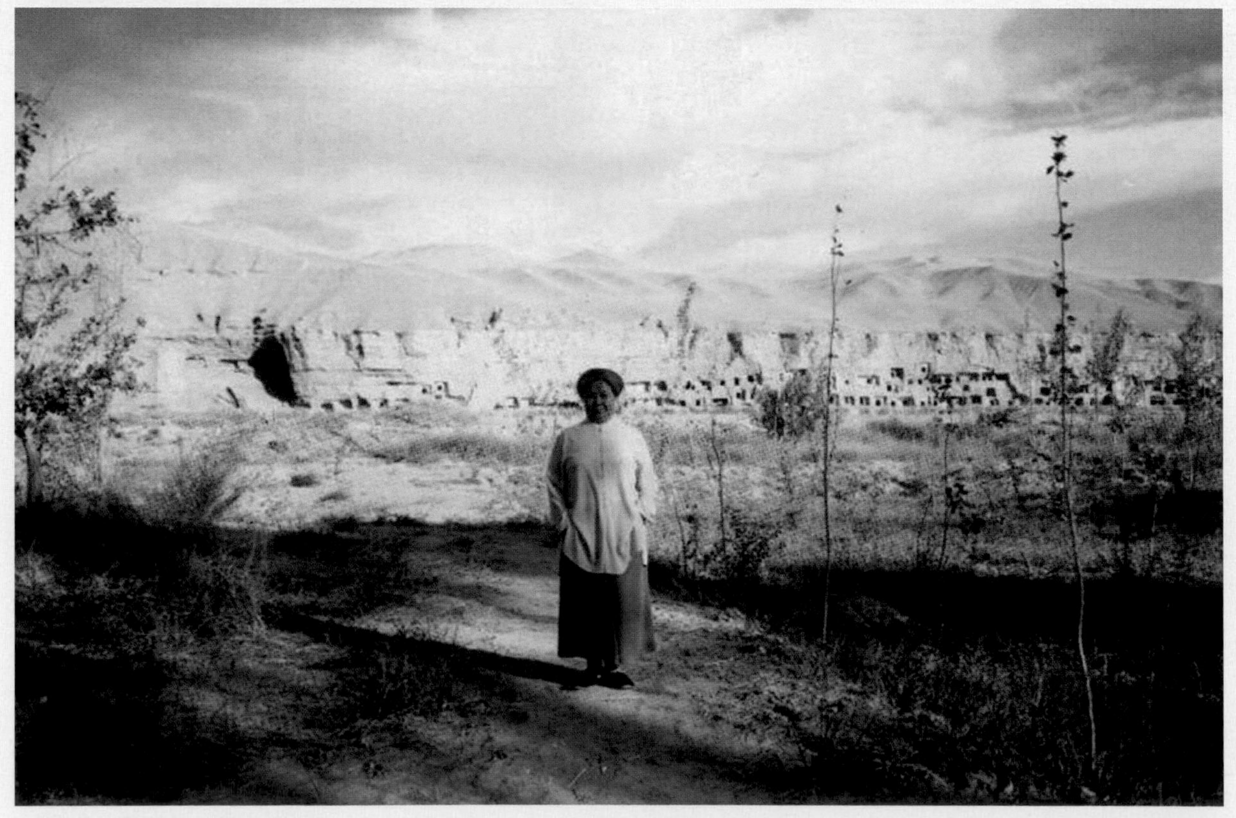

1995年，劉鳳學至敦煌參訪。

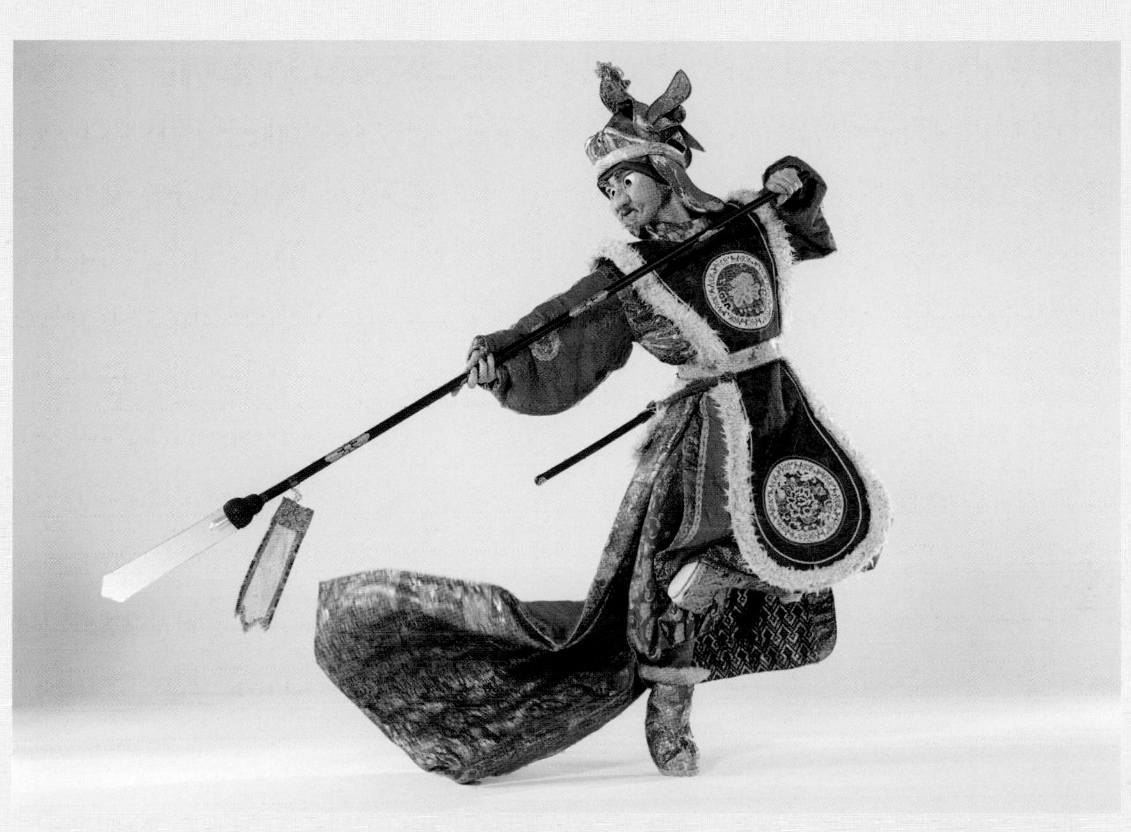

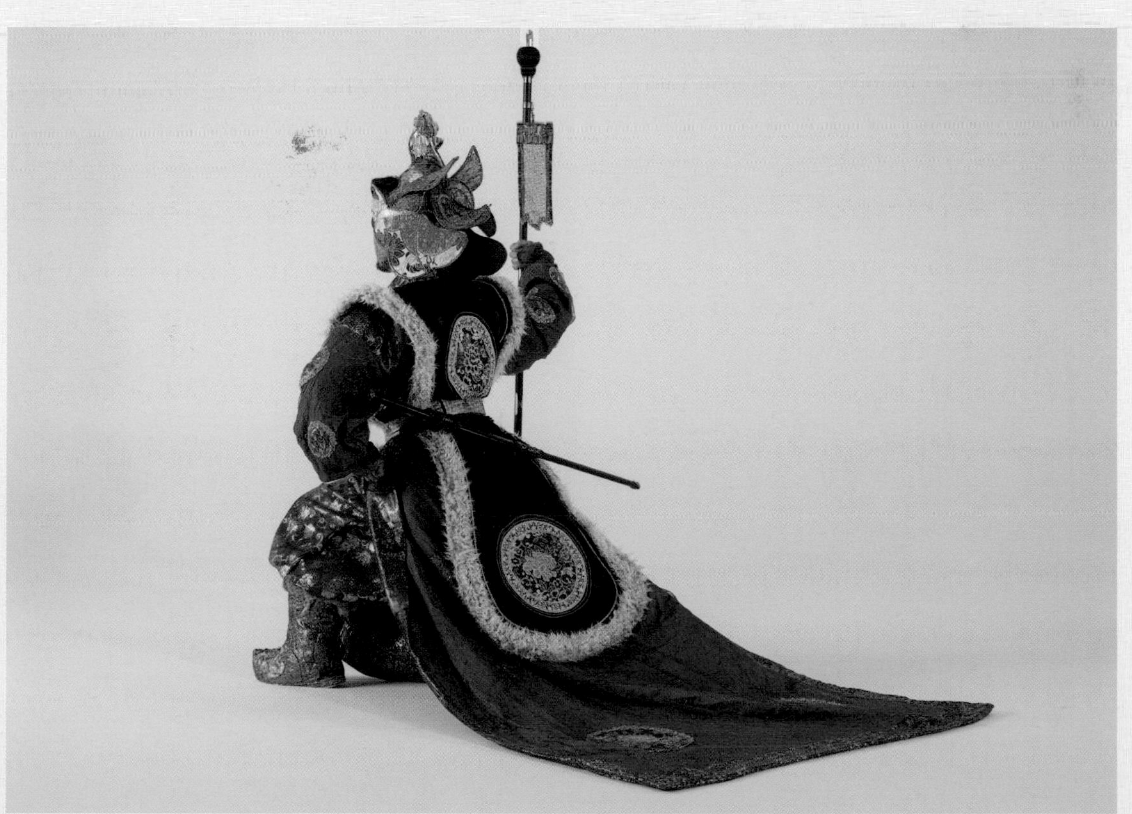

唐中曲《貴德》，劉鳳學作品第130號，舞者王宏豪。
攝影／陳逸書

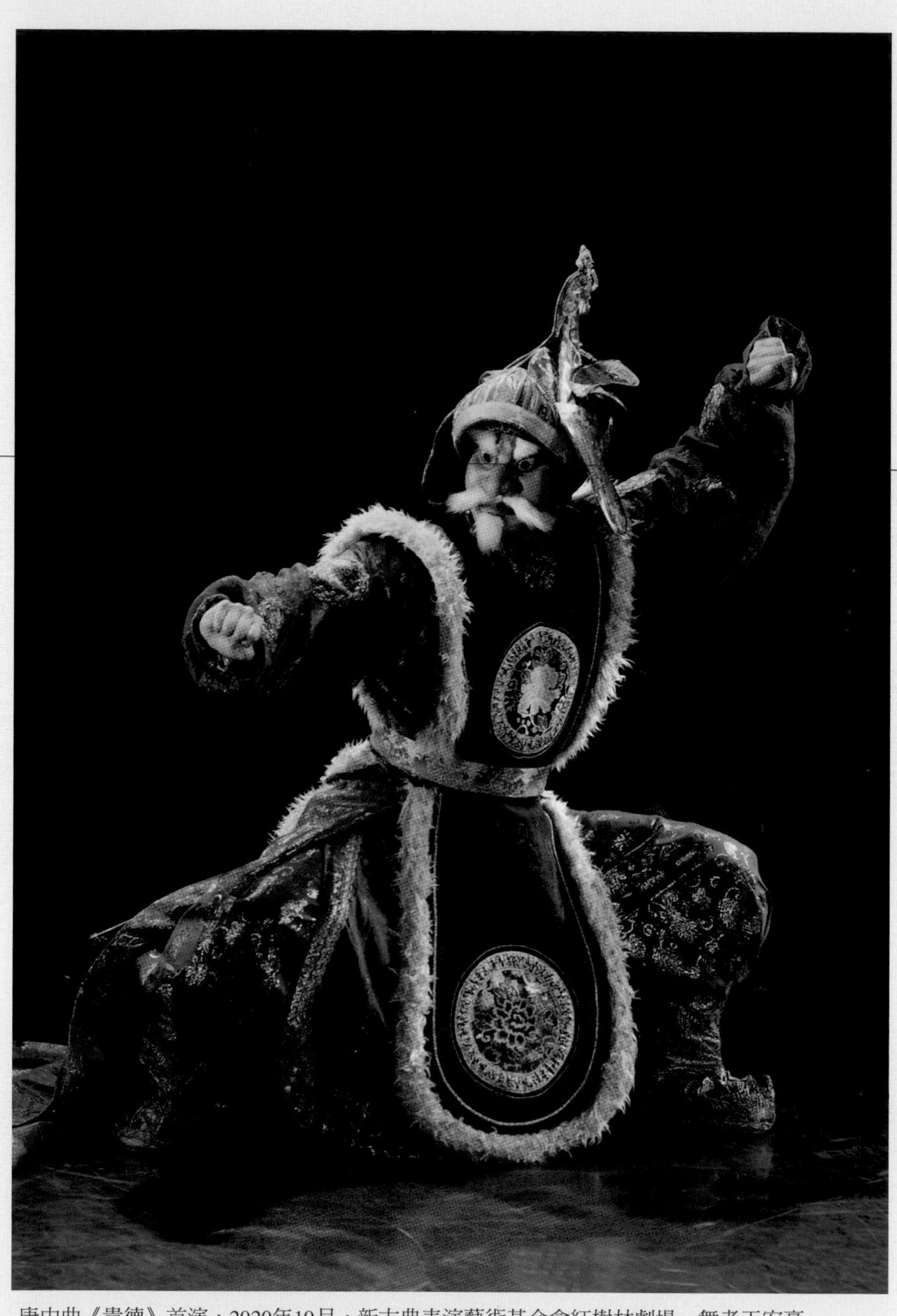

唐中曲《貴德》首演，2020年10月，新古典表演藝術基金會紅樹林劇場，舞者王宏豪。
攝影／汪儒郁

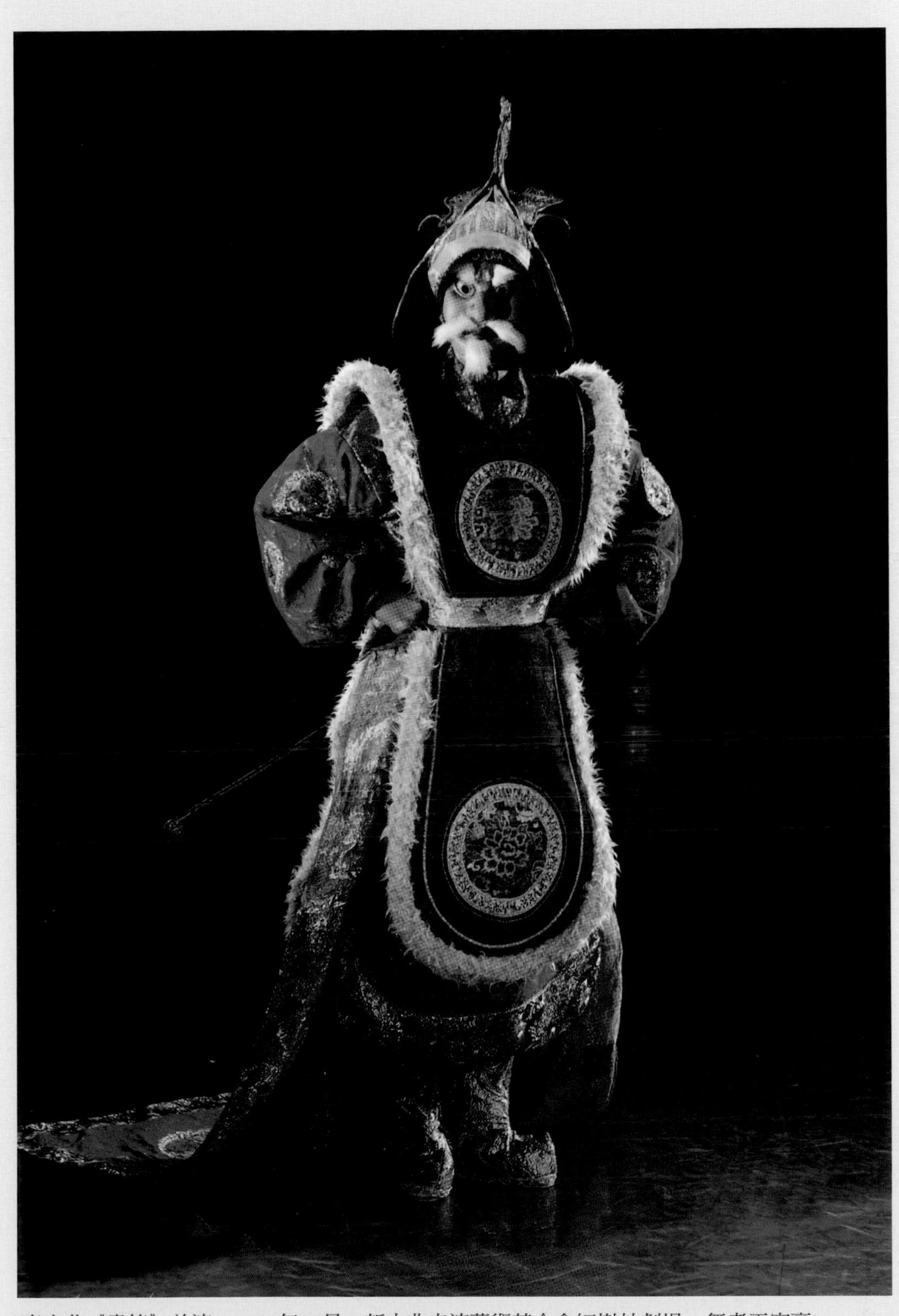

唐中曲《貴德》首演，2020年10月，新古典表演藝術基金會紅樹林劇場，舞者王宏豪。
攝影／汪儒郁

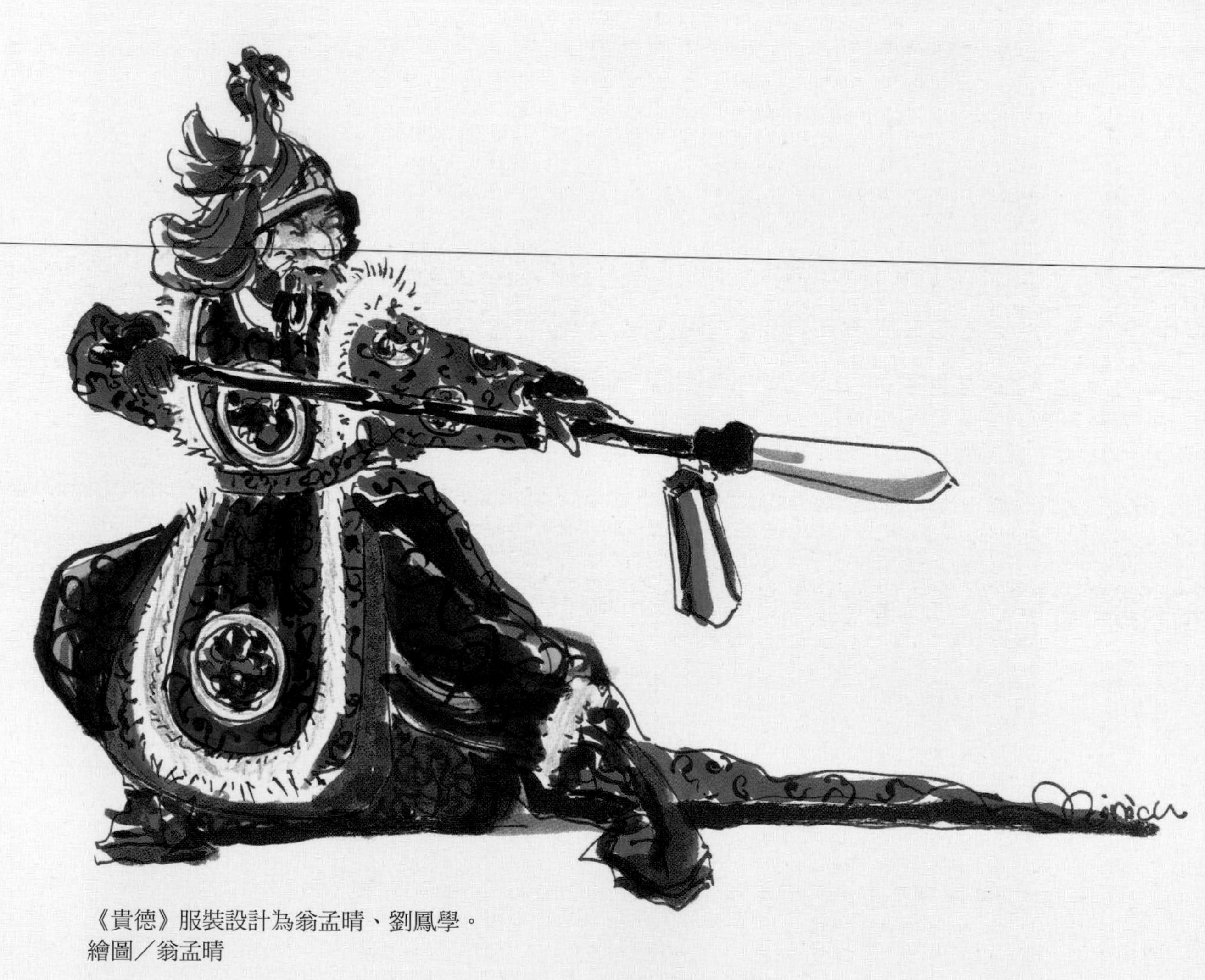

《貴德》服裝設計為翁孟晴、劉鳳學。
繪圖／翁孟晴

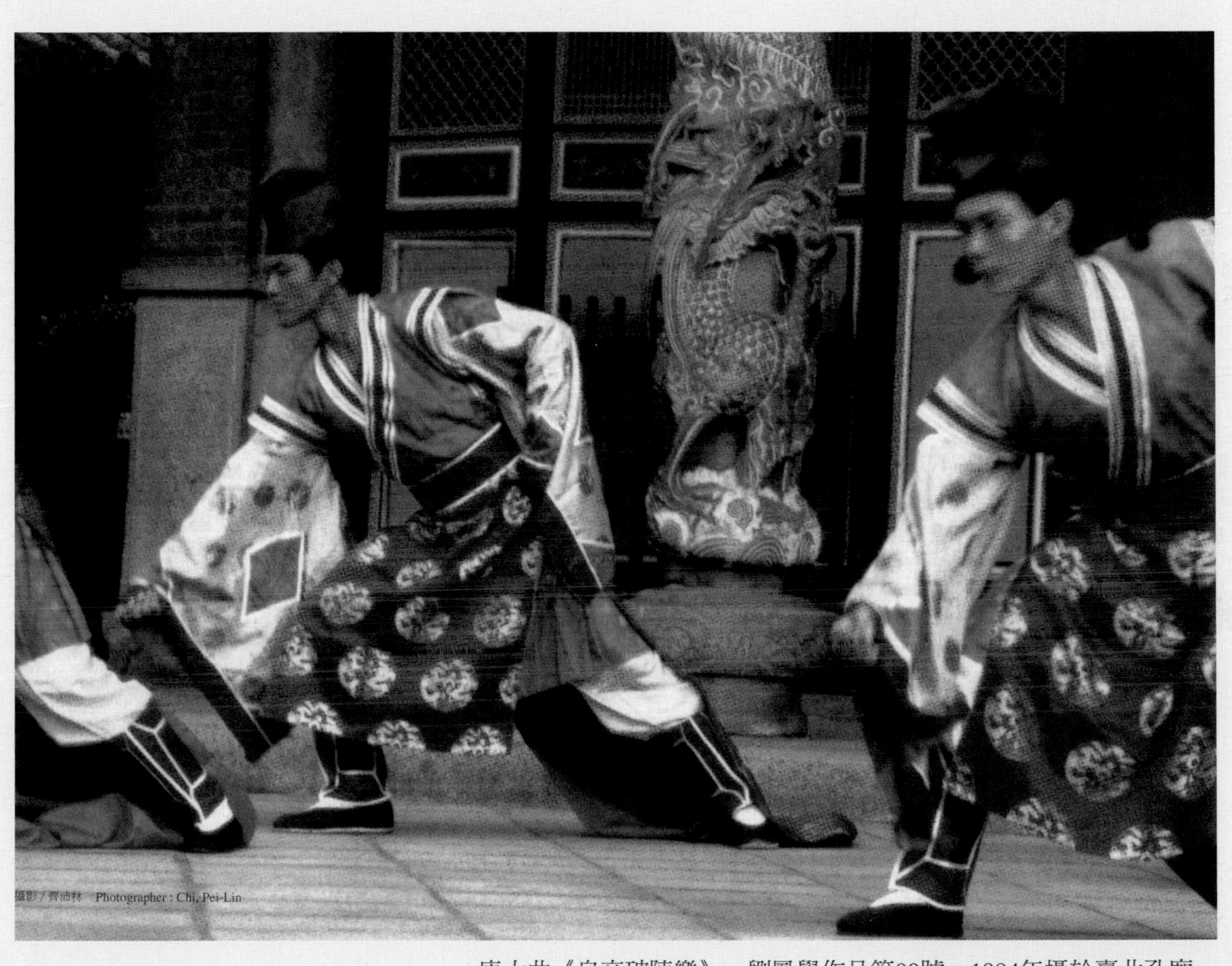

唐大曲《皇帝破陣樂》，劉鳳學作品第99號，1984年攝於臺北孔廟。
攝影／齊沛林

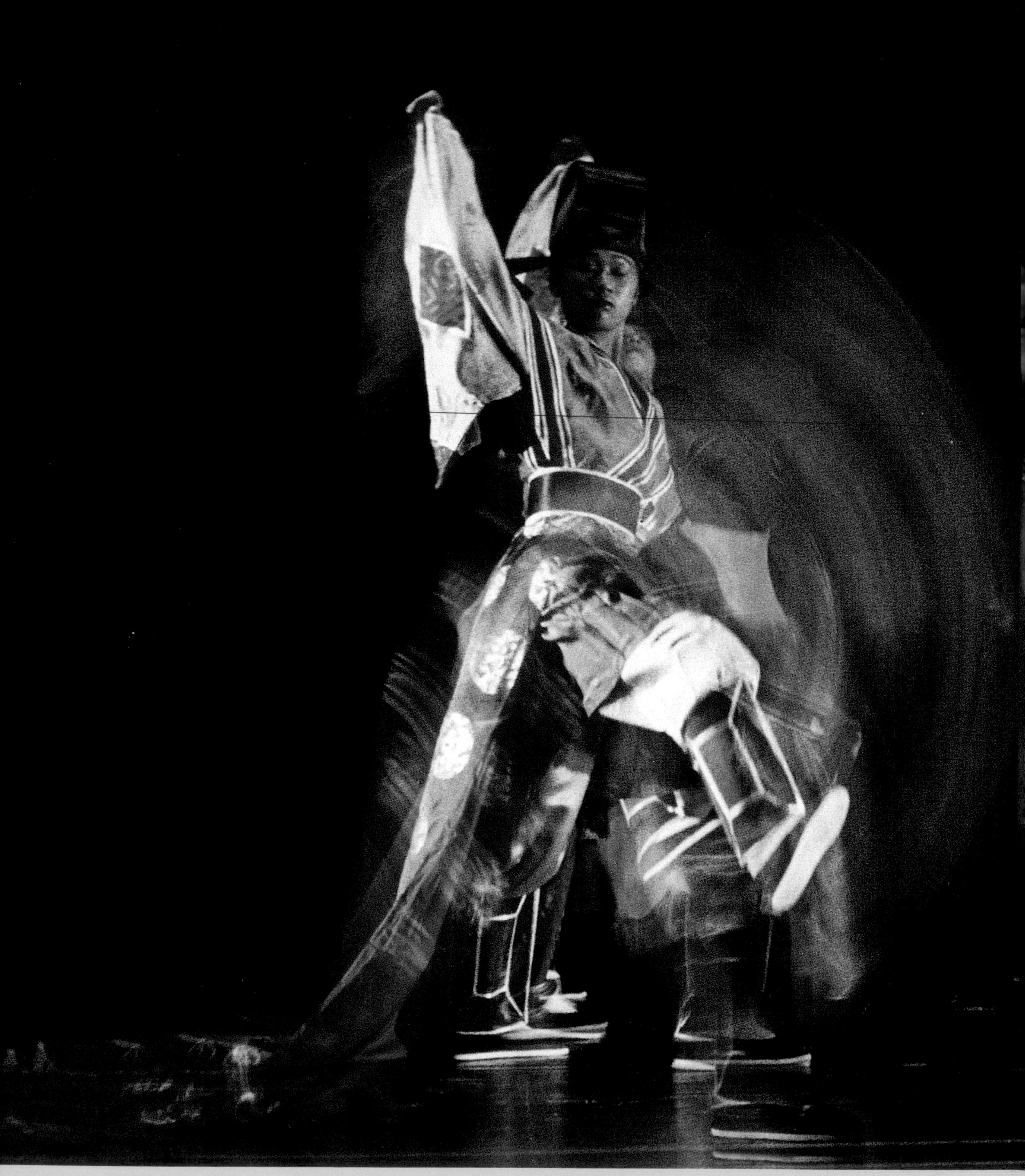

唐大曲《皇帝破陣樂》，劉鳳學作品第99號，1992年3月首演於臺北國家戲劇院。
攝影／李銘訓

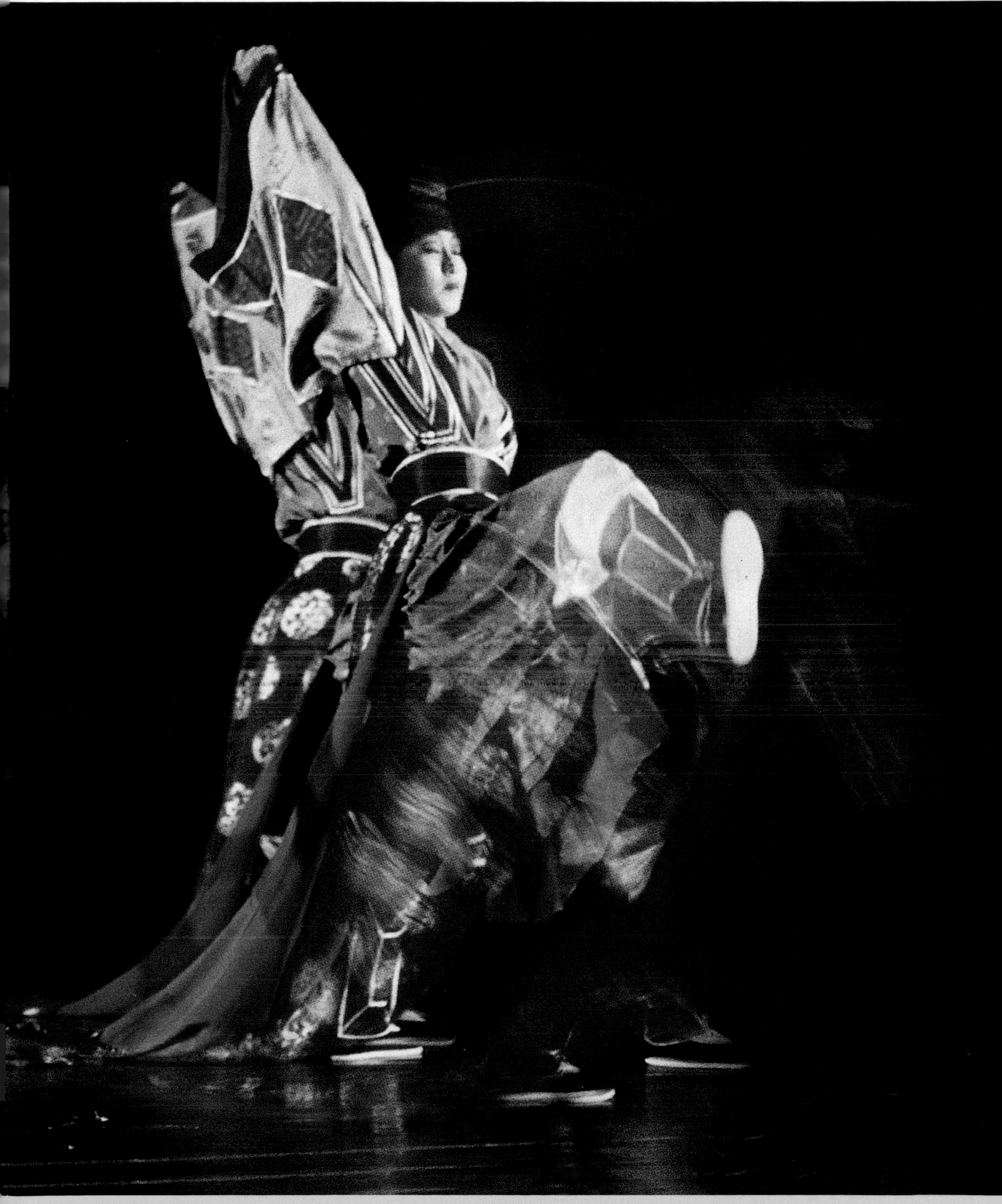

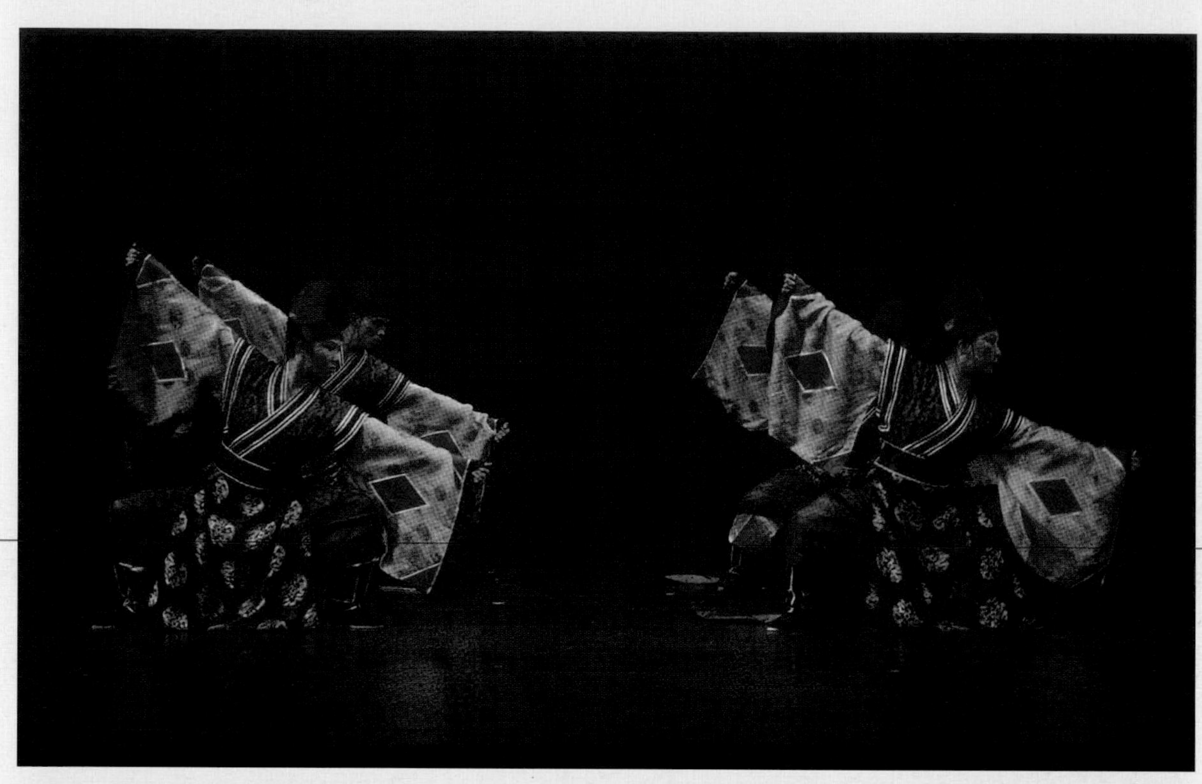

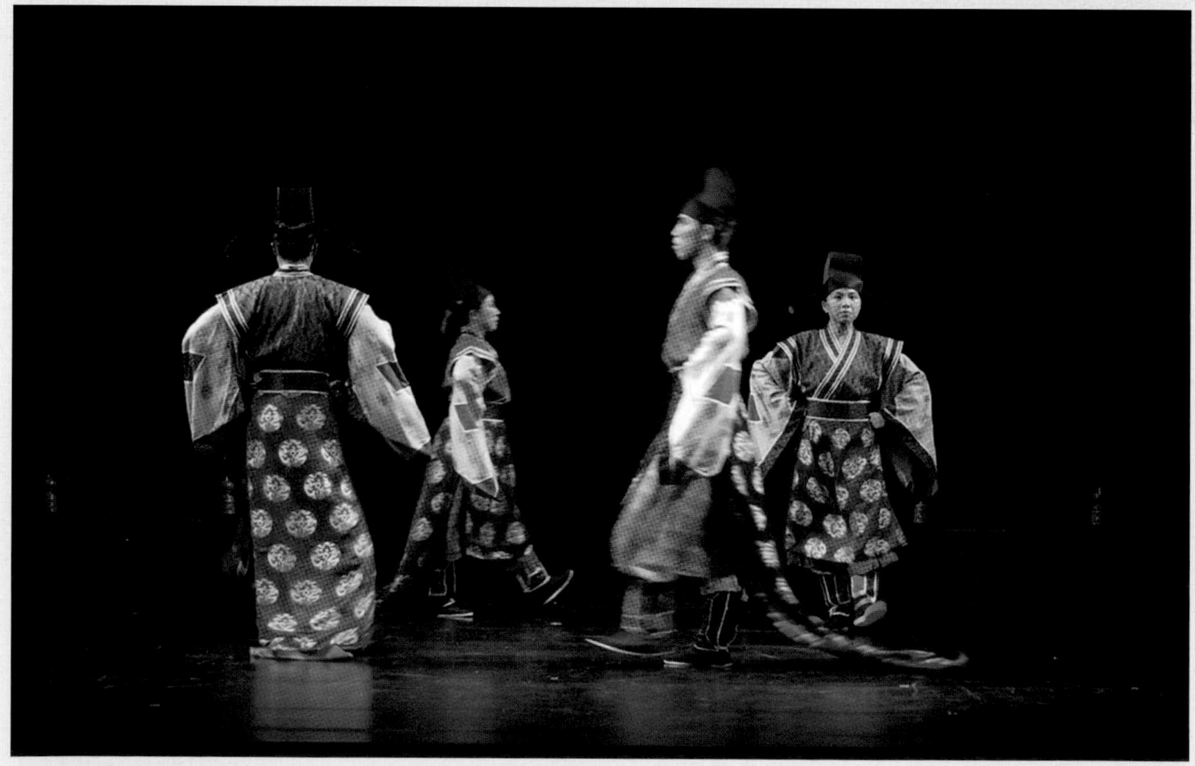

唐大曲《皇帝破陣樂》。

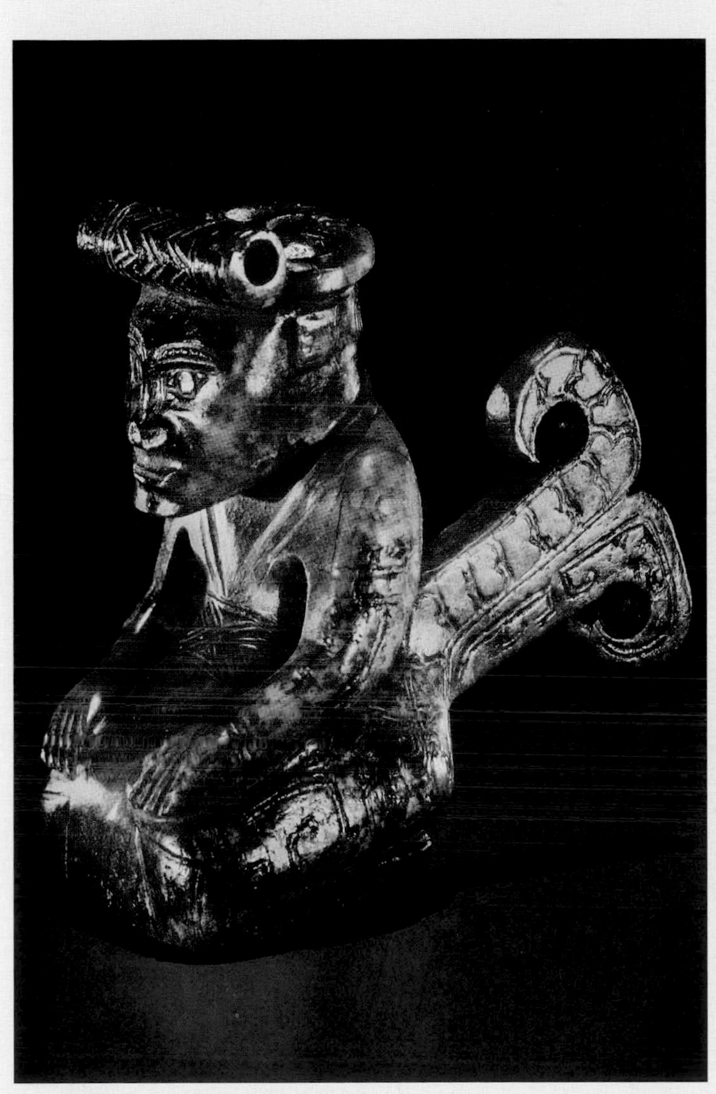

跽坐玉人
商（西元前17～前11世紀）
1976年河南省安陽殷墟婦好墓出土
（轉引自《出土文物三百品》，頁31）

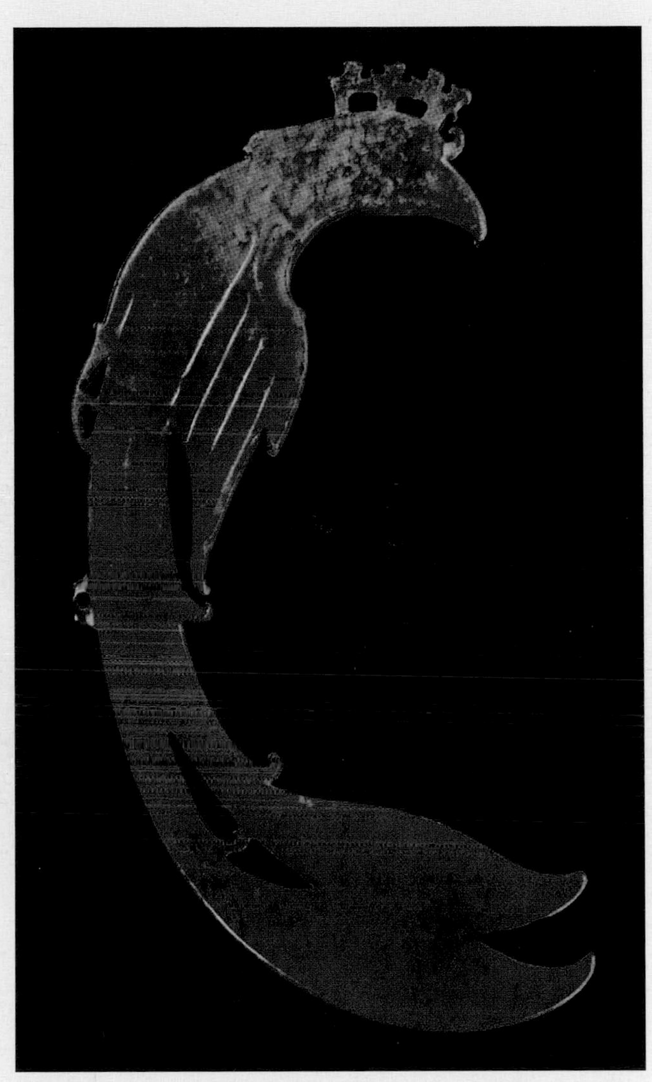

玉鳳
商（西元前17～前11世紀）
1976年河南省安陽殷墟婦好墓出土
（轉引自《出土文物三百品》，頁32）

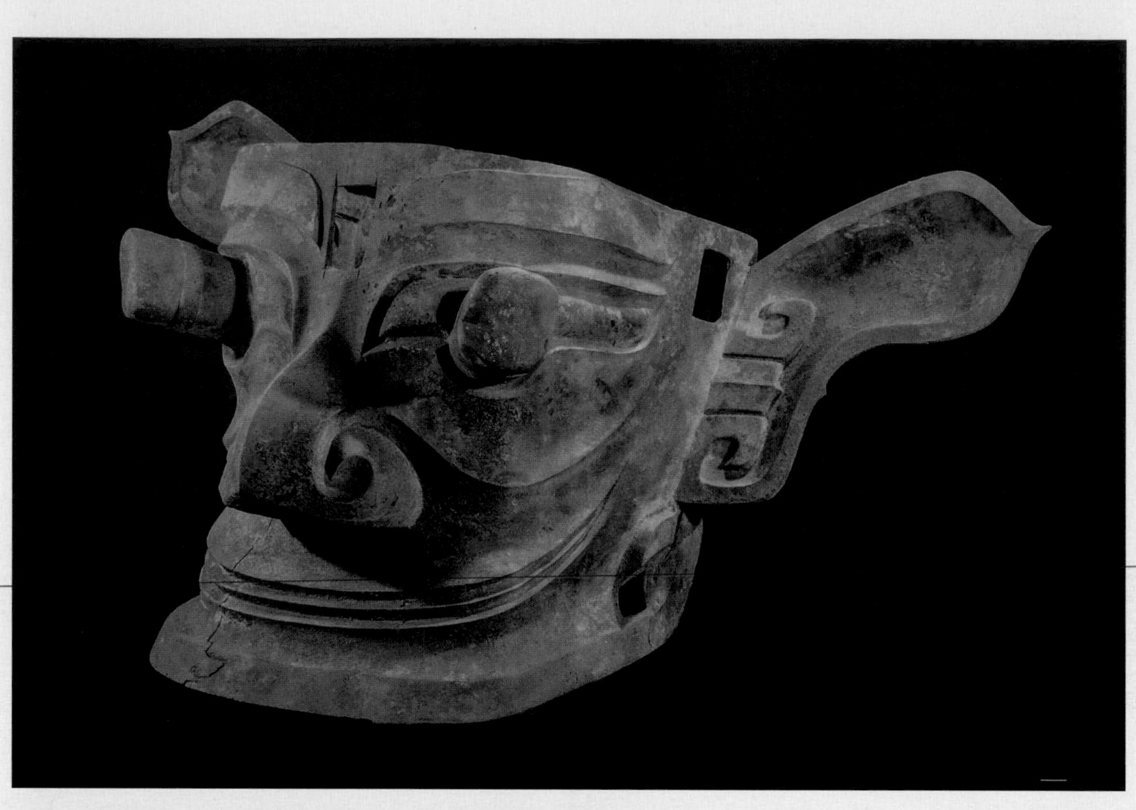

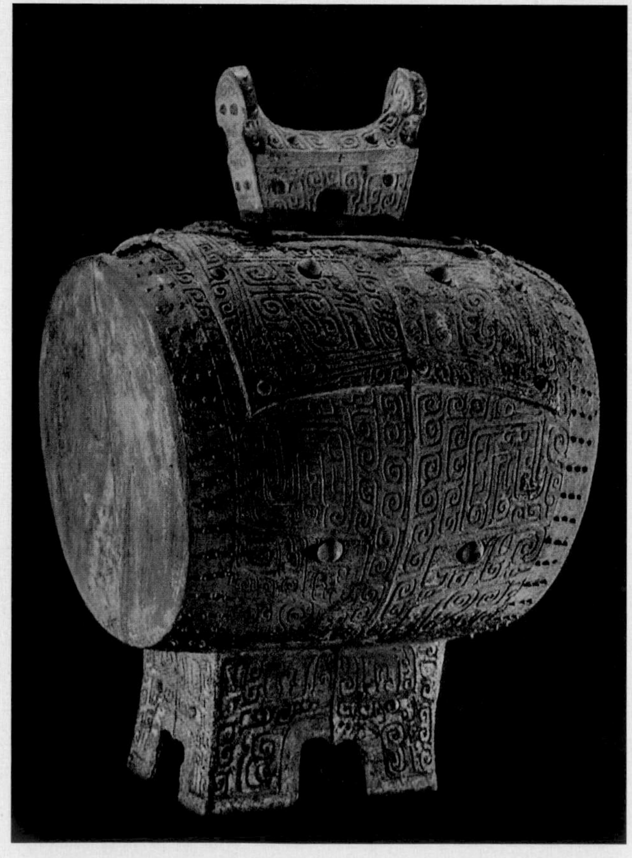

大型人面具
商（西元前17～前11世紀）
1986年四川省廣漢市三星堆出土
（轉引自《出土文物三百品》，頁148-149）

獸面紋鼓
商（西元前17～前11世紀）
1977年湖北省崇陽縣出土
（轉引自《出土文物三百品》，頁143）